ज्योतिष प्रदीप

(गणित व फलित ज्योतिष की आसान एवं पूर्ण पुस्तक)

A Comprehensive Book on Indian Astrology

ज्योतिष भूषण

लक्ष्मीनारायण शर्मा

यूनीकॉर्न बुक्स

प्रकाशक
यूनीकॉर्न बुक्स

F-2/16, अंसारी रोड, दरियागंज, नई दिल्ली-110002
☎ 23275434, 23262683, 23250704 • Fax: 011-23257790
ई-मेल: info@unicornbooks.in • वेबसाइट: www.unicornbooks.in

शाखा : मुम्बई
23-25, जाओबा वाड़ी, ठाकुरद्वार, मुम्बई-400002
☎ 022-22010941, 022-22053387
ई-मेल: rapidex@bom5.vsnl.net.in

ISBN: 978-81-7806-143-6

संस्करण : 2019

मुद्रकः परम ऑफसेटर्स, ओखला, नई दिल्ली-110020

समर्पण

स्वर्गीय पिता श्री छाजूराम एवं माता श्रीमती रामदेवी के श्री चरणों में,

जिनके आशीर्वाद और स्मृति मेरी प्रेरणा हैं

ॐ

卐 श्री गणेशाय नमः 卐

गजाननं भूतगणादिसेवितं कपित्थजम्बूफलचारुभक्षणम्।
उमासुतं शोकविनाशकारकं नमामि विघ्नेश्वरपादपङ्कजम्॥

ॐ वक्रतुण्ड महाकाय, सूर्यकोटि समप्रभः।
निर्विघ्नं कुरुमे देव, सर्वकार्येषु सर्वदा॥

प्राक्कथन

सामान्यतः ज्योतिष को आज विज्ञान के रूप में मान्यता प्राप्त है। बहुत पहले से ही यह विश्व भर में अध्ययन एवं मनन का विषय रहा है। भारत में भी ज्योतिष को 'वेदांग' के रूप में सहस्त्रों वर्षों से अध्ययन एवं मनन का विषय बनाया गया है। पुरातन हिन्दू संस्कृति के अनुसार ज्योतिष खगोलविद्या, परागणित एवं तत्वज्ञान की जननी है। ज्योतिष को वेद चक्षु भी कहा जाता है। समस्त भारतीय समाज ज्योतिष में आस्था एवं विश्वास रखता है। स्वाधीनता के बाद से ज्योतिष जनसामान्य के मध्य भी लोकप्रिय रहा है। आज ज्योतिष के प्रति न केवल जनसामान्य, बल्कि हर एक क्षेत्र के विद्वान, नागरिक एवं राजनेता के अलावा मीडिया की गहरी अभिरुचि स्पष्ट रूप से देखी जा सकती है।

मैंने ज्योतिष का गंभीर अनुशीलन किया है। भारत की दो प्रमुख शाखाओं – उत्तर भारत की शाखा 'भृगु संहिता' और दक्षिण भारत की शाखा 'नाड़ी ग्रन्थ' की भविष्यवाणियों को परखा है। मैं अपने निष्कर्षों और मन्तव्यों को भी समय-समय पर विभिन्न रूपों में अभिव्यक्त करता रहा हूँ।

प्रस्तुत पुस्तक के लेखक श्री लक्ष्मीनारायण शर्मा के अनुरोध पर मैंने इस पुस्तक 'ज्योतिष प्रदीप' का भी अवलोकन किया है। मेरा मानना है कि लेखक ने गंभीर चिंतन, मनन के पश्चात यह पुस्तक लिखी है। इसमें विभिन्न विषयों एवं प्रश्नों का समावेश है। लेखक के निष्कर्ष रोचक एवं उपयोगी हैं। मुझे विश्वास है कि जनसामान्य इस पुस्तक से लाभ उठा सकेगा।

मेरी कामना है कि सुधीजन व्यावहारिक उपयोग की दृष्टि से इस पुस्तक का अध्ययन करेंगे। फलस्वरूप ज्योतिष विषय के प्रेमियों में इसका प्रचार-प्रसार होगा और आधुनिक काल के तनावग्रस्त समाज को इस पारम्परिक विद्या के रूप में एक विकल्प प्राप्त हो सकेगा।

7 Jan. 2008

(स्वामी डॉ. राज बलदेव)
कोस्मो-थ्योरिस्ट
पी.एच.डी [एस्ट्रो, डी.लिट, डीएससी (एचसी)]
Chairman
Scientific Advance Research of Universe & Life
&
Media International Ltd.

कार्यालय : आर-8/3, ग्रीन पार्क मेन,
नई दिल्ली-110016

दिनांक : 07 जनवरी, 2008

लेखक की कलम से

प्रबुद्ध पाठकवृन्द, इस भौतिक जगत में कौन ऐसा व्यक्ति है, जो अपना भविष्य जानना न चाहता हो, सभी अपना भविष्य जानने को लालायित रहते हैं। अपना भविष्य जानना या समझना व्यक्ति की जन्मजात प्रवृत्ति है। जब वह विनाशकारी प्राकृतिक आपदाओं के मध्य गुजरता है और अन्य दूसरी दुर्घटनाएं होते देखता है कि हजारों एकड़ जमीन जलमग्न हो गई, अनगिनत लोग बेघर हो गए और अनेकानेक व्यक्ति अकाल मृत्यु का ग्रास हो गए तो उसकी भविष्य जानने की इच्छा और भी बलवती हो उठती है। भविष्य जानने या समझने की अनेकानेक पद्धतियों में ज्योतिष विज्ञान सहज एवं सुलभ पद्धति है, किन्तु इसके लिये गहन अध्ययन, मनन, चिंतन, प्रभु-प्रेरणा, आस्था एवं विश्वास की आवश्यकता है।

सुयोग्य पाठकगण मैं जानता हूँ कि ज्योतिष विज्ञान, यद्यपि एक जटिल विषय है किन्तु मैं अपने जीवन में शिक्षा जगत से सम्बद्ध रहा हूँ और भूगोल मेरा अपना विषय रहा है, अतः नक्षत्र विज्ञान में रुचि होना स्वाभाविक है। यही कारण है कि शनैः शनैः ज्योतिष में भी मेरी रुचि बढ़ती गई। इसी क्रम में मैंने अनेक ज्योतिष ग्रन्थों का भी अध्ययन किया और व्यावहारिक रूप से भी ज्योतिष के आधार पर जीवन में घटित होने वाली घटनाओं का गंभीर अवलोकन एवं परीक्षण करने का प्रयास किया। मैं इन्हीं अनुभवों को पुस्तक के रूप में लिपिबद्ध कर रहा हूँ।

ज्योतिष जैसे जटिल विषय को सहज एवं सरल भाषा में उदाहरण देकर सर्वोपयोगी बनाने का प्रयास किया गया है। सभी आवश्यक व्यक्तिगत प्रकरणों/प्रश्नों यथा विवाह योग और वैवाहिक संबंध, मंगलीक दोष, शिक्षा, नौकरी, व्यवसाय-व्यापार, जमीन-मकान, लाटरी, विदेश-यात्रा, आयु विचार, स्वास्थ्य एवं रोग, शनि की साढ़ेसाती एवं पनौती, कालसर्प योग, नीचभंग राजयोग, धनिक योग एवं दरिद्र योग, सौभाग्य योग एवं दुर्भाग्य योग, सुख, शान्ति एवं प्रतिष्ठा आदि से संबंधित योग इस पुस्तक का वैशिष्ट्य है। इसके अतिरिक्त जन्म समय, तिथि, वार, पक्ष, मास, ऋतु, वर्ष, नक्षत्र, योग, करण, राशि, ग्रह, ग्रहों की महादशा, ग्रहयुति आदि के फल दिये गये हैं। जन्म कुण्डली रचना की आसान विधि समझाई गई है। सप्तवर्ग कुण्डली फल भी दिये गये हैं। ज्योतिष में व्यवहारोपयोगी शब्दों का अलग से अध्याय दिया हुआ है। विभिन्न आवश्यक 57 सारिणी और उदाहरण स्वरूप 61 जन्म-कुण्डली दी गई हैं।

मैंने पुस्तक लिखने से पूर्व अनेक प्राचीन और नवीन विद्वान ज्योतिषविद् लेखकों की पुस्तकों का अध्ययन एवं अवलोकन किया है। अतः सर्वप्रथम उन सभी ज्योतिषविदों के प्रति अपनी कृतज्ञता प्रकट करता हूँ। पुनश्चः मैं अन्तर्राष्ट्रीय ख्याति प्राप्त महान ज्योतिषविद् स्वामी डॉ. राज बलदेव जी के समय-समय पर दिये गये मार्गदर्शन का भी

कृतज्ञ हूँ। संपादन में अपनी सहधर्मिणी एवं मित्रों के सहयोग का आभारी हूँ। चित्रांकन में देवेन्द्र कुमार शर्मा, कम्प्यूटर लेजर टाईप सैटिंग में दिलीप सिंह पंवार और *शीघ्रातिशीघ्र स्वच्छ मुद्रण में मुद्रक के* सहयोग का धन्यवाद करता हूँ। अंत में डॉ. अशोक कुमार गुप्ता, एम.डी. (मैसर्स यूनिकॉर्न बुक्स प्रा. लि., दिल्ली) के मिष्ठभाषी व्यवहार और *हार्दिक* प्यार का साधुवाद व्यक्त करता हूँ।

सहृदयी पाठकों, पुस्तक के संपादन एवं मुद्रण में पूरी-पूरी सावधानी बरतने के प्रयास के पश्चात भी कहीं न कहीं कोई न कोई त्रुटि रह जाना स्वाभाविक है। इसके लिये मैं क्षमा प्रार्थी हूँ। बहुमूल्य सुझाव देकर अनुगृहीत करें।

दिनांक : 15 जनवरी, 2008 **लक्ष्मीनारायण शर्मा**

द्वितीय संस्करण पर दो शब्द

प्रबुद्ध ज्योतिषप्रेमी पाठकों,

आप द्वारा प्रेषित पत्र एवं की गई टेलीफोन काल्स तथा जयपुर से प्रकाशित दैनिक समाचार पत्र 'राजस्थान पत्रिका' में तत्काल निकली पुस्तक समीक्षा, इस तथ्य की द्योतक हैं कि आपने 'यूनिकार्न बुक्स' द्वारा प्रकाशित मेरी पुस्तक 'ज्योतिष प्रदीप' को हाथों-हाथ लिया और पुस्तक की सराहना की। मैं आप सभी का आभारी हूँ।

मुझे प्रसन्नता है कि ज्योतिषप्रेमियों की अधिक माँग को ध्यान में रखते हुए 'यूनिकार्न बुक्स', दरियागंज, दिल्ली ने अब 'ज्योतिष प्रदीप' पुस्तक का द्वितीय संस्करण निकाला है। इस शुभ और शीघ्र प्रयास के लिए मैं उनके स्टाफ और एम. डी. श्री अशोक कुमार गुप्ता जी का हार्दिक धन्यवाद एवं साधुवाद करता हूँ। मुझे आशा ही नहीं, वरन पूर्ण विश्वास है कि इस संस्करण से अधिसंख्य ज्योतिषप्रेमी लाभान्वित होंगे।

जनवरी *2010* **लक्ष्मीनारायण शर्मा**

तृतीय संस्करण पर दो शब्द

मुझे अपार प्रसन्नता है कि ज्योतिष प्रेमियों की महती मांग पर ध्यान देते हुये 'यूनीकॉर्न बुक्स', दरियागंज, नई दिल्ली ने अब 'ज्योतिष प्रदीप' का तृतीय संस्करण निकाला है। इसके लिए मैं डॉ० अशोक गुप्ता एवं ज्योतिष प्रेमियों का आभारी हूँ।

शुभाकांक्षी

लेखक

मार्च 2013 **लक्ष्मीनारायण शर्मा**

म.नं. 77, सैक्टर 10ए,
गुड़गाँव-122001 (हरियाणा)
Email-lakshmi_parwati@yahoo.com

फोन : 0124-2370860
0124-2210856
मोबाइल : 9911287445

विषय - प्रवेश

*****

अध्याय-प्रथम

ज्योतिष एक विज्ञान

(Astrology - A Science)

आधुनिक युग विज्ञान एवं प्रौद्योगिकी का युग है। विज्ञान और प्रौद्योगिकी निरन्तर उन्नति करते हुये अपनी प्रगति की चरम सीमा की ओर अग्रसर है। यातायात के तीव्रगामी साधनों के फलस्वरूप विश्व के देशों की दूरियाँ अब सिमट कर रह गई हैं। संचार के क्षेत्र में वायरलैस एवं कम्प्यूटर की अभूतपूर्व प्रगति से दूर देशस्थ बैठे व्यक्ति से भी निकटतम सम्पर्क या संबंध स्थापित करना बहुत ही सहज एवं सरल हो गया है। अनन्त आकाश में अंतरिक्ष यानों की गति जारी है। आकाश स्थित ग्रह, नक्षत्रों की खोज चल रही है। इस स्थिति में 'ज्योतिष' का क्षेत्र भी अछूता नहीं रह गया है। इसमें काफी विकास हुआ है। इस विषय के साहित्य की रचना में अत्यधिक वृद्धि हुई है। शोध कार्य चल रहे हैं। भौतिक विज्ञान, रसायन विज्ञान और अन्य विज्ञानों के समान ही ज्योतिष भी अब एक विज्ञान माना जाने लगा है। वस्तुत: ज्योतिष एक विज्ञान है।

'ज्योतिष' शब्द 'ज्योति' से बना है। ज्योति का सीधा-साधा शाब्दिक अर्थ है- द्युति, प्रकाश, उजाला, रोशनी, चमक, आभा आदि। आकाश मण्डल के ग्रह, नक्षत्र हम पृथ्वीवासियों को यह ज्योति प्रदान करते हैं। कभी हम दिन में तपते, आग उगलते, पूर्व से पश्चिम की ओर भागते, छिपते तेजस्वी सूर्य को देखते हैं और उससे ऊर्जा ग्रहण करते हैं तो कभी चमकते-दमकते शीतल चांद की चांदनी को देखकर झूम उठते हैं और मन प्रसन्न हो जाता है। मेष, वृष, सिंह, तुला, मकर, मीन जैसे आकार वाले तारक समूह, जिन्हें ज्योतिष में राशियों की संज्ञा दी गई है, यह भी सभी हमें अपनी ज्योति प्रदान करते हैं। धूमकेतु, उल्काएं आदि भी हम पर अपनी ज्योति की वर्षा करते हैं और गहरी छाप छोड़ते हैं। सच्चाई यह है कि जन्म के समय की 'ज्योति रश्मियां' ही व्यक्ति के स्वभाव का निर्माण करती हैं।

अत: आकाशीय पिण्डों से निकलने वाली यह 'ज्योति रश्मियाँ' अपने बल व कोणात्मक दूरी या अंतर के अनुसार हम व्यक्तियों को भिन्न-भिन्न प्रकार से प्रभावित करती हैं। हम व्यक्तियों के जीवन के विभिन्न पहलुओं पर इन 'ज्योति-रश्मियों' के प्रभाव का अध्ययन करने वाले विषय का नाम ही 'ज्योतिर्विज्ञान' अथवा 'ज्योतिष विज्ञान' (Astrological Science) है।

(i) भारत में ज्योतिष विज्ञान का प्रारंभ (Origin of Astrology in India)

'ज्योतिष विज्ञान' कोई नया विज्ञान नहीं है। यह लगभग 10 हजार वर्ष पुराना विज्ञान है। उस समय यह श्लोकों के रूप में यत्र-तत्र बिखरा हुआ था। यह ईसा से लगभग 1500 वर्ष और अब से लगभग 3500 वर्ष पूर्व क्रमबद्ध होकर सामने आया और तब से ज्योतिष विज्ञान पर बहुत कुछ लिखा जा रहा है। यह विज्ञान शुद्ध गणितीय आकलन व परिमाप पर आधारित है और हमारे प्राचीन ऋषियों-मुनियों, महर्षियों-मनीषियों यथा सूर्य, पितामह, व्यास, वशिष्ठ, अत्रि, पराशर, कश्यप, नारद, गर्ग, मरीचि, मनु, अंगिरा, लोमश, पुलिश, च्यवन, यवन, भृगु, शौनक आदि की दिव्य दृष्टि एवं अनवरत साधना का निचोड़ है, सार है। महान मनीषी 'लगध' के अनुसार वेदों के छः अंगों में से 'ज्योतिष वेदांग' विश्व का प्राचीनतम ज्योतिष ग्रन्थ है। इस ग्रन्थ में आकाश मण्डल के ग्रह-नक्षत्रों की गणना, अयन, गोल, ऋतु, लग्न साधन आदि अनेकानेक तथ्य उजागर हैं।

ज्योतिष को वेद का नेत्र माना गया है। वास्तव में नेत्र शरीर के महत्वपूर्ण अंग होते हैं। यह हमारा सही पथ प्रदर्शन करते हैं। इनके द्वारा जड़, चेतन आदि सभी वस्तुएं प्रत्यक्ष रूप से देखी जा सकती हैं। उनकी आकृति, प्रकृति, आयु, बल, कार्यशैली, परिणाम आदि का भलीभांति अनुमान लगाया जा सकता है। इसी प्रकार ज्योतिष के माध्यम से भी आकाश स्थित ग्रह नक्षत्रों के मानव जीवन पर पड़ने वाले प्रभाव के भूत, वर्तमान और भविष्य के फलादेश को क्रमशः देखा, समझा और जाना जा सकता है। प्रत्यक्ष एवं अप्रत्यक्ष रूप से इसका अनुभव किया जा सकता है।

(ii) ज्योतिष में भारतीय विद्वानों का योगदान (Contribution of Indian Scholars in Astrology):

महाराजा चन्द्रगुप्त विक्रमादित्य के काल ईसवी सन् 380 से 414 के पूर्ववर्ती राजाओं के काल में ज्योतिष की भविष्यवाणियों के ठोस परिणामों के अभाव में फलित ज्योतिष में थोड़ी गिरावट आई थी और राजाओं का विश्वास उठ सा गया था किन्तु चन्द्रगुप्त विक्रमादित्य काल में महान खगोलविद्, गणितज्ञ एवं ज्योतिषविद् आर्यभट्ट प्रथम ने गणितीय आकलन कर ज्योतिष विज्ञान की उन्नति-प्रगति में चार चांद लगाये। महाराजा चन्द्रगुप्त विक्रमादित्य विद्वान आर्यभट्ट का बड़ा मान करते थे और उनकी भविष्यवाणियों पर पूरा विश्वास रखते थे। आर्यभट्ट ने प्राचीन ऋषियों-मुनियों की चन्द्र ग्रहण और सूर्य ग्रहण का समय जानने की प्राचीन पद्धति में सुधार कर सही समय निकालने की गणित विधि तैयार की और प्राचीन ऋषियों-मुनियों का गौरव बढ़ाया। वैदिक काल के ऋषियों के द्वारा की जाने वाली शुभाशुभ घटनाओं के सही समय जानने हेतु 27 नक्षत्रों पर

आधारित एक समय सारिणी भी तैयार की। पृथ्वी और पृथ्वीवासी मनुष्यों पर पड़ने वाले ग्रहों के प्रभाव का एक चार्ट भी तैयार किया और उन्होंने 'आर्यभट्टीय' नामक ग्रन्थ लिखा। यह प्राचीन भारत में ज्योतिष का स्वर्णिम काल (Golden Period) था। आज भी उपरोक्त विधि सारे विश्व में अपनाई जाती है और भारत में इसका अधिक प्रचलन है।

पूर्व मध्यकाल में 'ज्योतिष विज्ञान' या 'फलित ज्योतिष' (Astrology) में और अधिक वृद्धि हुई। 'आचार्य वराहमिहिर' ने इस विज्ञान को क्रमबद्ध कर इसमें अनेक नवीन तथ्यों का समावेश किया और 'बृहज्जातक ग्रन्थ' की रचना की। तत्पश्चात कल्याण वर्मा, ब्रह्मगुप्त, मुंजाल, चन्द्रसैन, श्रीपति, श्रीधर, भट्टवोसरि, भोजराज, ब्रह्मदेव, उत्तर मध्यकाल में भास्कराचार्य, दुर्गदेव, विजयसैन सूरी, मल्लिसैण, बल्लाल सैन, नरचन्द्र, अर्हद्दास, मकरन्द, महेन्द्र सूरी, वैद्यनाथ, केशव, गणेश, ढुण्ढ़िराज, नीलकण्ठ और आधुनिक काल में 19वीं सदी में मुनीश्वर, दिवाकर, नित्यानन्द, उभयकुशल, बाघजीमुनि, जसवंत सागर, जगन्नाथ सम्राट, बापूदेव शास्त्री, नीलाम्बर झा, सुधाकर द्विवेदी आदि अनेकानेक प्रसिद्ध रचनाकारों/ टीकाकारों/ समीक्षाकारों ने फलित ज्योतिष पर बहुत कुछ लिखा। इन प्राचीन ऋषियों, मुनियों, आचार्यों, लेखकों की 'ज्ञान-रश्मियों' से निकले शब्दों, वाक्यों, श्लोकों का आज भी उल्लेख किया जाता है। उनके उदाहरण दिये जाते हैं। कुछ श्लोक इस प्रकार हैं :-

महर्षि पराशर के त्रिकोणेशों और दूसरे ग्रहों की शुभता / अशुभता के बारे में लिखे निम्नलिखित श्लोक आज भी महत्वपूर्ण हैं:-

सर्वे त्रिकोणनेतारो ग्रहाः शुभफलप्रदाः।
पतयस्त्रिषड़ायानां यदि पापफल प्रदाः॥
न दिशन्ति शुभं नृणां सौम्याः केन्द्राधिपाः यदि।
क्रूराश्चेदशुभं ह्येते प्रबला उत्तरोत्तरम॥
लग्नाद् व्ययद्वितीयेशौ परेषां साहचर्यतः।
स्थानान्तरानु गुण्येन भवतः फलदायकौ॥
भाग्यव्ययाधिपत्येन रन्ध्रेशो न शुभप्रदः।
स एव शुभसन्धाता लग्नाधीशोऽपिचेत्स्वयम्॥

ग्रह दृष्टि के बारे में भी प्राचीन काल में लिखा गया यह श्लोक आज भी सर्वत्र उपयोगी है यथा :-

पश्यन्ति सप्तमं सर्वे शनिजीवकुजाः पुनः।
विशेषतश्च त्रिदश-त्रिकोण चतुरष्टमान्॥

व्यक्ति के जन्म, स्वभाव व सौभाग्य के संबंध में लिखे गये प्राचीन श्लोकों को भी फलित के समय आज भी ध्यान में रखा जाता है यथा :-

रविजे जलजविलग्ने क्रीडोद्याने बुधेक्षिते प्रसवः ।
रविणा देवागारे तथोपरे चैव चन्द्रेण ॥
एते ग्रहा बलिष्ठाः प्रसूति काले नृणां स्वमूर्तिसमम् ।
कुर्युर्देहं नियतं बहवश्च समागता मिश्रम ॥
गुरु स्थानगते जीवे तदीशे केन्द्रसंस्थिते ।
लग्नेशे बल संयुक्ते बहुभाग्याधिपो भवेत् ॥

इसी प्रकार आयु निर्धारण के बारे में जैमिनि ने निम्नलिखित श्लोक को अपनाया और आयु के तीन प्रकार बताये यथा :-

प्रथम प्रकार	द्वितीय प्रकार	तृतीय प्रकार
आयुः पितृदिनेशाभ्याम् ।	एवं मन्दचद्राभ्याम् ।	पितृकालतश्च ।
प्रथमयोरुत्तर योर्वा दीर्घम् ।	पितृलाभगे चन्द्रे लग्नचन्द्राभ्याम ।	
प्रथम द्वितीय योरन्त्ययोर्वा मध्यम ।		
मध्य मोराद्यन्त्ययोर्वा हीनम ।		

हम उपरोक्त श्लोकों के आधार पर आज भी व्यक्ति की आयु का निर्णय लेते हैं। यथा दीर्धायु/मध्यायु/अल्पायु।

"सारावली" में नृपतुल्य एम.एल.ए, एम.पी., मंत्री, प्रधानमंत्री, राष्ट्रपति आदि पद प्राप्ति के विशिष्ट राजयोग संबंधी पुरातन निम्नलिखित श्लोक आज भी फल कथन में महत्वपूर्ण भूमिका निभाते हैं :-

1. अत्युच्चस्था रुचिरवपुषः सर्व एव ग्रहेन्द्रा मित्रैर्दृष्टा यदि रिपुदृशां गोचरं न प्रयाताः ।
   कुर्युर्नूनं प्रसभमरिभिर्ग जिंतैवरिणाग्रयैः सेनास्वीयैश्चलति चलितैर्यस्य भूः पार्थिवेन्द्रम् ।
2. स्त्रोच्चे गुरावविनिजे क्रियगे विलग्ने, मेषोदये च सकुजे वचसामधीशे ।
   भूपो भवेदिह स यस्य विपक्षसैन्यं तिष्ठेन्न जातु पुरतः सचिवा वयस्याः ।
3. स्वगृहे मित्रभागेषु स्वांशे वा मित्रराशिषु । कुर्वन्ति च नरं सूतौ सार्वभौमं नराधिपम् ।
   परमोच्चगताः सर्वे स्वोच्चांशे यदि सोमजः । त्रैलोक्याधिपति कुर्युर्देवदानववन्दितम् ।

इसी काल में तक्षशिला, नालन्दा, मगध, काशी, उज्जैन, तंजौर, जयपुर आदि स्थानों पर ज्योतिष की उत्तम वेधशालायें (Observatories) स्थापित की गई। इन वेधशालाओं में भारतीय एवं विदेशी विद्यार्थी ज्योतिष का ज्ञानार्जन करते थे। यद्यपि अब इनमें से कई केन्द्र नष्ट हो गये हैं, किन्तु ज्योतिष विज्ञान के अध्ययन/अध्यापन में लोग

रुचि लेने लगे हैं। इस विषय के प्रति उनकी आस्था दिन प्रतिदिन बढ़ती जा रही है। यह विषय पूर्णरूपेण व्यवहारोपयोगी हुआ है। इसमें जन-जन के आत्मकल्याण की भावना झलकती है। अब यह विषय विश्वविद्यालयों में एक प्रमुख विषय के समान ही पढ़ाया जाने लगा है। विश्वास है कि भविष्य में ज्योतिष विज्ञान के नये सोपान खुलेंगे। 'अरिस्टोटल ऑफ इण्डिया' नाम से जाने माने अन्तर्राष्ट्रीय ख्यातिप्राप्त ज्योतिषविद् स्वामी डाक्टर राज बलदेव के अनुसार 'ज्योतिष पूर्णरूपेण एक विज्ञान है। इसमें जीवन की गहराइयों तक पहुंचने की क्षमता है'। दो विदेशी वैज्ञानिकों द्वारा ज्योतिष को सारहीन (Rubbish) कहने पर उन्होंने 23 अगस्त, 2003 को 'Indian Express' में प्रत्युत्तर में अपने न्यूज आर्टिकल में एवं Internet पर भी बताया - "Astrology is science, not rubbish" अर्थात ज्योतिष विद्या सारहीन नहीं है वरन एक विज्ञान है।

"According to old Hindu culture, Astrology is the mother of Astronomy, Cosmo-Mathematics and Meta-Physics and unless the Astrologer is well versed in all these branches of science, he never was considered a qualified Astrologer....... The real knowledge of Astronomy cum Astrology does not live in the books, but it stays in the heads of genius people....... Firstly it takes about 25 years to accomplish the whole course theory & practical. Now with the present advancement it may take atleast 7 years."

वास्तव में ज्योतिष विज्ञान गहन अध्ययन, मनन, चिंतन, प्रभु-प्रेरणा, आस्था व विश्वास का विषय है। इसे समझने में कम से कम 7 वर्ष लगते हैं।

विद्वान स्वामी जी ने यह भी बताया कि इस धरती पर जन्म लेने वाले किसी भी व्यक्ति का एक जैसा भाग्य नहीं होता है, चाहे वे जुड़वां (Twins) ही क्यूं ना पैदा हुये हो? हर एक के जन्म के फल भिन्न-भिन्न होते हैं। उनके अनुसार :-

"In ancient Hindu Astrology, which has the expertise of lunar and solar eclipses second to second accurate, calculated that no man on the earth is identical in his destiny. So far time is concerned, one femtosecond is one million billionth of a second and each femtosecond matters in Astrology".

(iii) विदेशी विद्वानों के मत (Opinion of Foreign Scholars)

ज्योतिष विज्ञान की श्रृंखला में भारतीय विद्वानों के अद्वितीय ज्ञान के योगदान का उल्लेख करते हुये कुछ विदेशी विद्वानों ने अपना-अपना मत प्रकट करते हुये लिखा है-

1. प्रोफेसर कार्लब्रुक के अनुसार "भारत को ही सर्वप्रथम चान्द्र नक्षत्रों का ज्ञान था। क्रान्तिमण्डल हिन्दुओं की ही देन है।"

2. डाक्टर राबर्टसन लिखते हैं– ''बारह राशियों का ज्ञान सबसे पहले भारतवासियों को ही हुआ था।''

3. मैक्समूलर ने भी स्पष्ट किया है– ''भारतवासी आकाश मण्डल और नक्षत्रमण्डल के मूल आविष्कर्ता हैं।''

4. फ्रांसीसी यात्री फ्रांकवीस वर्नियर ने अपने यात्रा नोट में लिखा है– ''भारतीय अपनी गणना द्वारा चन्द्रग्रहण एवं सूर्यग्रहण की बिल्कुल ठीक भविष्यवाणी करते हैं''।

5. मिस्टर क्लार्क कहते हैं ''प्राचीन भारतीयों को ग्रहण ज्ञान के समय से ही सुदूर स्थानों के अक्षांश–रेखांश का ज्ञान था। इनकी अक्षांश–रेखांश वाली प्रणाली वैज्ञानिक ही नहीं, अचूक है''।

6. प्रोफेसर विलसन के शब्दों में –''भारत ने ज्योतिष व गणित के तत्वों का आविष्कार अति प्राचीनकाल में किया था''।

7. प्लेसफर ने अपनी पुस्तक में लिखा है– ''ज्योतिष ज्ञान के बिना बीजगणित की रचना कठिन है''।

8. डाक्टर थीबो ने कहा है– भारत ही रेखागणित के मूल सिद्धान्तों का आविष्कर्ता है। यह रेखागणित के सिद्धान्तों का उपयोग नक्षत्र विद्या जानने के लिये करता था।

9. विख्यात चीनी विद्वान लियांग चिचाव के शब्दों में – ''वर्तमान सभ्य जातियों ने जब हाथ पैर हिलाना भी प्रारंभ नहीं किया था, तभी हम दोनों भाइयों (चीन एवं भारत) ने मानव संबंधी समस्याओं को ज्योतिष विज्ञान द्वारा सुलझाना आरंभ कर दिया था।''

10. काण्ट के अनुसार – बैली द्वारा किये गये गणित से भी ज्ञात होता है कि ''ईसा से 3000 वर्ष पूर्व भारतीयों ने ज्योतिष शास्त्र एवं भूमिति शास्त्र में अच्छा ज्ञान प्राप्त कर लिया था।''

अत: विदेशी विद्वानों के मत से भी ज्योतिष के विज्ञान होने में कोई सन्देह नहीं रह जाता है। यह ईसा से 3000 वर्ष पूर्व का विज्ञान है।भारतीयों को इसमें महारथ है। सही अर्थों में भारतीय ही ज्योतिष विज्ञान के मूल आविष्कर्ता हैं।

(iv) ज्योतिष के अंग (Branches of Astrology)

आदिकाल की समाप्ति तक ज्योतिष के तीन अंग थे। अब इसमें दो अंग और जोड़े गये हैं। इस प्रकार अब ज्योतिष के पाँच अंग हैं। इनका विवरण निम्न प्रकार है।

1. सिद्धान्त (Natural Astrology)

ज्योतिष विद्या पूर्णतया शुद्ध गणितीय आकलन व परिमाप पर आधारित है। अतः किसी भी व्यक्ति के जन्म के समय या किसी घटना के समय आकाश मण्डल के ग्रह, नक्षत्र किस गति, स्थिति पर हैं तथा उनके उदय, अस्त एवं वक्री होने का व्यक्ति या घटना पर क्या प्रभाव होता है ? इसी गणित को 'सिद्धान्त' (Natural Astrology or Astronomy) कहते हैं। प्राचीन काल में 18 सिद्धान्त यथा सूर्य सिद्धान्त, पितामह सिद्धान्त, व्यास सिद्धान्त, वशिष्ठ सिद्धान्त, लोमश सिद्धान्त, पौलिश सिद्धान्त, भृगु सिद्धान्त, शौनक सिद्धान्त आदि प्रचलित थे।

2. संहिता (Mundane Astrology)

इसमें उन सभी विषयों को शामिल किया गया है, जिनका किसी व्यक्ति, राष्ट्र या समूचे विश्व पर प्रभाव पड़ता है- यथा भूशोधन, दिकशोधन, गृहारम्भ, जलाशय निर्माण, वर्षारम्भ, भूकम्प आना, ज्वालामुखी फूट पड़ना, ग्रहण पड़ना, अकाल पड़ना, महामारी होना आदि। इसे ''संहिता'' या सांसारिक फलित ज्योतिष (Mundane Astrology) भी कहा जाता है। प्राचीन पुस्तकों में अब रावण संहिता, सूर्य संहिता, इन्द्र संहिता, रुद्र संहिता, वराही संहिता, पुलस्य संहिता, जैमिनि संहिता, भृगु संहिता आदि के प्रमुख नाम ही शेष रह गये हैं।

3. होरा (Natal Astrology)

इसे ''जातक शास्त्र'' भी कहते हैं। होरा 'अहोरात्र' शब्द से बना है। यदि अहोरात्र के आदि का 'अ' तथा अन्त का 'त्र' अक्षर लोप कर दें तो 'होरा' शब्द शेष रह जाता है। ऐसा माना जाता है कि अंग्रेजी शब्द Hour (घंटा) होरा से ही निकला है। इसीलिये जैसे एक अहोरात्र या दिनरात में 24 होरा होती है, ठीक उसी प्रकार एक दिनरात 24 घंटे की होती है। इस शास्त्र द्वारा व्यक्ति के जन्मकालीन ग्रहों की स्थिति के अनुसार शुभाशुभ फल निरुपित किया जाता है। जीवन के सुख-दुःख, इष्ट-अनिष्ट, उन्नति-अवनति, भाग्योदय आदि का वर्णन इस शास्त्र के विषय हैं। इस प्रकार इसका संबंध फलित ज्योतिष (Astrology) से है।

4. प्रश्न शास्त्र (Horary Astrology)

यह तुरन्त फल कहने वाला शास्त्र है। इसमें प्रश्नकर्ता द्वारा पूछे गये प्रश्न का उत्तर या फल प्रश्नाक्षरों या प्रश्न करने के समय को आधार मानकर प्रतिपादित किया जाता है। इस संबंध में प्रश्नाक्षर सिद्धान्त, प्रश्न लग्न सिद्धान्त एवं स्वरज्ञान सिद्धान्त का जन्म हुआ। फलस्वरूप केवलज्ञानप्रश्न चूड़ामणि, चन्द्रोन्मीलन प्रश्न, अर्हच्चूड़ामणि, षटपञ्चाशिका, केरलीय प्रश्न संग्रह आदि ग्रन्थों की रचना हुई।

5. शकुन शास्त्र (Electional Astrology)

इसे 'निमित्त शास्त्र' भी कहा जाता है। सर्वप्रथम इसमें अरिष्ट विषय ही शामिल किये गये थे। कालान्तर में इसकी विषय सीमा में प्रत्येक कार्य के प्रारंभ पूर्व शुभाशुभ तथ्यों/घटनाओं का ज्ञान प्राप्त करना भी आ गया। बसन्तराज शकुन, अद्भुत सागर जैसे शकुन ग्रन्थों की रचना हुई। यही कारण है कि आजकल सभी कार्य शुभ मुहूर्त देखकर ही प्रारम्भ किये जाते हैं।

(v) **ज्योतिष का महत्व एवं उपयोगिता** (Importance and Usefulness of Astrology):
मनुष्य के समस्त कार्य ज्योतिष के द्वारा ही चलते हैं। व्यवहार में अत्यन्त महत्वपूर्ण एवं उपयोगी दिवस, समय, तिथि, वार, सप्ताह, पक्ष, मास, ऋतु, वर्ष, अयन, गोल, नक्षत्र, योग, करण, चन्द्र संचार, सूर्य स्थिति आदि का ज्ञान ज्योतिष से ही होता है। इस जानकारी के लिये प्रतिवर्ष अनेकानेक स्थान व नाम आधारित पंचांग बनाये जाते हैं। इसमें धार्मिक उत्सव दिवस, सामाजिक त्यौहारों के दिवस, महापुरुषों के जन्म दिवस, राष्ट्रीय पर्व दिवस, महत्वपूर्ण घटनाओं के दिवस एवं उनके उपयुक्त समय दिये होते हैं। साधारण मनुष्य भी सुनकर या पढ़कर उन्हें समय पर मना सकते हैं। इसी प्रकार बहुत सी ऐतिहासिक तिथियों का भी पता लग जाता है। उन पर भी हम मिल बैठकर विचार कर सकते हैं और अपने सुझाव दे सकते हैं तथा सही निर्णय ले सकते हैं।

जलचर राशि या जलचर नक्षत्रों में अच्छी वर्षा के आसार होते हैं। अनपढ़ देहाती किसान आकाशमण्डल की स्थिति देखकर इसका आसानी से अनुमान लगा लेते हैं। फसल बोने का समय भांप लेते हैं ताकि अधिक अच्छी पैदावार हो। समुद्री जहाज के कप्तान भी समुद्री यात्रा के दौरान सूर्य, चन्द्र की गति, स्थिति देखकर समुद्री मौसम का अन्दाज लगा लेते हैं और ठीक समय पर समुचित एवं निरापद मार्ग का अनुसरण करते हैं। इससे हानि की संभावना समाप्त हो जाती है। ज्योतिष की शाखा रेखागणित से पर्वतों की ऊंचाई एवं समुद्रों की गहराई मापी जा सकती है। सूर्यग्रहण एवं चन्द्रग्रहण के आधार पर प्राचीनतम ऐतिहासिक तिथियों की जानकारी हो जाती है। भूगर्भ से प्राप्त पुरातत्व की वस्तुओं के समय व उनकी आयु का भी पता लग जाता है।

अक्षांश व रेखांश रेखायें दिशा ज्ञान कराती हैं। इस दिशा ज्ञान के आधार पर विश्व के किसी भी भूभाग या स्थान पर पहुंचना सरल और सुविधाजनक हो जाता है। सृष्टि के अनेकानेक रहस्य यथा युगों की जानकारी, सूर्यग्रहण व चन्द्रग्रहण तिथि व समय, ज्वार भाटा की तीव्रता का ठीक समय आदि ज्योतिष द्वारा जान लेते हैं। गुणकारी दवाइयों के बनाने के स्थान व समय का ज्ञान हो जाता है। रोगों के उपचार हेतु समयानुसार उचित दवाई देने से अवगत होते हैं। विभिन्न प्रकार के शुभ मुहूर्तों का ज्ञान होता है। इस प्रकार ज्योतिष विज्ञान प्रत्यक्ष एवं परोक्ष रूप से हम पृथ्वीवासी मनुष्यों, जीवधारी पशुओं, पक्षियों और जड़ वस्तुओं के लिये सर्वथा उपयोगी एवं लाभकारी है। अज्ञानता के अंधकार को हटाने वाला 'ज्योति दीप' है। दूसरे शब्दों में 'ज्योतिर्विज्ञान' है।

*****

अध्याय-द्वितीय

ज्योतिष में व्यवहारोपयोगी शब्द

(Words of Common Use in Astrology)

ज्योतिष का महत्व और उपयोगिता में इन शब्दों का उल्लेख किया गया है। व्यवहार में आने वाले इन विशिष्ट शब्दों की प्रत्येक व्यक्ति को जानकारी होना अत्यावश्यक है। इससे दैनिक कार्यों में नियमितता और संतुलन बना रहता है। खुशियों का आभास होता है। लोगों से मेल मिलाप के रास्ते खुलते हैं। व्यापार या व्यवसाय में लाभ होता है। इस दृष्टि से पंचांग बड़े उपयोगी हैं। आजकल बाजार में कैलैण्डर पंचांग भी आ गये हैं। इन्हें पढ़कर या सुनकर सूर्योदय, सूर्यास्त, तिथि, वार, पर्व, त्यौहार, मौसम के लक्षण- यथा सर्दी, गर्मी और बरसात, पक्ष, मास, सूर्यग्रहण एवं चन्द्रग्रहण की तिथि व समय, विवाह आदि मांगलिक कार्यों की तिथि व समय आदि बातें आसानी से जान सकते हैं। इनका विवरण क्रमानुसार निम्नलिखित है।

(i) काल या समय (Time) :

मनुष्य की नित्यप्रति की जिन्दगी में काल या समय का विशेष महत्व है। कब, किस घटी, पल जीवनधारा अपना रास्ता बदल ले ? काल या समय ही इसका ज्ञान कराता है। ज्योतिष में सूर्योदय, सूर्यास्त, दिनमान, चन्द्रसंचार, संक्रान्तिकाल, मासान्त आदि अनेक शब्दों का काल या समय से गहरा संबंध होता है। आजकल प्रत्येक देश में मानक समय (Standard Time) का प्रचलन है। मानक समय एक प्रकार से घड़ियों का समय होता है। यह एक विशेष रेखांश के समयानुसार निश्चित होता है। भारत में $82\frac{1}{2}^0$ अंश पूर्वी रेखांश के आधार पर मानक समय प्रमाणित है। किसी देश में एक और किसी देश में एक से अधिक भी मानक समय होते हैं। मानक समय घंटा, मिनट, सेकंड में होता है। अतः काल या समय गणना भी अब घंटा, मिनट, सेकंड में की जाती है। प्राचीन काल में पंचांगों में घटी, पल, विपल और अंश, कला, विकला का प्रयोग होता था। अब घटी, पल, विपल और अंश, कला, विकला के साथ-साथ घंटा, मिनिट, सेकंड में भी तिथि, नक्षत्र, योग, करण आदि का समय दिया होता है। जन्म कुण्डली बनाते समय ग्रह, नक्षत्रों की सही स्थिति हेतु काल या समय गणना का पूरा ध्यान रखा जाता है। अगले पृष्ठ पर काल गणना सारिणी दी हुई है। यथा स्थिति अनुसार घंटा, मिनट, सेकंड को घटी, पल, विपल या अंश, कला, विकला में बदल सकते हैं।

काल गणना सारिणी

1.घटी,पल,विपल एवं घंटा,मिनट,सेकंड आदि		
1 विपल	$\frac{2}{5}$ सेकंड	$\frac{1}{60}$ पल
$2\frac{1}{2}$ विपल	1 सेकंड	$\frac{1}{24}$ पल
60 विपल	24 सेकंड	1 पल
$2\frac{1}{2}$ पल	60 सेकंड	1 मिनट
60 पल	24 मिनट	1 घटी
$2\frac{1}{2}$ घटी	60 मिनट	1 घंटा
60 घटी	24 घंटा	1 दिनरात या 8 पहर
30 दिनरात	240 पहर	1 मास

2. अंश, कला, विकला एवं घंटा, मिनट, सेकंड आदि		
1 विकला	$\frac{1}{15}$ सेकंड	$\frac{1}{360}$ पल या $\frac{1}{60}$ कला
60 विकला	4 सेकंड	$\frac{1}{6}$ पल या 1 कला
60 कला	4 मिनट	10 पल या 1 अंश
30 अंश	2 घंटा	5 घटी या 1 राशि
60 सेकंड	1 मिनट	$\frac{1}{4}$ अंश या $2\frac{1}{2}$ पल
4 मिनट	$\frac{1}{15}$ घंटा	1 अंश या 10 पल
60 मिनट	1 घंटा	15 अंश या $2\frac{1}{2}$ घटी
360 अंश	24 घंटा	1 दिनरात या 8 पहर

स्थानीय समय का ज्ञान (Knowing local Time) :

उपरोक्त काल या समय गणना के आधार पर विश्व के किसी भी देश/प्रदेश का स्थानीय समय (Local Time) अब आसानी से जाना जा सकता है। सूर्य सर्वप्रथम 180^0 अंश पूर्वी रेखांश पर निकलता है और धीरे-धीरे 0^0 अंश रेखांश ग्रीनविच को पार करता हुआ 180^0 अंश पश्चिमी रेखांश पर पहुंच कर छिपता हुआ दृष्टिगोचर होता है। इस यात्रा में उसे 24 घंटे लगते हैं। अर्थात सूर्य 180^0 पूर्वी + 180^0 पश्चिमी = 360^0 रेखांशों को 24 घंटा में पार कर लेता है। इस प्रकार 1^0 रेखांश पार करने में 24 घंटा x 60 मिनिट = 1440 मिनट ÷ 360^0 अंश = 4 मिनट लगते हैं। यही कारण है कि 180^0 पूर्वी रेखांश के नजदीक जापान में जब सोमवार (Monday) होता है तो 180^0 पश्चिमी रेखांश के नजदीक अमेरिका के होनोलुलू में रविवार (Sunday) का दिन होता है। ऐसी स्थिति में विश्व के किसी भी स्थान/रेखांश पर खड़े होकर सूर्य स्थिति जान सकते हैं। सूर्योदय-सूर्यास्त और दोपहर-अर्द्धरात्रि अमुक समय किस स्थान पर होगी, स्पष्ट रूप से बता सकते हैं।

(ii) चान्द्र तिथि या मिति (Lunar Date) :

चन्द्रमा की एक कला को तिथि या मिति कहते हैं। यह भ्रमणकाल में चन्द्र और सूर्य के बीच की दूरी होती है। यह दूरी अंशों में मापी जाती है। एक चान्द्र तिथि या मिति 12 अंश की होती है। अमावस के बाद प्रतिपदा से पूर्णिमा तक की तिथियाँ शुक्ल पक्ष की और पूर्णिमा के बाद प्रतिपदा से अमावस तक की तिथियाँ कृष्ण पक्ष की होती हैं। सामान्यत: तिथियों को 5 श्रेणियों में बांटा गया है :

1. नन्दा तिथि :

दोनों पक्षों की प्रतिपदा, षष्ठी व एकादशी (1, 6, 11)नन्दा तिथि कहलाती हैं। तिथि गण्डांत काल अर्थात प्रथम 1 घटी या 24 मिनट को छोड़कर सभी मंगल कार्यों के लिये इन तिथियों को शुभ माना जाता है।

2. भद्रा तिथि :

दोनो पक्षों की द्वितीया, सप्तमी व द्वादशी (2, 7, 12) भद्रा तिथि होती हैं। व्रत, जप, तप, दान-पुण्य जैसे धार्मिक कार्यों के लिये ही शुभ हैं।

3. जया तिथि :

दोनों पक्षों की तृतीया, अष्टमी व त्रयोदशी (3, 8, 13) जया तिथि मानी गई हैं। गायन, वादन जैसे शुभ कार्य किये जा सकते हैं।

4. रिक्ता तिथि :

दोनों पक्षों की चतुर्थी, नवमी व चतुर्दशी (4, 9, 14) रिक्ता तिथि होती हैं। तीर्थ यात्राएं, मेले आदि कार्यों के लिये ठीक होती हैं।

5. पूर्णा तिथि :

दोनों पक्षों की पंचमी, दशमी तथा पूर्णिमा और अमावस (5, 10, 15, 30) पूर्णा तिथि कहलाती हैं। तिथि गण्डांत काल अर्थात अंतिम 1 घटी या 24 मिनट पूर्व सभी प्रकार के मंगल कार्यों के लिये ये तिथियाँ शुभ मानी जाती है।

विशेष तिथियां :

उपरोक्त तिथियों में कुछ तिथियां विशेष तिथियाँ कहलाती है। इनमें कुछ स्मरणीय और शुभ होती हैं और कुछ तिथियों को शुभ कार्यों के लिये छोड़ दिया जाता है। इन तिथियों का विवरण निम्न प्रकार है :-

1. युगादि तिथियाँ :

सतयुग आरंभ तिथि-कार्तिक शुक्ला नवमी, त्रेतायुग आरंभ तिथि-वैसाख शुक्ला तृतीया, द्वापरयुग आरंभ तिथि -माघ कृष्णा अमावस, कलियुग आरंभ तिथि-भाद्रपद कृष्णा त्रयोदशी।

2. सिद्धा तिथियाँ :

मंगलवार की 3, 8, 13, बुधवार की 2, 7, 12, गुरुवार की 5, 10, 15, शुक्रवार की 1, 6, 11 और शनिवार की 4, 9, 14 तिथियाँ सिद्धा तिथियाँ कहलाती हैं। सभी कार्यों के लिये शुभ मानी गई हैं।

3. पर्व तिथियाँ :

कृष्ण पक्ष की तीन तिथियाँ अष्टमी, चतुर्दशी और अमावस तथा शुक्लपक्ष की पूर्णिमा तिथि और संक्रान्ति तिथि पर्व तिथि कहलाती हैं। इन्हें शुभ मुहूर्तों के लिये छोड़ दिया जाता है।

4. प्रदोष तिथियाँ :

द्वादशी तिथि अर्द्धरात्रि पूर्व, षष्ठी तिथि रात्रि से 4 घंटा 30 मिनट पूर्व एवं तृतीया तिथि रात्रि से 3 घंटा पूर्व समाप्त होने की स्थिति में प्रदोष तिथियाँ कहलाती हैं। इनमें सभी शुभ कार्य वर्जित हैं।

5. दग्धा, विष एवं हुताशन तिथियाँ

वार/तिथि	रविवार	सोमवार	मंगलवार	बुधवार	गुरुवार	शुक्रवार	शनिवार
दग्धा	12	11	5	3	6	8	9
विष	4	6	7	2	8	9	7
हुताशन	12	6	7	8	9	10	11

उपरोक्त सभी वारों के नीचे लिखी तिथियाँ दग्धा, विष, हुताशन तिथियों में आती हैं। यह सभी तिथियाँ अशुभ और हानिकारक मानी गई हैं।

6. वृद्धि तिथि :

सूर्योदय के पूर्व प्रारंभ होकर अगले दिन सूर्योदय के बाद समाप्त होने वाली तिथि 'वृद्धि तिथि' होती है। इसे 'तिथिवृद्धि' भी कहते हैं। सभी मुहूर्तों के लिये अशुभ होती है।

7. क्षय तिथि :

सूर्योदय के पश्चात प्रारंभ होकर अगले दिन सूर्योदय से पूर्व समाप्त होने वाली तिथि 'क्षय तिथि' कहलाती है। इसे 'तिथिक्षय' भी कहते हैं। यह तिथि भी सभी मुहूर्तों के लिये छोड़ दी जाती है।

8. गण्ड तिथि :

सभी पूर्णा तिथियों (5, 10, 15, 30) की अंतिम 24 मिनट या एक घटी तथा नन्दा तिथियों (1,6,11) की प्रथम 24 मिनट या एक घटी गण्ड तिथि की श्रेणी में आती है। इन्हें तिथि गण्डांत भी कहते हैं। इन तिथियों की उक्त घटी को सभी मुहूर्तों के लिये छोड़ दिया जाता है। अत: इस घटी में कोई भी शुभ कार्य नहीं करना चाहिये।

तिथियों के उपरोक्त विवरण से स्पष्ट होता है कि शुभ कार्य शुभ तिथियों में करने से संतोष और शान्ति मिलती है और सुख समृद्धि विस्तार की संभावनाऐं बनती हैं। आगामी दो पृष्ठों पर शुक्ल पक्ष एवं कृष्ण पक्ष की तिथि सारिणी देखें।

तिथि सारिणी-शुक्ल पक्ष

क्रम संख्या	शुक्लपक्ष की तिथियाँ	देवता	भ्रमणकाल की दूरी / अंतर	तिथिश्रेणी	अशुभ/ शुभ	पक्षरंधरा तिथि	प्रकृति या स्वभाव
1.	प्रतिपदा	अग्नि	0^0-12^0	नन्दा	अशुभ	–	वृद्धिप्रदायी
2.	द्वितीया	ब्रह्मा	12^0-24^0	भद्रा	"	–	मंगलकारी
3.	तृतीया	गौरी	24^0-36^0	जया	"	–	बलदायी
4.	चतुर्थी	गणेश	36^0-48^0	रिक्ता	अशुभ	प्रथम 8 घटी	दुष्टा/चंचल
5.	पंचमी	नाग	48^0-60^0	पूर्णा	"	–	लक्ष्मीदाता
6.	षष्ठी	कार्तिकेय	60^0-72^0	नन्दा	शुभ	प्रथम 9 घटी	यशप्रदायी
7.	सप्तमी	सूर्य	72^0-84^0	भद्रा	"	–	मित्रवत
8.	अष्टमी	शिव	84^0-96^0	जया	"	प्रथम 14 घटी	दुविधापूर्ण
9.	नवमी	दुर्गा	96^0-108^0	रिक्ता	अशुभ	प्रथम 25 घटी	उग्र/आक्रामक
10.	दशमी	यम	108^0-120^0	पूर्णा	शुभ	–	सौम्य
11.	एकादशी	विश्वेदेवा	120^0-132^0	नन्दा	शुभ	–	आनन्ददायी
12.	द्वादशी	विष्णु	132^0-144^0	भद्रा	"	प्रथम 10 घटी	यशप्रदायी
13.	त्रयोदशी	कामदेव	144^0-156^0	जया	शुभतम	–	विजयदाता
14.	चतुर्दशी	शिव	156^0-168^0	रिक्ता	अशुभ	प्रथम 5 घटी	उग्र/आक्रामक
15.	पूर्णिमा	चन्द्र	168^0-180^0	पूर्णा	शुभतम	–	सौम्य

तिथि सारिणी-कृष्ण पक्ष

क्रम संख्या	कृष्णपक्ष की तिथियाँ	देवता	भ्रमणकाल की दूरी / अंतर	तिथीश्रेणी	अशुभ / शुभ	पक्षरंधरा तिथि	प्रकृति या स्वभाव
1.	प्रतिपदा	अग्नि	180^0–192^0	नन्दा	शुभ	–	वृद्धिप्रदायी
2.	द्वितीया	ब्रह्मा	192^0–204^0	भद्रा	,,	–	मंगलकारी
3.	तृतीया	गौरी	204^0–216^0	जया	,,	–	बलदायी
4.	चतुर्थी	गणेश	216^0–228^0	रिक्ता	अशुभ	प्रथम 8 घटी	दुष्टा/चंचल
5.	पंचमी	नाग	228^0–240^0	पूर्णा	शुभ	–	लक्ष्मीदाता
6.	षष्ठी	कार्तिकेय	240^0–252^0	नन्दा	शुभ	प्रथम 9 घटी	यशप्रदायी
7.	सप्तमी	सूर्य	252^0–264^0	भद्रा	,,	–	मित्रवत्
8.	अष्टमी	शिव	264^0–276^0	जया	,,	प्रथम 14 घटी	दुविधापूर्ण
9.	नवमी	दुर्गा	276^0–288^0	रिक्ता	अशुभ	प्रथम 25 घटी	उग्र/आक्रामक
10.	दशमी	यम	288^0–300^0	पूर्णा	शुभ	–	शीतल
11.	एकादशी	विश्वेदेवा	300^0–312^0	नन्दा	अशुभ	–	आनन्ददायी
12.	द्वादशी	विष्णु	312^0–324^0	भद्रा	,,	प्रथम 10 घटी	यशदायी
13.	त्रयोदशी	कामदेव	324^0–336^0	जया	,,	–	विजयदाता
14.	चतुर्दशी	शिव	336^0–348^0	रिक्ता	अशुभ	प्रथम 5 घटी	उग्र/आक्रामक
30.	अमावस	पितर	348^0–360^0	पूर्णा	पितृकार्य	–	पितरहिताय

कैलेण्डर तिथि (Solar Date)

कैलेण्डर एक प्रकार से एक सौरवर्ष का समय विभाग चक्र (Time Table) होता है। इसमें मास, दिन व तिथियां दी होती हैं। आप जानते हैं कि हमारी पृथ्वी 365¼ दिन में सूर्य की एक परिक्रमा (One round) लगा लेती है। फलस्वरुप 12 सौरमास और एक सौरवर्ष बनता है। सौरवर्ष के एक दिन को ही एक सौर तिथि (Solar Date) या कैलेण्डर की एक तिथि कहते हैं। कैलेण्डर की एक तिथि एक अर्द्धरात्रि के बाद से प्रारंभ होकर दूसरी अर्द्धरात्रि आने पर समाप्त हो जाती है। घड़ी की सूईयों के समय अनुसार एक तिथि 24 घंटे की होती है। अर्द्धरात्रि के बाद से दोपहर 12 बजे तक के समय को AM (Ante Morning) और बाद दोपहर से अर्द्धरात्रि तक के समय को PM (Post Morning) कहते हैं।

लगभग तीन शताब्दी पूर्व रोमन कैलेण्डर या क्रिश्चियन कैलेण्डर या अंग्रेजी कैलेण्डर या जुलियन कैलेण्डर या योरुपियन कैलेण्डर के नाम से विख्यात कैलेण्डरों में काफी अशुद्धियाँ थी। विशेष रुप से सौरवर्ष के वास्तविक समय और कैलेण्डर की वार्षिक तिथियों के समय में काफी अंतर था। पोप ग्रेगोरी XIII ने कैलेण्डर की इस अशुद्धि को समझा और अपने काल में 02 सितम्बर, 1752 को पुराने कैलेण्डर की तिथियों में संशोधन कराया। बुधवार 02 सितम्बर के बाद गुरुवार 03 सितम्बर के स्थान पर गुरुवार 14 सितम्बर तिथि लाई गई और 11 दिन के अंतर को ठीक किया गया ताकि कैलेण्डर वर्ष और सौरवर्ष के समय में अंतर न रहे और 'न्यू ईयर्स डे' तथा 'ईस्टर' त्यौहार ठीक समय आयें। उस दिन से यह कैलेण्डर ग्रेगोरियन कैलेण्डर कहलाता है। यह विश्व में सर्वाधिक शुद्ध एवं मान्य कैलेण्डर है। विश्व के सभी देशों में प्रशासनिक उद्देश्यों, नागरिक सुविधाओं और दैनिक उपयोग के कार्यों में समानता बनाये रखने के लिये इस कैलेण्डर की तिथियों का उपयोग होता है।

ग्रेगोरियन कैलेण्डर के बहुत से तथ्य यथा महीनों के नाम, उनके दिनों की संख्या, लीप वर्ष आदि जुलियस सीजर काल के जुलियन कैलेण्डर से मेल खाते हैं किन्तु जुलियन कैलेण्डर का वार्षिक समयान्तर 11½ मिनट का है जबकि ग्रेगोरियन कैलेण्डर का केवल 26 सेकंड का। यह शुद्धता के अति निकट है। 3323 वर्षों के बाद एक दिन की वृद्धि होगी। ग्रेगोरियन कैलेण्डर में जुलियन कैलेण्डर की तरह ही सात मास 31 दिन के चार मास 30 दिन के और एक मास फरवरी 28 दिन का नियत है। चौथे वर्ष को एक लीप वर्ष मानकर फरवरी 29 दिन की नियत है। इस प्रकार तीन सामान्य वर्ष के दिन 365x3=1095 दिन तथा चौथे वर्ष के 366 दिन कुल 1095+366=1461 दिन प्रतिसौर वर्ष के 365¼ दिन x4=1461 दिन से मेल खा जाते हैं। शताब्दी लीपवर्ष के संबंध में ध्यान रहे कि वही शताब्दी लीप वर्ष मानी गई है, जो 400 से विभाजित हो

सके। यही कारण है कि 1700वीं, 1800वीं और 1900वीं शताब्दी लीप वर्ष नहीं थी जबकि शताब्दी 2000 लीप वर्ष थी।

विश्व के अन्य कैलेण्डर

इस समय विश्व में भारतीय कैलेण्डर, इस्लामी कैलेण्डर, चायनीज कैलेण्डर, ज्यूईस कैलेण्डर आदि अन्य कैलेण्डर भी विद्यमान हैं किन्तु सभी कैलेण्डर चान्द्र वर्ष से संबंधित हैं। धार्मिक गतिविधियों और कृषि क्षेत्रों में इनका उपयोग किया जाता है। अब इनमें सुधार लाकर चान्द्र-सौर कैलेण्डर (Lunisolar Calender) बनाये जा रहे हैं। भारतीय पंचांग (Almanacs) इस दृष्टि से उत्तम हैं। इसमें लीप वर्ष के समान ही पुरुषोत्तममास का प्रावधान है ताकि 11 दिन का अंतर दूर हो सके। इस प्रकार भारतीय कैलेण्डर का ग्रेगोरियन कैलेण्डर की तिथियों से मिलान किया गया है। अब आवश्यकता है ऐसे पूर्ण शुद्ध विश्व कैलेण्डर की जिसकी तिथियों का समय और सौर समय परस्पर शत प्रतिशत मेल खाता हो। सभी देश संभवतः इस ओर प्रयासरत हैं।

कैलेण्डर मास व दिन :

कैलेण्डर में 12 मासों में कुल सात मास 31 दिन के, चार मास 30 दिन के और फरवरी मास 28 दिन का तथा लीप वर्ष में 29 दिन का होता है। जनवरी से जून तक मासों के नाम रोमन देवताओं के नामों पर हैं। जुलाई मास जुलियस सीजर के नाम से 31 दिन तथा अगस्त मास भी जुलियस सीजर के उत्तराधिकारी अगस्टस के नाम से 31 दिन का है। शेष चार मास सितम्बर, अक्टूबर, नवम्बर और दिसम्बर का नामकरण सात, आठ, नौ और दस अंकों की संख्या के आधार पर हुआ हैं।

तिथि श्रेणियां :

कैलेण्डर की तिथियां प्रत्यक्ष या परोक्ष रुप से सूर्य, चन्द्र, मंगल, बुध, गुरु, शुक्र व शनि ग्रहों से प्रभावित होती हैं। अतः इन ग्रहों की संख्या के अनुसार इन तिथियों को 7 श्रेणियों में बांटा जा सकता है :-

1. सूर्य प्रभावित तिथियां - 1,10,19,28 और 4,13,22,31
2. चन्द्र प्रभावित तिथियां - 2,11,20,29 और 7,16,25
3. मंगल प्रभावित तिथियां - 9,18,27
4. बुध प्रभावित तिथियां - 5,14,23
5. गुरु प्रभावित तिथियां - 3,12,21,30
6. शुक्र प्रभावित तिथियां - 6,15,24
7. शनि प्रभावित तिथियां - 8,17,26

(iii) वार (Day) :

ग्रहों के नाम के अनुसार दिन या वार होते हैं। सात ग्रह मुख्य हैं। अतः दिन या वार भी सात हैं। दिन या वार की अवधि सूर्योदय से अगले सूर्योदय तक होती है। सूर्योदय से सूर्यास्त के समय को आम बोलचाल की भाषा में दिन तथा सूर्यास्त से अगले सूर्योदय के समय को रात कहते हैं। दिन और रात मिलकर एक पूर्ण दिन या वार कहलाता है। वारों के नाम और उनकी कुछ विशेषतायें नीचे वार सारिणी में देखें।

वार सारिणी

क्रम संख्या	वार का नाम	वार का अंग्रेजी नाम	वार का स्वामी ग्रह	प्रकृति	स्वभाव
1.	रविवार	Sunday	सूर्य	स्थिर	क्रूर/आक्रामक
2.	सोमवार	Monday	चन्द्र	चर	सौम्य
3.	मंगलवार	Tuesday	मंगल	उग्र	क्रूर/अशुभ
4.	बुधवार	Wednesday	बुध	सम	सौम्य
5.	गुरुवार	Thursday	गुरु	लघु	सौम्य
6.	शुक्रवार	Friday	शुक्र	मृदु	सौम्य
7.	शनिवार	Saturday	शनि	तीक्ष्ण	क्रूर/अशुभ

वार की होरा (Hours of the day) :

प्रथम अध्याय में बताया गया है कि एक दिन रात में 24 होरा होती हैं। सूर्योदय से सूर्यास्त तक के समय को 12 बराबर भागों में बाँट दे तो यह दिन की 12 होरा होती हैं और सूर्यास्त से अगले सूर्योदय के समय को 12 बराबर भागों में बांट दे तो यह रात की 12 होरा होती हैं। इस प्रकार एक होरा की अवधि 24 घंटा ÷ 24 होरा= 1 घंटा होती है। दिन रात छोटे बड़े होते रहते हैं। अतः होरा का समय भी घटता बढ़ता रहता है। किन्तु घड़ियों का समय सदैव एक समान रहता है। दिन या वार की पहली होरा वार के स्वामी ग्रह की होरा होती है। उससे अगली होरा अर्थात दूसरी होरा उस दिन के वार से छठे दिन या वार के स्वामीग्रह की होती है। इसी प्रकार क्रम चलता रहता है। यदि दिन या वार रविवार है तो पहली होरा रवि की, दूसरी होरा रवि से छठे दिन शुक्र की, तीसरी होरा शुक्र से छठे दिन बुध की होती है। इसी प्रकार एक पूर्ण दिन में प्रत्येक दिन या वार की होरा कई बार आती हैं। प्रत्येक दिन या वार की पहली, आठवीं, पंद्रहवी और बाईसवीं होरा एक ही ग्रह की होती हैं। शुभ कार्यों के लिये होरा उपयोग में लाई जाती हैं। एक दिन में कब किस वार की होरा होगी ? अगले पृष्ठ पर होरा सारिणी देखें।

होरा क्षण वार सारिणी

वा.	हो	हो	हो	हो	हो	हो	हो	हो	हो	हो	हो	हो	हो	हो	हो	हो	हो	हो	हो	हो	हो	हो	हो	हो
	1	2	3	4	5	6	7	8	9	10	11	12	13	14	15	16	17	18	19	20	21	22	23	24
सू.	सू	शु	बु	चं	श	गु	मं	सू	शु	बु	चं	श	गु	मं	सू	शु	बु	चं	श	गु	मं	सू	शु	बु
चं.	चं	श	गु	मं	सू	शु	बु	चं	श	गु	मं	सू	शु	बु	चं	श	गु	मं	सू	शु	बु	चं	श	गु
मं.	मं	सू	शु	बु	चं	श	गु	मं	सू	शु	बु	चं	श	गु	मं	सू	शु	बु	चं	श	गु	मं	सू	शु
बु.	बु	चं	श	गु	मं	सू	शु	बु	चं	श	गु	मं	सू	शु	बु	चं	श	गु	मं	सू	शु	बु	चं	श
गु.	गु	मं	सू	शु	बु	चं	श	गु	मं	सू	शु	बु	चं	श	गु	मं	सू	शु	बु	चं	श	गु	मं	सू
शु.	शु	बु	चं	श	गु	मं	सू	शु	बु	चं	श	गु	मं	सू	शु	बु	चं	श	गु	मं	सू	शु	बु	चं
श.	श	गु	मं	सू	शु	बु	चं	श	गु	मं	सू	शु	बु	चं	श	गु	मं	सू	शु	बु	चं	श	गु	मं

अंग्रेजी जन्म तिथि से जन्म का वार ज्ञात करना (Knowing Day from Date):

अंग्रेजी जन्मतिथि से वार ज्ञात करने के लिये अध्याय अष्टम जन्म कुण्डली के दोनों उदाहरणों की जन्म तिथि लेते हैं। इनमें से एक जन्म तिथि 13.10.1946 और दूसरी 07.01.1972 है। इन दोनों जन्म तिथियों का वार ज्ञात करते हैं।

हम जानते हैं कि हर चौथा वर्ष एक लीप वर्ष होता है अर्थात जिस वर्ष की संख्या में 4 का भाग दें और वह संख्या पूरी-पूरी कट जाये, लीप वर्ष होता है। इसमें फरवरी 29 दिन की होती है। उपरोक्त तिथियों में 1946 साधारण वर्ष और 1972 लीप वर्ष है। वार जानने के लिये सबसे पहले वर्ष की संख्या में 4 का भाग देकर अब तक के लीप वर्षों की संख्या निकाल लें। इसके बाद वर्ष की संख्या में लीप वर्षों की संख्या, मास की अंक संख्या (नीचे सारिणी दी हुई है) और तिथि के अंक जोड़ दें। कुल जोड़ में 7 का भाग देकर शेष बचे अंक नोट कर लें। शेष अंक और वार सारिणी (अगले पृष्ठ पर दी हुई है) में शेष अंक के नीचे लिखे वार को पढ़ें। यही वार जन्म तिथि का वार है।

मास अंक सारिणी

मास का नाम	मास के अंक	मास का नाम	मास के अंक	मास का नाम	मास के अंक	मास का नाम	मास के अंक
जनवरी	7	अप्रैल	6	जुलाई	6	अक्टूबर	7
फरवरी	3	मई	1	अगस्त	2	नवम्बर	3
मार्च	3	जून	4	सितम्बर	5	दिसम्बर	5

नोट - यदि किसी व्यक्ति का लीप वर्ष का जन्म हो तो जनवरी और फरवरी मास के अंक में से एक अंक कम करदे अर्थात जनवरी के 7-1=6 अंक और फरवरी के 3-1=2 अंक जोड़ें। शेष अन्य मासों के अंक सदैव समान रहते हैं।

शेष अंक व वार सारिणी

शेष अंक	0	1	2	3	4	5	6
वार का नाम	शुक्रवार	शनिवार	रविवार	सोमवार	मंगलवार	बुधवार	गुरुवार

उदाहरण 1. जन्म तिथि 13.10.1946 का वार ज्ञात करना है। सर्वप्रथम 4 का भाग देकर लीपवर्ष निकालें। वर्ष, लीपवर्ष, मास के अंक और तिथि के अंक जोड़ें। अंत में कुल संख्या में 7 का भाग देकर शेष अंक लिख लें।

4) 1946 (486
16
34
32
26
24
2

जन्म वर्ष	1946
लीपवर्ष	486
अक्टूबर मास के अंक	7
जन्म तिथि के अंक	13
कुल जोड़ =	2452

7) 2452 (350
21
35
35
2
0 शेष
2

उत्तर: शेष अंक 2 के नीचे सारिणी में रविवार दिया हुआ है। अत: 13.10.1946 अंग्रेजी तिथि के जन्म का वार 'रविवार' है

उदाहरण 2. जन्म तिथि 07.01.1972 का वार ज्ञात करना है। सर्वप्रथम 4 का भाग देकर लीपवर्ष निकालें। वर्ष, लीपवर्ष, मास के अंक और तिथि के अंक जोड़ें। अंत में कुल संख्या में 7 का भाग देकर शेष अंक लिख लें।

4) 1972 (493
16
37
36
12
12
0

जन्म वर्ष=	1972
लीप वर्ष=	493
जनवरी के अंक=	6
जन्म तिथि के अंक=	7
कुल जोड़=	2478

7) 2478 (354
21
37
35
28
28
0 शेष

उत्तर : शेष अंक 0 के नीचे शुक्रवार दिया हुआ है। अत: 07/01/1972 अंग्रेजी तिथि के जन्म का वार 'शुक्रवार' है।

(iv) सप्ताह-सप्ताहान्त (Week & Weekend) :

ज्योतिष में दिन या वारों का क्रम रविवार से प्रारंभ होता है। रविवार-पहला, सोमवार-दूसरा, मंगलवार-तीसरा, बुधवार-चौथा, गुरुवार-पांचवा, शुक्रवार-छठा और शनिवार-सातवाँ वार होता है। इन सात वारों का ही एक सप्ताह होता है। सात वारों की समाप्ति पर एक सप्ताह पूरा हो जाता है। पक्ष में 2 और मास में 4 सप्ताह आते हैं किन्तु अंग्रेजी कैलेण्डर वर्ष 52 सप्ताह का होता है। अंग्रेजी में सप्ताह को Week और वारों को Weekdays कहते हैं। आजकल सभी देशों में Weekend प्रथा प्रचलित है। रविवार को Weekend होता है। सचिवालयों, कार्यालयों, विद्यालयों आदि में सप्ताह का कार्य सोमवार अर्थात सौम्यवार से प्रारंभ होता है तथा शनिवार, रविवार क्रूर वारों से पूर्व समाप्त कर लिया जाता है। पंचांगों में ग्रहों की स्थिति जानने के लिये मास के प्रत्येक पक्ष में सप्ताहवार कुण्डली बनी होती है। अत: सप्ताह बड़ा महत्वपूर्ण शब्द है।

(v) पक्ष (Fortnight)

पन्द्रह तिथियों का अर्थात दिनों का एक पक्ष होता है। कभी-2 तिथिक्षय या तिथिवृद्धि से एक पक्ष के दिनों की संख्या 14 या 16 भी हो जाती है। मास में 2 पक्ष होते हैं। वर्ष में प्रतिमास इन्हीं पक्षों की पुनरावृत्ति होती रहती है। पक्षों के नाम इस प्रकार है:-

1. **शुक्ल पक्ष (सुदि)**
2. **कृष्ण पक्ष (बदि)**

पृथ्वी अपने जनक सूर्य की परिक्रमा लगाती है और चन्द्र अपनी माता पृथ्वी की परिक्रमा करता है। इस परिक्रमा में पृथ्वी से कभी चन्द्र, सूर्य 1^0 अंश पर तो कभी 180^0 अंश पर दिखाई देते हैं। जब दोनों 1^0 अंश पर दिखाई देते हैं तो अमावस होती है और जब 180^0 अंश पर दिखाई देते हैं तो पूर्णिमा होती है। अमावस से पूर्णिमा की ओर जाने वाली 15 तिथियों/दिनों के पक्ष को शुक्लपक्ष अर्थात 'सुदि' कहते हैं तथा पूर्णिमा से अमावस की ओर जाने वाली अगली 15 तिथियों/दिनों के पक्ष को कृष्ण पक्ष अर्थात 'बदि' कहते हैं। विक्रम संवत्सर का प्रारंभ अमावस के बाद चैत्र मास की शुक्ल पक्ष (सुदि) की प्रतिपदा से होता है तथा समाप्ति चैत्र मास के कृष्ण पक्ष (बदि) की अमावस को होती है।

(vi) मास (Months)

30 तिथि या मिति अर्थात दो पक्ष मिलकर एक मास होता है। पूर्णिमा को 15वीं तिथि तथा अमावस को 30वीं तिथि माना जाता है। कभी-2 तिथि घट या बढ़ भी जाती है। यह चान्द्रवर्ष और सौरवर्ष के मध्य 11 दिन के अंतर के कारण होता है। फलस्वरूप

चान्द्र वर्ष में प्रति तीसरे वर्ष एक मास की वृद्धि हो जाती है। इसे अधिक मास या पुरुषोत्तम मास कहते हैं। पुरुषोतम मास में लोगों द्वारा तीर्थ यात्रा, धार्मिक कार्य-यज्ञ, अनुष्ठान आदि किये जाते हैं। उनका विश्वास है कि ऐसा करने से उन्हें मोक्ष की प्राप्ति होगी। सूर्य संक्रान्ति, तिथि, पक्ष एवं नक्षत्र के आधार पर मास की चार श्रेणियाँ होती हैं।

1. **सौरमास** - सूर्य के निरयण राशि प्रवेश अर्थात एक संक्रान्ति से दूसरी संक्रान्ति तक की समयावधि को सौरमास कहा गया है। यह राशि आधारित होते हैं।

2. **चान्द्रमास** - अमावस से अमावस तक की समयावधि को शुक्लादि चान्द्रमास तथा पूर्णिमा से पूर्णिमा तक की समयावधि को कृष्णादि चान्द्रमास नाम दिया गया है।

3. **सावनमास** - एक सूर्योदय से दूसरे सूर्योदय तक की 30 तिथियों को मिलकर एक सावनमास बनता है। यह स्त्रियों के लिये शुभ माना जाता है।

4. **नक्षत्रमास** - एक नक्षत्र से सत्ताईसवें नक्षत्र की समयावधि को नक्षत्र मास कहते हैं। इस अवधि में धार्मिक कार्य - कथा, व्रत, यज्ञ, अनुष्ठान एवं तीर्थ यात्रा करना आदि शुभ माना जाता है।

(vii) संक्रान्ति एवं मासान्त (First date and Last date of A Solar Month):

आकाशमण्डल में प्रत्येक मास में एक तिथि को सूर्य की ऐसी स्थिति होती है, जब वह एक राशि छोड़कर अगली राशि में प्रवेश करता है। जब सूर्य किसी राशि में प्रवेश करता है तो उस प्रवेश तिथि को ही संक्रान्ति या सूर्य संक्रान्ति कहते हैं। अंग्रेजी कैलेण्डर की 14 जनवरी तिथि को सूर्य मकर राशि में प्रवेश करता है। राशि के अनुसार उसे मकर संक्रान्ति कहा जाता है। इस दिन शुभ कार्य करना ठीक नहीं होता है। संक्रान्ति से पूर्ववर्ती दिन मासान्त कहलाता है। इसे भी शुभ कार्यों के लिये छोड़ दिया जाता है। मकर की संक्रान्ति से सूर्य उत्तरायण एवं कर्क की संक्रान्ति आने पर सूर्य दक्षिणायण होता है। संक्रान्ति के सप्ताह बाद सूर्य सायन स्थिति में होता है।

कभी-2 शुक्लादि चान्द्रमास में दो सूर्य संक्रान्ति आ जाती हैं तो उसे 'क्षयमास' कहा जाता है तथा जिस मास में कोई सूर्य संक्रान्ति नहीं आती है, वह 'अधिकमास' या 'पुरुषोत्तम मास' कहलाता है। इन मासों में धार्मिक कार्य यथा व्रत, उपवास, पूजापाठ, तीर्थ यात्रा आदि करने चाहिये। शुभ कार्य करना मना है।

सक्रान्तिविहीन पुरुषोत्तम मास की उत्तर प्रदेश के ब्रज क्षेत्र में बड़ी मान्यता हैं। इस मास में 'गिरि गोवर्धन' की परिक्रमा और दण्डवती दी जाती है। सुदुर प्रदेशों के लाखों व्यक्ति इस धार्मिक कार्य हेतु 'गोवर्धन तीर्थ' आते हैं और अपनी मनोकामना पूर्ति की प्रार्थना करते हैं। अगले पृष्ठ पर 12 राशि और संक्रान्ति तिथि सारिणी देखें।

बारह राशि और संक्रान्ति तिथि सारिणी

क्र.सं.	राशि	तिथि	क्र.सं.	राशि	तिथि	क्र.सं.	राशि	तिथि
1.	मेष	13 अप्रैल	5.	सिंह	16 अगस्त	9	धनु	15 दिसम्बर
2.	वृष	14 मई	6.	कन्या	16 सितम्बर	10.	मकर	14 जनवरी
3.	मिथुन	14 जून	7.	तुला	17 अक्टूबर	11.	कुम्भ	12 फरवरी
4.	कर्क	16 जुलाई	8.	वृश्चिक	16 नवम्बर	12.	मीन	13 मार्च

(viii) ऋतु (Seasons)

वर्ष में कुल 6 ऋतुयें होती हैं। इस प्रकार एक ऋतु की अवधि 12 ÷ 6= दो मास की होती है। इन ऋतुओं से मौसम का आभास होता है। जलवायु का पता लगता है। तदनुसार आवश्यक प्रबन्ध किये जा सकते हैं। नीचे ऋतु सारिणी देखें :-

ऋतु सारिणी – अवधि एवं मौसम

क्र.सं.	नाम ऋतु	चान्द्रमास अवधि	अंग्रेजी मास अवधि	मौसम
1.	बसन्त	चैत्र व वैसाख	मध्य मार्च से मध्य मई	सौम्य
2.	ग्रीष्म	ज्येष्ठ व आषाढ़	मध्य मई से मध्य जुलाई	तीव्र गर्मी
3.	वर्षा	श्रावण व भाद्रपद	मध्य जुलाई से मध्य सितम्बर	वर्षायुत
4.	शरद	आश्विन व कार्तिक	मध्य सितम्बर से मध्य नवम्बर	अधिक ठण्ड
5.	हेमन्त	मार्गशीर्ष व पौष	मध्य नवम्बर से मध्य जनवरी	हिमपात
6.	शिशिर	माघ व फाल्गुन	मध्य जनवरी से मध्य मार्च	सौम्य

(ix) वर्ष (Year)

चन्द्र अपनी माता पृथ्वी के 354 दिनों में 12 चक्कर लगाता है। चन्द्र का एक चक्कर एक चान्द्रमास कहलाता है। अत: वर्ष में 12 चान्द्रमास (Lunar Months) होते हैं। पूर्णिमा के दिन पूर्णचन्द्र दृष्टिगोचर होता है। इस आधार पर प्रत्येक पूर्णिमा को पड़ने वाले नक्षत्र के नाम के अनुसार चान्द्रमासों का नामकरण किया गया है। चैत्र मास का नाम चैत्र मास की पूर्णिमा को पड़ने वाले 'चित्रा' नक्षत्र के नाम के अनुसार चैत्र मास रखा गया है। वैसाख मास का नाम वैसाख मास की पूर्णिमा को पड़ने वाले 'विशाखा' नक्षत्र के नाम के अनुसार वैसाख मास रखा गया है। इसी प्रकार अन्य चान्द्रमासों के नाम हैं। सामान्यत: एक चान्द्रमास की अवधि 27 से 29 दिन की होती है।

पृथ्वी अपने जनक सूर्य का 365 दिन व 16 घटी में एक पूरा चक्कर कर लेती है। फलस्वरूप 12 सौरमास (Solar Months) व एक वर्ष बनता है। सौरमास राशि आधारित होते हैं। अंग्रेजी कैलेण्डर वर्ष की तिथि 13 अप्रैल से प्रारंभ होते हैं। सूर्यदेव तिथि 13 अप्रैल को मेष राशि में प्रवेश करते हैं। इसे 'मेष की संक्रान्ति' कहते हैं। इस तिथि या संक्रान्ति से मेष सौरमास प्रारम्भ होता है और अगली संक्रान्ति तक रहता है। अगली संक्रान्ति वृष के आने पर वृष सौरमास प्रारम्भ हो जाता है। इस प्रकार संक्रान्ति बदलने पर सौरमास भी बदल जाते हैं। एक सौरमास की औसत अवधि 30 से 31 दिन होती है।

पंचांग में चान्द्रमास की तिथियों के साथ-साथ अंग्रेजी कैलेण्डर की मासवार तिथियाँ भी दी हुई होती हैं। इन अंग्रेजी तिथियों से सूर्य संक्रान्ति तथा सायन सूर्य की सही स्थिति का पता लग जाता है। सूर्य संक्रान्ति से सूर्य की वर्तमान राशि स्थिति का ज्ञान होता है। ऐसी स्थिति में यदि किसी व्यक्ति की जन्म कुण्डली नहीं बनी है किन्तु सही जन्म तिथि ज्ञात है तो इस आधार पर उसके व्यक्तित्व और मानसिकता का अनुमान लगाया जा सकता है।

आगे चान्द्रमास व सौरमास की सारिणी दी जा रही है। इसमें इनकी अवधि व समय भी दिया हुआ है।

चान्द्रमास एवं सौरमास सारिणी

क्र.	नाम चान्द्रमास	अवधि-अंग्रेजी मास
1.	चैत्र	मार्च-अप्रैल
2.	वैसाख	अप्रैल-मई
3.	ज्येष्ठ	मई-जून
4.	आषाढ़	जून-जुलाई
5.	श्रावण	जुलाई-अगस्त
6.	भाद्रपद	अगस्त-सितम्बर
7.	आश्विन	सितम्बर-अक्टूबर
8.	कार्तिक	अक्टूबर-नवम्बर
9.	मार्गशीर्ष	नवम्बर-दिसम्बर
10.	पौष	दिसम्बर-जनवरी
11.	माघ	जनवरी-फरवरी
12.	फाल्गुन	फरवरी-मार्च

क्र.	नाम सौरमास	अवधि तिथि-अंग्रेजी मास
1	मेष का मास	13 अप्रैल से 14 मई
2	वृष का मास	14 मई से 14 जून
3	मिथुन का मास	14 जून से 16 जुलाई
4	कर्क का मास	16 जुलाई से 16 अगस्त
5	सिंह का मास	16 अगस्त से 16 सितम्बर
6	कन्या का मास	16 सितम्बर से 17 अक्टूबर
7	तुला का मास	17 अक्टूबर से 16 नवम्बर
8	वृश्चिक का मास	16 नवम्बर से 15 दिसम्बर
9	धनु का मास	15 दिसम्बर से 14 जनवरी
10	मकर का मास	14 जनवरी से 12 फरवरी
11	कुम्भ का मास	12 फरवरी से 13 मार्च
12	मीन का मास	13 मार्च से 13 अप्रैल

(X) अक्षांश एवं रेखांश (Latitude and Longitude) :

सभी पंचांगों में भारत के अधिकांश नगरों एवं विश्व के प्रमुख नगरों की अक्षांश-रेखांश सारिणी दी हुई होती है। इससे स्थान विशेष की दिशा, स्थिति, दूरी, सूर्योदय, सूर्यास्त आदि का आसानी से पता लग जाता है। जन्म कुण्डली बनाते समय इनका उपयोग होता है।

अक्षांश रेखायें वृत्ताकार होती हैं। विषुवत रेखा 0^0 अंश अक्षांश सबसे बड़ा वृत्त है। इस रेखा से उत्तर या दक्षिण की ओर बढ़ते जाये तो वृत छोटे होते जाते हैं। उत्तरी ध्रुव 90^0 अंश उत्तरी अक्षांश तथा दक्षिणी ध्रुव 90^0 अंश दक्षिणी अक्षांश सबसे छोटे वृत्त एक बिन्दु हैं।

$23½^0$ अंश उत्तरी अक्षांश रेखा को कर्क रेखा तथा $23½^0$ अंश दक्षिणी अक्षांश रेखा को मकर रेखा कहते हैं। यह सूर्य की उत्तर दक्षिण सीमा रेखायें हैं। अक्षांश रेखायें समान अन्तर पर होने के कारण समानान्तर रेखायें भी कहलाती हैं। एक अक्षांश से दूसरे अक्षांश पर सीधे पहुंचने के लिये 69.16 मील या 111.30 किलोमीटर की यात्रा करनी पड़ती है।

रेखांश रेखाये अर्द्धवृत होती हैं। यह उत्तरी ध्रुव से दक्षिणी ध्रुव को मिलाती हैं। इंग्लैंड के ग्रीनविच नगर के साथ से गुजरने वाली रेखा 0^0 अंश रेखांश रेखा कहलाती है। इसके दांयी ओर पूर्व में 1^0 अंश से 180^0 अंश तक पूर्वी रेखांश तथा बांयी ओर पश्चिम में 1^0 अंश से 180^0 अंश तक पश्चिमी रेखांश होती है। इस प्रकार ग्लोब पर 180^0+180^0=कुल 360^0 रेखांश रेखायें होती हैं। इन रेखांश रेखाओं से विभिन्न देशों की दूरी या अंतर का पता आसानी से लग जाता है। इसीलिये इन्हें देशान्तर रेखायें भी कहते हैं। अक्षांश वृत्तों के उत्तर-दक्षिण छोटे होते जाने के कारण रेखाशों की सीधी दूरी मील या किलोमीटर में कम होती जाती है। नीचे सारिणी देखें।

विभिन्न अक्षाशों पर रेखांश दूरी सारिणी

अक्षांश	रेखांश की दूरी		अक्षांश	रेखांश की दूरी		अक्षांश	रेखांश की दूरी	
	(मील)	(किमी.)		(मील)	(किमी.)		(मील)	(किमी.)
0'	69.16	111.30	40'	53.06	85.40	75'	17.89	28.80
10'	68.10	109.60	50'	44.55	71.70	80'	12.05	19.40
20'	64.99	104.60	60'	34.67	55.80	85'	6.02	9.70
30'	59.90	96.40	70'	23.73	38.20	90'	0.00	0.00

भारत के प्रमुख नगरों के अक्षांश, रेखांश और स्टैंडर्ड अन्तर सारिणी

नोट : जिस शहर के आगे (–) चिन्ह लगा हुआ है, वह नगर $82\frac{1}{2}^0$ रेखांश से उतने मिनट पीछे है और जिस स्थान पर (+) का चिन्ह लगा हुआ है, वह स्थान उतने मिनट आगे है।

नगर	अक्षांश (उत्तर) अं. क.	रेखांश (पूर्व) अं. क.	स्टैण्डर्ड अन्तर मि. से.	नगर	अक्षांश (उत्तर) अं. क.	रेखांश (पूर्व) अं. क.	स्टैण्डर्ड अन्तर मि. से.
अमृतसर (पंजा.)	31 37	74 55	-30 20	उधमपुर (ज.का.)	32 55	75 07	-29 32
अलीगढ़ (उ.प्र.)	27 54	78 06	-17 36	ऋषिकेश (उत्तरां)	30 07	78 18	-15 12
अगरतला (त्रिपुरा)	23 49	91 18	+35 12	एटा (उ.प्र.)	27 38	78 40	-15 20
अहमदाबाद (गुज.)	23 03	72 40	-39 20	औरंगाबाद (महा.)	19 53	75 23	-28 28
अहमदनगर (महा.)	19 05	74 48	-30 48	कटक (उड़ी.)	20 28	85 54	+13 36
अखनूर (ज.का.)	32 54	74 45	-31 00	कठुआ (ज.का.)	32 17	75 36	-27 36
अजमेर (राज.)	26 27	74 42	-31 12	कारगिल (ज.का.)	34 30	76 13	-25 08
अलमोड़ा (उत्तरां)	29 37	49 40	-11 20	किश्तवाड़(ज.का.)	33 19	75 48	-26 48
अलवर (राज.)	27 34	76 38	-23 28	कटरा (ज.का.)	33 01	74 58	-30 08
अमरावती (महा.)	20 56	77 48	-18 48	कटनी (म.प्र.)	23 47	80 27	-08 12
अम्बाला (हरि.)	30 21	76 52	-22 32	करनाल (हरि.)	29 42	77 02	-21 52
अम्बिकापुर (म.प्र.)	23 10	83 15	+03 00	कलकत्ता (बंगा)	22 34	88 24	+23 36
अकलेश्वर (गुज.)	21 38	73 03	-37 48	कपूरथला (पंजा)	31 23	75 25	-28 20
अमेठी (उ.प्र.)	26 08	81 50	-02 40	करौली (राज.)	26 30	77 01	-21 56
अमरोहा (उ.प्र.)	28 54	78 29	-16 04	कांगड़ा (हि.प्र.)	32 05	76 18	-24 48
आनन्दपुर सा. (पं.)	31 15	76 32	-23 52	कानपुर (उ.प्र.)	26 28	80 22	-08 32
आनन्द (गुज.)	22 32	73 00	-38 00	कालका (हरि.)	30 49	76 57	-22 12
अनन्तनाग (ज.का.)	33 43	75 12	-29 12	कुल्लू (हि.प्र.)	31 58	77 10	-21 20
अनूपगढ़ (राज.)	29 07	73 06	-37 36	कुराली (पंजाब)	30 50	76 35	-23 40
आजमगढ़ (उ.प्र.)	26 03	83 13	+02 52	कोटकपूरा(पंजाब)	30 34	74 52	-30 32
अयोध्या (उ.प्र.)	26 48	82 14	-01 04	कादियां (पंजाब)	31 49	75 23	-28 28
अबोहर (पंजा.)	30 08	74 12	-33 12	करसोग (हि.प्र.)	31 23	77 14	-21 04
आसनसोल (बंगा.)	23 42	87 01	+18 04	किन्नौर (हि.प्र.)	31 32	78 20	-16 40
आगरा (उ.प्र.)	27 10	78 26	-18 00	कंडाघाट (हि.प्र.)	30 57	77 08	-21 28
आबू (राज.)	24 40	72 45	-39 00	कोहिमा (ना)	25 41	94 07	+46 28
ईलाहाबाद (उ.प्र.)	25 28	81 54	-02 24	कुमारसेन (हि.प्र.)	31 18	77 37	-19 32
इटावा (उ.प्र.)	26 47	79 02	-13 52	कुरुक्षेत्र (हरि.)	29 59	76 48	-22 48
इम्फाल (मणि.)	24 46	93 58	+45 52	करतारपुर (पंजा.)	31 27	75 32	-27 52
इन्दौर (म.प्र.)	22 44	75 50	-26 40	कैथल (हरि.)	29 48	76 26	-24 16
इटारसी (म.प्र.)	22 30	77 55	-18 20	कोल्हापुर (महा.)	16 42	74 16	-32 56
उदयपुर (राज.)	24 35	73 41	-35 16	कोटखाई (हि.प्र.)	31 08	77 36	-19 36
उज्जैन (म.प्र.)	23 09	75 43	-27 08	कन्नौज (उ.प्र.)	27 03	79 58	-10 08
उन्नाव (उ.प्र.)	26 33	80 31	-07 56	कोटा (राज.)	25 10	75 52	-26 32
उत्तरकाशी (उत्तरां)	30 44	78 27	-16 12	खन्ना (पंजाब)	30 42	76 13	-25 08
ऊना (हि.प्र.)	31 32	76 18	-24 48	खरड़ (पंजाब)	30 45	76 37	-23 32

नगर	अक्षांश (उत्तर) अं. क.	रेखांश (पूर्व) अं. क.	स्टैण्डर्ड अन्तर मि. से.	नगर	अक्षांश (उत्तर) अं. क.	रेखांश (पूर्व) अं. क.	स्टैण्डर्ड अन्तर मि. से.
खुर्जा (उ.प्र.)	28 15	77 50	-18 40	जाखल (हरि.)	29 49	75 49	-26 44
खण्डवा (म.प्र.)	21 50	78 07	-24 28	जूनागढ़ (गुज.)	21 31	70 36	-47 36
गया (बिहार)	24 49	85 01	+10 04	जोरहाट (आसा.)	26 46	94 16	+47 04
ग्वालियर (म.प्र.)	26 14	78 10	-17 20	झांसी (उ.प्र.)	25 27	78 37	-15 32
गिलगित (ज.का.)	35 55	74 22	-32 32	झरिया (बिहार)	23 50	86 24	+15 36
गुरदासपुर (पंजाब)	32 03	75 27	-28 12	झुंझुनू (राज.)	28 06	75 25	-28 20
गुड़गांव (हरि.)	28 29	77 04	-21 44	टांडा उडमड़ (पंजा.)	31 40	75 41	-27 16
गोरखपुर (उ.प्र.)	26 45	83 24	+03 36	टोहाना (हरि.)	29 43	75 53	-26 28
गुवहाटी (आसाम)	26 11	91 47	+37 08	टिहरी (उ.प्र.)	30 20	78 00	-16 00
गोधरा (गुज.)	22 45	73 40	-35 20	टोंक (राज.)	26 11	75 50	-26 40
गाजीपुर (उ.प्र.)	25 34	83 35	+04 20	टोडारायसिंह (राज.)	26 00	75 29	-28 04
गोईदवाल (पंजा.)	31 22	75 08	-29 28	डबवाली मंडी (पं.)	29 59	74 42	-31 12
गोराया (पंजा.)	31 06	75 47	-26 52	डोडा (ज.का.)	33 11	75 34	-27 44
गंगानगर (राज.)	29 49	73 50	-34 40	डलहौजी (हि.प्र.)	32 31	76 00	-26 00
गोण्डा (उ.प्र.)	27 08	82 01	-01 56	डिब्रूगढ़ (आसा.)	27 29	94 56	+49 44
गढ़शंकर (पंजा.)	31 13	76 11	-25 16	डूंगरपुर (राज.)	23 50	73 43	-35 08
गाजियाबाद (उ.प्र.)	28 40	77 26	-20 16	तरनतरन (पंजा.)	31 28	74 58	-30 08
गुलमर्ग (ज.का.)	34 05	74 25	-32 20	तिरुपति (आंध्र)	13 40	79 24	-12 24
गोहाना (हरि.)	29 09	76 01	-23 16	त्रिवेन्द्रम (के.)	08 29	76 57	-22 12
गोलकुण्डा (आ.प्र.)	17 24	78 23	-16 28	थानेसर (हरि.)	29 58	76 56	-22 16
चम्बा (हि.प्र.)	32 34	76 08	-25 28	दिल्ली	28 39	77 12	-21 12
चित्तौड़गढ़ (राज.)	24 54	74 42	-31 12	देहरादून (उत्तरां.)	30 19	78 04	-17 44
चण्डीगढ़ (के.प्र.)	30 44	76 52	-22 32	दसूहा (पंजा.)	31 49	75 39	-27 24
चन्दौसी (उ.प्र.)	28 27	78 49	-14 44	दीनानगर (पंजा.)	32 08	75 30	-28 00
चमौली (उत्तरां.)	30 24	79 21	-12 36	दतारपुर (पंजा)	31 53	75 45	-77 00
चूरू (राज.)	28 19	75 01	-29 56	दार्जिलिंग (बंगा.)	27 03	88 18	+23 12
चेन्नई (तमिलनाडु)	13 04	80 17	-08 52	दुर्गापुर (बंगा.)	23 30	87 20	+19 20
छिन्दवाड़ा (म.प्र.)	22 03	78 58	-14 08	दुर्ग (छत्तीसगढ़)	21 10	81 17	-04 52
जालन्धर (पंजा.)	31 19	75 34	-27 44	द्वारिका (गुज.)	22 14	69 01	-53 56
जण्डयाला	31 36	75 03	-29 48	देवरिया (उ.प्र.)	26 32	83 45	+05 00
जम्मू (ज.का.)	32 43	74 54	-30 24	दतिया (म.प्र.)	25 39	78 27	-16 12
जौनपुर (उ.प्र.)	25 46	82 44	+00 56	धनवाद (बिहा.)	23 47	86 30	+16 00
जैसलमेर (राज.)	26 55	70 54	-46 24	धर्मशाला (हि.प्र.)	32 16	76 23	-24 28
जयपुर (राज.)	26 55	75 52	-26 32	धौलपुर (राज.)	26 42	77 53	-18 28
जीन्द (हरि.)	29 19	76 21	-24 36	धूरी (पंजा.)	30 22	75 52	-26 32
जमशेदपुर (बिहार)	22 50	86 10	+14 40	नागौर (राज.)	27 11	73 40	-35 20
जामनगर (गुज.)	22 27	70 07	-49 32	नवलगढ़ (राज.)	27 51	75 18	-28 48
जोगिन्द्रनगर (हि.प्र.)	31 58	76 45	-23 00	नकोदर (पंजा.)	31 07	75 29	-28 04
जोधपुर (राज.)	26 18	73 04	-37 44	नूरमहल (पंजा.)	31 01	75 22	-28 32
जबलपुर (म.प्र.)	23 10	79 59	-10 04	नौहर (राज.)	29 11	74 46	-30 56
जलगांव (महा.)	21 03	75 39	-27 24	नसीराबाद (राज.)	26 18	74 46	-30 56
जैतों (पंजाब)	30 28	74 53	-30 28	नरवाना (हरि.)	29 36	76 08	-25 28
जीरा (पंजाब)	30 57	74 59	-30 04	नासिक (महा.)	20 02	73 50	-34 40
जगाधरी (हरि.)	30 10	77 16	-20 56	नागपुर (महा.)	21 09	79 09	-13 24
ज्वालामुखी (हि.प्र.)	31 53	76 20	-24 40	नारनौल (हरि.)	28 02	76 14	-25 04

नगर	अक्षांश (उत्तर) अं. क.	रेखांश (पूर्व) अं. क.	स्टैण्डर्ड अन्तर मि. सै.	नगर	अक्षांश (उत्तर) अं. क.	रेखांश (पूर्व) अं. क.	स्टैण्डर्ड अन्तर मि. सै.
नंगल (पंजा.)	31 23	76 23	-24 28	बक्सर (उ.प्र.)	25 35	83 59	+05 56
नवांशहर (पंजा.)	31 07	76 08	-25 28	बड़ौदा (गुज.)	22 18	73 13	-37 08
नाभा (पंजा.)	30 25	76 09	-25 24	बड़गाम (ज.का.)	34 00	74 44	-31 04
नाहन (हि.प्र.)	30 33	77 21	-20 36	बरनाला (पंजा.)	30 23	75 33	-27 48
नालागढ़ (हि.प्र.)	30 57	76 22	-24 32	बिजनौर (उ.प्र.)	29 23	78 11	-17 16
नैनीताल (उत्तरां.)	29 23	79 30	-12 00	बुलन्दशहर (उ.प्र.)	28 24	77 52	-18 32
नौशेरा (ज.का.)	33 13	74 17	-32 52	बयाना (राजस्थान)	26 55	77 17	-20 52
पठानकोट (पंजा.)	32 17	75 42	-27 12	बरेली (उ.प्र.)	28 22	79 27	-12 12
पटियाला (पंजा.)	30 20	76 25	-24 20	बलिया (उ.प्र.)	25 44	84 11	+06 44
पणजी (गोवा)	15 27	73 50	-34 40	बदायूं (उ.प्र.)	28 02	79 10	-13 20
पंचकूला (हरि.)	30 45	76 53	-22 28	बाराबंकी (उ.प्र.)	26 56	81 13	-05 08
पानीपत (हरि.)	29 23	77 01	-21 56	बारामूला (ज.का.)	34 10	74 30	-32 00
पिहोवा (हरि.)	29 56	76 36	-23 56	बनिहाल (ज.का.)	33 32	75 19	-28 44
पिथौरगढ़ (उत्तरां.)	29 35	80 13	-09 08	बल्लभगढ़ (हरि.)	28 22	77 20	-20 40
पिंजौर (हरि.)	30 49	76 55	-22 20	बहादुरगढ़ (हरि.)	28 42	76 55	-22 20
पुँछ (ज.का.)	33 51	74 08	-33 28	बीकानेर (राज.)	28 01	73 22	-36 32
पहलगाँव (ज.का.)	34 01	75 24	-28 24	बांसवाड़ा (राज.)	23 30	74 24	-32 24
पटना (बिहार)	25 37	85 13	+10 52	बागपत (उ.प्र.)	28 57	77 13	-21 08
पीलीभीत (उ.प्र.)	28 38	79 48	-10 48	बून्दी (राज.)	25 27	75 40	-27 20
पालमपुर (हि.प्र.)	32 06	76 33	-23 48	बैजनाथ (हि.प्र.)	32 03	76 36	-23 36
पपरौला (हि.प्र.)	32 04	76 34	-23 44	बिलासपुर (हि.प्र.)	31 19	76 45	-23 00
प्रतापगढ़ (उ.प्र.)	25 50	81 59	-02 04	बिलासपुर (म.प्र.)	22 05	82 12	-01 12
पाली (राज.)	25 46	73 25	-36 20	बस्तर (म.प्र.)	19 10	81 59	-02 04
पोरबन्दर (गुज.)	21 37	69 37	-51 32	बंगलौर (कर्नाटक)	12 58	77 36	-19 36
पंचमढ़ी (म.प्र.)	22 30	78 22	-16 32	भटिंडा (पंजाब)	30 11	75 00	-30 00
पुरी (उड़ीसा)	19 48	85 52	+13 28	भद्रवाह (का.)	33 04	75 50	-26 40
पुरुलिया (बंगा.)	23 20	86 24	+15 36	भिवानी (हरि.)	28 46	76 18	-24 48
पन्ना (म.प्र.)	24 44	80 14	-09 04	भुवनेश्वर (उड़ी.)	20 10	85 50	+13 20
पिलानी (राज.)	28 23	75 35	-27 40	भरतपुर (राज.)	27 05	77 30	-20 00
पुष्कर (राज.)	26 30	74 34	-31 44	भावनगर (गुज.)	21 46	72 11	-41 16
पौड़ीगढ़वाल (उत्तरां.)	30 09	78 47	-14 52	भुज (गुज.)	23 15	69 40	-51 20
फतेहगढ़ सा (पंजा.)	30 39	76 22	-24 32	भिलाई (छत्ती.)	21 13	81 26	-04 16
फैजाबाद (उ.प्र.)	26 47	82 06	-01 36	भिण्ड (म.प्र.)	26 36	78 46	-14 56
फर्रुखाबाद (उ.प्र.)	27 24	79 36	-11 36	भीलवाड़ा (राज.)	25 21	74 40	-31 20
फगवाड़ा (पंजा.)	31 13	75 47	-26 52	भोपाल (म.प्र.)	23 16	77 24	-20 24
फरीदकोट (पंजा.)	30 40	74 57	-30 12	मलेरकोटला (पंजा.)	30 31	75 59	-26 04
फाजिल्का (पंजा.)	30 24	74 04	-33 44	मंजीठा (पंजाब)	31 46	75 01	-29 56
फिरोजपुर (पंजा.)	30 55	74 40	-31 20	मलोट (पंजाब)	30 13	74 29	-32 04
फिल्लौर (पंजा.)	31 01	75 48	-26 48	मानसा (पंजाब)	29 59	75 23	-28 28
फरीदाबाद (हरि.)	28 25	77 22	-20 32	मोगा (पंजाब)	30 48	75 10	-29 20
फ़तेहाबाद (हरि.)	29 31	75 30	-28 00	मोहाली (पंजा.)	30 43	76 42	-23 12
बटाला (पंजा.)	31 49	75 14	-29 04	मार्तण्ड (ज.का.)	33 48	75 18	-28 48
वंगा (पंजा.)	31 11	75 59	-26 04	महेन्द्रगढ़ (हरि.)	28 18	76 09	-25 24
बलाचौर (पंजा.)	31 03	76 19	-24 44	मनसादेवी (हरि.)	30 44	76 52	-22 32
बद्रीनाथ (उत्तरां.)	30 44	79 30	-12 00	मकराना (राज.)	27 04	74 43	-31 08

नगर	अक्षांश (उत्तर) अं. क.	रेखांश (पूर्व) अं. क.	स्टैण्डर्ड अन्तर मि. सै.	नगर	अक्षांश (उत्तर) अं. क.	रेखांश (पूर्व) अं. क.	स्टैण्डर्ड अन्तर मि. सै.
मेरठ (उ.प्र.)	29 00	77 42	-19 12	शाहदरा (दिल्ली)	28 40	77 20	-20 40
मिर्जापुर (उ.प्र.)	25 10	82 36	-00 24	शाहाबाद (हरि.)	30 10	76 55	-22 20
मुरादाबाद (उ.प्र.)	28 51	78 49	+14 44	शाहजहांपुर (उ.प्र.)	27 54	79 57	-10 12
मुगलसराय (उ.प्र.)	25 17	83 11	+02 44	शोलापुर (महा.)	17 42	75 56	-26 16
मंसूरी (उत्तरां.)	30 27	78 06	-17 36	शिलांग (मेघा)	25 34	91 56	+37 44
मथुरा (उ.प्र.)	27 28	77 41	-19 16	श्रीनगर (ज.का.)	34 06	74 51	-30 36
मुजफ्फरनगर (उ.प्र.)	29 28	77 41	-19 16	श्रीगंगानगर (राज.)	29 49	73 50	-34 40
मुक्तसर (पंजाब)	30 29	74 31	-31 56	श्रीमाधोपुर (राज.)	27 25	75 32	-27 52
मन्दसौर (म.प्र.)	24 03	75 08	-29 28	संगरूर (पंजाब)	30 12	75 53	-26 28
मैसूर (कर्ना.)	12 18	76 42	-23 12	सरहिन्द (पंजाब)	30 38	76 23	-24 28
मण्डी (हि.प्र.)	31 43	76 58	-22 08	सुल्तानपुर लोधी (पं.)	31 11	75 12	-29 12
मनीकरण (हि.प्र.)	32 01	77 20	-20 40	समाना (पंजाब)	30 09	76 12	-25 12
मनाली (हि.प्र.)	32 17	77 19	-20 44	समराला (पंजाब)	30 51	76 11	-25 16
मारवाड़ जं. (राज.)	25 44	73 45	-35 00	सुनाम (पंजाब)	30 08	75 48	-26 48
मुम्बई (महा.)	19 00	72 54	-38 24	साम्बा (ज.का.)	32 33	75 07	-29 32
यमुनानगर (हरि.)	30 08	77 16	-20 56	सुन्दरनगर (हि.प्र.)	31 33	76 54	-22 24
रामपुर बुशै. (हि.प्र.)	31 28	77 39	-19 24	सोलन (हि.प्र.)	30 55	77 09	-21 24
रोहड़ (हि.प्र.)	31 12	77 44	-19 04	सुजानपुर टि (हि.प्र.)	31 50	76 31	-23 56
रोपड़ (पंजाब)	30 57	76 32	-23 52	सरकाघाट (हि.प्र.)	31 43	76 22	-24 32
राजपुरा (पंजाब)	30 29	76 34	-23 44	सिरसा (हरि.)	29 32	75 06	-29 36
रायकोट (पंजाब)	30 41	75 36	-27 36	सोनीपत (हरि.)	28 58	76 59	-22 04
रोहतक (हरि.)	28 54	76 38	-23 28	सूरतगढ़ (राज.)	29 19	73 57	-34 12
रिवाड़ी (हरि.)	28 12	76 40	-23 20	सूरत (गुजरात)	21 10	72 50	-38 40
रामबन (ज.का.)	33 14	75 15	-29 00	सीकर (राज.)	27 36	75 09	-29 24
रियासी (ज.का.)	33 04	74 53	-30 28	सवाईमाधोपुर (राज.)	25 59	76 30	-24 00
रामनगर (ज.का.)	32 50	75 22	-28 32	साम्भर (राज.)	26 55	75 10	-29 20
रतलाम (म.प्र.)	23 21	75 07	-29 32	सिरोही (राज.)	24 54	72 55	-38 20
राजौरी (ज.का.)	33 23	74 18	-32 48	सागर (म.प्र.)	23 50	78 48	-14 48
रायपुर (छत्ती.)	21 15	81 41	-03 16	सिहोर (म.प्र.)	23 12	77 00	-22 00
रायबरेली (उ.प्र.)	26 14	81 16	-04 56	सहारनपुर (उ.प्र.)	29 58	77 30	-20 00
रामपुर (उ.प्र.)	28 48	79 03	-13 48	सीतापुर (उ.प्र.)	27 36	80 42	-07 12
राँची (झारखण्ड)	23 23	85 23	+11 32	सोमनाथ (गुज.)	21 04	70 26	-48 16
रायसिंहनगर (राज.)	29 32	73 27	-36 12	होशियारपुर (पंजा.)	31 32	75 57	-26 12
राजकोट (गुज.)	22 18	70 48	-46 48	हमीरपुर (हि.प्र.)	31 42	76 30	-24 00
रामेश्वरम् (ता.)	09 17	79 22	-12 32	हांसी (हरि.)	29 06	76 00	-26 00
रूड़की (उत्तरां.)	29 52	77 53	-18 28	हिसार (हरि.)	29 10	75 46	-26 56
लुधियाना (पंजा.)	30 55	75 54	-26 24	हरिद्वार (उत्तरां.)	29 58	78 12	-17 12
लेह (ज.का.)	34 10	77 40	-19 20	हल्द्वानी (उ.प्र.)	29 13	79 31	-11 56
लोहारु (हरि.)	28 16	75 45	-27 00	हाथरस (उ.प्र.)	27 36	78 06	-17 36
लखनऊ (उ.प्र.)	26 52	80 56	-06 16	हनुमानगढ़ (राज.)	29 35	74 21	-32 36
लखीमपुर (उ.प्र.)	27 57	80 49	-06 44	हापुड़ (उ.प्र.)	28 43	77 50	-18 40
लाडवा (हरि.)	29 59	77 05	-21 40	हरदोई (उ.प्र.)	27 23	80 10	-09 20
वाराणसी (उ.प्र.)	25 20	83 00	+02 00	हैदराबाद (आ.प्र.)	17 24	78 30	-16 00
विशाखापट्नम (आ.)	17 42	83 20	+03 20	होशंगाबाद (म.प्र.)	22 46	77 45	-19 00
शिमला (हि.प्र.)	31 06	77 13	-21 08	हावड़ा (बंगाल)	22 25	88 23	+23 32

विश्व के अधिकांश देशों के प्रसिद्ध नगरों की अक्षांश, रेखांश व स्टैण्डर्ड अंतर सारिणी

नोट : अक्षांश व रेखांश के अंकों के साथ-साथ उत्तर-दक्षिण व पूर्व-पश्चिम लिखा है। स्टैण्डर्ड रेखांश दी हुई हैं। स्टैण्डर्ड रेखांश से नगर का स्टैण्डर्ड अंतर दिया हुआ है। भारतीय स्टैण्डर्ड समय से भी अंतर दिया हुआ है। संयुक्त राज्य अमेरिका, कनाडा, ब्रिटेन आदि देशों में ग्रीष्मकालीन समय (Day Saving Time) का प्रावधान है। इन देशों में घड़ियों का समय एक घंटा आगे बढ़ा दिया जाता है। संयुक्त राज्य अमेरिका में यह अप्रैल मास के प्रथम रविवार से अक्टूबर मास के अंतिम रविवार तक होता है। इन देशों में पैदा हुये बच्चों का जन्म पत्र बनाते समय ग्रीष्मकालीन समय का ध्यान रखना चाहिये।

क्र.	नगर का नाम	देश	अक्षांश			रेखांश			स्टैण्डर्ड अंतर			स्टैण्डर्ड रेखांश			भारतीय स्टैण्डर्ड टाइम से अंतर		
			अं.	क.	उ०/द०	अं.	क.	पू०/प०	±	मि०	से०	अं.	क.	पू०/प०	±	घ०	मि०
1.	अदन	यमन	13	25	उ०	45	00	पू०	+	00	00	45	00	पू०	+	02	30
2.	अबु-धाबी	यू.ए.ई.	24	58	उ०	54	10	पू०	–	22	20	60	00	पू०	+	01	30
3.	अंकारा	टर्की	39	52	उ०	32	59	पू०	+	11	56	30	00	पू०	+	03	30
4.	आकलैंड	न्यूजीलैण्ड	36	52	द०	174	42	पू०	–	21	12	180	00	पू०	–	06	30
5.	आस्टिन	यू.एस.ए.	36	16	उ०	97	45	प०	–	31	00	90	00	प०	+	11	30
6.	आक्सफोर्ड	यू.एस.ए.	34	22	उ०	89	32	प०	–	01	52	90	00	प०	+	11	30
7.	ओटावा	कनाडा	45	26	उ०	75	42	प०	–	02	48	75	00	प०	+	10	30
8.	ओक्सफोर्ड	इंग्लैंड	51	46	उ०	01	15	प०	–	05	00	00	00	–	+	05	30
9.	इस्तम्बूल	टर्की	41	00	उ०	29	00	पू०	–	04	00	30	00	पू०	+	03	30
10.	ईस्लामाबाद	पाकिस्तान	33	40	उ०	73	04	पू०	–	07	44	75	00	पू०	+	00	30
11.	एथेन्स	ग्रीस	37	54	उ०	23	52	पू०	–	24	32	30	00	पू०	+	03	30
12.	एडमंटन	कनाड़ा	53	33	उ०	113	29	प०	–	33	56	105	00	प०	+	12	30
13.	ऐबीलेन	यू.एस.ए.	32	27	उ०	99	44	प०	–	38	56	90	00	प०	+	11	30
14.	ऐबट्सफोर्ड	यू.एस.ए.	49	10	उ०	122	30	प०	–	10	00	120	00	प०	+	13	30
15.	ऐमस्टरडम	नीदरलैंड	52	22	उ०	04	53	पू०	–	40	28	15	00	पू०	+	04	30
16.	ऐडनवर्ग	इंगलैंड	55	52	उ०	03	12	प०	–	12	48	00	00	–	+	05	30
17.	करांची	पाकिस्तान	24	52	उ०	67	03	पू०	+	31	48	75	00	पू०	+	00	00
18.	कंधार	अफगानिस्तान	31	33	उ०	65	30	पू०	+	08	00	67	30	पू०	+	01	00
19.	काबुल	अफगानिस्तान	34	32	उ०	69	12	पू०	+	06	48	67	30	पू०	+	01	00
20.	काहिरा	मिश्र	30	01	उ०	31	13	पू०	+	04	52	30	00	पू०	+	03	30
21.	काठमाण्डू	नेपाल	27	42	उ०	85	19	पू०	–	03	44	86	15	पू०	–	00	15
22.	कुवैत	कुवैत	29	20	उ०	47	59	पू०	+	11	56	45	00	पू०	+	02	30
23.	कुआलालमपुर	मलेशिया	03	02	उ०	101	40	पू०	–	23	20	120	00	पू०	–	02	30

24.	केनबरा	आस्ट्रेलिया	35	15	द०	149	08	पू०	–	03	28	150	00	पू०	–	04	30
25.	केलगिरी	कनाड़ा	51	03	उ०	114	03	प०	–	36	12	105	00	प०	+	12	30
26.	कैण्डी	श्रीलंका	07	18	उ०	80	38	पू०	–	07	28	82	30	पू०	–	00	00
27.	कोलम्बो	श्रीलंका	06	56	उ०	79	51	पू०	–	10	56	82	30	पू०	–	00	00
28.	कोपेनहेगन	डेनमार्क	55	40	उ०	12	30	पू०	–	10	00	15	00	पू	+	04	30
29.	कोलम्बस	यू.एस.ए.	32	28	उ०	84	59	प०	–	39	56	75	00	प०	+	10	30
30.	कोलम्बिया	यू.एस.ए.	38	57	उ०	92	20	प०	–	09	20	90	00	प०	+	11	30
31.	ग्रीनविच	इंगलैंड	51	29	उ०	00	00	–	–	00	00	00	00	–	–	00	00
32.	जकार्टा	इण्डोनेशिया	06	10	उ०	106	49	पू०	+	07	16	105	00	पू०	–	01	30
33.	जाफना	श्रीलंका	09	40	उ०	80	00	पू०	–	10	00	82	30	पू०	–	00	00
34.	जिनेवा	स्विटजरलैंड	46	12	उ०	06	09	पू०	–	35	24	15	00	पू०	+	04	30
35.	जेरुसलाम	इजरायल	31	46	उ०	35	14	पू०	+	20	56	30	00	पू०	+	03	30
36.	ट्रिपोली	उ० अफ्रीका	32	45	द०	13	15	पू०	–	07	00	15	00	पू०	–	04	30
37.	टैरेस	कनाडा	54	17	उ०	128	57	प०	–	35	48	120	00	प०	+	13	30
38.	टोकियो	जापान	35	40	उ०	139	46	पू०	–	19	04	135	00	पू०	–	03	30
39.	टोरन्टो	कनाड़ा	43	39	उ०	79	23	प०	–	17	32	75	00	प०	+	10	30
40.	डर्बी	इंगलैंड	52	58	उ०	01	25	प०	–	05	40	00	00	–	+	05	30
41.	ड़बलिन	आयरलैंड	53	21	उ०	06	15	प०	–	25	00	00	00	–	+	05	30
42.	ड़ालेस	यू.एस.ए.	29	56	उ०	97	34	प०	–	20	16	90	00	प०	+	11	30
43.	ड़ेट्रोयट	यू.एस.ए.	42	20	उ०	83	03	प०	–	32	12	75	00	प०	+	10	30
44.	ड़ोनकास्टर	इंगलैंड	53	27	उ०	01	02	प०	–	04	08	00	00	–	+	05	30
45.	ढ़ाका	बांग्लादेश	23	43	उ०	90	25	पू०	+	01	40	90	00	पू०	–	00	30
46.	तायपे	तायवान	25	18	उ०	121	32	पू०	–	53	52	135	00	पू०	–	03	30
47.	तेहरान	ईरान	35	44	उ०	51	27	पू०	–	04	12	52	30	पू०	+	02	00
48.	दमस्कस	सीरिया	33	30	उ०	36	18	पू०	+	25	12	30	00	पू०	+	03	30
49.	दारेसलाम	तनजानिया	06	50	द०	39	17	प०	–	22	52	45	00	पू०	+	02	30
50.	दुबई	यू.ए.ई.	25	19	उ०	55	18	पू०	–	18	48	60	00	पू०	+	01	30
51.	न्यूयार्क	यू.एस.ए.	40	43	उ०	74	00	प०	+	04	00	75	00	प०	+	10	30
52.	न्यूजर्सी	यू.एस.ए.	40	43	उ०	74	09	प०	+	03	24	75	00	प०	+	10	30
53.	न्यूकैसिल	इंगलैंड	52	27	उ०	09	04	प०	–	36	16	00	00	–	+	05	30
54.	नैरोबी	केन्या	01	18	द०	36	52	पू०	–	32	32	45	00	पू०	+	02	30
55.	नौटिघंम	इंगलैंड	52	51	उ०	01	18	प०	–	05	12	00	00	–	+	05	30

56.	पर्थ	आस्ट्रेलिया	31	57	द०	115	52	पू०	–	16	32	120	00	पू०	–	02	30
57.	प्योंगयोंग	उ० कोरिया	39	00	उ०	125	30	पू०	–	38	00	135	00	पू०	–	03	30
58.	प्लाममाऊथ	इंगलैंड	50	25	उ०	04	05	प०	–	16	20	00	00	–	+	05	30
59.	प्रिन्स जार्ज	कनाड़ा	53	55	उ०	122	46	प०	–	11	04	120	00	प०	+	13	30
60.	प्रिन्स रुपर्ट	कनाड़ा	54	19	उ०	130	19	प०	–	41	06	120	00	प०	+	13	30
61.	पेशावर	पाकिस्तान	34	01	उ०	71	33	पू०	–	13	48	75	00	पू०	+	00	30
62.	पेरिस	फ्रान्स	48	50	उ०	02	20	पू०	–	50	40	15	00	पू०	+	04	30
63.	पोर्टलुईस	मारीशस	20	10	द०	57	30	पू०	–	10	00	60	00	पू०	+	01	30
64.	बगदाद	ईराक	33	18	उ०	44	30	पू०	–	02	00	45	00	पू०	+	02	30
65.	बहावलपुर	पाकिस्तान	30	00	उ०	73	16	पू०	–	06	56	75	00	पू०	+	00	30
66.	बर्न	स्विटजरलैंड़	46	55	उ०	07	30	पू०	–	30	00	15	00	पू०	+	04	30
67.	बान	जर्मनी	50	44	उ०	13	25	पू०	–	06	20	15	00	पू०	+	04	30
68.	बर्लिन	जर्मनी	52	32	उ०	13	25	पू०	–	06	00	15	00	पू०	+	04	30
69.	बर्मिं घम	इंगलैंड़	52	30	उ०	01	50	प०	–	07	20	00	00	–	+	05	30
70.	बीजिंग	चीन	39	55	उ०	116	25	पू०	–	14	20	120	00	पू०	–	02	30
71.	ब्रिस्टल	इंगलैंड़	51	27	उ०	02	35	प०	–	10	20	00	00	–	+	05	30
72.	ब्रुसेल्स	बैलजियम	50	51	उ०	04	21	पू०	–	42	36	15	00	पू०	+	04	30
73.	बुड़ापेस्ट	हंगरी	47	29	उ०	19	05	पू०	+	16	20	15	00	पू०	+	04	30
74.	बैलग्रेड़	यूगोस्लोविया	44	50	उ०	20	37	पू०	+	22	28	15	00	पू०	+	04	30
75.	ब्रैड़फोर्ड़	इंगलैंड़	53	46	उ०	01	40	प०	–	06	40	00	00	–	+	05	30
76.	ब्रैम्पटन	कनाड़ा	43	41	उ०	79	48	प०	–	17	32	75	00	प०	+	10	30
77.	बेकर्जफील्ड	यू.एस.ए.	35	23	उ०	119	01	प०	+	03	56	120	00	प०	+	13	30
78.	बैंकाक	थायलैंड	13	43	उ०	100	31	पू०	–	17	56	105	00	पू०	–	01	30
79.	बोस्टन	यू.एस.ए.	42	21	उ०	71	04	प०	+	15	44	75	00	प०	+	10	30
80.	मनीला	फिलीपाईन्स	14	35	उ०	121	00	पू०	–	04	00	120	00	पू०	–	02	30
81.	मास्को	रुस	55	45	उ०	37	25	पू०	–	29	40	30	00	पू०	+	02	30
82.	मान्ट्रील	कनाड़ा	45	31	उ०	73	33	प०	+	05	48	75	00	प०	+	10	30
83.	मानचेस्टर	इंगलैंड	53	28	उ०	02	12	प०	–	08	48	00	00	–	+	05	30
84.	मिलवाकी	यू.एस.ए.	42	53	उ०	88	03	प०	–	07	58	90	00	प०	+	11	30
85.	मिसीसागा	कनाड़ा	43	33	उ०	79	35	प०	–	18	20	75	00	प०	+	10	30
86.	मुल्तान	पाकिस्तान	30	11	उ०	71	29	पू०	–	14	04	75	00	पू०	+	00	30
87.	मैक्सिकोसिटी	मैक्सिको	19	25	उ०	99	17	प०	–	36	प०	90	00	प०	+	11	30

88.	मैलबोर्न	आस्ट्रेलिया	37	50	उ०	144	59	पू०	–	20	04	150	00	पू०	–	04	30
89.	मैड्रिड़	स्पेन	40	25	उ०	03	45	प०	–	15	00	00	00	00	+	04	30
90.	यूबासिटी	यू.एस.ए.	41	16	उ०	121	08	प०	–	04	32	120	00	प०	+	13	30
91.	रावलपिण्ड़ी	पाकिस्तान	33	36	उ०	73	04	पू०	–	07	44	75	00	पू०	+	00	30
92.	रंगून	म्यांमार	16	48	उ०	96	08	पू०	–	05	28	94	30	पू०	+	01	00
93.	रियाध	सऊदी अरब	24	39	उ०	46	41	पू०	+	06	44	45	00	पू०	+	02	30
94.	रोम	इटली	41	45	उ०	12	29	पू०	–	10	04	15	00	पू०	+	04	30
95.	लंदन	इंगलैंड़	51	32	उ०	00	05	प०	–	00	20	00	00	00	+	05	30
96.	लाहौर	पाकिस्तान	31	15	उ०	74	18	पू०	–	02	48	75	00	पू०	+	00	30
97.	लासएंजिल्स	यू०एस०ए०	34	03	उ०	118	17	प०	+	06	52	120	00	प०	+	13	30
98.	लीड्स	इंगलैंड़	53	50	उ०	01	35	प०	–	06	20	00	00	–	+	05	30
99.	लिवरपूल	इंगलैंड़	53	24	उ०	02	58	प०	–	11	52	00	00	–	+	05	30
100.	लिस्बन	पुर्तगाल	38	43	उ०	09	10	प०	–	36	40	00	00	–	+	05	30
101.	वाशिंगटन डीसी	यू०एस०ए०	38	55	उ०	77	04	प०	–	08	16	75	00	प०	+	10	30
102.	विक्टोरिया	कनाड़ा	48	25	उ०	123	21	प०	–	13	24	120	00	प०	+	13	30
103.	विनीपेग	कनाड़ा	49	54	उ०	97	08	प०	–	28	32	90	00	प०	+	11	30
104.	वैलिंगटन	न्यूजीलैंड़	41	16	द०	174	47	पू०	–	20	52	180	00	पू०	–	06	30
105.	वैंकूवर	कनाड़ा	49	17	उ०	123	05	प०	–	12	20	120	00	प०	+	13	30
106.	वौलवैहम्पटन	इंगलैंड़	52	36	उ०	02	05	प०	–	08	20	00	00	–	+	05	30
107.	साऊथ हैम्पटन	इंगलैंड़	50	54	उ०	01	24	प०	–	05	36	00	00	–	+	05	30
108.	सांटारोजा	यू०एस०ए०	38	30	उ०	123	05	प०	–	12	20	120	00	प०	+	13	30
109.	शिकागो	यू०एस०ए०	41	53	उ०	87	38	प०	+	09	28	90	00	प०	+	11	30
110.	सियोल	द०कोरिया	37	40	उ०	127	00	पू०	–	32	00	135	00	पू०	–	03	30
111.	सिंगापुर	सिंगापुर	01	17	उ०	103	59	पू०	–	64	24	120	00	पू०	–	02	30
112.	सिड़नी	आस्ट्रेलिया	33	52	द०	151	12	पू०	+	04	48	150	00	पू०	–	04	30
113.	सूवा	फिजी	18	00	द०	179	00	पू०	+	04	00	180	00	पू०	–	06	30
114.	सैनफ्रांसिस्को	यू०एस०ए०	37	48	उ०	122	25	प०	–	09	40	120	00	प०	+	13	30
115.	सैनहोजे	यू०एस०ए०	37	18	उ०	121	53	प०	–	07	32	120	00	प०	+	13	30
116.	सैनरेमोन	यू०एस०ए०	37	58	उ०	121	59	प०	–	07	56	120	00	प०	+	13	30
117.	हांगकांग	हांगकांग	22	18	उ०	114	10	पू०	–	23	20	120	00	पू०	+	02	30
118.	हाऊसटन	यू०एस०ए०	29	45	उ०	95	22	प०	–	21	28	90	00	प०	+	11	30
119.	हैमिलटन	कनाडा	43	15	उ०	79	50	प०	–	19	20	75	00	प०	+	10	30

(xi) अयन, गोल एवं संवत्सर (Solstice, Hemisphere and Lunar Year) :

(क)**अयन** – वर्ष में दो अयन होते हैं। इनकी अवधि 6-6 मास होती है। अयन का दिनमान से सीधा संबंध होता है। अयन इस प्रकार है:-

1. उत्तरायण :

सूर्य संचार के कारण जब सूर्य मकर रेखा अर्थात $23½^0$ अंश दक्षिणी अक्षांश से कर्क रेखा अर्थात $23½^0$ अंश उत्तरी अक्षांश की ओर अपनी सीधी किरणें बिखेरता हुआ दृष्टिगोचर होता है तो इसे 'उत्तरायण' कहते हैं। इसकी अवधि 22/12 से 21/6 तक होती है। सामान्यतः जनवरी से जून तक के 6 महीने उत्तरायण काल के होते हैं। इसकाल में उत्तरी गोलार्द्ध में दिनमान में वृद्धि होती जाती है। यह सूर्य का मकर, कुम्भ, मीन मेष, वृष, मिथुन सायन राशियों में स्थित काल होता है।

2. दक्षिणायण :

जब सूर्य कर्क रेखा अर्थात $23½^0$ अंश उत्तरी अक्षांश से मकर रेखा अर्थात $23½^0$ अंश दक्षिणी अक्षांश की ओर लौटता हुआ दृष्टिगोचर होता है तो सूर्य की यह स्थिति 'दक्षिणायण' होती है। उसकी अवधि 21/6 से 22/12 तक होती है सामान्यतः जुलाई से दिसम्बर तक 6 मास का समय दक्षिणायण काल का होता है। इस अवधि में उत्तरी गोलार्द्ध में दिनमान कम होता जाता है। यह सूर्य का कर्क, सिंह, कन्या, तुला, वृश्चिक, धनु सायन राशियों में स्थित काल होता है।

(ख) गोल – भूगोल में वर्णित गोलार्द्धों को ज्योतिष में गोल कहते हैं। अण्डाकार पृथ्वी मध्य में उभरी हुई है। उत्तर और दक्षिण की ओर आकार कम होता जाता है। मध्यवर्ती रेखा को विषुवत रेखा अर्थात 0^0 अंश अक्षांश रेखा कहा गया है। इस रेखा के दोनों ओर दो गोल होते हैं। इनके नाम व विवरण निम्न प्रकार हैं :

1. उत्तर गोल :

विषुवत रेखा अर्थात 0^0 अंश अक्षांश से उत्तरी ध्रुव अर्थात 90^0 अंश उत्तरी अक्षांश तक के अर्द्धभाग को उत्तरी गोलार्द्ध कहा जाता है। इस गोलार्द्ध में 21 मार्च से 21 सितम्बर तक सूर्य की किरणें सीधी व तीव्रतर होती है। मौसम गर्मी का होता है। उत्तरी गोलार्द्ध में दिन बड़े और रातें छोटी होती है। इस सूर्य स्थिति को 'उत्तर गोल' कहते हैं। सामान्यतः अप्रैल से सितम्बर तक के 6 मास सूर्य उत्तरी गोलार्द्ध में होता है।

2. दक्षिण गोल :

विषुवत रेखा अर्थात 0^0 अंश अक्षांश से दक्षिणी ध्रुव अर्थात 90^0 अंश दक्षिणी अक्षांश तक के अर्द्धभाग को दक्षिणी गोलार्द्ध कहा जाता है। इस गोलार्द्ध में 21 सितम्बर से 21 मार्च तक सूर्य की किरणें सीधी व तेज होती है। अतः दक्षिणी गोलार्द्ध गर्म होता है। यहां दिन बड़े और रातें छोटी होती है। यह सूर्य स्थिति 'दक्षिण गोल' कहलाती है। सामान्यतः अक्टूबर से मार्च तक के 6 मास सूर्य दक्षिणी गोलार्द्ध में होता है।

अयन एवं गोल

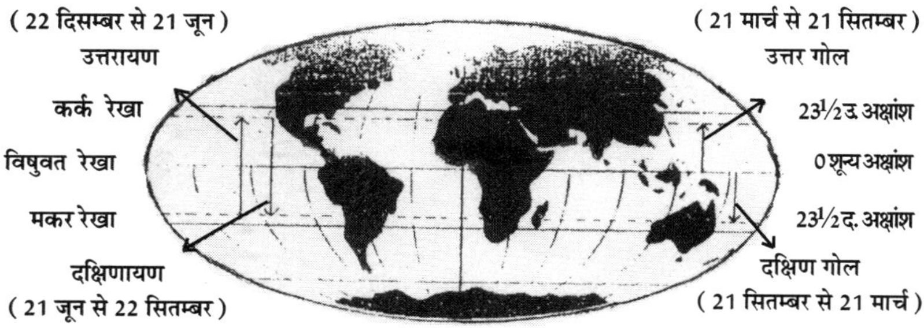

चित्र नं. 1

(ग) संवत्सर :

संवत्सर एक प्रकार से चान्द्र वर्षों/वत्सरों अर्थात संवतों के भेद होते हैं। कुल 60 संवत्सर होते हैं, जिनकी पुनरावृत्ति होती रहती है। इस विक्रम संवत् 2064 में 'शार्वरी' संवत्सर चल रहा है। परिणाम स्वरूप भारत में और विश्व के देशों में राजनीतिक वातावरण अशान्त रहेगा। संवत्सरों के नाम निम्नलिखित हैं:-

1. प्रभव 2. विभव 3. शुक्ल 4. प्रमोद 5. प्रजापति 6. अङ्गिरा 7. श्रीमुख 8. भाव 9. युवा 10. धाता 11. ईश्वर 12. बहुधान्य 13. प्रमाथी 14. विक्रम 15. वृष 16. चित्रभानु 17. सुभानु 18. तारण 19. पार्थिव 20. अव्यय 21. सर्वजित् 22. सर्वधारी 23. विरोधी 24. विकृति 25. खर 26. नन्दन 27. विजय 28. जय 29. मन्मथ 30. दुर्मुख 31. हेमलम्ब 32. विलम्बी 33. विकारी 34. शार्वरी 35. प्लव 36. शुभकृत् 37. शोभन 38. क्रोधी 39. विश्वावसु 40. पराभव 41. प्लवङ्ग 42. कीलक 43. सौम्य 44. साधारण 45. विरोधकृत 46. परिधावी 47. प्रमादी 48. आनन्द 49. राक्षस 50. नल 51. पिङ्गल 52. कालयुक्त 53. सिद्धार्थी 54. रौद्र 55. दुर्मति 56. दुन्दुभि 57. रुधिरोद्गारी 58. रक्ताक्ष 59. क्रोधन 60. क्षय।

*****

अध्याय - तृतीय

नक्षत्र, योग एवं करण

(Constellations, Yogas and Karanas)

(i)नक्षत्र (Constellations) :
आकाश मण्डल में कई लघुतारक समूह आकृति में अश्व, श्वान, सर्प, मृग, हाथी जैसे दृष्टिगोचर होते हैं। इन्हें ही नक्षत्र कहते हैं। यह आकाश मण्डल की दूरी बताने वाले मील के पत्थर (Milestones) का काम करते हैं। यह नक्षत्र चन्द्र यात्रा के मार्ग में आते हैं। यह तिथि या दिन विशेष को पृथ्वी मार्ग में चन्द्र द्वारा की गई यात्रा की दूरी प्रकट करते हैं। एक नक्षत्र 13^0 अंश 20' कला का होता है। प्रत्येक नक्षत्र के चार चरण होते हैं। अत: नक्षत्र के एक चरण की दूरी 13^0 अंश 20' कला ÷ 4 = 3^0 अंश 20' कला होती है। सवा दो नक्षत्र अर्थात 9 चरण की एक राशि होती है। चन्द्र 2¼ दिन में एक राशि पार कर लेता है अर्थात 30 अंश आगे बढ़ जाता है। सत्ताईस दिन में सभी 12 राशियां और नक्षत्र पार कर लेता है।

चन्द्र यात्रा मार्ग में आने वाले कुल 27 नक्षत्र हैं। ज्योर्तिविदों का मत है कि उत्तराषाढ़ा नक्षत्र की अंतिम 15 घटी और श्रवण नक्षत्र की प्रथम 4 घटी कुल 19 घटी का 'अभिजित' नामक एक 28वां नक्षत्र भी है। यह सभी शुभ कार्यों के लिये लाभकारी एवं सुखदायी होता है। स्वभाव के अनुसार नक्षत्रों को 7 श्रेणियों में, दृष्टि आधार पर 3 श्रेणियों में, शुभाशुभ फल के आधार पर 3 श्रेणियों में तथा चोरी गई वस्तु प्राप्ति/अप्राप्ति के आधार पर 4 श्रेणियों में बांटा गया है। विशिष्ट पहचान वाले कुल 17 नक्षत्रों में 5 नक्षत्र पंचकसंज्ञक, 6 नक्षत्र मूलसंज्ञक है तथा 6 नक्षत्रों की कुछ घटी गण्डनक्षत्र की श्रेणी में आती हैं।

(क) स्वभाव के आधार पर : सात श्रेणी होती हैं। ध्रुव, चंचल, उग्र, मिश्र, क्षिप्रा, मृदु एवं तीक्ष्ण।

1. **ध्रुव (स्थिर) नक्षत्र :** 4, 12, 21, 26 चार नक्षत्र स्थिर होते हैं। भवन निर्माण, कृषि कार्य, बाग बगीचे लगाने, गृह प्रवेश, नौकरी ज्वायन करना, उपनयन संस्कार आदि के लिये शुभ होते हैं।
2. **चंचल (चर) नक्षत्र :** 7, 15, 22, 23, 24 चंचल होते हैं। घुड़सवारी करना, मोटर या कार आदि चलाना, मशीन चलाना, यात्रा करना आदि गतिशील कार्यों के लिये शुभ होते हैं।

3. **उग्र (क्रूर) नक्षत्र :** 2, 10, 11, 20, 25 पाँच नक्षत्र उग्र होते हैं। भट्टे लगाना, गैस जलाना, सर्जरी करना, मारपीट करना, अस्त्र-शस्त्र चलाना, व्यापार करना, खोज कार्य, शोध कार्य आदि हेतु शुभ होते हैं।

4. **मिश्र (साधारण) नक्षत्र :** 3, 16 दो नक्षत्र मिश्र होते हैं। लोहा भटटी व गैस भटटी के कार्य, भाप ईंजन, बिजली संबंधी कार्य, दवाईयां बनाने आदि हेतु शुभ होते हैं।

5. **क्षिप्रा (लघु) नक्षत्र :** 1, 8, 13 व अभिजित चार नक्षत्र क्षिप्रा होते हैं। नृत्य, गायन, रूपसज्जा, नाटक, नौटंकी आदि कार्यकरना, दुकान करना, आभूषण बनाना, शिक्षाकार्य, लेखन, प्रकाशन हेतु शुभ होते हैं।

6. **मृदु (मित्रवत) नक्षत्र :** 5, 14, 17, 27 चार नक्षत्र मदु होते हैं। कपड़े बनाना, सिलाई कार्य, कपड़े पहनना, खेल कार्य, आभूषण बनवाना एवं पहनना, व्यापार करना, सेवा कार्य, सत्संगति आदि हेतु शुभ होते हैं।

7. **तीक्ष्ण (दारुण) नक्षत्र :** 6, 9, 18, 19 चार नक्षत्र तीक्ष्ण अर्थात दु:खदायी होते हैं। हानिकर कार्य करना, लड़ाई-झगड़े करना, जानवरों को वश में करना, काला जादू सीखना, मैसमरेजम आदि कार्यो हेतु शुभ माने जाते हैं।

(ख) दृष्टि के आधार पर : तीन श्रेणी होती हैं। अधोमुखी, उर्द्धमुखी व त्रियङ्गमुखी।

1. **अधोमुखी नक्षत्र :** नीचे की ओर दृष्टि रखने वाले (2, 3, 9, 10, 11, 16, 19, 20, 25) कुल 9 नक्षत्र हैं। कुआँ, तालाब, मकान की नींव, बेसमेंट, सुरंग बनवाना, खान खोदना, पानी व सीवर के पाईप डालना जैसे भूमिगत कार्यों के लिये शुभ होते हैं।

2. **उर्ध्वमुखी नक्षत्र :** उपर की ओर दृष्टि रखने वाले (4, 6, 8, 12, 21, 22, 23, 24, 26) कुल 9 नक्षत्र होते हैं। मंदिर निर्माण, बहुमंजिले भवन निर्माण, मूर्ति स्थापना, ध्वज फहराना, राज्याभिषेक, मंडप बनवाना, बाग लगवाना, पहाड़ पर चढ़ना आदि कार्यो हेतु शुभ होते हैं।

3. **त्रियङ्गमुखी नक्षत्र :** दांये, बांये व संमुख दृष्टि रखने वाले (1, 5, 7, 13, 14, 15, 17, 18, 27) कुल 9 नक्षत्र हैं। घुड़सवारी करना, मोटर गाड़ी चलाना, सड़क बनवाना, पशु खरीदना, नाव चलाना, कृषि करना, आवागमन आदि कार्यों हेतु शुभ माने गये हैं।

(ग) शुभाशुभ फल के आधार पर : तीन श्रेणी होती है। शुभ, मध्यम एवं अशुभ।

1. **शुभ फलदायी** - 1, 4, 8, 12, 13, 14, 17, 21, 22, 23, 24, 26, 27 कुल 13 नक्षत्र शुभ फलदायी होते हैं।
2. **मध्यम फलदायी** - 5, 7, 10, 16 कुल चार नक्षत्र थोड़ा फल देते हैं।
3. **अशुभ फलदायी** - 2, 3, 6, 9, 11, 15, 18, 19, 20, 25 शेष दस नक्षत्र अशुभ फल देते हैं।

(घ) चोरी गई वस्तु प्राप्ति/अप्राप्ति के आधार पर : कुल चार श्रेणी होती हैं। अन्ध लोचन, मन्द लोचन, मध्य लोचन एवं सुलोचन।

1. **अन्ध लोचन** – 4, 7, 12, 16, 20, 23, 27 अन्ध लोचन नक्षत्र हैं। इन नक्षत्रों में खोई वस्तु पूर्व दिशा में जाती है और शीघ्र मिल जाती है।
2. **मन्द लोचन** – 1, 5, 9, 13, 17, 21, 24 मन्दलोचन नक्षत्र हैं। खोई वस्तु पश्चिम दिशा में जाती है। प्रयत्न करने पर मिल जाती है।
3. **मध्यलोचन** – 2, 6, 10, 14, 18, 25 इन छः नक्षत्रों में चोरी गई वस्तु दक्षिण दिशा में जाती है। सूचना मिलने पर भी नहीं मिलती है।
4. **सुलोचन** – 3, 8, 11, 15, 19, 22, 26 इन सात नक्षत्रों में वस्तु उत्तर दिशा में जाती है। न तो वस्तु ही मिलती है और न कोई उसकी सूचना ही मिलती है।

नक्षत्र एवं राशियां

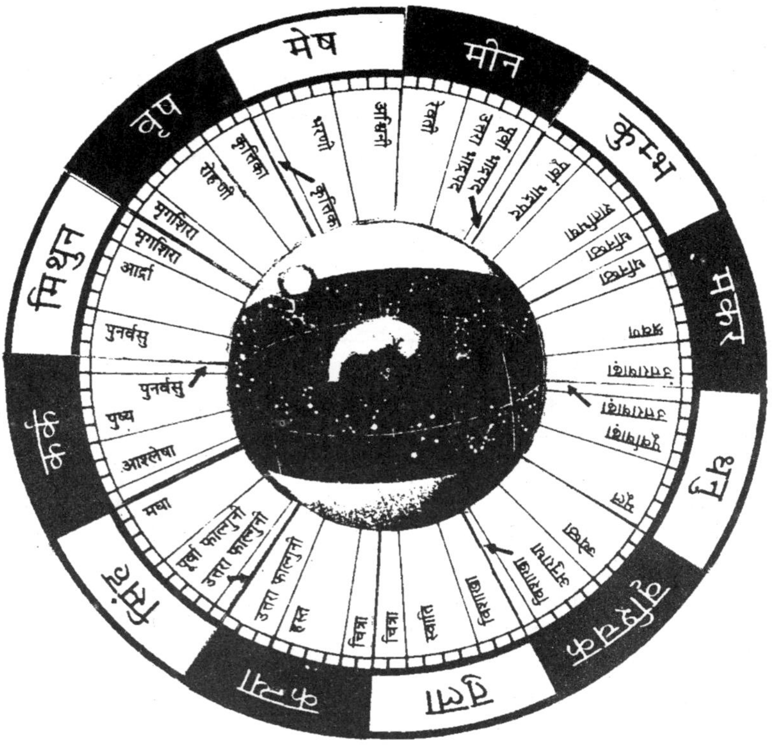

चित्र नं. 2

(ङ) विशिष्ट श्रेणियां : विशिष्ट पहचान वाले 17 नक्षत्रों की निम्नलिखित 3 श्रेणियां हैं :

1) **पंचकसंज्ञक नक्षत्र** : अंतिम 5 नक्षत्र (23, 24, 25, 26, 27) पंचकसंज्ञक नक्षत्र होते हैं। इनमें पंचक दोष माना जाता है। किसी भी प्रकार के शुभ कार्य नहीं करने चाहिये।

2) **मूलसंज्ञक नक्षत्र** : 9, 10, 18, 19, 27, 1 कुल 6 नक्षत्र मूलसंज्ञक है। इन नक्षत्रों में जन्में बालक हेतु 27 दिन बाद उसी नक्षत्र के आने पर शांति पाठ एवं हवन कराना शुभ माना गया है।

3) **नक्षत्रगंडांत** : कुछ नक्षत्रों की कुछ घटी गंडांत श्रेणी में आती है। यह समय सभी शुभ कार्यों के लिये अशुभ माना जाता है। इसमें तीन नक्षत्रों (1, 10, 19) की प्रारंभ की 2 घटी तथा तीन नक्षत्रों (9, 18, 27) की अंतिम 2 घटी होती हैं।

नक्षत्र तारा :

शुभ कार्यों के लिये विशेष रूप से विवाह जैसे मांगलिक कार्य हेतु व्यक्ति का नक्षत्र तारा देखा जाता है। कुल 9 नक्षत्र तारा होते हैं। किसी व्यक्ति का किसी तिथि/दिन का तारा ज्ञात करना है। उसके जन्म नक्षत्र से शुभ कार्य की तिथि या दिन के नक्षत्र तक गिने और उस संख्या में 9 का भाग दें। शेष बचे अंक उस संख्या के अनुसार उस दिन का तारा होता है। शून्य शेष आने पर 9 समझें। विपत, प्रत्यारि और वेधा तीन तारे अशुभ माने जाते हैं। आगे सारिणी देखें।

नक्षत्र तारा सारिणी

नक्षत्र	तारा								
	1 जन्म	2 सम्पत	3 विपत	4 क्षेम	5 प्रत्यारि	6 साधक	7 वेधा	8 मैत्रा	9 अतिमैत्रा
प्रथम 9नक्षत्र	5 मृगशिरा	6 आर्द्रा	7 पुनर्वसु	8 पुष्य	9 अश्लेषा	10 मघा	11 पू.फाल्गुनी	12 उ.फाल्गुनी	13 हस्त
द्वितीय 9नक्षत्र	14 चित्रा	15 स्वाति	16 विशाखा	17 अनुराधा	18 ज्येष्ठा	19 मूल	20 पू. षाढ़ा	21 उ.षाढ़ा	22 श्रवण
तृतीय 9नक्षत्र	23 धनिष्ठा	24 शतभिषा	25 पू.भाद्रपद	26 उ.भाद्रपद	27 रेवती	1 अश्विनी	2 भरणी	3 कृतिका	4 रोहिणी

नक्षत्र सारिणी-1

1	2	3	4	5	6	7	8	9	10	11	12	13	14	15
क्र.सं.	नाम नक्षत्र	अंग्रेजी नाम	लिंग	प्रकृति	गुण	मानव शरीर में स्थिति	नक्षत्र पाया	स्वामी ग्रह	ग्रहदशा वर्ष	चन्द्र संचार रा. अं. क.	नक्षत्र चरण	चरणाक्षर	राशि	राशि स्वामी
1.	अश्विनी	Beta Arietis	पुरुष	लघु	तम	पैर	स्वर्ण	केतु	7	00-13-20	1,2,3,4	चू चे चो ला		
2.	भरणी	Alpha Arietis	स्त्री	क्रूर	रज	तलवा	स्वर्ण	शुक्र	20	00-26-40	1,2,3,4	ली लू ले लो	मेष	मंगल
3.	कृत्तिका	Pleiades	स्त्री	साधारण	रज	मस्तक	स्वर्ण	सूर्य	6	01-10-00	1	अ		
	कृत्तिका	Pleiades	स्त्री	साधारण	रज	मस्तक	स्वर्ण	सूर्य	6	01-10-00	2,3,4	ई ऊ ए		
4.	रोहिणी	Aldebaran	स्त्री	स्थिर	रज	ललाट	स्वर्ण	चन्द्र	10	01-23-20	1,2,3,4	ओ वा वी वू	वृष	शुक्र
5.	मृगशिरा	Lambda orionis	उभयलिंग	मित्रवत्	तम	भौंहें	स्वर्ण	मंगल	7	02-06-40	1, 2	वे वो		
	मृगशिरा	Lambda orionis	उभयलिंग	मित्रवत्	तम	भौंहें	स्वर्ण	मंगल	7	02-06-40	3,4	का की		
6.	आर्द्रा	Betal Geuse	स्त्री	तीक्ष्ण	तम	नेत्र	रजत	राहु	18	02-20-00	1,2,3,4	कु घ ङ छ	मिथुन	बुध
7.	पुनर्वसु	Polux	पुरुष	चर	सत	नाक	रजत	गुरु	16	03-03-20	1,2,3	के को हा		
	पुनर्वसु	Polux	पुरुष	चर	सत	नाक	रजत	गुरु	16	03-03-20	4	ही		
8.	पुष्य	Caneri	पुरुष	लघु	तम	मुखमण्डल	रजत	शनि	19	03-16-40	1,2,3,4	हू हे हो डा	कर्क	चन्द्र
9.	अश्लेषा	Hydrae	स्त्री	तीक्ष्ण	सत	कान	रजत	बुध	17	04-00-00	1,2,3,4	डी डू डे डो		
10.	मघा	Regulus	स्त्री	क्रूर	तम	होठ	रजत	केतु	7	04-13-20	1,2,3,4	मा मी मू मे		
11.	पूर्वा फाल्गुनी	Leonis	स्त्री	क्रूर	रज	दांयी भुजा	रजत	शुक्र	20	04-26-40	1,2,3,4	मो टा टी टू	सिंह	सूर्य
12.	उत्तरा फाल्गुनी	Beta Leonis	स्त्री	स्थिर	रज	बांयी भुजा	रजत	सूर्य	6	05-10-00	1	टे		

	उत्तरा फाल्गुनी	Beta Leonis	स्त्री	स्थिर	रज	बांयी भुजा	रजत	सूर्य	6	05-10-00	2,3,4	टो पा पी		
13.	हस्त	Delta Corvi	पुरुष	लघु	रज	अंगुली	रजत	चन्द्र	10	05-23-20	1,2,3,4	पू ष ण ठ	कन्या	बुध
14.	चित्रा	Spica	स्त्री	मित्रवत्	तम	गला	रजत	मंगल	7	06-06-40	1,2	पे पो		
	चित्रा	Spica	स्त्री	मित्रवत्	तम	गला	रजत	मंगल	7	06-06-40	3,4	रा री		
15.	स्वाती	Arcturus	स्त्री	चर	तम	हृदय	रजत	राहु	18	06-20-00	1,2,3,4	रु रे रो ता	तुला	शुक्र
16.	विशाखा	Alpha Libra	स्त्री	साधारण	सत	वक्षस्थल	लौह	गुरु	16	07-03-20	1,2,3	ती तू ते		
	विशाखा	Alpha Libra	स्त्री	साधारण	सत	वक्षस्थल	लौह	गुरु	16	07-03-20	4	तो		
17.	अनुराधा	Delta Scorpii	पुरुष	मित्रवत्	तम	उदर	लौह	शनि	19	07-16-40	1,2,3,4	ना नी नू ने	वृश्चिक	मंगल
18.	ज्येष्ठा	Antares	स्त्री	तीक्ष्ण	सत	आमाशय	लौह	बुध	17	08-00-00	1,2,3,4	नो या यी यू		
19.	मूला	Lambda Scorpii	उभयलिंग	तीक्ष्ण	तम	कमर	लौह	केतु	7	08-13-20	1,2,3,4	ये यो भा भी		
20.	पूर्वाषाढ़ा	Delta Sagittarii	स्त्री	क्रूर	रज	पीठ	ताम्र	शुक्र	20	08-26-40	1,2,3,4	भू ध फा ढ़ा	धनु	गुरु
21.	उत्तरा षाढ़ा	Sigma Sagittarii	स्त्री	स्थिर	रज	रीढ़	ताम्र	सूर्य	6	09-10-00	1	भे		
	उत्तरा षाढ़ा	Sigma Sagittarii	स्त्री	स्थिर	रज	रीढ़	ताम्र	सूर्य	6	09-10-00	2,3,4	भो जा जी		
22.	श्रवण	Altair	पुरुष	चर	रज	कमर	ताम्र	चन्द्र	10	09-23-20	1,2,3,4	खी खू खे खो	मकर	शनि
23.	धनिष्ठा	Delphinus	स्त्री	चर	तम	गुदा	ताम्र	मंगल	7	10-06-40	1,2	गा गी		
	धनिष्ठा	Delphinus	स्त्री	चर	तम	गुदा	ताम्र	मंगल	7	10-06-40	3,4	गू गे		
24.	शतभिषा	Lambda Aquarii	उभयलिंग	चर	तम	दांयीजांघ	ताम्र	राहु	18	10-20-00	1,2,3,4	गो सा सी सू	कुम्भ	शनि
25.	पूर्वा भाद्रपद	Alpha Pegasi	पुरुष	क्रूर	सत	बांयीजांघ	ताम्र	गुरु	16	11-03-20	1,2,3	से सो दा		
	पूर्वा भाद्रपद	Alpha Pegasi	पुरुष	क्रूर	सत	बांयीजांघ	ताम्र	गुरु	16	11-03-20	4	दी		
26.	उत्तरा भाद्रपद	Gama Pegasi	पुरुष	स्थिर	तम	पिण्डली	ताम्र	शनि	19	11-16-40	1,2,3,4	दू थ झ ञ	मीन	गुरु
27.	रेवती	Zeta Piscium	स्त्री	मित्रवत्	सत	टखना	स्वर्ण	बुध	17	12-00-00	1,2,3,4	दे दो चा ची		

नक्षत्र सारिणी-2

1	2	3	4	5	6	7	8	9	10	11	12	13	14
क्र.सं.	नाम	नक्षत्र देवता	नक्षत्र चरण	वर्ग	वर्ण	वश्य	योनि	गण	नाड़ी	युंज	हंसक	तारे	राशि
1.	अश्विनी	अश्विनी कुमार	1,2,3,4	सिंह 1,2,3 मृग 4	क्षत्रिय	चतुष्पद	अश्व	देवता	आद्य	पूर्व भाग	अग्नि	3	
2.	भरणी	यमराज	1,2,3,4	मृग	क्षत्रिय	चतुष्पद	गज	मनुष्य	मध्य	पूर्व भाग	अग्नि	3	मेष
3.	कृत्तिका	अग्नि	1	गरुड़	क्षत्रिय	चतुष्पद	मेष	राक्षस	अन्त्य	पूर्व भाग	अग्नि	6	
	कृत्तिका	अग्नि	2,3,4	गरुड़	वैश्य	चतुष्पद	मेष	राक्षस	अन्त्य	पूर्व भाग	पृथ्वी	-	
4.	रोहिणी	ब्रह्मा	1,2,3,4	गरुड़ 1 मृग 2,3,4	वैश्य	चतुष्पद	सर्प	मनुष्य	अन्त्य	पूर्व भाग	पृथ्वी	5	वृष
5.	मृगशिरा	चन्द्रमा	1,2	मृग	वैश्य	चतुष्पद	सर्प	देवता	मध्य	पूर्व भाग	पृथ्वी	5	
	मृगशिरा	चन्द्रमा	3,4	मार्जार	शूद्र	नर	सर्प	देवता	मध्य	पूर्व भाग	वायु	-	
6.	आर्द्रा	रुद्र	1,2,3,4	मार्जार 1,2,3 सिंह 4	शूद्र	नर	श्वान	मनुष्य	आद्य	मध्यभाग	वायु	1	मिथुन
7.	पुनर्वसु	अदिति	1,2,3	मार्जार 1,2 मेष 3	शूद्र	नर	मार्जार	देवता	आद्य	मध्यभाग	वायु	4	
	पुनर्वसु	अदिति	4	मेष	ब्राह्मण	जलचर	मार्जार	देवता	आद्य	मध्यभाग	जल	-	
8.	पुष्य	गुरु	1,2,3,4	मेष 1,2,3 श्वान 4	ब्राह्मण	जलचर	मेष	देवता	मध्य	मध्यभाग	जल	3	कर्क
9.	अश्लेषा	सर्प	1,2,3,4	श्वान	ब्राह्मण	जलचर	मार्जार	राक्षस	अन्त्य	मध्यभाग	जल	5	
10.	मघा	पितर	1,2,3,4	मूषक	क्षत्रिय	वनचर	मूषक	राक्षस	अन्त्य	मध्यभाग	अग्नि	5	
11.	पूर्वाफाल्गुनी	भग	1,2,3,4	मूषक 1 श्वान 2,3,4	क्षत्रिय	वनचर	मूषक	मनुष्य	मध्य	मध्यभाग	अग्नि	2	सिंह
12.	उत्तराफाल्गुनी	अर्यमा	1	श्वान	क्षत्रिय	वनचर	गौ	मनुष्य	आद्य	मध्यभाग	अग्नि	2	
	उत्तराफाल्गुनी	अर्यमा	2,3,4	श्वान 2 मूषक 3,4	वैश्य	नर	गौ	मनुष्य	आद्य	मध्यभाग	पृथ्वी	-	
13.	हस्त	सूर्य	1,2,3,4	मूषक1 मेष 2, श्वान 3,4	वैश्य	नर	महिष	देवता	आद्य	मध्यभाग	पृथ्वी	5	कन्या
14.	चित्रा	विश्वकर्मा	1,2	मूषक	वैश्य	नर	व्याघ्र	राक्षस	मध्य	मध्यभाग	पृथ्वी	1	

	चित्रा	विश्वकर्मा	3,4	मृग	शूद्र	नर	व्याघ्र	राक्षस	मध्य	मध्यभाग	वायु	-	
15.	स्वाती	वायु	1,2,3,4	मृग 1,2,3 सर्प 4	शूद्र	नर	महिष	देवता	अन्त्य	मध्यभाग	वायु	1	तुला
16.	विशाखा	इन्द्राग्नि	1,2,3	सर्प	शूद्र	नर	व्याघ्र	राक्षस	अन्त्य	मध्यभाग	वायु	4	
	विशाखा	इन्द्राग्नि	4	सर्प	ब्राह्मण	कीट	व्याघ्र	राक्षस	अन्त्य	मध्यभाग	जल	-	
17.	अनुराधा	मित्र	1,2,3,4	सर्प	ब्राह्मण	कीट	मृग	देवता	मध्य	परभाग	जल	4	वृश्चिक
18.	ज्येष्ठा	इन्द्र	1,2,3,4	सर्प 1 मृग 2,3,4	ब्राह्मण	कीट	मृग	राक्षस	आद्य	परभाग	जल	3	
19.	मूला	राक्षस	1,2,3,4	मृग 1,2 मूषक 3,4	क्षत्रिय	नर	श्वान	राक्षस	आद्य	परभाग	अग्नि	11	
20.	पूर्वा षाढ़ा	जल	1,2,3,4	मूषक 1,3, सर्प 2, श्वान 4	क्षत्रिय	नर ½ चतुष्पद 3½	मर्कट	मनुष्य	मध्य	परभाग	अग्नि	2	धनु
21.	उत्तरा षाढ़ा	विश्वेदेवा	1	मृग	क्षत्रिय	नर ½ चतुष्पद 3½	नकुल	मनुष्य	अन्त्य	परभाग	अग्नि	2	
	उत्तरा षाढ़ा	विश्वेदेवा	2,3,4	मृग 2 सिंह 3,4	वैश्य	नर ½ चतुष्पद 3½	नकुल	मनुष्य	अन्त्य	परभाग	पृथ्वी		
22.	श्रवण	विष्णु	1,2,3,4	मार्जार	वैश्य	चतुष्पद 1½ जलचर 2½	मर्कट	देवता	अन्त्य	परभाग	पृथ्वी	3	मकर
23.	धनिष्ठा	वसु	1,2	मार्जार	वैश्य	जलचर	सिंह	राक्षस	मध्य	परभाग	पृथ्वी	4	
	धनिष्ठा	वसु	3,4	मार्जार	शूद्र	नर	सिंह	राक्षस	मध्य	परभाग	वायु		
24.	शतभिषा	वरुण	1,2,3,4	मार्जार 1, मेष 2,3,4	शूद्र	नर	अश्व	राक्षस	आद्य	परभाग	वायु	100	कुम्भ
25.	पूर्वाभाद्रपद	सूर्य	1,2,3	मेष 1,2 सर्प 3	शूद्र	नर	सिंह	मनुष्य	आद्य	परभाग	वायु	2	
	पूर्वाभाद्रपद	सूर्य	4	सर्प	ब्राह्मण	जलचर	सिंह	मनुष्य	आद्य	परभाग	जल		
26.	उत्तराभाद्रपद	अहिर्बुधन्य	1,2,3,4	सर्प 1,2, सिंह 3,4	ब्राह्मण	जलचर	गौ	मनुष्य	मध्य	परभाग	जल	2	मीन
27.	रेवती	पूषा	1,2,3,4	सर्प 1,2, सिंह 3,4	ब्राह्मण	जलचर	गज	देवता	अन्त्य	पूर्वभाग	जल	32	

(ii) योग (Yogas) :

सूर्य और चन्द्र अपनी-2 गति से निरन्तर अपने मार्ग पर चल रहे हैं। जब सूर्य और चन्द्र की गति में 13^0 अंश 20' कला का अंतर होता है तो एक योग होता है। क्रान्तिवृत या सूर्यपथ (Ecliptic) 360^0 अंश का है। अतः $360^0 \div 13^0-20' = 27$ योग होते हैं। एक योग की औसत अवधि 60 घटी अर्थात 24 घंटे की होती है। यह कम या अधिक भी हो सकती है। इन 27 योगों में से 9 योग विष्कुम्भ, अतिगण्ड, शूल, गण्ड, व्याघात, वज्र, व्यतीपात, परिघ और वैधृति अशुभ माने गये हैं। इन योगों में शुभ कार्य करना वर्जित कहा गया है। शुभ कार्य करने की स्थिति में किसी भी प्रकार की हानि हो सकती है। योगों के नाम और शुभाशुभ सारिणी नीचे देखें।

योग शुभाशुभ सारिणी

क्र.	नामयोग	देवता	शुभ/अशुभ	क्र.	नामयोग	देवता	शुभ/अशुभ	क्र.	नामयोग	देवता	शुभ/अशुभ
1.	विष्कुम्भ	मय	प्रथम 3 घटी अशुभ	10	गण्ड	अग्नि	प्रथम 6 घटी अशुभ	19	परिघ	विश्वकर्मा	प्रथम 30 घटी अशुभ
2.	प्रीति	विष्णु	शुभ	11	वृद्धि	सूर्य	शुभ	20	शिव	मित्र	शुभ
3.	आयुष्मान	चन्द्र	शुभ	12	ध्रुव	भूमि	शुभ	21	सिद्ध	कार्तिकेय	शुभ
4.	सौभाग्य	ब्रह्मा	शुभ	13	व्याघात	वायु	प्रथम 9 घटी अशुभ	22	साध्य	सावित्री	शुभ
5.	शोभन	गुरु	शुभ	14	हर्षण	भग	शुभ	23	शुभ	लक्ष्मी	शुभ
6.	अतिगण्ड	चन्द्र	प्रथम 6 घटी	15	वज्र	वरुण	पूर्णतया अशुभ	24	शुक्ल	पार्वती	शुभ
7.	सुकर्मा	इन्द्र	शुभ	16	सिद्धि	गणेश	शुभ	25	ब्रह्म	अश्विनी कुमार	शुभ
8.	धृति	जल	शुभ	17	व्यतीपात	रुद्र	पूर्णतया अशुभ	26	एन्द्र	पितर	शुभ
9.	शूल	सर्प	प्रथम 5 घटी अशुभ	18	वरियान	कुबेर	शुभ	27	वैधृति	दिति	पूर्णतया अशुभ

(iii) करण (Karanas) :

तिथि या मिति के अर्द्धभाग को करण कहते हैं। एक तिथि में 2 करण आते हैं। अत: मास की 30 तिथियों में करणों की 60 बार आवृति/पुनरावृत्ति होती है। कुल 11 करण होते हैं। इनमें चार करण (किंसतुघ्न, शकुन, चतुष्पद और नाग) स्थिर होते हैं। शेष 7 करणों (बालव, तैतिल, वणिज, बव, कौलव, गरज और विष्टी) की मास में 8-8 बार पुनरावृत्ति होती है। स्थिर करणों में पहला करण किंसतुघ्न सबसे पहले शुक्लपक्ष की प्रतिपदा को आता है। शेष तीन स्थिर करण शकुन, चतुष्पद व नाग क्रमश: कृष्णपक्ष की त्रयोदशी, चतुर्दशी और अमावस को आते हैं। यह चारों करण अशुभ माने गये हैं। इनमें शुभ कार्य नहीं करने चाहिये। आठवें करण विष्टी को ही भद्रा कहते हैं। भद्रा भी सभी शुभ कार्यों के लिये त्याज्य है। विशेषत: जब चन्द्र कर्क, सिंह, कुंभ और मीन राशि में आता है। इस समय भद्रा पृथ्वी या भूमि पर निवास करती है। विष्टी करण प्रथमार्द्ध में 8, 15, 22, 29 तिथियों को और द्वितीयार्द्ध में 4, 11, 18, 25 तिथियों को आता है।

तिथि एवं करण सारिणी

शुक्ल पक्ष

क्र.	तिथि	क्र.	प्रथमार्द्ध	क्र.	द्वितीयार्द्ध
1.	प्रतिपदा	1.	किंसतुघ्न	1	बव
2.	द्वितीया	2.	बालव	2.	कौलव
3.	तृतीया	3.	तैंतिल	3.	गरज
4.	चतुर्थी	4.	वणिज	4.	विष्टी
5.	पंचमी	5.	बव	5.	बालव
6.	षष्ठी	6.	कौलव	6.	तैंतिल
7.	सप्तमी	7.	गरज	7.	वणिज
8.	अष्टमी	8.	विष्टी	8.	बव
9.	नवमी	9.	बालव	9.	कौलव
10.	दशमी	10.	तैंतिल	10.	गरज
11.	एकादशी	11.	वणिज	11.	विष्टी
12.	द्वादशी	12.	बव	12.	बालव
13.	त्रयोदशी	13.	कौलव	13.	तैंतिल
14.	चतुर्दशी	14.	गरज	14.	वणिज
15.	पूर्णिमा	15.	विष्टी	15.	बव

कृष्ण पक्ष

क्र.	तिथि	क्र.	प्रथमार्द्ध	क्र.	द्वितीयार्द्ध
1.	प्रतिपदा	16	बालव	16	कौलव
2.	द्वितीया	17	तैंतिल	17.	गरज
3.	तृतीया	18.	वणिज	18	विष्टी
4.	चतुर्थी	19.	बव	19.	बालव
5.	पंचमी	20.	कौलव	20.	तैंतिल
6.	षष्ठी	21.	गरज	21.	वणिज
7.	सप्तमी	22.	विष्टी	22.	बव
8.	अष्टमी	23.	बालव	23.	कौलव
9.	नवमी	24.	तैंतिल	24.	गरज
10.	दशमी	25.	वणिज	25.	विष्टी
11.	एकादशी	26.	बव	26.	बालव
12.	द्वादशी	27.	कौलव	27.	तैंतिल
13.	त्रयोदशी	28.	गरज	28.	वणिज
14.	चतुर्दशी	29.	विष्टी	29.	शकुनि
30.	अमावस	30.	चतुष्पद	30.	नाग

*****

अध्याय - चतुर्थ
द्वादश राशियाँ
(Twelve Signs of Zodiac)

ज्योतिष में राशियों का बड़ा महत्व है। आकाश में सूर्य जिस मार्ग से भ्रमण करता हुआ दृष्टिगोचर होता है, उस मार्ग को क्रान्तिवृत या सूर्यमार्ग (Ecliptic) कहते हैं। यह मार्ग पृथ्वी के 23½ अंश झुका होने के कारण तिरछा अर्थात त्रिर्यक (oblique) है। इस क्रान्तिवृत या सूर्यमार्ग का विस्तार 9° अंश की चौड़ी पटटी के रूप में वृत्त या मार्ग के दोनों ओर है। यह सूर्यमार्ग 360° अंश का मापा गया है। इसे ही भचक्र (Zodiac) या भचक्र का केन्द्र कहते हैं। इस भचक्र में विभिन्न जीवधारियों यथा मानव जीवधारी लड़की (कन्या) पशुजीवधारी-शेर (सिंह) जलचर-मछली (मीन) और जड़ चिन्हों यथा तराजू (तुला) घड़ा (कुम्भ) आकृति के 12 तारक समूह है। इन्हीं को 12 राशियों की संज्ञा दी गई है। आगे क्रान्तिव्रत और 12 राशि क्षेत्रों का चित्र देखें।

क्रांतिवृत्त एवं राशि क्षेत्र

विषुवत रेखा

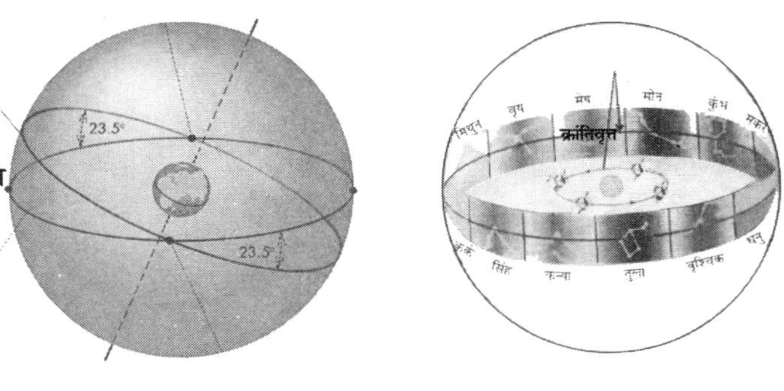

क्रांतिवृत्त

चित्र नं. 3

प्रथम भाव में जो राशि आती है, वह जन्मलग्न तथा जिस राशि में चन्द्र ग्रह स्थापित होता है, वह जन्मराशि कहलाती है। ज्योतिष फल जन्मलग्न व जन्मराशि दोनों से देखा जाता है। व्यक्ति का नाम जन्म राशि के अक्षरों में से एक अक्षर के अनुसार रखा जाता है। एक राशि नौ अक्षरों की होती है। नौ अक्षर नक्षत्रों के नौ चरणों के आधार बिन्दु हैं। अत: इनका भी बड़ा महत्व है। नाम के प्रथम अक्षर के आधार पर अपनी नामराशि अर्थात जन्मराशि आसानी से पहचान सकते हैं। अगले पृष्ठ पर नामाक्षर राशि सारिणी और हाल ही में जन्में एक बालक की जन्म कुण्डली देखें। बालक का जन्म रोहिणी

नक्षत्र के प्रथम चरण में हुआ है। चरणाक्षर/नामाक्षर 'ओ' के आधार पर बालक का नाम 'ओजस्वी' रखा गया है। नामाक्षर सारणी में 'ओ' अक्षर तथा जन्म कुण्डली में 'चन्द्र' वृष राशि में हैं। अत: बालक की जन्म राशि वृष हुई।

नामाक्षर राशि सारिणी

क्र.	नाम राशि	अंग्रेजी नाम	राशियों के अक्षर व संख्या	स्वामी ग्रह	अंग्रेजी नाम
1.	मेष	**Aries**	चू, चे, चो, ला, ली, लू, ले, लो, अ =9	मंगल	**Mars**
2.	वृष	**Taurus**	इ, उ, ए, ओ, वा, वि, वू, वे, वो =9	शुक्र	**Venus**
3.	मिथुन	**Gemini**	का, कि, कु, घ, ङ, छ, के, को, हा=9	बुध	**Mercury**
4.	कर्क	**Cancer**	हि, हू, हे, हो, ड़ा, ड़ी, ड़ू, ड़े, ड़ो =9	चन्द्र	**Moon**
5.	सिंह	**Leo**	मा, मि, मु, मे, मो, टा, टी, टू, टे =9	सूर्य	**Sun**
6.	कन्या	**Virgo**	टो, पा, पी, पू, ष, ण, ठ, पे, पो =9	बुध	**Mercury**
7.	तुला	**Libra**	रा, रि, रु, रे, रो, ता, ति, तू, ते =9	शुक्र	**Venus**
8.	वृश्चिक	**Scorpio**	तो, ना, नी, नू, ने, नो, या, यी, यू =9	मंगल	**Mars**
9.	धनु	**Sagittarius**	ये, यो, भा, भी, भू, धा, फा, ढ़ा, भे=9	गुरु	**Jupiter**
10.	मकर	**Capricorn**	भो, जा, जी, खी, खू, खे, खो, गा, गी =9	शनि	**Saturn**
11.	कुम्भ	**Aquarius**	गू, गे, गो, सा, सी, सू, से, सो, द =9	शनि	**Saturn**
12.	मीन	**Pisces**	दी, दू, थ, झ, ञ, दे, दो, चा, ची =9	गुरु	**Jupiter**

ओजस्वी

जन्म तिथि : 23 सितम्बर, 2005 जन्म समय : 11-36 पूर्व दोपहर जन्म स्थान : अलवर (राजस्थान)

जन्म कुण्डली

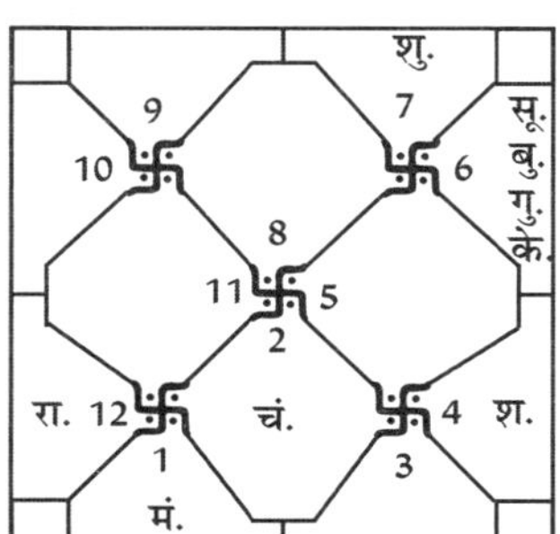

कुण्डली नं. 1

नोट : आगामी पृष्ठों पर नक्षत्र पदाक्षर एवं राशी अनुसार लड़के/लड़कियों के मनभावक, सार्थक एवं सौभाग्यशाली नाम दिये गये हैं। कृप्या चुनें।

जन्म नक्षत्र/राशि-लड़के/लड़कियों के सार्थक नाम

जन्म समय के नक्षत्र के पदाक्षर को ध्यान में रखते हुए जन्म राशि अनुसार बच्चों के मनभावक एवं सार्थक नाम रखना भी एक कला है। नक्षत्रों के कुछ पदाक्षर यथा कृतिका नक्षत्र का प्रथम पदाक्षर अ/आ राशि-मेष, रोहिणी नक्षत्र के द्वितीय और तृतीय पदाक्षर व/वा और वि/वी राशि-वृष, मृगशिरा नक्षत्र का तृतीय पदाक्षर क/का राशि-मिथुन, मघा नक्षत्र का प्रथम पदाक्षर म/मा राशि-सिंह, शतभिषा नक्षत्र के द्वितीय और चतुर्थ पदाक्षर स/सा/श/शा और सु/शु या सू/शू राशि-कुम्भ तथा रेवती नक्षत्र का तृतीय पदाक्षर च/चा राशि-मीन इस प्रकार के पदाक्षर हैं जिनके सौ की संख्या तक मनभावक एवं सार्थक नाम मिल जाते हैं। इनमें से पदाक्षर अ/आ के तो सर्वाधिक 200 की संख्या तक नाम मिलते हैं।

कुछ इस प्रकार के पदाक्षर भी हैं यथा आर्द्रा नक्षत्र का तृतीय पदाक्षर 'ङ' राशि-मिथुन, हस्त नक्षत्र का तृतीय पदाक्षर 'ण' राशि कन्या और उत्तरा भाद्रपद नक्षत्र का चतुर्थ पदाक्षर 'ञ' राशि-मीन। इनसे कोई नाम नहीं बनता है। इसके अतिरिक्त कुछ और पदाक्षर भी हैं जिनके गिनती के ही नाम हैं। इस स्थिति में उसी नक्षत्र/राशि के पूर्व पदाक्षर के नाम रखे जा सकते हैं।

सांस्कृतिक व धार्मिक दृष्टि से ज्योतिष में जन्म नक्षत्र के पदाक्षर अनुसार नाम रखना उत्तम कहा गया है किन्तु आजकल शिक्षित माता-पिता अपनी इच्छानुकूल अपने बच्चों के नाम रखने लग गये हैं। इसमें कोई बुराई नहीं है। इस स्थिति में जन्म नक्षत्र व जन्म राशि का ध्यान रखना चाहिये। नक्षत्र/राशि अनुसार लड़के-लड़कियों के कुछ नाम आगे दिये जा रहे हैं।

राशि मेष (ARIES)

नक्षत्र व पद		पदाक्षर	लड़कों के नाम	लड़कियों के नाम
अश्विनी	I	चु/चू	चुनौती, चूड़ामणि, चुन्नीलाल, चूहलसिंह	चुनौती, चुटीली, चुलबुली, चूड़ामणि
	II	चे	चेदि, चैत्य, चेतक, चेतन, चैतन्य	चैत्री, चेष्टा, चेतना, चैताली
	III	चो	चोल, चौरंगी, चोग्याल, चौखेलाल	चौपाली, चौरंगी, चोलरानी, चोदन्ती,
	IV	ल/ला	लव, लक्ष, लाभ, लखन, ललित, लक्ष्मण, लवलीन	लता, लज्जा, लवली, लक्ष्मी, लक्षणा, लालसा, लावण्या
भरणी	I	लि/ली	लिज, लिपिन, लिवली, लियाकत, लीलाकृष्ण	लिलि, लिजा, लीला, लीना, लिवली

II	लु/लू	लुकेश, लुसाक, लुभावन, लुकमान	लूसी, लूनी, लुम्बिनी, लुभावनी
III	ले	लेखी, लेखाभ्र, लेखराज, लेखपाल	लेखी, लेवी, लैला लेखनी
IV	लो	लोचन, लोकेश, लोहित, लोकेन्द्र, लोकबंधु	लोपा, लोमा, लोचना, लोकेश्वरी, लोक सुन्दरी
कृतिका I	अ/आ	अनु, आशु, अजय, अभय, अमर, अमन, अटल, अनूप, अर्जुन, अतुल, अर्णव, अमोघ, अशोक, आकाश, आलोक, आशीष, अंकित,अंकुर, अखिल, आदित्य, अभिनव, अरविन्द, अमिताभ, अभिषेक, अंतरिक्ष	आभा, आशा, अंबा, अचला, अदिति, अचिरा, अंजलि, अर्पणा, अरुणा, अंतरा, अर्पिता, आरती,अनुश्री आकांक्षा, अपूर्वा, अपरा, अमृता, अंजना, अलका, अवंती, अर्चना, अवनि, अनुपमा, अम्बिका, अनुराधा

राशि वृष (TAURUS)

नक्षत्र व पद	पदाक्षर	लड़कों के नाम	लड़कियों के नाम
कृतिका II	इ/ई	इर्य, ईशू, इन्द्र, ईश्वर, इन्द्रजीत	इरा, इला, ईशा, इप्सा, इन्दिरा
III	उ/ऊ	उत्तम, उदधि, उद्धव, उदयन, उत्पल, उत्सव, उपेन्द्र, उज्ज्वल	ऊर्वी, ऊषा, ऊमा, उल्का, उत्तरा, उर्वशी, उदिति, उलूपि
IV	ए	एरक, एकाग्र, एरावत, एकनाथ, एकलव्य	एन्द्री, एकता, एशना, एरावती, एश्वर्या
रोहिणी I	ओ	ओम, ओंकार, ओणम, ओस्कार, ओजस्वी,	ओझली, ओगली, ओसदी, ओमप्रभा, ओजस्विनी
II	व/वा	वसु, वज्र, वकुल, वरुण, वागीश, वशिष्ठ, वसुदेव, वंशीधर	वाणी, वर्षा, वसुधा, वरुणा, वनिता, वाटिका, वन्दना, वसुन्धरा
III	वि/वी	विभु, विष्णु, विक्रम, विकास, विजय, विनोद, विपिन, विमल, विवेक, विशाल, विश्वास, विक्रान्त	विद्या, विभा, विदिशा, विमला, विशाखा, विदुषी, विजया, विपाशा, विभूति, विदर्भा, विन्दिया

IV	वु/वू	बुध, बुखारी, बुराड़ी, बुधप्रिय, बुधप्रकाश	बूंद, वूलरी, बुलबुल, बुद्धिदात्री, बुधप्रिया
मृगशिरा I	वे	वेद, वेदांत, वैभव, वैकुण्ठ, वैरोचन, वैद्यनाथ, वेदप्रकाश, वेदव्यास	वेला, वैजंती, वैदेही, वेदिका, वैशाली, वैष्णवी, वैतरणी, बेनजीर,
II	वो	वोधन, व्योम, व्योमेश, वोधायन	वोधमती, वोधमयी, वोधप्रिया, व्योमदेवी

राशि-मिथुन (GEMINI)

नक्षत्र व पद	पदाक्षर	लड़कों के नाम	लड़कियों के नाम
मृगशिरा III	क/का	कर्ण, काशी, कमल, कृष्ण, कपिल, कबीर, कर्मेश, कल्याण, कनिष्क, कार्तिकेय	कंचन, कजरी, कनिका, कमला, कविता, कामिनी, कावेरी, काजल, कल्पना, करिश्मा
IV	कि/की	किशन, किरीट, किशोर, किरात, कीर्तिमान	कीर्ति, किशोरी, किरण, किंकरी, किमाया
आर्द्रा I	कु/कू	कुश, कुबेर, कुंदन, कुणाल, कुशाग्र, कुलदीप	कुजा, कुंती, कुमुद, कुसुम, कुमकुम, कुनालिका
II	घ/घा	घनेश, घमण्डी, घनानंद, घनश्याम	घटा, घटिका, घरनी, घनाक्षरी
III	ङ	नोट : इस पदाक्षर के नाम घ/घा या कु/कू अक्षर के नाम से रखें।	
IV	छ/छा	छवि, छायांक, छत्रपति, छाजूराम, छगनलाल	छटा, छाया, छवि, छिति, छत्रवती
पुनर्वसु I	के	केतन, केदार, केवल, केशव, कैलाश	केतकी, केसर, कैकयी, केशनी, केयूरा
II	को	कोमल, कौशल, कोणार्क, कौटिल्य, कौस्तुभ	कोमला, कोकिला, कौमुदी, कोयल, कौशल्या
III	ह/हा	हंस, हर्ष, हर्षद, हरीश, हरेन्द्र, हनुमान	हंसा, हर्षा, हरिणि, हर्षिता, हरिद्रा, हरिप्रिया

राशि-कर्क (CANCER)

नक्षत्र व पद	पदाक्षर	लड़कों के नाम	लड़कियों के नाम
पुर्नवसु IV	हि/ही	हिरेश, हितेश, हिमेश, हिमांशु, हिम्मत	हिना, हीर, हिमानी, हिमाद्रि, हिमांशी

पुष्य	I	हु/हू	हुबलाजी, हुकमचंद, हुलासराय, हुण्डीराम	हूर, हुसना, हुलसी, हुलहुल
	II	हे	हेम, हेमन्त, हेमदत्त, हेमवतीनंदन	हेमा, हेलन, हेमाश्री, हेमामालिनी
	III	हो	होरीलाल, होनहार, होतीलाल, होशियार	हेया, होली, होलिका, होमप्रिया
	IV	ड/डा	डब्बू, डबरु, डालचंद, डालूराम	डाली, डांडी, डालेश, डालेश्वरी
अश्लेषा	I	डि/डी	डिठोना, डिसूजा, डिजनी, डिवाईन, डिगम्बर	डिंपी, डिव्या, डिंपल, डिक्की, डिगम्बरी
	II	डु/डू	डूगरमल, डूगरसिंह	डूमरी, डूगरी
	III	डे	डेनी, डेविड, डेनियल	डेजी, डैना, डेवुलिना
	IV	डो	डोनाल्डो, डोरीलाल, डोसाराम	डोली, डोना, डोरिया

राशि-सिंह (LEO)

नक्षत्र व पद		पदाक्षर	लड़कों के नाम	लड़कियों के नाम
मघा	I	म/मा	मनु, मदन, महेश, मनीष, मयंक, मनोज, महर्षि, माधव, माणिक, मनोहर, मधुकर, मानवेन्द्र	मधु, मंजु, माया, माला,मंदिरा ममता, महक,मयूरी, महिमा, माधवी, माधुरी, मन्दाकिनी
	II	मि/मी	मितुल, मिहिर, मिलाप, मिलिन्द, मित्रसेन	मीना, मीरा, मीता, मीनाक्षी, मिथिलेश
	III	मु/मू	मुकुल, मुरारी, मुकेश, मुकुंद, मुनीश, मुनीन्द्र, मुलायम	मुरा, मूर्ति, मुक्ता, मुग्धा, मुदिता, मुद्रिका, मुकुंदा
	IV	मे	मैत्रेय, मेधावी, मेघधर, मेघराज, मेघदूत	मैना, मेघना, मेनका, मैथिली, मैत्रैयी
पूर्वा फाल्गुनी	I	मो	मोती, मोहक, मोहन, मोहित, मौलिक	मोना, मोहिता, मोहिनी, मोहका, मोनिका
	II	ट/टा	टामी, टार्जन, टनकसिंह,	टम्मी, टकटकी, टनटन,
	III	टि/टी	टीटू, टिवाणा, टीकम, ट्विंकल,	टीना, टिमसी, ट्रिप्सी, ट्विंकल,
	IV	टु/टू	टुन्नू, टुखाराम, टुण्डाराम	टूम, टूसी, टुनटुन
उत्तरा फाल्गुनी	I	टे	टेकराम, टेकचंद, ट्रेजरर, ट्रेवेनियर	टैफी, ट्रेसी, टेनेसी, टेरेसा

राशि-कन्या (VIRGO)

नक्षत्र व पद		पदाक्षर	लड़कों के नाम	लड़कियों के नाम
उत्तरा फाल्गुनी	II	टो	टोनी, टोल्मी, टोड़रमल,	टोरी, टोयी, टोही
	III	प/पा	पंकज, पदम, पंचम, पराग, पवन, पाण्डु, पारस, परख, पलास, परीक्षित	पदमा, पांचाली, पलक, पायल, पारुल, परिधि,पलभा पार्वती, परिणिता, पदमिनि
	IV	पि/पी	पीयूष, पिनाक, पिशौरी, प्रियंक, पीताम्बर, प्रियरंजन	प्रीति, प्रिया, पिंकी, प्रियंका, प्रियंवदा, प्रियदर्शनी
हस्त	I	पु/पू	पुनीत, पुजारी, पुलक, पुष्कर, पुरन्दर, पुरुषोत्तम, पुलस्त्य	पूषा, पूजा, पुनीता, पूनम, पूर्णिमा, पुलोमा, पुष्पगंधा
	II	ष	षड़ानन, षड़मुख, षड़गुणी, षड्दर्शन	षडमुखी, षटतिला, षटपदी, षडदर्शनी
	III	ण	नोट : इस पदाक्षर के नाम 'ष' या 'पू' अक्षर के अनुसार लिखें	
	IV	ठ/ठा	ठारु, ठाकुर, ठाकुरदत्त	ठाठी, ठमकी, ठकुरसुहाती
चित्रा-	I	पे	प्रेमपाल, प्रेमसागर, प्रेमप्रकाश	प्रेक्षा, प्रेरणा, प्रेमसुधा
	II	पो	पौरव, पौरुष, पोलस्तय,	पोषिता, पौराणिक, पौरुषप्रिया

राशि-तुला (LIBRA)

नक्षत्र व पद		पदाक्षर	लड़कों के नाम	लड़कियों के नाम
चित्रा	III	र/रा	रवि, राम, रमण, राकेश, रमेश, रंजन, राहुल, राजीव, राजेश, राजेन्द्र	रक्षा, रंभा, राखी, रानी, रत्ना, रचना, रंजना, रजनी, रागिनी, रश्मि
	IV	रि/री	रिषी, रिषभ, रितेश, रितुराज, रिपुदमन	रिया, रिचा, रीमा, रिद्धि, रितिका
स्वाति	I	रु	रुप, रुद्र, रुचिर, रुपेश, रुस्तम	रुचि, रुही, रुपा, रुबी,रुचिरा,
	II	रे	रेवत, रेवती, रेशम, रेवतीनन्दन	रेखा, रेवा, रेणु, रेशमा
	III	रो	रोहित, रोचित, रोहन, रौनक, रोहताश	रोमा, रोजी, रोशनी, रोहिणी, रोचना,
	IV	त/ता	तक्ष, तनय, तपन, तरुण, तन्मय, तथागत	तारा, तन्वी, तनुजा, तनया, तरला, तनुश्री
विशाखा	I	ति/ती	तीरथ, तिलक, त्रिलोक, त्रिदेव, त्रिभुवन	तितिक्षा, त्रिवेणी, त्रिपुरा, त्रिलोचना, त्रिलोतमा
	II	तु/तू	तुषार, तुहिन, तुर्वसु, तुकाराम, तुलाराम	तुला, तुष्टि, तुलसी, तूलिका, तुंगभद्रा
	III	ते	तेज, तेजस्वी, तेजेन्द्र	तेजसी, तेजश्री, तेजस्विनी

राशि–वृश्चिक (SCORPIO)

नक्षत्र व पद		पदाक्षर	लड़कों के नाम	लड़कियों के नाम
विशाखा	IV	तो	तोषक, तौसीक, तोषराज,	तोषिता, तोयसी, तोरणी
अनुराधा	I	न/ना	नंदन, नकुल, नरेश, नवल, नहुष, नानक, नारद, नवीन, नटवर, नरेन्द्र,	नाज, नंदा, नंदिता, नंदिनी, नगमा, नर्गिस, नगीना, नर्मदा, नलिनी, नमिता,
	II	नि/नी	निखिल, निकुंज, नितिन, नितीश, निपुण, निर्मल, निर्भय, नीरज, निशांत, निरंजन	निधि, निशा, नीना, निष्ठा, निर्मला, निशिता, नीरजा, नीलम, निवेदिता, निरुपमा
	III	नु/नू	नूतन, नूरानी, नूरजंग, नूरुद्दीन	नूतन, नूपुर, नूरजहां, नुसरत
	IV	ने	नेमि, नैषध, नेकचन्द, नैनसुख	नैना, नेहा, नेतरा, नेत्रदा
ज्येष्ठा	I	नो	नौनिधि, नौनिहाल, नौवतराम	नौलखी, नौवती, नौरतनी
	II	य/या	यक्ष, यति, यतिन, यतिन्द्र, यज्ञदत्त, यशपाल	यामा, यावी, यादवी, यामिनी, यमुना, यशोधरा
	III	यि/यी	यीशू, यीशूप्रिय	यीशूपुत्री, यीशूप्रिया
	IV	यु/यू	यूलिप, युनुस, युयुत्सु, युवराज, युधिष्ठिर	युति, युक्ति, यूथिका, युगवाणी, युगधारा

राशि–धनु (SAGITTARIUS)

नक्षत्र व पद		पदाक्षर	लड़कों के नाम	लड़कियों के नाम
मूला	I	ये	येचुरी	येलि
	II	यो	योगी, योगेश, योगेन्द्र, योगीराज	योगिता, योगिनी, योगमाया, योगेश्वरी
	III	भ/भा	भाभा, भव्य, भंवर, भारती, भागीरथ, भानुप्रताप	भक्ति, भव्या, भारती, भावना, भाग्यश्री, भागीरथी
	IV	भि/भी	भीम, भीष्म, भीमसेन,	भित्ति, भिरटी, भीमसुता,
पूर्वा षाढ़ा	I	भु/भू	भुवन, भूदेव, भूधर, भूपेन्द्र, भूतेश्वर	भूमि, भूमिका,भूमिजा, भूमिलता, भुवनेश्वरी
	II	ध/धा	धर्मेश, धनेश, धर्मेन्द्र, धनंजय, धन्वन्तरि	धरा, धारा, धात्री, धवला, धारिणी
	III	फ/फा	फल्गु, फलक, फणीश, फणीन्द्र	फरहा, फरीदा, फलक, फाल्गुनी
	IV	ढ़/ढ़ा	ढ़ालसिंह, ढ़ालूराम	ढ़केली, ढ़पप्रिया
उत्तरा षाढ़ा	I	भे	भैरव, भैरुसिंह, भैरवदास	भेरी, भैरवी, भैषजा

राशि-मकर (CAPRICORN)

नक्षत्र व पद		पदाक्षर	लड़कों के नाम	लड़कियों के नाम
उत्तरा षाढ़ा	II	भो	भोला, भौम, भोजराज, भोलेशंकर	भौमि, भोली, भौमिका, भौमदेवी
	III	ज/जा	जगत, जतिन, जयन्त, जगदीश, जवाहर, जगमोहन, जगजीवन	जया, जयश्री, ज्योति, जाग्रति, जानकी, जयन्ती, ज्योत्सना
	IV	जि/जी	जीवेश, जिज्ञासु, जितेन्द्र	जिया, जीनी, जिज्ञासा
श्रवण	I	खि/खी	खिलाड़ी, खिदिर, खितीश	खिप्रा, खीरजा, खितिजा
	II	खु/खू	खुशहाल, खूबीराम, खुदीराम	खुशी, खुशबू, खुलखुल
	III	खे	खेमचन्द, खेत्रपाल	खेत्रा, खेम्या,
	IV	खो	खोत्रिप	खोत्री
धनिष्ठा	I	ग/गा	गंभीर, गगन, गणेश, गरुड, गजेन्द्र, ज्ञानेन्द्र	गंगा, गार्गी, गरिमा, गायत्री, गजाला, गांधारी
	II	गि/गी	गिरीश, गिरधर, गिरिराज, गिरिजाशंकर	गीता, गीतिका, गिरिजा, गीतांजली

राशि-कुम्भ (AQUARIUS)

नक्षत्र व पद		पदाक्षर	लड़कों के नाम	लड़कियों के नाम
घनिष्ठा	III	गु/गू	गुलाब, गुलजार, गुरुदत्त, गुरुचरण, गुणसागर,	गुल, गुंजन, गुटिका, गुलाबो, गुरप्रीत
	IV	गे	ग्रेगोरी, गेलाराम	गेशू, गेहिनी
शतभिषा	I	गो	गोपाल, गोकुल, गौरव, गोविन्द, गोवर्धन,	गौरी, गौतमी,गोमती, गौरांगी, गोदावरी
	II	स/सा	संग्राम, संजीव, संदीप, सचिन, सतीश, सर्वेश, सागर, समीर, संजय, संकल्प, सहदेव	संगीता, संजना, सविता, सरिता, साधना, सारिका, सपना, समृद्धि, सलौनी स्नेहा, सरला
		श/शा	शकुंत, शलभ, शक्ति, शरद, श्याम, शत्रुधन	शक्ति, शबाना, शर्मिला, शान्ता, शारदा, शालिनी
	III	सि/सी	सिद्धार्थ, सिद्धान्त, सिद्धेश्वर	सिद्धी, सीमा, सिरिजा

	शि/शी	शिवा, शिरीष, श्रीधर, शिवेन्दु	शिखी, शिल्पा, शिवांगी, शिवानी
IV	सु/सू शु/शू	सुकेश, सुदीप, सुदेश, सुधीर, सुनील, सुभाष, सुमित, सुमेर, सुरेश, सूरज, सुधांशु, सुधाकर, सुरेन्द्र, सुशान्त, सुदर्शन	शुभ्रा, श्रुति, सुधा, सुचित्रा, सुनंदा, सुनैना, सुजाता, सुनीता, सुप्रिया, सुभद्रा, सुमेधा, सुरक्षा, सुरभि, सुरेखा, सुषमा
पूर्वाभाद्रपद I	से/शे	सेवक, शेखर, शैलेश, श्रेयश, शैलेन्द्र	श्रेया, श्रेष्ठा, शैली, शेफाली, शैलजा
II	सो/शो	सौरभ, सौमित्र, सोहेल, सोमनाथ, शोभराज	शोभा, सोनल, सोनम, सौम्या, सोनाली
III	द/दा	दक्ष, दधीच, दर्शन, दशरथ, दामोदर, दत्रातेय	दक्षा, दया, दक्षिणा, दर्शना, दामिनी, दमयंती,

राशि-मीन (PISCES)

नक्षत्र व पद	पदाक्षर	लड़कों के नाम	लड़कियों के नाम
पूर्वाभाद्रपद IV	दि/दी	दिनेश, दिलीप, दीपक, दीपेन, दीपेश, दिवाकर, दिलावर, दिग्विजय	दिशा, दिति, दीक्षा, दीप्ति, दिव्या, दीपाली, दीपिका, दिव्यांगना
उत्तराभाद्रपद I	दु/दू	दुर्गेश, दुर्धर, दुर्वासा, दुष्यंत, दुःशासन	दुति, दुर्गा, दुहिता, दुर्लभा, दुलारी
II	थ/था	थानाराम, थानेश्वर	थावरी, थानेश्वरी
III	झ/झा	झड़मल, झब्बूराम, झम्मनलाल	झांझी, झरना, झुनझुन
IV	ञ	नोट : इस पदाक्षर के नाम 'झ', 'थ', 'दू' अक्षर से रखें।	
रेवती I	दे	देवर्षि, देवेन्द्र, देवराज, देशराज, देवोजीत, देवानंद	देवश्री, देवकी, देविका देववाणी, देवप्रिया, देवयानी
II	दो	द्रोण, द्रौपद, दौलत,	द्रोणिका, द्रोपदी, दौलती
III	च/चा	चमन, चरक, चंडक, च्यवन, चतुर्भुज, चक्रधर,	चंदा, चंपा, चारु, चंचला, चपला, चांदनी,
IV	चि/ची	चिराग, चिन्मय, चिरंजीवी, चितरंजन, चिदम्बरम	चित्रा, चित्रदा, चित्रिता, चित्रांगदा, चित्रलेखा

राशि सारिणी - 1 (विशेषताएं)

क्र. सं.	नाम राशि	अंग्रेजी नाम	वर्ण	लिंग	स्वभाव	जाति	चरादि	तत्व	दिशा	प्रकृति	बली	उदयात	शुभाशुभ	सफल /निष्फल
1.	मेष	Aries	लाल	पुरुष	उग्र	क्षत्रिय	चर	अग्नि	पूर्व	पित्त	रात्रिबली	पृष्ठोदयी	अशुभ	बंजर
2.	वृष	Taurus	श्वेत	स्त्री	सौम्य	वैश्य	स्थिर	पृथ्वी	दक्षिण	वात	रात्रिबली	पृष्ठोदयी	शुभ	अर्द्धलाभ
3.	मिथुन	Gemini	हरा	पुरुष	उग्र	शूद्र	द्विस्वभाव	वायु	पश्चिम	वात	रात्रिबली	शीर्षोदयी	शुभ	बंजर
4.	कर्क	Cancer	श्वेत	स्त्री	सौम्य	ब्राह्मण	चर	जल	उत्तर	कफ	रात्रिबली	पृष्ठोदयी	शुभ	लाभकारी
5.	सिंह	Leo	लाल	पुरुष	उग्र	क्षत्रिय	स्थिर	अग्नि	पूर्व	पित्त	दिनबली	शीर्षोदयी	अशुभ	बंजर
6.	कन्या	Virgo	मिश्र	स्त्री	सौम्य	वैश्य	द्विस्वभाव	पृथ्वी	दक्षिण	त्रिदोष	दिनबली	शीर्षोदयी	अशुभ	बंजर
7.	तुला	Libra	नीला	पुरुष	उग्र	शूद्र	चर	वायु	पश्चिम	वात	दिनबली	शीर्षोदयी	शुभ	अर्द्धलाभ
8.	वृश्चिक	Scorpio	ताम्र	स्त्री	सौम्य	ब्राह्मण	स्थिर	जल	उत्तर	कफ	दिनबली	शीर्षोदयी	अशुभ	लाभकारी
9.	धनु	Sagittarius	पीला	पुरुष	उग्र	क्षत्रिय	द्विस्वभाव	अग्नि	पूर्व	पित्त	रात्रिबली	पृष्ठोदयी	शुभ	अर्द्धलाभ
10.	मकर	Capricorn	भूरा	स्त्री	सौम्य	वैश्य	चर	पृथ्वी	दक्षिण	वात	रात्रिबली	पृष्ठोदयी	अशुभ	बंजर
11.	कुम्भ	Aquarius	काला	पुरुष	उग्र	शूद्र	स्थिर	वायु	पश्चिम	त्रिदोष	दिनबली	शीर्षोदयी	अशुभ	बंजर
12.	मीन	Pisces	पीला	स्त्री	सौम्य	ब्राह्मण	द्विस्वभाव	जल	उत्तर	कफ	दिनबली	उभयोदयी	शुभ	लाभकारी

राशि सारिणी – 2 (मानव शरीर के अंग व रोग)

क्र.	राशि	नरादि	जीवादि	गुण	प्रभावित अंग	शरीर के रोग
1.	मेष	पशु	धातु	उष्ण	सिर, मस्तक, मस्तिष्क, चेहरा	ज्वर, चर्मरोग, कटना, जलना, चोट, नक्सीर आना
2.	वृष	पशु	मूल	शांत	मुख, नेत्र, गला, गलग्रन्थियाँ	नेत्ररोग, शक्कर की कमी, स्वादहीनता, शीतज्वर, अपच
3.	मिथुन	नर	जीव	चंचल	वक्ष, कंधे, बाहें, फेफड़े	दाद, खाज, खुजली, नाक के रोग, दांत के रोग, निमोनिया
4.	कर्क	जलचर	धातु	शांत	छाती, सीना, हृदय, हंसली	सर्दी, जुकाम, फेफड़ों के रोग, हृदय रोग, मधुमेह, पेटरोग
5.	सिंह	पशु	मूल	उष्ण	पेट, पीठ, कमर	उदर रोग, नेत्र रोग, मूत्र विकार, छींक आना, बवासीर
6.	कन्या	नर	जीव	शीत	कटि, नाभि, लीवर	पेट दर्द, गैस, पेचिश, खांसी, कंधे व हाथों के रोग
7.	तुला	नर	धातु	उष्ण	गुर्दे, पेड़ू, चमड़ी	मसाना,गुर्दे व पथरी के रोग, वीर्य विकार,चर्मरोग, चोट लगना
8.	वृश्चिक	कीट	मूल	शीत	जनेन्द्रियाँ (गुप्तांग), गुदाद्वार	पेटविकार, सिरदर्द, नाड़ी दुर्बलता, फोड़े, नाभि व चर्म रोग
9.	धनु	नरपशु	जीव	उष्ण	जांघे, कमर, नाड़ियाँ	गले के दर्द, फेफड़ों के दर्द, फोड़े, फुन्सी व चर्म रोग, कान
10.	मकर	जलपशु	धातु	शीत	घुटने, घुटने की टोपी, हड्डी के जोड़	वात् रोग, जोड़ो के दर्द, गैस, अपच, नेत्र विकार, नाक रोग
11.	कुम्भ	जलचर	मूल	उष्ण	पिंडलियाँ, टखने	टांसिल, दमा, खांसी, सिरदर्द, फेफड़ों के दर्द, रक्तविकार
12.	मीन	जलचर	जीव	शांत	दोनों पैर, एड़ी, पंजा, तलवा	हृदय रोग, नेत्ररोग, पैरों व टखनों में सूजन, आंतविकार, पैरों में पसीना

अध्याय - पंचम

नवग्रह

(Nine Planets)

भौगोलिक दृष्टि से ज्योतिष में सूर्य को नौ ग्रहों का केन्द्र एवं जनक कहा गया है। सभी ग्रह पश्चिम से पूर्व की ओर चलते हुये अपने जनक सूर्य की परिक्रमा करते हैं। सूर्य से दूरी अनुसार क्रमशः बुध, शुक्र, पृथ्वी, मंगल, गुरु, शनि, अरुण, वरुण और यम हैं। ग्रहों के पुनः उपग्रह हैं। चन्द्रमा हमारी पृथ्वी का उपग्रह है।

हम पृथ्वीवासियों पर ज्योतिष की धारणा के अनुसार सूर्य का प्रभाव पड़ता है। अतः ज्योतिष में सूर्य को पृथ्वी के स्थान पर एक प्रभावशाली ग्रह माना गया है। चन्द्रमा पृथ्वी के अधिक नजदीक है। उसका भी पृथ्वी व पृथ्वीवासियों पर सीधा प्रभाव पड़ता है। अतः उसे भी एक ग्रह माना गया है। अरुण, वरुण और यम पृथ्वी से बहुत दूर हैं। इनका प्रभाव नगण्य है। अतः भारतीय ज्योतिष में उन्हें छोड़ दिया गया है। पृथ्वी और चन्द्रमा के कटान बिन्दुओं को राहु व केतु के नाम से छाया ग्रह की मान्यता दी गई है। राहु का स्थान उत्तरपात पर और केतु का स्थान दक्षिणपात पर है। इस प्रकार ज्योतिष में राहु, केतु सहित नवग्रहों को स्थान दिया गया है। फलित कथन में इनको ही महत्व दिया जाता है। नीचे नवग्रहों का चित्र देखें।

ज्योतिष में नवग्रह

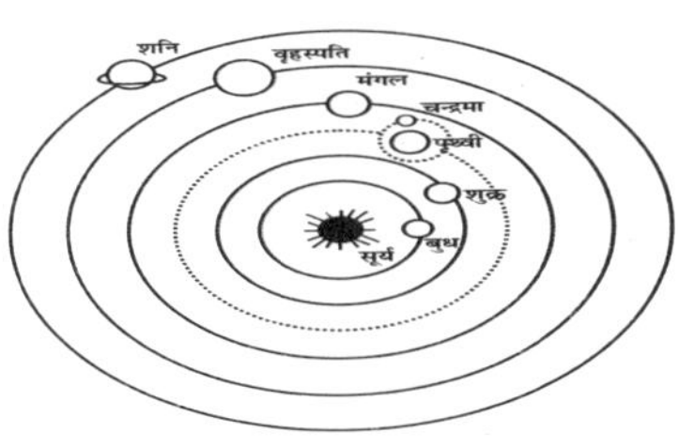

आकाश में ग्रहों के घूमने का मार्ग

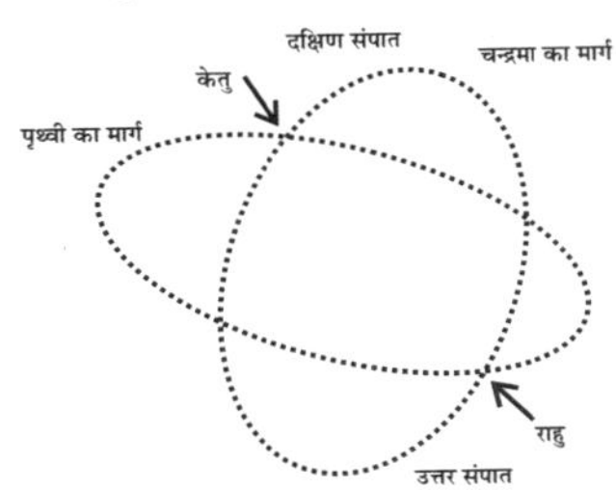

छायाग्रह राहु और केतु की स्थिति

चित्र नं. 4

ग्रहों की श्रेणी (Types of Planets):

सभी 9 ग्रहों को दो श्रेणियों में बाँटा गया है। इनके नाम और विवरण इस प्रकार हैः-

1. शुभ या सौम्य ग्रह :

पूर्ण चन्द्र (Waxing Moon) बुध, शुक्र, गुरु क्रमशः अधिकाधिक शुभ ग्रह हैं। यह 1, 2, 4, 5, 7, 9, 10 और 11 भावों में अत्यधिक शुभ, लाभकारी व मंगलकारी होते हैं और 3, 6 भावों में धीमी गति से लाभ पहुँचाते हैं। शेष 8, 12 भावों में होने पर हानिकर व अनिष्टकर होते हैं।

2. अशुभ या पापी ग्रह :

सूर्य, मंगल, शनि, राहु–केतु क्रमशः अधिकाधिक पापग्रह हैं। क्षीण चन्द्रमा (Waning Moon) भी पापग्रहों की श्रेणी में आता है। उपरोक्त पापग्रहों के साथ बुध भी पापग्रह बन जाता है। अधिकांशतः हानिकर एवं कष्टदायी होते हैं। केवल 8वें और 12वें भावों को छोड़कर शेष भावों में कभी–2 थोड़ा लाभ भी देते हैं। अध्याय के अन्तिम पृष्ठ पर ग्रह सारिणी देखें।

ग्रह अवस्था :

ग्रहों की दस अवस्था होती है। इनका मानव जीवन पर गहरा प्रभाव पड़ता है।

1. दीप्त (Bright) – जब कोई ग्रह उच्च राशि का हो, दीप्त अवस्था कहलाती है। ऐसी अवस्था में वाहन सुख, मान–सम्मान, यश–प्रतिष्ठा, धनलाभ, संतान सुख मिलता है। शत्रुजयी करता है।

2. स्वस्थ (Healthy) – जब कोई ग्रह स्वराशिस्थ होता है, स्वस्थ होता है। ऐसा ग्रह प्रतिष्ठा और धनलाभ दिलाता है। वंश की वृद्धि होती है।

3. मुदित (Happy) – जब कोई मित्र राशि में होता है, मुदित होता है। शुभ व लाभकारी होता है। आनन्द व संतोष मिलता है। शत्रुजयी व भोगी करता है।

4. शान्त (Favourable) – जब कोई ग्रह किसी वर्ग विशेष (होरा, द्रेष्काण, नवमांश, द्वादशांश, त्रिशांश आदि) में शुभ स्थान पर होता है, शान्त अवस्था में होता है। मंगलकारी होता है। कार्य सिद्ध करता है। धर्मात्मा, विद्वान व मंत्री बनाता है।

5. शक्त (Powerful) – जब ग्रह वक्री होता है तो शक्त कहलाता है। स्वास्थ्य हानि और धनहानि कराता है। शुभभाव में होने पर लोकप्रिय, कीर्तिवान एवं धनवान करता है।

6. पीड़ित (Unhappy) – हम जानते हैं कि प्रत्येक राशि 30^0 अंश की होती है। जब कोई ग्रह राशि के प्रथम 3^0 अंश तक या अंतिम 3^0 अंश तक अर्थात 0^0 अंश से 3^0 अंश और 28^0 अंश से 30^0 अंश पर होता है तो पीड़ित होता है। ऐसा ग्रह निष्फल एवं प्रभावहीन होता है। शत्रुपीडा, बंधुवियोग लाता है। प्रवासी बनाता है।

7. दीन (Helpless) : जब ग्रह शत्रु राशि में होता है, दीन कहलाता है।यह धनहानि कराता है। पाप कर्म करने को प्रेरित करता है। मान एवं प्रतिष्ठा गिराता है।

8. खल (Bad) - जब कोई ग्रह नीच राशि में होता है तो वह खल (दुष्ट) कहलाता है। यह कष्टकारी होता है। झगड़ा, मुकदमा, जेल, धनहानि आदि कराता है और मानसिक तनाव लाता है। चिन्ताओं में वृद्धि करता है।

9. विकल (Uneasy) : जब कोई ग्रह जल (Combust) जाता है तो वह विकल होता है। ऐसी स्थिति सूर्य के साथ होने पर आती है। सूर्य की उष्णता से ग्रह जल जाते हैं। चन्द्र 12^0, मंगल 17^0, बुध 13^0, गुरु 11^0, शुक्र 9^0, शनि 15^0 का अंतर होने पर जल जाते हैं। सामान्यत: 3^0 अंतर होने पर ही ग्रह प्रभावहीन और निष्फल हो जाते हैं। व्यक्ति को आचरणहीन, दरिद्री व घुमक्कड़ बनाते हैं।

10. भयभीत (Fearful) : जब कोई ग्रह तीव्रगति से चल रहा हो और दूसरों से आगे निकलने की कोशिश में हो तो यह भयभीत स्थिति होती है। इसके दुष्परिणाम होते हैं। व्यक्ति को पराजित और बलहीन करते हैं। धनहानि करता है एवं पीड़ा देता है।

ग्रह बल :

ग्रहबल की 6 श्रेणियाँ हैं। 1. स्थान बल 2. दिशाबल 3. कालबल 4. नैसर्गिक बल 5. चेष्ठाबल और 6. दृष्टिबल। स्थानबली ग्रहों का बड़ा महत्व है। यह प्रभावशाली होते हैं। अकेले होने पर अच्छा फल देते हैं। स्थानबली ग्रह और उनका फल निम्न प्रकार मिलता है:-

1. सूर्य : सूर्य स्वराशि, उच्चराशि एवं मित्रराशि में या 3, 6, 10, 11 वें भाव में हो तो बलवान होता है। स्वराशि में सर्वाधिक लाभकारी, उच्चराशि में कम लाभकारी, मित्र राशि में ठीक-ठीक व अन्य भावों में अच्छा फल देता है। 22 या 31 वर्ष की अवस्था में अपनी महादशा/अंतर्दशा आने पर भाग्योदय कराता है।

2. चन्द्र : चन्द्र स्वराशि में, उच्चराशि में, मित्र राशि में, मूल त्रिकोण राशि वृष में तथा 3, 4, 5, 6, 9, 10, 11 भावों में बलवान होता है। अच्छा फल देता है। 24 या 31 वर्ष की अवस्था में अपनी महादशा/अंतर्दशा आने पर भाग्योदय कराता है।

3. मंगल : मंगल स्वराशिस्थ, उच्चराशिस्थ, मित्रराशिस्थ अथवा 3, 6, 10, 11 भावों में बलवान होता है। सभी बलवान राशि/भावों में ठीक रहता है। भाग्योदय 28 या 32 वर्ष की अवस्था में अपनी महादशा/अंतर्दशा आने पर कराता है।

4. बुध : स्वराशिस्थ, उच्चराशिस्थ, मित्रराशिस्थ या 1, 2, 3, 4, 5, 7, 9, 10 भावों में बलवान होता है किन्तु कोई अन्य ग्रह साथ पड़ा हो तो निष्फल माना जाता है। अकेला बुध भाव स्थित फल को श्रेष्ठ करता है। उत्तम फल देता है। भाग्योदय 21, 24, 32 वर्ष की अवस्था में महादशा/अंतर्दशा आने पर होता है।

5. गुरु : स्वराशिस्थ, उच्चराशिस्थ, मित्रराशिस्थ या 1, 2, 3, 4, 5, 7, 9, 10 भाव में अकेला गुरु बलवान होता है। किसी ग्रह के साथ होने पर निष्फल हो जाता है। फल में कमी करता है। अकेला गुरु पूर्ण फलदायी होता है। भाग्योदय 16, 21, 28 वर्ष में महादशा/अंतर्दशा आने पर प्रारंभ होता है।

6. शुक्र : शुक्र स्वराशिस्थ, उच्चराशिस्थ, मित्रराशिस्थ होने या 1, 3, 4, 5, 7, 10 भावों में होने पर बलवान होता है। पापग्रह की युति या दृष्टि नहीं होनी चाहिये। अकेला शुक्र श्रेष्ठ फलदायी है। भाग्योदय 24, 32, 42 वर्ष की अवस्था में महादशा/अंतर्दशा आने पर होता है।

7. शनि : शनि स्वराशिस्थ, उच्चराशिस्थ, मित्रराशिस्थ या 3, 6, 7, 8, 10, 11 भावों में बलवान होता है। किसी ग्रह के साथ नहीं होना चाहिये। सूर्य, बुध के साथ तो बिल्कुल नहीं होना चाहिये। अकेले शनि का फल अच्छा होता है। अपनी महादशा/अंतर्दशा में 30, 42, 52 वर्ष की अवस्था में भाग्योदय कराता है।

8. राहु : राहु एक छायाग्रह है। राहु स्वराशिस्थ (कन्या में) उच्चराशिस्थ (मिथुन में) मूलत्रिकोणराशिस्थ (कुंभ में) मित्रराशिस्थ (2, 7, 10 राशियों में) या 3, 6, 10, 11 भावों में अकेला होने पर बलशाली होता है। भाग्योदय अपनी महादशा/अंतर्दशा आने पर 30 वर्ष की अवस्था में कराता है।

9. केतु : केतु भी छायाग्रह है। केतु अपनी राशि (मीन में) उच्चराशि (धनु में) मूल त्रिकोण राशि (सिंह में) मित्रराशि (मेष, कर्क, सिंह, वृश्चिक में) या 3, 6, 10, 11 भावों में बलशाली होता है किन्तु अकेला हो और कोई ग्रह साथ न हो। केतु व्यक्ति को कार्यकुशल, धनी, राजप्रिय एवं भ्रमणशील किन्तु नीचप्रकृति वाला, पापी व नास्तिक बनाता है। भाग्योदय 28 वर्ष के बाद कराता है।

ग्रह दृष्टि :

ग्रहों की दृष्टि के बारे में कई मत प्रचलित हैं। यथा–लघुपाराशरी मत, जैमिनी मत, पाश्चात्य मत आदि। इनमें लघुपाराशरी मत का उत्तर भारत में अधिक महत्व है।

1. लघु पाराशरी मत :

इस मत के अनुसार सभी ग्रहों की अपने अधिकृत भाव से सप्तम भाव पर पूर्ण दृष्टि होती है किन्तु मंगल, शनि, गुरु, राहु और केतु ऐसे ग्रह हैं, जिनकी अधिकृत भाव से सप्तम भाव के साथ, कुछ अन्य भावों पर भी पूर्ण दृष्टि होती है। मंगल की चतुर्थ और अष्टम भाव पर, शनि की तृतीय एवं दशम भाव पर और गुरु, राहु, केतु की पंचम व नवम भाव पर पूर्ण दृष्टि होती है। अतः फल कथन में पूर्ण दृष्टि का पूरा–2 ध्यान रखना चाहिये।

2. जैमिनि मत :

जैमिनी के अनुसार ग्रहों की दृष्टि राशियों की दृष्टि के अनुसार होती है। अगले पृष्ठ पर ग्रह दृष्टि सारिणी देखें।

ग्रह दृष्टि सारिणी

राशि स्थित ग्रह	राशि स्थित ग्रह दृष्टि	राशि स्थित ग्रह	राशि स्थित ग्रह दृष्टि
मेष राशि स्थित ग्रह	सिंह, वृश्चिक, कुंभ राशि स्थित ग्रह पर	तुला राशि स्थित ग्रह	वृष, सिंह, कुम्भ राशि स्थित ग्रह पर
वृष राशि स्थित ग्रह	कर्क, तुला, मकर राशि स्थित ग्रह पर	वृश्चिक राशि स्थित ग्रह	मेष, कर्क, मकर राशि स्थित ग्रह पर
मिथुन राशि स्थित ग्रह	कन्या, धनु, मीन राशि स्थित ग्रह पर	धनु राशि स्थित ग्रह	मिथुन, कन्या, मीन राशि स्थित ग्रह पर
कर्क राशि स्थित ग्रह	वृष, वृश्चिक, मीन राशि स्थित ग्रह पर	मकर राशि स्थित ग्रह	वृष, सिंह, वृश्चिक राशि स्थित ग्रह पर
सिंह राशि स्थित ग्रह	मेष, तुला, मकर राशि स्थित ग्रह पर	कुम्भ राशि स्थित ग्रह	मेष, कर्क, तुला राशि स्थित ग्रह पर
कन्या राशि स्थित ग्रह	मिथुन, धनु, मीन राशि स्थित ग्रह पर	मीन राशि स्थित ग्रह	मिथुन, कन्या, धनु राशि स्थित ग्रह पर

3. पाश्चात्य मत :

पाश्चात्य ज्योतिर्विदों ने कोणात्मक पद्धति पर जोर दिया है। ग्रह, जिस भाव में बैठा हो, उस भाव को 0^0 अंश कोण मानकर उसी भाव से घड़ी की सूइयों के अनुकूल-प्रतिकूल दोनों ओर 30^0, 60^0, 120^0 अंश कोण वाले भावों पर दृष्टि होने पर उत्तम फल मिलता है। 72^0 और 144^0 अंश कोण वाले भावों पर दृष्टि होने पर शुभ फल होता है किन्तु 45^0, 90^0, 135^0, 150^0 और 180^0 अंश कोण वाले भावों पर दृष्टि होने पर मिलने वाला फल अशुभ व हानिकर होता है। निम्न चित्र में लग्न भाव को 0^0 अंश माना है।

पाश्चात्य मत ग्रह दृष्टि

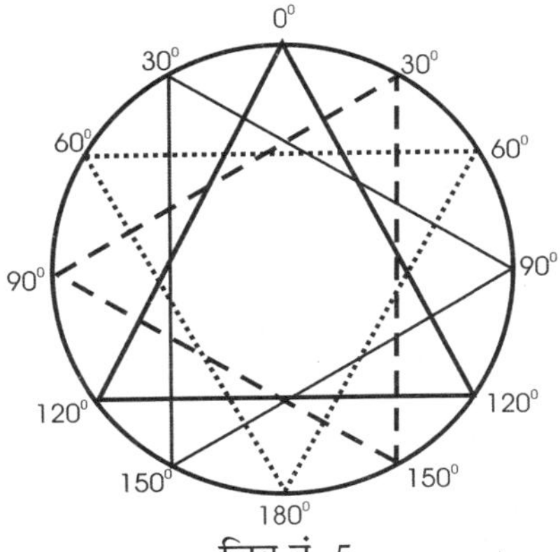

चित्र नं. 5

ग्रह सारिणी – 1 (विशेषताएं)

क्र.	ग्रह	अंग्रेजी नाम	वर्ण	लिंग	चरादि	प्रकृति	जाति	गुण	तत्व	दिशा	शुभ/पापी	अवस्था	अधिष्ठाता
1.	सूर्य	Sun	गुलाबी	पुरुष	स्थिर	पित्त	क्षत्रिय	सत	अग्नि	पूर्व	क्रूर	वृद्ध	आत्मा
2.	चन्द्र	Moon	श्वेत	स्त्री	चर	वात	वैश्य	सत	जल	पश्चिमोत्तर	शुभ	युवा	मन
3.	मंगल	Mars	लाल	पुरुष	उग्र	पित्त	क्षत्रिय	तम	अग्नि	दक्षिण	पापी	युवा	पराक्रम
4.	बुध	Mercury	हरा	पु.नपुंसक	साधारण	त्रिदोष	शूद्र	रज	पृथ्वी	उत्तर	सम	बालक	वाणी
5.	गुरु	Jupiter	पीला	पुरुष	लघु	त्रिदोष	ब्राह्मण	सत	आकाश	पूर्वोत्तर	शुभ	वृद्ध	ज्ञान
6.	शुक्र	Venus	श्वेत	स्त्री	मित्रवत	वात,कफ	ब्राह्मण	रज	जल	दक्षिणपूर्व	शुभ	प्रौढ़	सुख
7.	शनि	Saturn	काला	स्त्रीनपुंसक	तीक्ष्ण	वात	शूद्र	तम	वायु	पश्चिम	पापी	वृद्ध	संघर्ष
8.	राहु	Dragon's Head	नीला	स्त्री	तीक्ष्ण	वात	शूद्र	तम	वायु	दक्षिणपश्चिम	पापी	वृद्ध	अहंकार
9.	केतु	Dragon's Tail	धूम्रसम	नपुंसक	तीक्ष्ण	वात	शूद्र	तम	वायु	दक्षिणपश्चिम	पापी	वृद्ध	कष्ट

ग्रह सारिणी - 2 (विशेषताएं)

क्र.	ग्रह	मित्रग्रह	शत्रु ग्रह	समग्रह	एकराशि ठहराव	स्वराशि रा. अं.	उच्चराशि रा. अं.	नीचराशि रा. अं.	मूल त्रिकोण रा. अं.	कारकभाव	विशिष्ट कारक भाव	फलदायी भाव	निष्फल भाव
1.	सूर्य	चं.मं.गु.	शु.श.	बु.	1 मास	सिंह 21–30	मेष 01–10	तुला 1–10	सिंह 01–20	1,9,10	11	3,6,10,11	सूर्य+चन्द्र
2.	चन्द्र	सू.बु.		मं.गु.शु.श	2¼दिन	कर्क 01–30	वृष 01–03	वृश्चिक 01–03	वृष 04–30	4	1, 7	3	–
3.	मंगल	सू.चं.गु.	बु.	शु.श.	1½ मास	मेष 19–30 वृश्चिक01–30	मकर01–28	कर्क 01–28	मेष 01–18	3, 6	10	3,6,10,11	2
4.	बुध	सू.शु.	चं.	मं.गु.श.	21 दिन	मिथुन 01–30 कन्या 21–30	कन्या 01–15	मीन 01–15	कन्या 16–20	4, 10	11	2,3,6,8,10	4
5.	गुरु	सू.चं.मं.	बु.शु.	श.	13 मास	धनु 14–30 मीन 01–30	कर्क01–05	मकर 01–05	धनु 01–13	2,5,9,10,11	5,9	7,9,11	5
6.	शुक्र	बु.श.	सू.चं.	मं. गु.	21 दिन	वृष 01–30 तुला 11–30	मीन 01–27	कन्या 01–27	तुला 01–10	7	4,7,12	1,3,4,7 8,9,11,12	6
7.	शनि	बु.शु.	सू.चं.मं.	गु.	2½वर्ष	मकर 01–30 कुम्भ 21–30	तुला 01–20	मेष 01–20	कुम्भ 01–20	6,8,10,12	3,6	3,6,11	7
8.	राहु	शु.श.	सू.चं.मं.	बु.गु.	1½वर्ष	कन्या 01–30	मिथुन 01–15	धनु 01–15	कुम्भ 01–30	3,6,11,12	3,6,10	3,6,10,11	–
9.	केतु	सू.चं.मं.	शु.श.	बु.गु.	1½वर्ष	मीन 01–30	धनु 01–15	मिथुन 01–15	सिंह 01–30	3,6,11,12	2,8	3,6,10,11	–

अध्याय-षष्ठ

जन्म कुण्डली रचना

(Making Birth Chart)

जन्म कुण्डली क्या है ? (What is Birth Chart?) :

जन्म कुण्डली व्यक्ति के जन्म का एक आकाशीय मानचित्र या नक्शा होती है। यह आकाशीय मानचित्र जन्म के समय पूर्वी क्षितिज पर उदयरत राशि को आधार मानकर बनाया जाता है। इस राशि को लग्नराशि (Ascendent) कहा जाता है। जन्म कुण्डली के प्रथम भाव में यह राशि स्थापित की जाती है। इसके पश्चात घड़ी की सूइयों के प्रतिकूल क्रम में अन्य शेष 11 राशियाँ स्थापित कर दी जाती है। इस प्रकार भचक्र की कुल 12 राशियाँ 12 भावों में लिख दी जाती है। अंत में कुण्डली को पूर्ण करने के लिये भाव स्थित राशियों में पंचांग में देखकर जन्म समय के समस्त 9 ग्रह रख दिये जाते हैं। जिस राशि में चन्द्र ग्रह होता है, वह राशि व्यक्ति की जन्म राशि कहलाती है। जन्म राशि के 9 अक्षरों में से जन्म के समय के नक्षत्र के चरणाक्षर के अनुसार व्यक्ति का नामकरण कर दिया जाता है। स्मरण रहे कि लग्नराशि के आधार पर कुण्डलियों में राशियों के क्रम बदलते रहते हैं किन्तु भाव सदैव स्थिर रहते हैं। अगले अध्याय सप्तम में भाव परिचय में दो कुण्डलियाँ नं. 19 व 20 देखकर अनुभव करें।

जन्म कुण्डली रचना (Making Birth Chart) :

ज्योतिष में फलादेश की पूर्णता और प्रमाणिकता शुद्ध एवं सही जन्म कुण्डली पर निर्भर होती है। जन्म कुण्डली बनाने के लिये सर्वप्रथम जन्म समय की लग्न ज्ञात करनी होती है। इसके लिये जिस व्यक्ति विशेष की जन्म कुण्डली बनानी हो, उसकी जन्म तिथि, जन्म समय और जन्म स्थान लिख लें। अब आप लग्न ज्ञात कर सकते हैं। इस समय लग्न दो तरीके से निकाल सकते हैं।

1. **इष्टकाल से लग्न निकालना** – इष्टकाल व्यक्ति की जन्म तिथि के जन्मसमय और सूर्योदय के मध्य का अंतर होता है। इस अंतर के घंटा, मिनट में होने पर 2½ गुणा करके घटी, पलों में बदलना पड़ता है। इसके पश्चात पंचांग में जन्म तिथि के दिये प्रातः 5 बजकर 30 मिनट के उदयकालिक स्पष्ट सूर्य के राशि, अंशों के आधार पर जन्म स्थान के अक्षांश या नजदीक के अक्षांश आधारित लग्नसारिणी में घटी, पल के अंक देखें और उन्हें इष्टकाल के घटी, पलों में जोड़ दें। जोड़े हुये घटी, पलों को पुनः उसी लग्नसारिणी में देखें कि वे अंक किस राशि, अंश पर हैं ? अंक प्राप्त राशि से अगली राशि जन्म कुण्डली की लग्न होगी। पृष्ठ 67 पर उदाहरण–1 देखें।

2. दैनिक लग्न सारिणी से लग्न देखना – अब जन्म कुण्डली की लग्न निकालना बहुत ही सहज एवं सरल हो गया है। सभी पंचांगों में दैनिक लग्न सारिणियाँ दी हुई हैं। साथ में लग्नसंस्कार सारिणी भी दी हुई है। यह घंटा, मिनट और घटी, पल दोनों में ही बनी होती हैं। किसी पंचांग में लग्नों का प्रारंभकाल दिया होता है तो किसी में समाप्तिकाल। दिल्ली की लग्न देखनी है और पंचांग जालन्धर का है तो लग्नसंस्कार सारिणी में लग्न का अंतर देख सकते हैं। जमा, घटा का चिन्ह देख प्रारंभ काल या समाप्तिकाल में जमा, घटा कर दें और जन्म स्थान के जन्म समय की लग्न देख लें। पृष्ठ 68 पर उदाहरण-2 देखें।

जन्म कुण्डली चक्र बनाना (Making Horoscope) :

जन्म लग्न ज्ञात होने के पश्चात जन्म कुण्डली चक्र बना लें और उसमें राशियां लिख दें। राशियों के पश्चात जन्म समय के ग्रह स्थापित करने के लिये पंचांग में जन्म के मास का पृष्ठ खोलें। पंचांग में मास के प्रत्येक पक्ष में सप्ताह के अंतर से प्रातः 05 बजकर 30 मिनट के आधार पर दो कुण्डली बनी होती हैं। उनके साथ कुण्डली की तिथि लिखी होती है और ग्रह के स्पष्ट राशि, अंश, कला, विकला का चार्ट बना होता है। ग्रह गति भी दी हुई होती है। उन्हें देखकर भाव स्थित राशियों में ग्रह लिख दें। उक्त तिथि, ग्रहगति आदि देखकर अपनी जन्म तिथि एवं समय के ग्रह स्पष्ट निकाल लें। आजकल पंचांगों में दैनिक ग्रहस्पष्ट सारिणी भी दी हुई होती हैं। उसे देखकर साधारण गणित क्रिया से अपने जन्म के समय के ग्रहस्पष्ट कर लें। नक्षत्र देखकर जन्म की महादशा, जन्म का नक्षत्र पाया, नामाक्षर आदि नोट कर लें। अब यह जन्म कुण्डली फलित के लिये तैयार है।

भारत में कुण्डली चक्र आयताकार या वर्गाकार होते हैं। पाश्चात्य देशों यथा यू.के., यू.एस.ए आदि देशों में गोलाकार या वृत्ताकार होते हैं। उत्तरी भारत, दक्षिणी भारत व पाश्चात्य देशों की जन्म कुण्डलियों में थोड़ा अंतर होता है। उत्तर भारत में लग्न को आधार मानकर लग्नराशि प्रथम भाव में रखी जाती है व अन्य राशियाँ घड़ी की सूइयों के प्रतिकूल क्रम में उसके बाद लिखी जाती है। दक्षिणी भारत में राशियाँ स्थिर रहती हैं और जिस राशि की लग्न होती है, उसमें लग्न शब्द लिख देते हैं तथा राशियों का क्रम घड़ी की सूइयों के अनुकूल होता है।

पाश्चात्य देशों में गोलाकार या वृत्ताकार कुण्डली चक्र में बांयी ओर मध्य में प्रथम भाव लग्न बिन्दू (Ascendant) होता है तथा लग्न के सामने वाले सप्तम भाव को अवपात बिन्दू (Descendant) नीचे की ओर चतुर्थ भाव को अधोबिन्दू (Nadir) तथा उपर की ओर के दशम भाव को शिरोबिन्दू (Midheaven) लिखा जाता है। राशियों का क्रम उत्तर भारत के समान ही घड़ी की सूइयों के प्रतिकूल क्रम में होता है।

अगले पृष्ठ पर तीनों प्रकार की कुण्डली देखें और मान लें अमुक व्यक्ति की जन्म लग्न मिथुन (3) है। लग्न की सही स्थिति, भाव और राशियों का ज्ञान हो जायेगा।

उत्तर भारत की जन्म कुण्डली

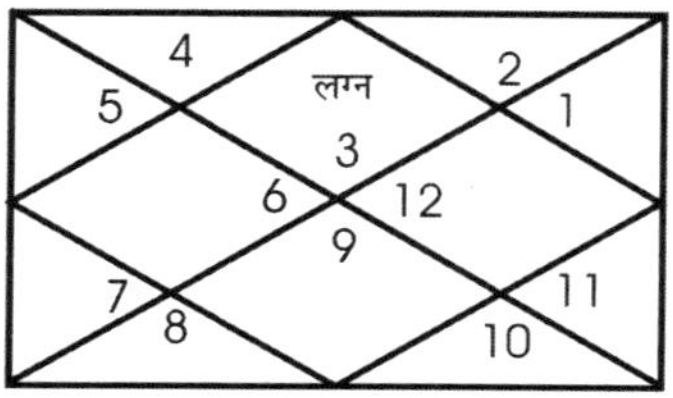

कुण्डली नं. 2

दक्षिण भारत की जन्म कुण्डली

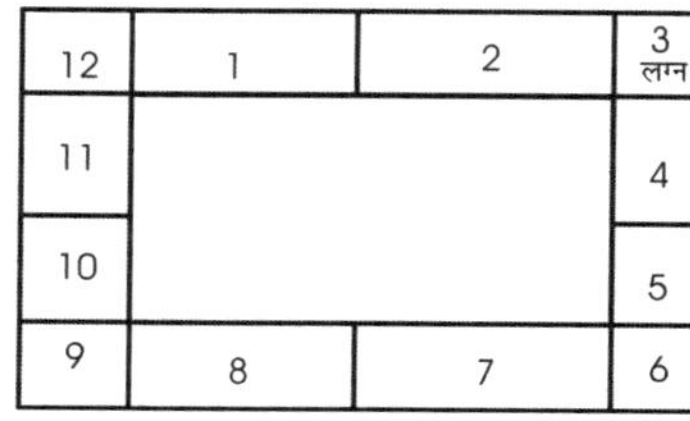

कुण्डली नं. 3

पाश्चात्य देशों की जन्म कुण्डली

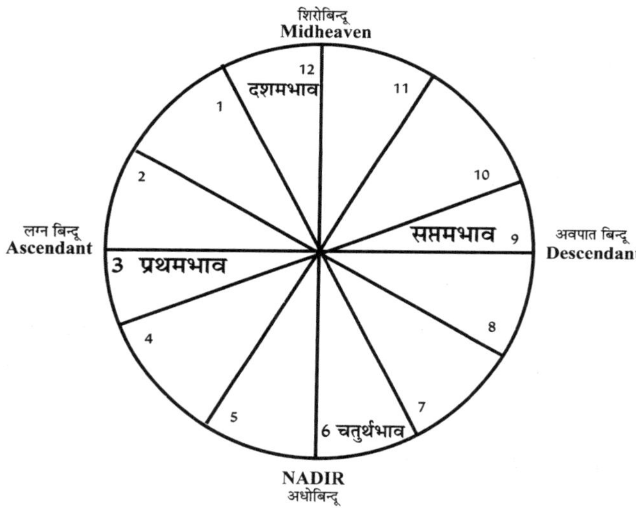

कुण्डली नं. 4

चन्द्र कुण्डली, सूर्य कुण्डली, सुदर्शन कुण्डली आदि :

उत्तर भारत आधार पर बनी जन्म कुण्डली में जिस राशि में चन्द्र होता है, उसको प्रथम भाव में रखकर चन्द्र कुण्डली बनाई जाती है तथा जिस राशि में सूर्य होता है, उसको प्रथम भाव में रखकर सूर्य कुण्डली बनाई जाती है। जन्म कुण्डली, चन्द्र कुण्डली और सूर्य कुण्डली तीनों को मिलाकर सुदर्शन कुण्डली बनाई जाती है। पुनः ग्रहस्पष्ट के आधार पर षोड़शवर्ग कुण्डलियाँ तैयार की जाती है। आजकल सप्तवर्ग को ही अधिक महत्व दिया जाता है। इनके नाम गृह, होरा, द्रेष्काण, सप्तमांश, नवमांश, द्वादशांश एवं त्रिशांश कुण्डली हैं। इनके आधार पर व्यक्ति के व्यक्तित्व एवं मानसिकता, आचरण व धन सम्पत्ति, भाई-बहिन का सुख-दुःख, संतान का सुख-दुःख, जीवनसाथी का सुख-दुःख, माता-पिता का सुख-दुःख और स्वयं की आयु/मृत्यु अर्थात दुर्घटना आदि का फल जाना जा सकता है।

उदाहरण – 1. इष्ट काल से लग्न ज्ञात कर जन्म कुण्डली बनाना

'क' व्यक्ति का जन्म भारत की राजधानी दिल्ली में अंग्रेजी तिथि 13.10.1946 को तद्नुसार कार्तिक कृष्णा तृतीया, रविवार, विक्रम संवत 2003, समय 11 बजकर 10 मिनट प्रातः पूर्व दोपहर हुआ। उस समय कृतिका नक्षत्र का प्रथम चरण था और चन्द्र मेष राशि में 28^0 अंश 23' कला पर था।

इष्टकाल ज्ञात करने के लिये दिल्ली के अक्षांश आधारित कोई पंचांग लें और उसमें 13 अक्टूबर का सूर्योदय देखें। जन्म समय में से सूर्योदय घटा दें। जन्म समय 11 बजकर 10 मिनट एवं सूर्योदय 6 बजकर 25 मिनट दोनों ही भारतीय स्टैण्डर्ड टाईम में है। अतः सीधें ही (11 बजकर 10 मिनट) – (6 बजकर 25 मिनट)= 4 घंटे 45 मिनट अंतर आया। यही इष्टकाल है। इसे घटी, पलों में बदलने के लिये 2½ गुणा करने पर 11 घटी 52 पल इष्टकाल आया। अब जन्मतिथि 13 अक्टूबर के प्रातःकालीन 5 बजकर 30 मिनट के उदय कालिक सूर्य के राशि, अंश देखे। उक्त तिथि को सूर्य 5 राशि के 25 अंश पर था। दिल्ली अक्षांश आधारित प्रमुख लग्न सारिणी में 5 राशि 25 अंश पर देखने से अभीष्ट अंक 33 घटी, 38 पल मिले। अब इष्टकाल (11 घटी – 52 पल) + अभीष्ट अंक (33 घटी – 38 पल)=कुल अंक 45 घटी – 30 पल प्राप्त हुये। कुल अंक 45 घटी – 30 पल प्रमुख लग्न सारिणी में देखें तो यह 7 राशि के 27 अंश पर मौजूद थे। अतः सातवीं राशि से अगली आठवीं वृश्चिक राशि की लग्न प्रमाणित हुई। वृश्चिक लग्न को आधार मानकर बनाई गई कुण्डली नीचे दी हुई है। तिथि 13.10.1946 के उक्त समय के सभी 9 ग्रह पंचांग में देखकर लिखे गये हैं। साथ में चन्द्रकुण्डली व सूर्य कुण्डली भी बनी हुई दिखाई गई हैं।

जन्म कुण्डली

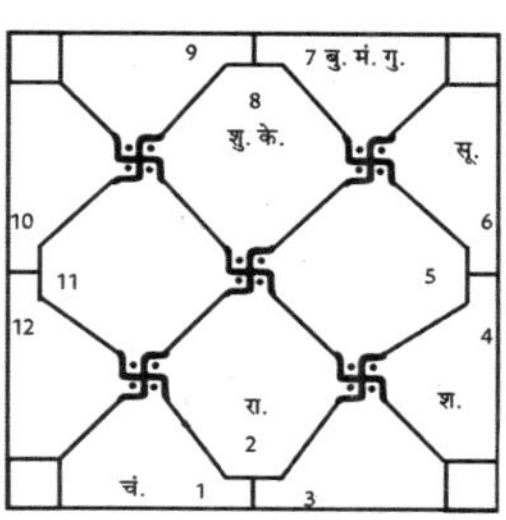

कुण्डली नं. 5

चन्द्र कुण्डली

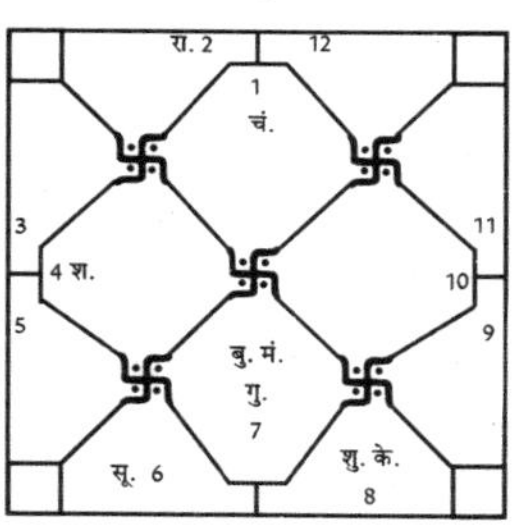

कुण्डली नं. 6

सूर्य कुण्डली

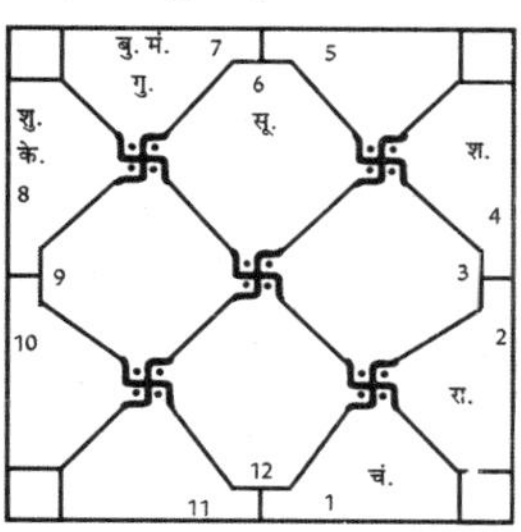

कुण्डली नं. 7

यह जन्मकुण्डली फलित के लिये तैयार है किन्तु सप्तवर्ग कुण्डली बनाने के लिये ग्रह स्पष्ट करना आवश्यक है। यह एक लम्बी प्रक्रिया है। गणित प्रक्रिया द्वारा ग्रह स्पष्ट करने होते हैं। उपरोक्त कुण्डली और आगामी कुण्डलियां उत्तर भारत में प्रचलित विधि से बनाई गई है।

उदाहरण-2. दैनिक लग्न सारिणी से लग्न देखकर कुण्डली बनाना :

'ख' व्यक्ति का जन्म हरियाणा प्रान्त के कस्बा शाहबाद मार्कण्ड़ा, जिला कुरुक्षेत्र में अंग्रेजी तिथि 07.01.1972 तदनुसार माघ कृष्णा सप्तमी, शुक्रवार, विक्रम संवत 2029 को बाद दोपहर 12 बजकर 45 मिनट पर हुआ। उस समय उत्तरा फाल्गुनी नक्षत्र का चतुर्थ चरण था और चन्द्र कन्या राशि में 08° अंश 52' कला पर था।

आजकल सभी पंचांगों में भारत व विश्व के प्रमुख नगरों की अक्षांश, रेखांश व स्टेण्डर्ड टाईम अंतर सारिणी, प्रमुख लग्न सारिणी, दैनिक लग्न सारिणी, लग्न संस्कार सारिणी, दैनिक निरयण ग्रह स्पष्ट सारिणी, विभिन्न स्थानों के सूर्योदय एवं सूर्यास्त सारिणी दी हुई होती है। इन्हें देखकर ज्योतिष संबंधी कार्य शीघ्रता से हो जाते हैं।

'ख' व्यक्ति की जन्म लग्न जानने के लिये पंचांग में दैनिक लग्न सारिणी का पृष्ठ खोला और तिथि 07 जनवरी की 12 बजकर 45 मिनट समय की लग्न देखी। इस समय मेष लग्न है। पंचांग जालन्धर के अक्षांश पर आधारित है। अत: दैनिक लग्न सारिणी भी जालंधर शहर के अक्षांश पर बनी हुई है। 'ख' व्यक्ति का जन्म शाहबाद मार्कण्ड़ा का है। लग्नसंस्कार सारिणी में शाहबाद मार्कण्डा देखा गया। यह शहर सारिणी में मौजूद नहीं है। यदि लग्नसंस्कार सारिणी में कोई शहर न दिया हो तो नजदीक के शहर का लग्नसंस्कार ग्रहण कर सकते हैं। अत: अम्बाला का नाम देखने पर लग्नसंस्कार सारिणी में -5 मिनट का लग्न अंतर मिला। तिथि 07 जनवरी को मेष लग्न का प्रारंभ 12 बजकर 26 मिनट है तथा समाप्तिकाल 13 बजकर 59 मिनट है। इनमें -5 मिनट घटाने पर प्रारंभ 12-21 तथा समाप्ति 13-54 प्राप्त हुई। जन्म का समय 12 बजकर 45 मिनट इनके बीच में है। अत: मेष लग्न प्रमाणित हुई। जन्म कुण्डली, चन्द्र कुण्डली और सूर्य कुण्डली नीचे देखें।

जन्म कुण्डली

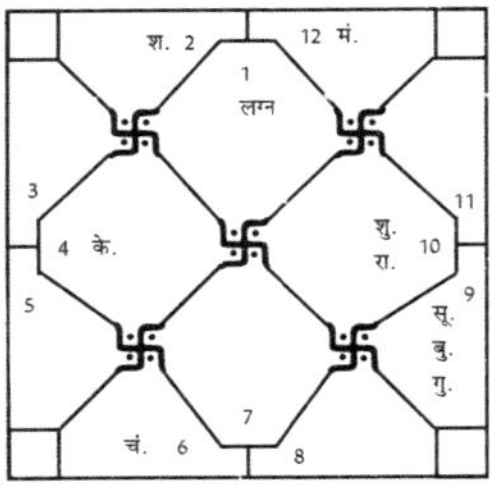

कुण्डली नं. 8

चन्द्र कुण्डली

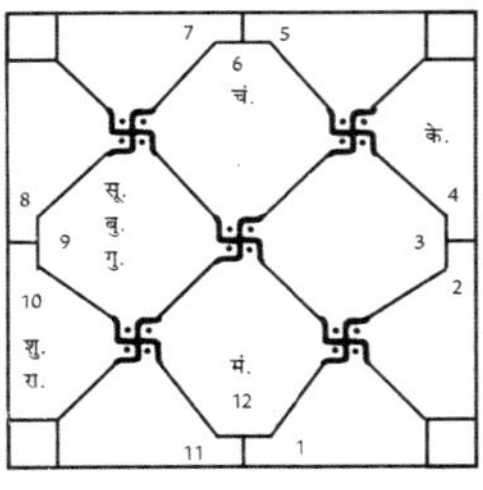

कुण्डली नं. 9

सूर्य कुण्डली

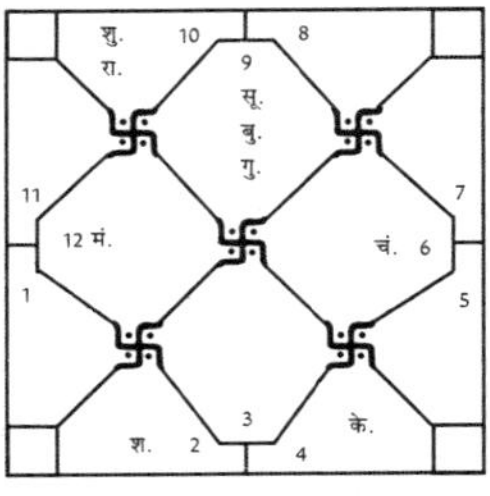

कुण्डली नं. 10

उपरोक्त तीनों कुण्डलियों को मिलाकर बनाई गयी सुदर्शन कुण्डली पृष्ठ 69 पर देखें। जन्म लग्न जानने हेतु पृष्ठ 71 से पृष्ठ 76 तक राजधानी दिल्ली आधारित दैनिक लग्न सारिणी भी दी जा रही है। जन्म तिथि / समय अनुसार लग्न ज्ञात करें।

सुदर्शन कुण्डली

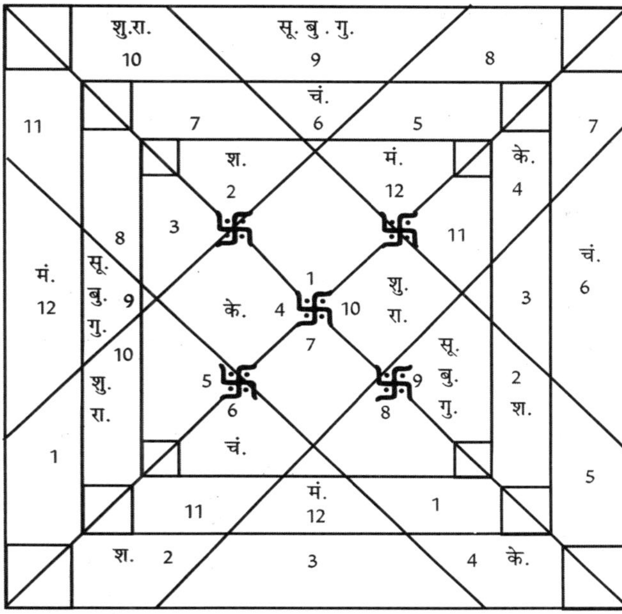

कुण्डली नं. 11

आजकल कम्प्यूटर से जन्म कुण्डली बनाई जाती हैं। यह शीघ्र बन जाती हैं। इस विषय में लेखक की धारणा है कि कम्प्यूटर से बनी जन्म कुण्डली की गणित प्रक्रिया (Calculations) में कोई कमी नहीं होती है किन्तु फलादेश विवेक एवं अनुभव से संबंधित है। अतः कम्प्यूटर के फलादेश निश्चित रूप से पूर्ण फलादेश नहीं कहे जा सकते हैं। इसके लिये विद्वान ज्योतिषी की राय अत्यावश्यक है। पृष्ठ 68 उदाहरण 2 जन्म कुण्डली की निरयण ग्रह स्पष्ट सारिणी एवं सप्तवर्ग कुण्डलियां आगे देखें :-

निरयण ग्रहस्पष्ट सारिणी

ग्रह	राशि	अंश	दिशा	नक्षत्र
लग्न	मेष	07-06-56	-	01 अश्विनी
सूर्य	धनु	22-37-32	-	20 पूर्वा षाढ़ा
चन्द्र	कन्या	08-52-28	-	12 उत्तरा फाल्गुनी
मंगल	मीन	13-59-53	मार्गी	26 उत्तरा भाद्रपद
बुध	धनु	00-45-01	मार्गी	19 मूल
गुरु	धनु	00-17-52	मार्गी	19 मूल
शुक्र	मकर	25-05-54	मार्गी	23 धनिष्ठा
शनि	वृष	06-41-40	वक्री	03 कृतिका
राहु	मकर	11-45-04	वक्री	22 श्रवण
केतु	कर्क	11-45-04	वक्री	08 पुष्य

सप्तवर्ग कुण्डली

गृह/राशि कुण्डली

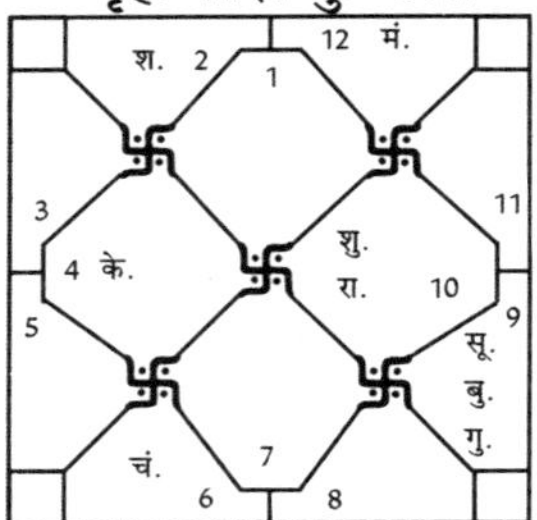

कुण्डली नं. 12

होरा कुण्डली

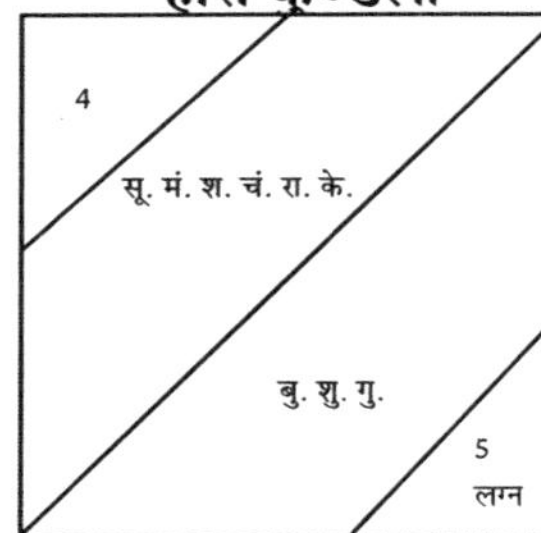

कुण्डली नं. 13

द्रेष्काण कुण्डली

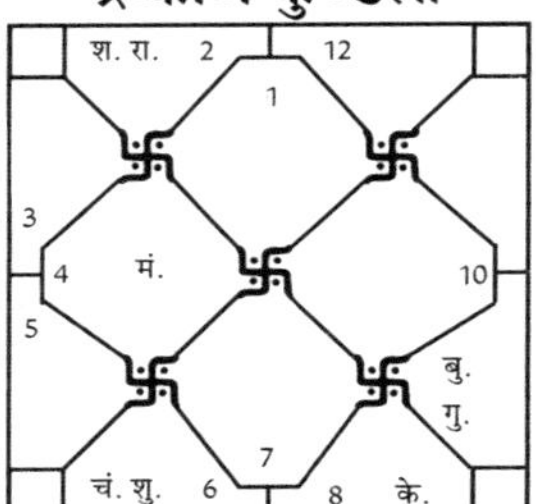

कुण्डली नं. 14

सप्तमांश कुण्डली

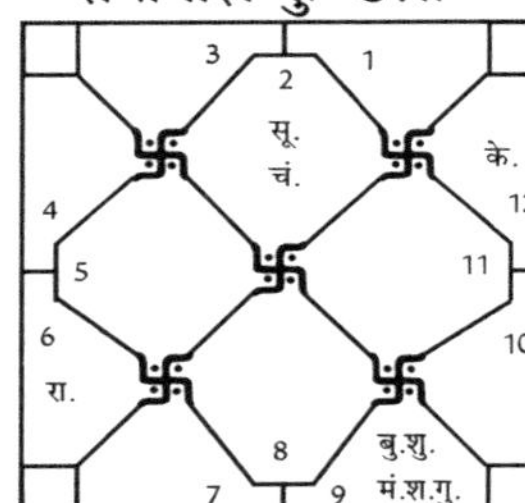

कुण्डली नं. 15

नवमांश कुण्डली

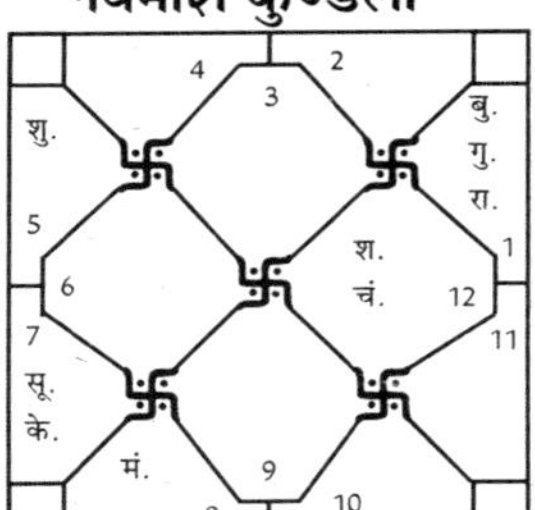

कुण्डली नं. 16

द्वादशांश कुण्डली

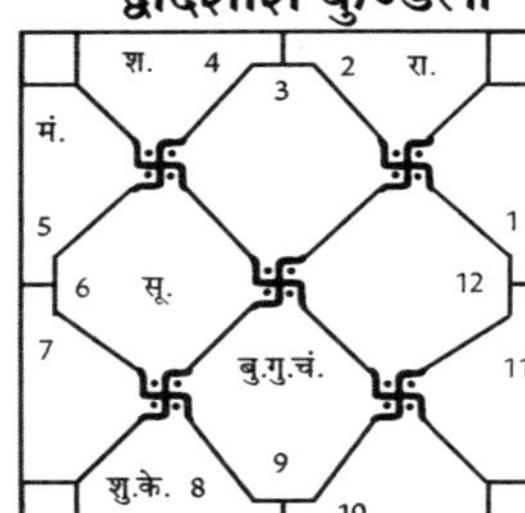

कुण्डली नं. 17

त्रिशांश कुण्डली

कुण्डली नं. 18

दैनिक लग्न सारणी जनवरी भा. स्टै. टा. समाप्ति काल दिल्ली DELHI

जनवरी ता.	धनु घं. मिं.	मकर घं. मिं.	कुम्भ घं. मिं.	मीन घं. मिं.	मेष घं. मिं.	वृष घं. मिं.	मिथुन घं. मिं.	कर्क घं. मिं.	सिंह घं. मिं.	कन्या घं. मिं.	तुला घं. मिं.	वृश्चिक घं. मिं.
1	8 10	9 53	11 21	12 45	14 21	16 16	18 30	20 50	23 09	1 25	3 43	6 02
2	8 06	9 49	11 17	12 41	14 17	16 12	18 26	20 47	23 05	1 21	3 39	5 58
3	8 02	9 45	11 13	12 37	14 13	16 08	18 22	20 43	23 01	1 17	3 35	5 54
4	7 58	9 41	11 09	12 33	14 09	16 04	18 18	20 39	22 57	1 13	3 31	5 50
5	7 54	9 37	11 05	12 29	14 05	16 00	18 14	20 35	22 53	1 09	3 27	5 46
6	7 50	9 33	11 01	12 25	14 01	15 56	18 10	20 31	22 49	1 05	3 23	5 42
7	7 46	9 29	10 57	12 21	13 57	15 52	18 06	20 27	22 45	1 01	3 19	5 38
8	7 42	9 25	10 53	12 17	13 53	15 48	18 02	20 23	22 41	0 57	3 15	5 34
9	7 38	9 21	10 49	12 13	13 49	15 44	17 58	20 18	22 37	0 53	3 11	5 30
10	7 34	9 17	10 45	12 09	13 45	15 40	17 54	20 15	22 33	0 49	3 07	5 26
11	7 30	9 13	10 41	12 05	13 41	15 36	17 50	20 11	22 29	0 45	3 03	5 22
12	7 26	9 09	10 37	12 01	13 37	15 32	17 46	20 07	22 25	0 41	2 59	5 18
13	7 22	9 05	10 33	11 57	13 33	15 28	17 42	20 04	22 22	0 37	2 55	5 14
14	7 18	9 01	10 29	11 53	13 29	15 24	17 38	20 00	22 18	0 33	2 51	5 10
15	7 14	8 57	10 25	11 49	13 25	15 20	17 34	19 56	22 14	0 29	2 47	5 6
16	7 10	8 54	10 22	11 46	13 22	15 17	17 31	19 52	22 10	0 26	2 43	5 2
17	7 06	8 50	10 18	11 42	13 18	15 13	17 27	19 48	22 06	0 22	2 39	4 58
18	7 02	8 46	10 14	11 38	13 14	15 09	17 23	19 44	22 02	0 18	2 35	4 54
19	6 58	8 42	10 10	11 34	13 10	15 05	17 19	19 40	21 58	0 14	2 31	4 51
20	6 54	8 38	10 06	11 30	13 06	15 01	17 15	19 36	21 54	0 10	2 27	4 47
21	6 50	8 34	10 02	11 26	13 02	14 57	17 11	19 32	21 50	0 6	2 23	4 43
22	6 47	8 30	9 58	11 22	12 58	14 53	17 07	19 28	21 46	0 2	2 19	4 39
23	6 43	8 26	9 54	11 18	12 54	14 49	17 03	19 24	21 42	23 58	2 15	4 35
24	6 39	8 22	9 50	11 14	12 50	14 45	16 59	19 20	21 38	23 54	2 12	4 31
25	6 35	8 18	9 46	11 10	12 46	14 41	16 55	19 16	21 34	23 50	2 08	4 27
26	6 31	8 15	9 43	11 07	12 43	14 38	16 52	19 13	21 31	23 47	2 04	4 23
27	6 27	8 11	9 39	11 03	12 39	14 34	16 48	19 09	21 27	23 43	2 00	4 19
28	6 23	8 07	9 35	10 59	12 35	14 30	16 44	19 05	21 23	23 39	1 56	4 16
29	6 19	8 03	9 31	10 55	12 31	14 26	16 40	19 01	21 19	23 35	1 52	4 12
30	6 15	7 59	9 27	10 51	12 27	14 22	16 36	18 57	21 15	23 31	1 48	4 08
31	6 12	7 55	9 23	10 47	12 23	14 18	16 32	18 53	21 11	23 27	1 44	4 04

दैनिक लग्न सारणी फरवरी भा. स्टै. टा. समाप्ति काल दिल्ली DELHI

फरवरी ता.	मकर घं. मिं.	कुम्भ घं. मिं.	मीन घं. मिं.	मेष घं. मिं.	वृष घं. मिं.	मिथुन घं. मिं.	कर्क घं. मिं.	सिंह घं. मिं.	कन्या घं. मिं.	तुला घं. मिं.	वृश्चिक घं. मिं.	धनु घं. मिं.
1	7 51	9 19	10 43	12 19	14 14	16 28	18 49	21 07	23 23	1 40	4 00	6 04
2	7 47	9 15	10 39	12 15	14 10	16 24	18 45	21 03	23 19	1 36	3 56	6 00
3	7 43	9 11	10 35	12 11	14 06	16 20	18 41	20 59	23 15	1 32	3 52	5 56
4	7 39	9 07	10 31	12 07	14 02	16 16	18 37	20 55	23 11	1 28	3 48	5 52
5	7 35	9 03	10 27	12 03	13 58	16 12	18 33	20 52	23 07	1 24	3 44	5 48
6	7 31	8 59	10 23	11 59	13 54	16 08	18 29	20 48	23 03	1 21	3 40	5 44
7	7 27	8 55	10 19	11 55	13 50	16 04	18 25	20 44	22 59	1 17	3 36	5 40
8	7 23	8 51	10 15	11 51	13 46	16 00	18 21	20 40	22 55	1 13	3 32	5 36
9	7 19	8 47	10 11	11 47	13 42	15 56	18 18	20 36	22 51	1 09	3 28	5 32
10	7 15	8 43	10 07	11 43	13 38	15 52	18 14	20 32	22 47	1 05	3 24	5 28
11	7 11	8 39	10 03	11 39	13 34	15 48	18 10	20 28	22 43	1 01	3 20	5 24
12	7 07	8 35	9 59	11 35	13 30	15 44	18 06	20 24	22 39	24 57	3 16	5 20
13	7 04	8 31	9 55	11 31	13 26	15 40	18 02	20 20	22 35	24 53	3 12	5 16
14	7 00	8 27	9 51	11 27	13 22	15 36	17 58	20 16	22 31	24 49	3 08	5 12
15	6 56	8 23	9 47	11 23	13 18	15 32	17 54	20 12	22 27	24 45	3 04	5 08
16	6 52	8 19	9 43	11 19	13 14	15 28	17 50	20 08	22 23	24 41	3 00	5 04
17	6 48	8 15	9 39	11 15	13 10	15 24	17 46	20 04	22 19	24 37	2 56	5 01
18	6 44	8 11	9 35	11 11	13 06	15 20	17 42	20 00	22 15	24 33	2 52	4 57
19	6 40	8 07	9 31	11 07	13 02	15 16	17 38	19 56	22 11	24 29	2 48	4 53
20	6 36	8 04	9 28	11 04	12 58	15 13	17 34	19 52	22 07	24 25	2 44	4 49
21	6 32	8 00	9 24	11 00	12 55	15 09	17 30	19 48	22 03	24 21	2 41	4 45
22	6 28	7 56	9 20	10 56	12 51	15 05	17 26	19 44	21 59	24 17	2 37	4 41
23	6 24	7 52	9 16	10 52	12 47	15 01	17 22	19 40	21 55	24 14	2 33	4 37
24	6 20	7 48	9 12	10 48	12 43	14 57	17 18	19 36	21 51	24 10	2 29	4 33
25	6 16	7 44	9 08	10 44	12 39	14 53	17 14	19 32	21 47	24 06	2 25	4 29
26	6 12	7 40	9 04	10 40	12 35	14 49	17 10	19 28	21 43	24 02	2 21	4 25
27	6 08	7 36	9 00	10 36	12 31	14 45	17 06	19 24	21 39	23 58	2 17	4 21
28	6 05	7 32	8 57	10 32	12 27	14 41	17 02	19 20	21 35	23 54	2 13	4 17

दैनिक लग्न सारणी मार्च भा. स्टै. टा. समाप्ति काल दिल्ली DELHI

मार्च	कुम्भ	मीन	मेष	वृष	मिथुन	कर्क	सिंह	कन्या	तुला	वृश्चिक	धनु	मकर
ता.	घं. मिं.	घं. मिं.	घं. मिं.	घं. मिं.	घं. मिं.	घं. मिं.	घं. मिं.	घं. मिं.	घं. मिं.	घं. मिं.	घं. मिं.	घं. मिं.
1	7 28	8 53	10 28	12 23	14 37	16 58	19 16	21 31	23 50	2 09	4 13	5 57
2	7 24	8 49	10 24	12 19	14 33	18 54	19 12	21 27	23 46	2 05	4 09	5 53
3	7 21	8 45	10 21	12 16	14 30	16 50	19 08	21 23	23 42	2 01	4 05	5 49
4	7 17	8 41	10 17	12 12	14 26	16 46	19 04	21 19	23 38	1 57	4 01	5 45
5	7 13	8 37	10 13	12 08	14 22	16 42	19 00	21 15	23 35	1 53	3 58	5 41
6	7 09	8 33	10 09	12 04	14 18	16 38	18 56	21 11	23 31	1 49	3 54	5 37
7	7 05	8 29	10 05	12 00	14 14	16 34	18 52	21 08	23 27	1 45	3 50	5 33
8	7 01	8 25	10 01	11 56	14 10	16 30	18 48	21 04	23 23	1 41	3 46	5 29
9	6 57	8 21	9 57	11 52	14 06	16 27	18 45	21 00	23 19	1 38	3 42	5 25
10	6 53	8 17	9 53	11 48	14 02	16 23	18 41	20 56	23 15	1 34	3 38	5 21
11	6 49	8 13	9 49	11 44	13 58	16 19	18 37	20 52	23 11	1 30	3 34	5 17
12	6 45	8 09	9 45	11 40	13 54	16 15	18 33	20 48	23 08	1 26	3 30	5 14
13	6 41	8 05	9 41	11 36	13 50	16 11	18 29	20 44	23 04	1 23	3 27	5 10
14	6 37	8 01	9 37	11 32	13 46	16 07	18 25	20 40	23 00	1 19	3 23	5 06
15	6 33	7 57	9 33	11 28	13 42	16 03	18 21	20 36	22 56	1 15	3 19	5 02
16	6 29	7 53	9 29	11 24	13 38	15 59	18 17	20 32	22 52	1 11	3 15	4 58
17	6 25	7 49	9 25	11 20	13 34	15 55	18 13	20 28	22 48	1 07	3 11	4 54
18	6 21	7 45	9 21	11 16	13 30	15 51	18 09	20 24	22 44	1 03	3 07	4 50
19	6 17	7 41	9 17	11 12	13 26	15 47	18 05	20 20	22 40	0 59	3 03	4 46
20	6 13	7 37	9 13	11 08	13 23	15 43	18 01	20 16	22 36	0 55	2 59	4 42
21	6 09	7 33	9 09	11 04	13 19	15 39	17 57	20 12	22 32	0 51	2 55	4 38
22	6 05	7 29	9 05	11 00	13 15	15 35	17 53	20 08	22 28	0 47	2 51	4 34
23	6 01	7 26	9 01	10 56	13 11	15 31	17 49	20 04	22 24	0 43	2 47	4 30
24	5 57	7 22	8 57	10 53	13 07	15 27	17 45	20 00	22 20	0 39	2 43	4 27
25	5 53	7 18	8 53	10 49	13 03	15 23	17 41	19 56	22 16	0 35	2 39	4 23
26	5 49	7 14	8 49	10 45	12 59	15 19	17 37	19 53	22 12	0 31	2 35	4 19
27	5 45	7 10	8 46	10 41	12 55	15 15	17 33	19 49	22 08	0 27	2 31	4 15
28	5 41	7 06	8 42	10 37	12 51	15 11	17 29	19 45	22 04	0 23	2 28	4 11
29	5 37	7 02	8 38	10 33	12 47	15 07	17 25	19 41	22 00	0 19	2 24	4 07
30	5 34	6 58	8 34	10 29	12 44	15 03	17 21	19 37	21 56	0 15	2 20	4 03
31	5 30	6 54	8 30	10 25	12 40	14 59	17 17	19 33	21 52	0 11	2 16	3 59

दैनिक लग्न सारणी अप्रैल भा. स्टै. टा. समाप्ति काल दिल्ली DELHI

अप्रैल	मीन	मेष	वृष	मिथुन	कर्क	सिंह	कन्या	तुला	वृश्चिक	धनु	मकर	कुम्भ
ता.	घं. मिं.	घं. मिं.	घं. मिं.	घं. मिं.	घं. मिं.	घं. मिं.	घं. मिं.	घं. मिं.	घं. मिं.	घं. मिं.	घं. मिं.	घं. मिं.
1	6 50	8 26	10 21	12 36	14 55	17 13	19 29	21 48	0 07	2 12	3 55	5 22
2	6 46	8 22	10 17	12 32	14 51	17 09	19 25	21 44	0 03	2 08	3 51	5 18
3	6 42	8 18	10 13	12 28	14 47	17 05	19 21	21 40	23 59	2 04	3 47	5 14
4	6 38	8 14	10 09	12 24	14 43	17 01	19 18	21 36	23 55	2 00	3 43	5 10
5	6 34	8 10	10 05	12 20	14 39	16 57	19 14	21 33	23 52	1 56	3 39	5 06
6	6 31	8 07	10 01	12 16	14 35	16 53	19 10	21 29	23 48	1 52	3 35	5 02
7	6 27	8 03	9 58	12 12	14 31	16 49	19 06	21 25	23 44	1 48	3 31	4 58
8	6 23	7 59	9 54	12 08	14 27	16 46	19 02	21 21	23 40	1 44	3 27	4 54
9	6 19	7 55	9 50	12 04	14 23	16 42	18 58	21 17	23 36	1 40	3 23	4 51
10	6 15	7 51	9 46	12 00	14 20	16 38	18 54	21 13	23 32	1 36	3 19	4 47
11	6 11	7 47	9 42	11 56	14 16	16 34	18 50	21 09	23 28	1 32	3 15	4 43
12	6 07	7 43	9 38	11 52	14 12	16 30	18 46	21 05	23 24	1 28	3 11	4 39
13	6 03	7 39	9 34	11 48	14 08	16 26	18 42	21 01	23 20	1 24	3 07	4 35
14	5 59	7 35	9 30	11 44	14 04	16 22	18 38	20 57	23 16	1 20	3 03	4 31
15	5 55	7 31	9 26	11 41	14 00	16 18	18 34	20 53	23 12	1 16	2 59	4 27
16	5 51	7 27	9 22	11 37	13 56	16 14	18 30	20 49	23 08	1 12	2 55	4 23
17	5 47	7 23	9 18	11 33	13 52	16 10	18 26	20 45	23 04	1 08	2 51	4 19
18	5 43	7 19	9 15	11 29	13 49	16 06	18 23	20 41	23 00	1 04	2 47	4 15
19	5 39	7 15	9 11	11 25	13 45	16 02	18 19	20 37	22 56	1 00	2 43	4 11
20	5 35	7 11	9 07	11 21	13 41	15 58	18 15	20 33	22 52	00 56	2 39	4 07
21	5 31	7 07	9 03	11 17	13 37	15 54	18 11	20 29	22 49	00 52	2 35	4 03
22	5 27	7 03	8 59	11 13	13 33	15 50	18 07	20 25	22 45	00 48	2 31	3 59
23	5 23	6 59	8 55	11 09	13 29	15 46	18 03	20 22	22 41	00 44	2 27	3 55
24	5 19	6 55	8 51	11 05	13 25	15 42	17 59	20 18	22 37	00 40	2 23	3 51
25	5 15	6 51	8 47	11 01	13 21	15 38	17 55	20 14	22 33	00 36	2 19	3 47
26	5 11	6 47	8 43	10 57	13 17	15 34	17 51	20 10	22 29	00 32	2 15	3 43
27	5 07	6 44	8 39	10 53	13 13	15 30	17 47	20 06	22 25	00 28	2 11	3 39
28.	5 03	6 40	8 35	10 49	13 10	15 26	17 43	20 02	22 21	00 24	2 07	3 35
29	4 59	6 36	8 31	10 45	13 06	15 22	17 39	19 58	22 17	00 20	2 03	3 31
30	4 55	6 32	8 27	10 41	13 02	15 19	17 35	19 54	22 13	00 17	1 59	3 27

मई — दैनिक लग्न सारणी मई भा. स्टै. टा. समाप्ति काल दिल्ली DELHI

ता.	मेष	वृष	मिथुन	कर्क	सिंह	कन्या	तुला	वृश्चिक	धनु	मकर	कुम्भ	मीन
	घं. मिं.	घं. मिं.	घं. मिं.	घं. मिं.	घं. मिं.	घं. मिं.	घं. मिं.	घं. मिं.	घं. मिं.	घं. मिं.	घं. मिं.	घं. मिं.
1	6 28	8 23	10 37	12 58	15 15	17 31	19 50	22 09	00 13	1 56	3 23	4 47
2	6 24	8 19	10 33	12 54	15 11	17 27	19 46	22 05	00 09	1 52	3 19	4 44
3	6 20	8 15	10 29	12 50	15 7	17 24	19 42	22 01	00 05	1 48	3 16	4 40
4	6 16	8 11	10 25	12 46	15 3	17 20	19 38	21 57	00 01	1 44	3 12	4 36
5	6 12	8 07	10 21	12 42	14 59	17 16	19 34	21 53	23 57	1 40	3 08	4 32
6	6 08	8 03	10 17	12 38	14 55	17 12	19 30	21 49	23 53	1 36	3 04	4 28
7	6 04	7 59	10 13	12 34	14 51	17 08	19 26	21 45	23 49	1 32	3 00	4 24
8	6 00	7 55	10 09	12 30	14 47	17 04	19 22	21 41	23 45	1 28	2 56	4 20
9	5 56	7 51	10 05	12 26	14 43	17 00	19 18	21 37	23 41	1 24	2 52	4 16
10	5 52	7 47	10 01	12 22	14 39	16 56	19 14	21 33	23 37	1 20	2 48	4 12
11	5 48	7 44	9 57	12 18	14 35	16 52	19 10	21 29	23 33	1 16	2 44	4 08
12	5 44	7 40	9 53	12 14	14 31	16 48	19 06	21 25	23 29	1 12	2 40	4 04
13	5 40	7 36	9 49	12 10	14 28	16 44	19 02	21 21	23 25	1 08	2 36	4 00
14	5 36	7 32	9 45	12 06	14 24	16 40	18 58	21 17	23 21	1 04	2 32	3 56
15	5 32	7 28	9 41	12 02	14 20	16 36	18 54	21 13	23 17	1 00	2 28	3 52
16	5 28	7 24	9 37	11 58	14 16	16 32	18 50	21 09	23 13	24 56	2 24	3 48
17	5 24	7 20	9 33	11 54	14 12	16 28	18 46	21 05	23 09	24 52	2 20	3 44
18	5 20	7 16	9 29	11 50	14 08	16 24	18 42	21 01	23 05	24 48	2 16	3 40
19	5 16	7 12	9 25	11 46	14 04	16 20	18 38	20 57	23 01	24 44	2 12	3 36
20	5 12	7 08	9 21	11 42	14 00	16 16	18 34	20 53	22 57	24 40	2 09	3 32
21	5 08	7 04	9 17	11 38	13 56	16 12	18 30	20 49	22 53	24 36	2 05	3 28
22	5 04	7 00	9 13	11 34	13 52	16 08	18 26	20 45	22 49	24 32	2 01	3 24
23	5 00	6 56	9 09	11 30	13 48	16 04	18 22	20 41	22 45	24 28	1 57	3 20
24	4 56	6 52	9 05	11 26	13 44	16 01	18 19	20 38	22 42	24 25	1 53	3 16
25	4 52	6 48	9 01	11 22	13 40	15 57	18 15	20 34	22 38	24 21	1 49	3 12
26	4 48	6 44	8 58	11 18	13 36	15 53	18 11	20 30	22 34	24 17	1 45	3 08
27	4 44	6 40	8 54	11 14	13 32	15 49	18 07	20 26	22 30	24 13	1 41	3 04
28	4 40	6 36	8 50	11 10	13 28	15 45	18 03	20 22	22 26	24 09	1 37	3 01
29	4 36	6 32	8 46	11 06	13 24	15 41	17 59	20 18	22 22	24 05	1 33	2 57
30	4 33	6 28	8 42	11 02	13 20	15 37	17 55	20 14	22 18	24 01	1 29	2 53
31	4 29	6 24	8 38	10 58	13 16	15 33	17 51	20 10	22 14	23 57	1 25	2 49

जून — दैनिक लग्न सारणी जून भा. स्टै. टा. समाप्ति काल दिल्ली DELHI

ता.	वृष	मिथुन	कर्क	सिंह	कन्या	तुला	वृश्चिक	धनु	मकर	कुम्भ	मीन	मेष
	घं. मिं.	घं. मिं.	घं. मिं.	घं. मिं.	घं. मिं.	घं. मिं.	घं. मिं.	घं. मिं.	घं. मिं.	घं. मिं.	घं. मिं.	घं. मिं.
1	6 20	8 35	10 54	13 12	15 29	17 47	20 06	22 10	23 53	1 21	2 45	4 21
2	6 16	8 31	10 50	13 08	15 25	17 43	20 02	22 06	23 49	1 17	2 41	4 17
3	6 12	8 27	10 46	13 04	15 21	17 39	19 58	22 02	23 45	1 13	2 37	4 13
4	6 08	8 23	10 42	13 00	15 17	17 35	19 54	21 58	23 41	1 09	2 33	4 09
5	6 04	8 19	10 38	12 56	15 13	17 31	19 50	21 54	23 37	1 05	2 29	4 05
6	6 00	8 15	10 34	12 52	15 09	17 27	19 46	21 50	23 33	1 01	2 25	4 01
7	5 57	8 11	10 31	12 48	15 05	17 23	19 42	21 46	23 29	24 57	2 21	3 58
8	5 53	8 07	10 27	12 44	15 01	17 19	19 39	21 43	23 26	24 53	2 17	3 54
9	5 49	8 03	10 23	12 40	14 58	17 16	19 35	21 39	23 22	24 49	2 13	3 50
10	5 45	7 59	10 19	12 37	14 54	17 12	19 31	21 35	23 18	24 46	2 09	3 46
11	5 41	7 55	10 15	12 33	14 50	17 08	19 27	21 31	23 14	24 42	2 05	3 42
12	5 37	7 51	10 11	12 29	14 46	17 04	19 23	21 27	23 10	24 38	2 02	3 38
13	5 33	7 47	10 07	12 25	14 42	17 00	19 19	21 23	23 06	24 34	1 58	3 34
14	5 29	7 43	10 03	12 21	14 38	16 56	19 15	21 19	23 02	24 30	1 54	3 30
15	5 25	7 39	9 59	12 17	14 34	16 52	19 11	21 15	22 58	24 26	1 50	3 26
16	5 21	7 35	9 55	12 13	14 30	16 48	19 07	21 11	22 54	24 22	1 46	3 22
17	5 17	7 31	9 51	12 09	14 26	16 44	19 03	21 07	22 50	24 18	1 42	3 18
18	5 13	7 27	9 47	12 05	14 22	16 40	18 59	21 03	22 46	24 14	1 38	3 14
19	5 09	7 23	9 43	12 02	14 18	16 36	18 55	20 59	22 42	24 10	1 34	3 10
20	5 05	7 19	9 39	11 58	14 14	16 32	18 51	20 55	22 38	24 06	1 30	3 06
21	5 01	7 15	9 36	11 54	14 10	16 28	18 47	20 51	22 34	24 02	1 26	3 02
22	4 57	7 11	9 32	11 50	14 06	16 24	18 43	20 47	22 30	23 58	1 22	2 58
23	4 53	7 07	9 28	11 46	14 02	16 20	18 39	20 43	22 26	23 54	1 18	2 54
24	4 49	7 03	9 24	11 42	13 58	16 16	18 36	20 39	22 22	23 51	1 15	2 50
25	4 46	6 59	9 20	11 38	13 54	16 13	18 32	20 35	22 18	23 47	1 11	2 46
26	4 42	6 55	9 16	11 34	13 50	16 09	18 28	20 31	22 14	23 43	1 07	2 43
27	4 38	6 51	9 12	11 30	13 46	16 05	18 24	20 27	22 10	23 39	1 03	2 39
28	4 34	6 47	9 09	11 26	13 43	16 01	18 20	20 23	22 06	23 35	24 59	2 35
29	4 30	6 43	9 05	11 23	13 39	15 57	18 16	20 20	22 02	23 31	24 55	2 31
30	4 26	6 39	9 01	11 19	13 35	15 54	18 13	20 16	21 59	23 28	24 52	2 28

दैनिक लग्न सारणी जुलाई भा. स्टै. टा. समाप्ति काल दिल्ली DELHI

जुलाई	मिथुन	कर्क	सिंह	कन्या	तुला	वृश्चिक	धनु	मकर	कुम्भ	मीन	मेष	वृष
ता.	घं. मिं.	घं. मिं.	घं. मिं.	घं. मिं.	घं. मिं.	घं. मिं.	घं. मिं.	घं. मिं.	घं. मिं.	घं. मिं.	घं. मिं.	घं. मिं.
1	6 35	8 57	11 15	13 31	15 50	18 09	20 13	21 56	23 24	24 48	2 24	4 18
2	6 31	8 53	11 11	13 27	15 46	18 05	20 9	21 52	23 20	24 44	2 20	4 14
3	6 27	8 49	11 07	13 23	15 42	18 01	20 5	21 48	23 16	24 40	2 16	4 10
4	6 24	8 46	11 04	13 19	15 38	17 57	20 01	21 44	23 12	24 36	2 12	4 06
5	6 20	8 42	11 00	13 15	15 34	17 53	19 57	21 40	23 08	24 32	2 08	4 02
6	6 16	8 38	10 56	13 11	15 30	17 49	19 53	21 36	23 04	24 28	2 04	3 58
7	6 12	8 34	10 52	13 07	15 26	17 46	19 49	21 32	23 00	24 24	2 00	3 55
8	6 09	8 30	10 48	13 04	15 22	17 42	19 46	21 28	22 56	24 21	1 56	3 51
9	6 05	8 26	10 44	13 00	15 18	17 38	19 42	21 24	22 53	24 17	1 53	3 47
10	6 01	8 22	10 40	12 56	15 15	17 34	19 38	21 21	22 49	24 13	1 49	3 43
11	5 57	8 18	10 36	12 52	15 11	17 30	19 34	21 17	22 45	24 09	1 45	3 39
12	5 53	8 14	10 32	12 48	15 07	17 26	19 30	21 13	22 41	24 05	1 41	3 36
13	5 49	8 10	10 28	12 45	15 03	17 22	19 26	21 09	22 37	24 01	1 37	3 32
14	5 45	8 06	10 25	12 41	14 59	17 18	19 22	21 05	22 34	23 57	1 33	3 28
15	5 41	8 03	10 21	12 37	14 55	17 14	19 19	21 02	22 30	23 54	1 30	3 24
16	5 37	7 59	10 17	12 33	14 51	17 10	19 15	20 58	22 26	23 50	1 26	3 20
17	5 34	7 55	10 13	12 29	14 47	17 06	19 11	20 54	22 22	23 46	1 22	3 16
18	5 30	7 51	10 09	12 25	14 43	17 02	19 07	20 50	22 18	23 42	1 18	3 12
19	5 26	7 47	10 05	12 21	14 40	16 58	19 03	20 46	22 14	23 38	1 14	3 08
20	5 22	7 43	10 02	12 17	14 36	16 54	18 59	20 42	22 10	23 34	1 10	3 04
21	5 18	7 39	9 58	12 13	14 32	16 51	18 55	20 38	22 06	23 30	1 06	3 00
22	5 15	7 35	9 54	12 09	14 28	16 47	18 51	20 34	22 02	23 26	1 02	2 56
23	5 11	7 32	9 50	12 05	14 24	16 43	18 47	20 30	21 58	23 22	2458	2 53
24	5 07	7 28	9 46	12 01	14 20	16 39	18 43	20 26	21 55	23 18	2454	2 49
25	5 03	7 24	9 42	11 58	14 16	16 35	18 40	20 23	21 51	23 14	2450	2 45
26	5 00	7 20	9 38	11 54	14 12	16 31	18 36	20 19	21 47	23 10	2446	2 41
27	4 56	7 16	9 34	11 50	14 08	16 27	18 32	20 15	21 43	23 06	2442	2 37
28	4 52	7 12	9 30	11 46	14 04	16 23	18 28	20 11	21 39	23 02	2438	2 34
29	4 48	7 08	9 27	11 42	14 00	16 19	18 24	20 07	21 35	22 58	2435	2 30
30	4 44	7 04	9 23	11 38	13 56	16 15	18 20	20 03	21 31	22 54	2431	2 26
31	4 40	7 00	9 19	11 34	13 53	1612	18 16	19 59	21 27	22 50	2427	2 22

दैनिक लग्न सारणी अगस्त भा. स्टै. टा. समाप्ति काल दिल्ली DELHI

216

अगस्त	कर्क	सिंह	कन्या	तुला	वृश्चिक	धनु	मकर	कुम्भ	मीन	मेष	वृष	मिथुन
ता.	घं. मिं.	घं. मिं.	घं. मिं.	घं. मिं.	घं. मिं.	घं. मिं.	घं. मिं.	घं. मिं.	घं. मिं.	घं. मिं.	घं. मिं.	घं. मिं.
1	6 56	9 15	11 31	13 49	16 08	18 12	19 55	21 23	22 47	24 23	2 18	4 32
2	6 52	9 11	11 27	13 45	16 05	18 09	19 51	21 19	22 43	24 19	2 14	4 28
3	6 48	9 07	11 23	13 42	16 01	18 05	19 47	21 15	22 39	24 15	2 10	4 24
4	6 44	9 03	11 19	13 38	15 57	18 01	19 44	21 11	22 35	24 11	2 06	4 20
5	6 40	9 00	11 15	13 34	15 53	17 57	19 40	21 08	22 31	24 08	2 02	4 16
6	6 36	8 56	11 12	13 30	15 49	17 53	19 36	21 04	22 28	24 04	1 58	4 13
7	6 32	8 52	11 08	13 26	15 45	17 49	19 32	21 00	22 24	24 00	1 54	4 09
8	6 29	8 48	11 04	13 22	15 41	17 45	19 28	20 56	22 20	23 56	1 50	4 05
9	6 25	8 44	11 00	13 18	15 37	17 42	19 24	20 52	22 16	23 52	1 46	4 01
10	6 21	8 41	10 56	13 14	15 33	17 38	19 21	20 48	22 12	23 48	1 43	3 57
11	6 17	8 37	10 53	13 10	15 29	17 34	19 17	20 44	22 08	23 44	1 39	3 54
12	6 13	8 33	10 49	13 06	15 25	17 30	19 13	20 40	22 04	23 40	1 35	3 50
13	6 09	8 29	10 45	13 02	15 21	17 26	19 09	20 36	22 00	23 36	1 32	3 46
14	6 05	8 25	10 41	12 59	15 17	17 22	19 05	20 33	21 56	23 32	1 28	3 42
15	6 01	8 21	10 37	12 55	15 14	17 18	19 01	20 29	21 53	23 29	1 24	3 38
16	5 57	8 17	10 33	12 51	15 10	17 14	18 57	20 25	21 49	23 25	1 20	3 34
17	5 54	8 13	10 29	12 47	15 06	17 10	18 53	20 21	21 45	23 21	1 16	3 30
18	5 50	8 09	10 25	12 43	15 02	17 06	18 49	20 17	21 41	23 17	1 12	3 26
19	5 46	8 05	10 21	12 39	14 58	17 02	18 45	2013	21 37	23 13	1 08	3 22
20	5 42	8 02	10 17	12 35	14 54	16 58	18 41	20 09	21 33	23 09	1 04	3 18
21	5 39	7 58	10 13	12 31	14 50	16 54	18 37	20 05	21 29	23 05	1 00	3 14
22	5 35	7 54	10 09	12 27	14 46	16 50	18 33	20 01	21 25	23 01	0 56	3 10
23	5 31	7 50	10 05	12 23	14 42	16 46	18 21	19 57	21 21	22 57	0 52	3 06
24	5 27	7 46	10 02	12 19	14 38	16 42	18 25	19 53	21 17	22 53	0 48	3 02
25	5 23	7 42	9 58	12 15	14 34	16 38	18 21	19 49	21 13	22 49	0 44	2 58
26	5 19	7 38	9 45	12 11	14 30	16 34	18 17	19 45	21 09	22 45	0 41	2 54
27	5 15	7 34	9 50	12 08	14 27	16 31	18 14	19 42	21 06	22 42	0 37	2 50
28	5 11	7 30	9 46	12 04	14 23	16 27	18 10	19 38	21 02	22 38	0 33	2 46
29	5 07	7 26	9 42	12 00	14 19	16 23	18 06	19 34	20 58	22 34	0 29	2 42
30	5 03	7 22	9 38	11 56	14 15	16 19	18 02	19 30	20 54	22 30	0 25	2 38
31	4 59	7 18	9 34	11 52	14 11	16 15	17 58	19 26	20 50	22 26	0 21	2 34

दैनिक लग्न सारणी सितंबर भा. स्टै. टा. समाप्ति काल दिल्ली DELHI

सितंबर	सिंह	कन्या	तुला	वृश्चिक	धनु	मकर	कुम्भ	मीन	मेष	वृष	मिथुन	कर्क
ता.	घं. मिं.	घं. मिं.	घं. मिं.	घं. मिं.	घं. मिं.	घं. मिं.	घं. मिं.	घं. मिं.	घं. मिं.	घं. मिं.	घं. मिं.	घं. मिं.
1	7 14	9 30	11 48	14 07	16 11	17 54	19 22	20 46	22 22	0 17	2 31	4 52
2	7 10	9 26	11 44	14 03	16 07	17 50	19 18	20 42	22 18	0 13	2 27	4 48
3	7 06	9 22	11 40	13 59	16 03	17 46	19 14	20 38	22 14	0 09	2 23	4 44
4	7 02	9 18	11 36	13 55	15 59	17 42	19 10	20 34	22 10	0 05	2 19	4 40
5	6 58	9 14	11 32	13 51	15 55	17 38	19 06	20 30	22 06	0 01	2 15	4 36
6	6 54	9 10	11 28	13 47	15 51	17 34	19 02	20 26	22 02	23 57	2 11	4 32
7	6 50	9 06	11 24	13 43	15 47	17 30	18 58	20 22	21 58	23 53	2 07	4 28
8	6 46	9 02	11 20	13 39	15 43	17 26	18 54	20 18	21 54	23 49	2 03	4 24
9	6 42	8 58	11 16	13 35	15 39	17 22	18 50	20 14	21 50	23 45	1 59	4 20
10	6 38	8 54	11 12	13 31	15 35	17 18	18 46	20 10	21 46	23 41	1 55	4 16
11	6 34	8 50	11 08	13 27	15 31	17 14	18 42	20 06	21 42	23 37	1 51	4 12
12	6 30	8 46	11 04	13 23	15 27	17 10	18 38	20 02	21 38	23 33	1 47	4 08
13	6 26	8 42	11 00	13 19	15 23	17 06	18 34	19 58	21 34	23 29	1 43	4 04
14	6 22	8 38	10 56	13 15	15 19	17 02	18 30	19 54	21 30	23 25	1 39	4 00
15	6 18	8 34	10 52	13 11	15 15	16 58	18 26	19 50	21 26	23 21	1 35	3 56
16	6 14	8 30	10 48	13 07	15 11	16 54	18 22	19 46	21 22	23 17	1 31	3 52
17	6 10	8 26	10 44	13 03	15 07	16 50	18 18	19 42	21 18	23 13	1 27	3 48
18	6 06	8 22	10 40	12 59	15 03	16 46	18 14	19 38	21 14	23 09	1 23	3 44
19	6 02	8 18	10 36	12 55	14 59	16 42	18 10	19 34	21 10	23 05	1 19	3 40
20	5 58	8 14	10 32	12 51	14 55	16 38	18 06	19 30	21 06	23 01	1 15	3 36
21	5 54	8 10	10 28	12 47	14 51	16 34	18 02	19 26	21 02	22 57	1 11	3 32
22	5 50	8 06	10 24	12 43	14 47	16 30	17 58	19 22	20 58	22 53	1 07	3 28
23	5 46	8 02	10 20	12 39	14 43	16 26	17 54	19 18	20 54	22 49	1 03	3 24
24	5 42	7 58	10 16	12 35	14 39	16 22	17 50	19 14	20 50	22 45	0 59	3 20
25	5 38	7 54	10 12	12 31	14 35	16 18	17 46	19 10	20 46	22 41	0 55	3 16
26	5 34	7 50	10 08	12 27	14 31	16 14	17 42	19 06	20 42	22 37	0 51	3 12
27	5 30	7 46	10 04	12 23	14 27	16 10	17 38	19 02	20 38	22 33	0 47	3 08
28	5 26	7 42	10 00	12 19	14 23	16 06	17 34	18 58	20 34	22 29	0 43	3 04
29	5 22	7 38	9 56	12 15	14 19	16 02	17 30	18 54	20 30	22 25	0 39	3 00
30	5 18	7 34	9 53	12 12	14 16	15 59	17 27	18 51	20 27	22 22	0 36	2 57

दैनिक लग्न सारणी अक्तूबर भा. स्टै. टा. समाप्ति काल दिल्ली DELHI

अक्तूबर	कन्या	तुला	वृश्चिक	धनु	मकर	कुम्भ	मीन	मेष	वृष	मिथुन	कर्क	सिंह
ता.	घं. मिं.	घं. मिं.	घं. मिं.	घं. मिं.	घं. मिं.	घं. मिं.	घं. मिं.	घं. मिं.	घं. मिं.	घं. मिं.	घं. मिं.	घं. मिं.
1	7 30	9 49	12 08	14 12	15 55	17 23	18 47	20 23	22 18	0 32	2 53	5 11
2	7 26	9 45	12 04	14 08	15 51	17 19	18 43	20 19	22 14	0 28	2 49	5 07
3	7 23	9 42	12 00	14 04	15 47	17 15	18 39	20 15	22 10	0 24	2 45	5 03
4	7 19	9 38	11 56	14 00	15 43	17 11	18 35	20 11	22 06	0 20	2 41	4 59
5	7 15	9 34	11 52	13 56	15 39	17 07	18 31	20 07	22 02	0 16	2 37	4 55
6	7 11	9 30	11 48	13 52	15 35	17 03	18 27	20 03	21 58	0 12	2 33	4 51
7	7 07	9 26	11 44	13 48	15 31	16 59	18 23	19 59	21 54	0 08	2 29	4 47
8	7 03	9 22	11 40	13 44	15 27	16 55	18 19	19 55	21 50	0 04	2 25	4 43
9	6 59	9 18	11 36	13 40	15 23	16 51	18 15	19 51	21 46	24 00	2 21	4 39
10	6 55	9 14	11 32	13 36	15 19	16 47	18 11	19 47	21 42	23 56	2 17	4 35
11	6 51	9 10	11 28	13 32	15 15	16 43	18 07	19 43	21 38	23 52	2 13	4 31
12	6 47	9 06	11 24	13 28	15 11	16 39	18 03	19 39	21 34	23 48	2 09	4 27
13	6 43	9 02	11 20	13 24	15 07	16 35	17 59	19 35	21 30	23 44	2 05	4 23
14	6 39	8 58	11 16	13 20	15 03	16 31	17 55	19 31	21 26	23 40	2 01	4 19
15	6 35	8 54	11 12	13 16	14 59	16 27	17 51	19 27	21 22	23 36	1 57	4 15
16	6 31	8 50	11 08	13 12	14 55	16 23	17 47	19 23	21 18	23 32	1 53	4 11
17	6 27	8 46	11 04	13 08	14 51	16 19	17 43	19 19	21 14	23 28	1 49	4 07
18	6 23	8 42	11 00	13 04	14 47	16 15	17 39	19 15	21 10	23 24	1 45	4 03
19	6 19	8 38	10 56	13 00	14 43	16 11	17 35	19 11	21 06	23 20	1 41	3 59
20	6 15	8 34	10 52	12 56	14 39	16 07	17 31	19 07	21 02	23 16	1 37	3 55
21	6 11	8 30	10 48	12 52	14 35	16 03	17 27	19 03	20 58	23 12	1 33	3 51
22	6 07	8 26	10 44	12 48	14 31	15 59	17 23	18 59	20 54	23 08	1 29	3 47
23	6 03	8 22	10 40	12 44	14 27	15 55	17 19	18 55	20 50	23 04	1 25	3 43
24	5 59	8 18	10 36	12 40	14 23	15 51	17 15	18 51	20 46	23 00	1 21	3 39
25	5 56	8 15	10 33	12 37	14 20	15 48	17 12	18 48	20 43	22 57	1 17	3 36
26	5 52	8 11	10 29	12 33	14 16	15 44	17 08	18 44	20 39	22 53	1 13	3 32
27	5 48	8 07	10 25	12 29	14 12	15 40	17 04	18 40	20 35	22 49	1 09	3 28
28	5 44	8 03	10 21	12 25	14 08	15 36	17 00	18 36	20 31	22 45	1 06	3 24
29	5 40	7 59	10 17	12 21	14 04	15 32	16 56	18 32	20 27	22 41	1 02	3 20
30	5 36	7 55	10 13	12 17	14 00	15 28	16 52	18 28	20 23	22 37	24 58	3 16
31	5 33	7 51	10 09	12 13	13 56	15 24	16 48	18 24	20 19	22 33	24 54	3 12

दैनिक लग्न सारणी नवंबर भा. स्टै. टा. समाप्ति काल दिल्ली DELHI

नवंबर	तुला	वृश्चिक	धनु	मकर	कुम्भ	मीन	मेष	वृष	मिथुन	कर्क	सिंह	कन्या
ता.	घं. मिं.	घं. मिं.	घं. मिं.	घं. मिं.	घं. मिं.	घं. मिं.	घं. मिं.	घं. मिं.	घं. मिं.	घं. मिं.	घं. मिं.	घं. मिं.
1	7 47	10 6	12 10	13 53	15 21	16 44	18 20	20 15	22 29	0 50	3 08	5 25
2	7 43	10 2	12 06	13 49	15 17	16 40	18 16	20 11	22 25	0 46	3 04	5 21
3	7 39	9 58	12 02	13 45	15 13	16 37	18 13	20 08	22 22	0 43	3 00	5 17
4	7 35	9 54	11 58	13 41	15 09	16 33	18 09	20 04	22 18	0 39	2 56	5 13
5	7 31	9 50	11 54	13 37	15 05	16 29	18 05	20 00	22 15	0 35	2 52	5 09
6	7 27	9 46	11 50	13 33	15 01	16 25	18 01	19 56	22 10	0 31	2 48	5 05
7	7 24	9 42	11 46	13 29	14 57	16 21	17 57	19 52	22 06	0 27	2 45	5 01
8	7 20	9 38	11 42	13 25	14 53	16 17	17 53	19 48	22 02	0 23	2 41	4 57
9	7 16	9 34	11 38	13 21	14 49	16 13	17 49	19 44	21 58	0 19	2 37	4 53
10	7 12	9 30	11 34	13 17	14 45	16 09	17 45	19 40	21 54	0 15	2 33	4 49
11	7 08	9 26	11 30	13 13	14 41	16 05	17 41	19 36	21 50	0 11	2 29	4 45
12	7 04	9 22	11 26	13 09	14 37	16 01	17 37	19 32	21 46	0 07	2 25	4 41
13	7 00	9 18	11 22	13 05	14 33	15 57	17 33	19 28	21 42	0 03	2 21	4 37
14	6 56	9 14	11 28	13 01	14 29	15 53	17 29	19 24	21 38	23 59	2 17	4 33
15	6 52	9 10	11 14	12 57	14 25	15 49	17 25	19 20	21 34	23 55	2 13	4 29
16	6 48	9 06	11 10	12 53	14 21	15 45	17 21	19 16	21 30	23 51	2 09	4 25
17	6 43	9 02	11 06	12 49	14 17	15 41	17 17	19 12	21 26	23 47	2 05	4 21
18	6 39	8 58	11 02	12 45	14 13	15 37	17 23	19 08	21 22	23 43	2 01	4 17
19	6 35	8 54	10 58	12 41	14 09	15 33	17 09	19 04	21 18	23 39	1 57	4 13
20	6 31	8 50	10 54	12 37	14 05	15 29	17 05	19 00	21 14	23 35	1 53	4 09
21	6 27	8 46	10 50	12 33	14 01	15 25	17 01	18 56	21 10	23 31	1 49	4 05
22	6 23	8 43	10 47	12 30	13 58	15 22	16 58	18 53	21 07	23 28	1 46	4 02
23	6 20	8 39	10 43	12 26	13 54	15 18	16 54	18 49	21 03	23 24	1 42	3 58
24	6 16	8 35	10 39	12 22	13 50	15 14	16 50	18 45	20 59	23 20	1 38	3 54
25	6 12	8 31	10 35	12 18	13 46	15 10	16 46	18 41	20 55	23 16	1 34	3 50
26	6 08	8 28	10 31	12 14	13 42	15 06	16 42	18 37	20 51	23 12	1 30	3 46
27	6 04	8 23	10 27	12 10	13 38	15 02	16 38	18 33	20 47	23 08	1 26	3 42
28	6 00	8 19	10 23	12 06	13 34	14 58	16 34	18 29	20 43	23 04	1 22	3 38
29	5 56	8 16	10 20	12 03	13 31	14 55	16 31	18 26	20 40	23 01	1 19	3 35
30	5 53	8 12	10 16	11 59	13 27	14 51	16 27	18 22	20 36	22 57	1 15	3 31

दैनिक लग्न सारणी दिसंबर भा. स्टै. टा. समाप्ति काल दिल्ली DELHI

दिसंबर	वृश्चिक	धनु	मकर	कुम्भ	मीन	मेष	वृष	मिथुन	कर्क	सिंह	कन्या	तुला
ता.	घं. मिं.	घं. मिं.	घं. मिं.	घं. मिं.	घं. मिं.	घं. मिं.	घं. मिं.	घं. मिं.	घं. मिं.	घं. मिं.	घं. मिं.	घं. मिं.
1	8 08	10 12	11 55	13 23	14 47	16 23	18 18	20 32	22 53	1 11	3 27	5 45
2	8 04	10 08	11 51	13 19	14 43	16 19	18 14	20 28	22 49	1 07	3 23	5 41
3	8 00	10 04	11 47	13 15	14 39	16 15	18 10	20 24	22 45	1 03	3 19	5 37
4	7 56	10 00	11 43	13 11	14 35	16 11	18 06	20 20	22 41	0 59	3 15	5 33
5	7 52	9 56	11 39	13 07	14 31	16 07	18 02	20 16	22 37	0 55	3 11	5 29
6	7 48	9 52	11 35	13 03	14 27	16 03	17 58	20 12	22 33	0 51	3 07	5 25
7	7 44	9 48	11 31	12 59	14 23	15 59	17 54	20 08	22 29	0 47	3 03	5 21
8	7 40	9 44	11 27	12 55	14 19	15 55	17 50	20 04	22 25	0 43	2 59	5 17
9	7 36	9 40	11 23	12 51	14 15	15 51	17 46	20 00	22 21	0 39	2 55	5 13
10	7 33	9 37	11 20	12 48	14 12	15 48	17 43	19 57	22 18	0 36	2 52	5 10
11	7 29	9 33	11 16	12 44	14 08	15 44	17 39	19 53	22 14	0 32	2 48	5 06
12	7 25	9 29	11 12	12 40	14 04	15 40	17 35	19 49	22 10	0 28	2 44	5 02
13	7 21	9 25	11 08	12 36	14 01	15 36	17 31	19 45	22 06	0 24	2 40	4 58
14	7 17	9 21	11 04	12 32	13 56	15 32	17 27	19 41	22 02	0 20	2 36	4 54
15	7 13	9 17	11 00	12 28	13 52	15 28	17 23	19 37	21 58	0 16	2 32	4 50
16	7 09	9 13	10 56	12 24	13 48	15 24	17 19	19 33	21 54	0 12	2 28	4 46
17	7 05	9 09	10 52	12 21	13 44	15 20	17 15	19 29	21 50	0 08	2 24	4 42
18	7 11	9 05	10 49	12 17	13 41	15 16	17 11	19 25	21 46	0 04	2 20	4 38
19	6 58	9 01	10 45	12 13	13 36	15 12	17 07	19 21	21 42	0 00	2 16	4 34
20	6 53	8 57	10 41	12 09	13 32	15 08	17 03	19 17	21 38	23 56	2 12	4 30
21	6 49	8 53	10 37	12 05	13 28	15 04	16 59	19 13	21 34	23 52	2 09	4 26
22	6 45	8 49	10 33	12 01	13 24	15 00	16 55	19 10	21 30	23 49	2 05	4 22
23	6 41	8 45	10 29	11 57	13 20	14 56	16 51	19 06	21 26	23 45	2 01	4 18
24	6 37	8 42	10 25	11 53	13 16	14 52	16 48	19 02	21 23	23 41	1 57	4 14
25	6 33	8 38	10 21	11 49	13 12	14 48	16 44	18 58	21 19	23 37	1 53	4 10
26	6 30	8 34	10 17	11 45	13 09	14 44	16 40	18 54	21 15	23 33	1 49	4 06
27	6 26	8 30	10 13	11 41	13 05	14 41	16 36	18 50	21 11	23 29	1 45	4 03
28	6 22	8 26	10 09	11 37	13 01	14 37	16 32	18 46	21 07	23 25	1 41	3 59
29	6 18	8 22	10 05	11 33	12 57	14 33	16 28	18 42	21 03	23 21	1 37	3 55
30	6 14	8 18	10 01	11 29	12 53	14 29	16 24	18 38	20 59	23 17	1 33	3 51
31	6 10	8 14	9 57	11 25	12 49	14 25	16 20	18 34	20 55	23 13	1 29	3 47

अध्याय-सप्तम

द्वादश भाव

(Twelve Houses)

(i) द्वादश भाव :

भचक्र की कुल 12 राशियों की संख्या अनुसार ही जन्म कुण्डली में भावों की संख्या (No. of Houses) भी 12 ही होती है। भावों का क्रम भी घड़ी की सूइयों के प्रतिकूल क्रम में ही होता है। इनका यह क्रम सदैव स्थायी रहता है अर्थात यह कभी नहीं बदलता है। भाव स्थिर रहते हैं। प्रथम भाव को लग्न भाव कहते हैं। लग्न भाव में जन्म के समय की कोई भी राशि हो सकती है। नीचे दो कुण्डलियाँ दी गई हैं। भावों और राशियों का क्रम देखकर अनुभव करें।

भाव एवं राशि कुण्डली

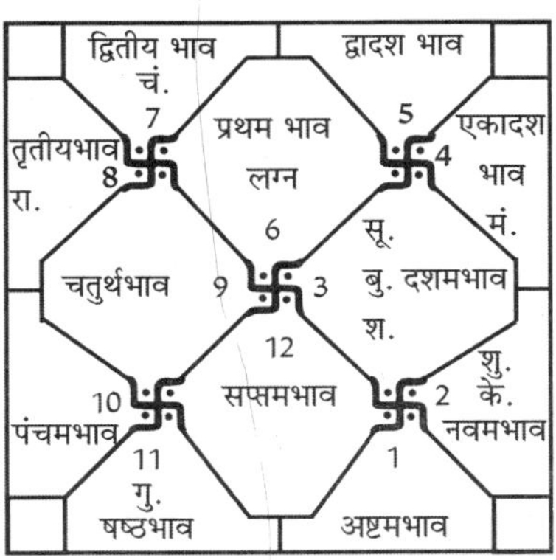

कुण्डली नं. 19

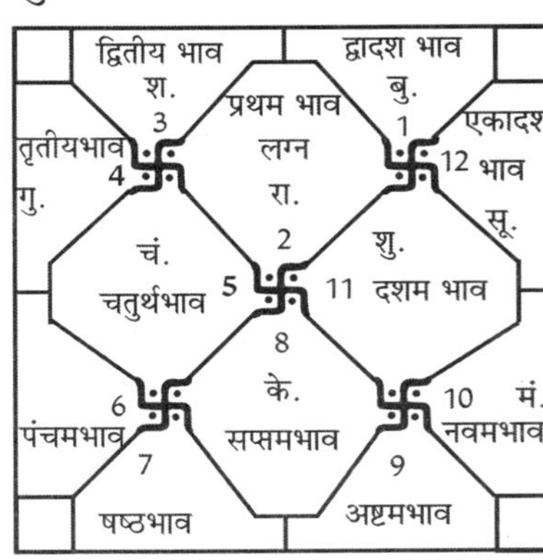

कुण्डली नं. 20

उपरोक्त दोनों कुण्डली पिता-पुत्र की हैं। प्रथम कुण्डली पिता की है। इसमें जन्म लग्न कन्या राशि की है। द्वितीय कुण्डली पुत्र की है। इसमें जन्म लग्न वृष राशि की है। दोनों कुण्डलियों में लग्न की राशि के अनुसार राशि क्रम बदल गया है। ग्रहों के स्थान भी बदल गये हैं, किन्तु भाव स्थिर हैं और दोनों कुण्डलियों में एक ही स्थान पर हैं। इन कुण्डलियों के बनाने में उत्तर भारत पद्धति को अपनाया गया है।

भावों की विशेषतायें :

भावों की विशेषताओं में भाव की अवधि, दिवाभाव एवं रात्रिभाव, ग्रहों की स्थिति, विशेष रूप से सूर्य, चन्द्र और शनि की स्थिति प्रमुख है। यह सभी विशेषतायें आगे विस्तार से समझायी गई हैं।

अ. भाव की अवधि :

एक अहोरात्र अर्थात दिन रात 24 होरा या 24 घंटे की होती है और कुण्डली में भाव 12 होते हैं। अत: एक भाव की अवधि 24 ÷ 12=2 घंटे की होती है। कुण्डली नं. 21 को ध्यान से देखें। लग्न भाव में प्रात: 5 बजे से 7 बजे का समय, द्वितीय भाव में रात्रि 3 बजे से 5 बजे का समय, तृतीय भाव में रात्रि 1 बजे से 3 बजे का समय और चतुर्थ भाव में रात्रि 11 बजे से 1 बजे का समय दिया हुआ है। इसी प्रकार आगे अन्य भावों में भी समय का अंतर 2 घंटे है। इससे स्पष्ट है कि एक भाव की सामान्य अवधि 2 घंटे होती है।

भाव अवधि कुण्डली

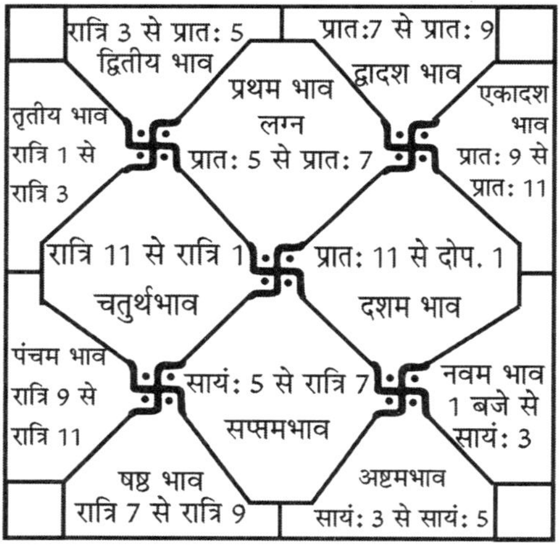

कुण्डली नं. 21

ब. दिवाभाव और रात्रिभाव :

समय के आधार पर भावों का वर्गीकरण दिवाभाव और रात्रिभाव के रूप में किया गया है। लग्न भाव अर्थात प्रथम भाव से अगले भाव अर्थात द्वितीय भाव से सप्तम भाव तक के 6 भावों को रात्रिभाव तथा सप्तमभाव से अगले भाव अर्थात अष्टम भाव से प्रथम भाव तक के 6 भावों को दिवाभाव कहते हैं। लग्न भाव से घड़ी की सूइयों के अनुकूल चलने पर समय में वृद्धि होती है। यह दिन का समय होता है। घड़ी की सूइयों के प्रतिकूल चलने पर समय घटता जाता है। यह रात्रिकाल होता है। यही कारण है कि घड़ी की सूइयों के अनुकूल 6 भावों को दिवाभाव व प्रतिकूल क्रम के 6 भावों को रात्रिभाव की संज्ञा दी गई है। उपरोक्त कुण्डली नं. 21 गौर से देखें।

स. सूर्य, चन्द्र और शनि ग्रह की स्थिति :

कुण्डली में भावों में सभी ग्रह महत्वपूर्ण होते हैं और उनकी स्थिति फलादेश को प्रभावित करती है। किन्तु सूर्य, चन्द्र एवं शनि ग्रहों की स्थिति से व्यक्ति के जीवन के कुछ विशिष्ट तथ्यों का असानी से पता लग जाता है। भाव में सूर्य की स्थिति से जन्म के समय का ज्ञान हो जाता है। सूर्य एवं चन्द्र दोनों की भाव स्थिति से जन्म की तिथि, जन्म के पक्ष और जन्म के मास का पता लग जाता है। शनि ग्रह की स्थिति से व्यक्ति की वर्तमान आयु या उम्र का अनुमान हो जाता है। नीचे कुण्डली नं. 22 व 23 में सूर्य, चन्द्र एवं शनि की स्थिति देखकर उपरोक्त तथ्यों की विवेचना की गई है। तथ्य सही पाये गये हैं। अतः स्पष्ट होता है कि जन्म कुण्डली ठीक बनी है। पूर्व पृष्ठ पर भाव अवधि कुण्डली नं. 21 दी गयी है और नीचे साथ में उदाहरण-1 पुरुष एवं उदाहरण-2 स्त्री की कुण्डली में सूर्य, चन्द्र, शनि की स्थिति दर्शाई गई है।

उदा.1 जन्मतिथि 27.06.1976 (2) जन्म समय 4-45 सायं (3) जन्म स्थान-दिल्ली
(आषाढ़ की अमावस) सूर्य 12.23.35, चन्द्र 10.36.29, शनि 09.03.37

उदा. 2 जन्म तिथि 01.08.1979 (2) जन्म समय 8-30 प्रातः (3) जन्म स्थान -पलवल
(श्रावण शुक्ला अष्टमी) सूर्य 14.43.43, चन्द्र 13.17.24, शनि 18.49.30

उदाहरण-1 की कुण्डली

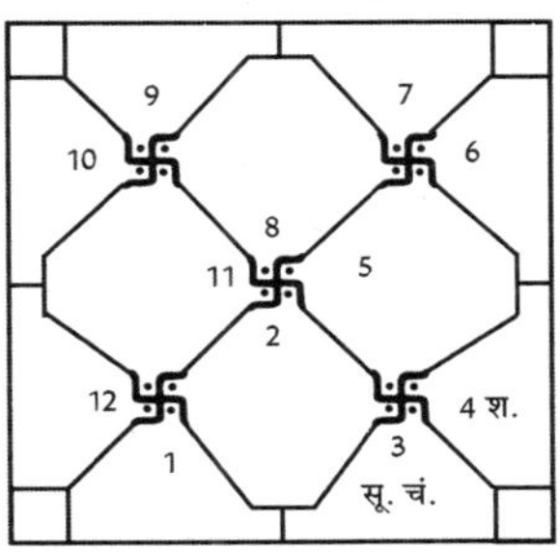

कुण्डली नं. 22

उदाहरण-2 की कुण्डली

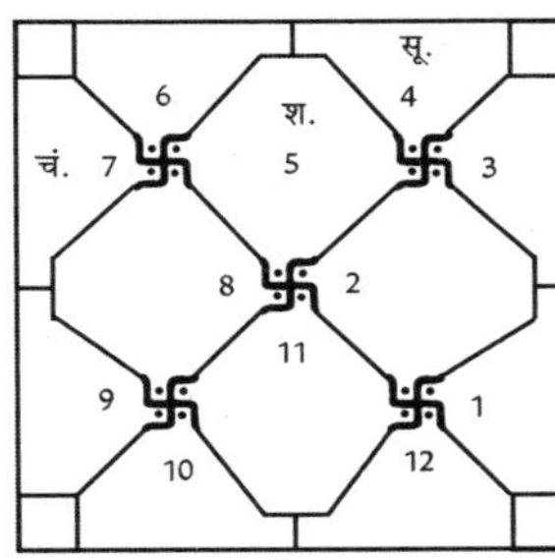

कुण्डली नं. 23

1. जन्म का समय :

कुण्डली नं. 21 में सभी भावों का समय दिया हुआ है। जन्म का समय सूर्य स्थित भाव से जाना जाता है। कुण्डली नं. 22 में सूर्य अष्टम भाव में स्थित है। इस भाव का समय 3 बजे सायः से 5 बजे सायः का है और उदा. 1 पुरुष कुण्डली में जन्म 04 बजकर 45 मिनट सायः का है। यह समय अष्टम भाव के समय के मध्य आता है। इसी प्रकार कुण्डली नं. 23 में सूर्य द्वादश भाव में है। द्वादश भाव का समय 7 बजे प्रातः से 9 बजे प्रातः का है। उदा. 2 स्त्री कुण्डली में जन्म 8 बजकर 30 मिनट प्रातः का है। यह समय द्वादश भाव के समय के मध्य आता है। अतः पुरुष का जन्म 3 से 5 बजे सायः के बीच और स्त्री का जन्म 7 से 9 बजे प्रातः के बीच प्रमाणित होता है। इस प्रकार दोनों कुण्डली सही हैं और जन्म का समय भी ठीक है।

2. जन्म की तिथि :

जन्म की तिथि का अनुमान सूर्य, चन्द्र दोनों की स्थिति देखकर लगाया जा सकता है। सूर्य को एक मानकर गिनती करे। यदि सूर्य से गिनती करने पर चन्द्र सातवें स्थान में हो तो पूर्णिमा होती है और यदि सूर्य चन्द्र दोनों एक ही भाव में हो तो अमावस होती है और यदि सातवें स्थान से पहले गिनती आती है तो शुक्ल पक्ष की कोई तिथि और यदि सातवें स्थान से आगे गिनती आती है तो कृष्ण पक्ष की कोई तिथि होती है। प्रत्येक अगली गिनती पर लगभग 2 दिन का अंतर पड़ता है। इसी गणित से तिथि का अंदाज लग जाता है। कुण्डली नं. 22 में सूर्य व चन्द्र एक ही भाव में है। अत: अमावस तिथि का जन्म होना चाहिये। व्यक्ति का जन्म भी आषाढ़ कृष्णा अमावस का है। कुण्डली नं. 23 में सूर्य से चन्द्र की गिनती 4 है और 7वें स्थान से पहले है। अत: जन्म शुक्ल पक्ष की अष्टमी तिथि का बनता है। स्त्री का जन्म भी श्रावण शुक्ला अष्टमी तिथि का है।

3. जन्म का पक्ष :

जन्म कुण्डली में सूर्य ग्रह से घड़ी की सूइयों के प्रतिकूल क्रम में गिनती करने पर 7 भावों की गिनती तक चन्द्र ग्रह हो तो शुक्ल पक्ष (चांदनी रात) का जन्म है और यदि 7 से आगे भावों में चन्द्र ग्रह हो तो कृष्ण पक्ष (अंधेरा पाख) का जन्म माना जायेगा। कुण्डली नं. 22 में चन्द्र ग्रह और सूर्य ग्रह एक ही भाव में अष्टम है। अत: अमावस का दिन है और कृष्ण पक्ष (बदि) है। कुण्डली नं. 23 में चन्द्र 7 की गिनती से पहले है। अत: शुक्ल पक्ष (सुदि) का जन्म प्रमाणित होता है।

4. जन्म का मास :

ज्योतिष में व्यवहारोपयोगी शब्द शीर्षक अध्याय-द्वितीय में सौरमास व चान्द्रमास के नाम व उनका समय दिया हुआ है। कुण्डली नं. 22 में सूर्य मिथुन राशि में स्थित है। अत: स्पष्ट है कि मिथुन सौरमास का जन्म है। अंग्रेजी केलैण्डर के अनुसार मिथुन सौरमास का समय 14 जून से 16 जुलाई है। यदि सूर्य ग्रह के स्पष्ट अंश प्रारम्भिक 15 अंश तक है तो जून का और 15 अंश से अधिक 30 अंश तक है तो जुलाई मास का जन्म समय होगा। इस कुण्डली के सूर्य ग्रह के स्पष्ट अंश 15 अंश से कम है। अत: उदा. 1 कुण्डली वाले पुरुष का जून मास का जन्म बनता है। वैसे भी 27.06.1976 का जन्म है। कुण्डली नं. 23 में सूर्य कर्क राशि में है। अत: कर्क सौरमास का जन्म है। कर्क सौरमास की अवधि 16 जुलाई से 16 अगस्त है और सूर्य के स्पष्ट अंश 15 से थोड़े अधिक है। अत: उदा. 2 कुण्डली वाली स्त्री का अगस्त का जन्म समझें। वैसे स्त्री का जन्म 01.08.1979 का है।

5. वर्तमान आयु :

वर्तमान आयु का निर्णय शनि की स्थिति से होता है। जन्म के समय शनि किस राशि में था और अब शनि किस राशि में है? इस अवधि को 2½ गुणा करने पर वर्तमान में व्यक्ति की कितनी उम्र है, पता लग जाता है। शनि एक राशि में 2½ वर्ष रहता है। कुण्डली नं. 22 में शनि जन्म के समय कर्क राशि में था। अब संवत 2064 में अर्थात जुलाई, 2007 में शनि सिंह राशि में आ गया है। अतः बारह राशियों का समय बीत चुका है। व्यक्ति की वर्तमान आयु 12 राशि × 2½ वर्ष =30 वर्ष से अधिक होनी चाहिये। इसी प्रकार कुण्डली नं. 23 में जन्म के समय शनि सिंह राशि में था। अब जुलाई, 2007 में शनि पुनः सिंह राशि में आ गया है। इस प्रकार ग्यारह राशियों का समय व्यतीत हो चुका है। अतः स्त्री की वर्तमान आयु 11 राशि × 2½ वर्ष=27½ वर्ष से अधिक होनी चाहिये। इस गणित से दोनों व्यक्तियों की वर्तमान आयु सही है।

(ii) द्वादश भावों के नाम, कारक ग्रह एवं विचारणीय विषय :

1. प्रथम भाव (तनु भाव)

इसे लग्न, त्रिकोण और केन्द्र भाव भी कहते हैं। लग्नेश शुभ हो या अशुभ सदैव शुभ फल देता है। सूर्य इस भाव का कारक ग्रह है। शरीर, आकृति, रूप, रंग, स्वभाव, आचरण, बल, स्वास्थ्य, व्यक्तित्व, मान, प्रतिष्ठा, जाति, आयु, सुख-दुःख, जीवनसाथी का व्यवसाय, दादी, नाना, सिर, मस्तक इस भाव के विचारणीय विषय हैं।

2. द्वितीय भाव (धनभाव)

इसका दूसरा नाम पणफर है। यह मारक भाव है। गुरु इस भाव का कारक ग्रह है। धन-सम्पति, कुटुम्ब, मित्र, मृत्यु, क्रय-विक्रय, सत्य-असत्य, वाणी, विद्या, जीवनसाथी का सुख, संतति, भक्ति, नाक, दांया कान, दांयी आंख मुख्य विचारणीय विषय हैं।

3. तृतीय भाव (सहज भाव)

इसे त्रिषड़ाय भी कहते हैं। यह एक शुभ भाव है किन्तु सदैव दोषी होता है। मंगल इस भाव का कारक ग्रह है। छोटे भाई बहिन, स्वयं का पराक्रम, धैर्य, आभूषण, नौकर-चाकर, लघु यात्रायें, आयु, माता-पिता की मृत्यु, गुप्त शत्रु, धर्म, उपदेश, दमा, खाँसी, श्वास रोग विचारणीय विषय हैं।

4. चतुर्थ भाव (सुखभाव)

यह केन्द्र भाव है। पापग्रह इसमें अच्छा फल देते हैं। चन्द्र और बुध इस भाव के कारक ग्रह हैं। मातृसुख, मातृभूमि, जमीन, मकान, वाहनसुख, पशुधन, गुप्तधन, मातृधन, यश, दया, शान्ति, जनसम्पर्क, नौकर-चाकर, खेतीबाड़ी, श्वसुर, नानी, उदररोग, कैन्सर प्रमुख विचारणीय विषय हैं।

5. पंचम भाव (सुतभाव)

इसे त्रिकोण भाव भी कहते हैं। यह एक शुभ भाव है। गुरु इस भाव का कारक ग्रह है। आकस्मिक धन (लाटरी), विद्या, बुद्धि, वाणी, यश, प्रतिष्ठा, प्रेमविवाह, प्रथम संतान, भाग्य, नौकरी छूटना, पुस्तक लिखना, पिता का सुख, मामा का सुख, गुप्तरोग, स्त्रियों के यकृत, गर्भाश्य संबंधी रोग इस भाव के विचारणीय विषय हैं।

6. षष्ठ भाव (रिपुभाव)

इस भाव को त्रिषड़ाय और दुष्ट भाव भी कहते हैं। शुभ या अशुभ षष्ठेश अष्टम और द्वादश भाव को छोड़कर सभी भावों की हानि करता है। मंगल और शनि इस भाव के कारक ग्रह हैं। शत्रु, चिन्ता, रोग, भय, ऋ़ण, बदनामी, घर-बाहर के झगड़े, मुकदमें, चोरी-ड़कैती, जय- पराजय, पुत्रधन, भाइयों से मतभेद, मामा, मौसी, घाव, फोड़े-फुन्सी विचारणीय विषय हैं।

7. सप्तम भाव (जायाभाव)

इसे केन्द्र भाव भी कहते हैं। यह एक मारक भाव है। पुरुषों के लिये शुक्र और स्त्रियों के लिये गुरु इस भाव के कारक ग्रह हैं। जीवन साथी (पत्नी या पति) विवाह, विवाह संबंध, दाम्पत्य जीवन, चरित्र, रोजगार, व्यापार, साझेदारी, सुख-शान्ति, मृत्यु, जमीन, द्वितीय संतान, नानी, दादा, बवासीर जैसे रोग मुख्य विचारणीय विषय हैं।

8. अष्टम भाव (मृत्यु भाव)

इसे दुष्ट भाव भी कहते हैं। अष्टमेश सभी भावों की हानि करता है। शनि इस भाव का कारक ग्रह है। आयु, जीवन, मृत्यु, प्रेम, बदनामी, पतन, सजा, दुर्घटना, गड़ाधन, समुद्रीयात्रा, वसीयत, बीमा, दरिद्रता, आलस्य, जीवनसाथी का भाग्य, गुप्त जनेन्द्रिय रोग प्रमुख विचारणीय विषय हैं।

9. नवमभाव (धर्मभाव)

इसे भाग्य या त्रिकोण भाव भी कहते हैं। सूर्य और गुरु इस भाव के कारक ग्रह हैं। भाग्य, भक्ति, धर्म, कीर्ति, सन्यास, दान-पुण्य, प्रतिष्ठा, पिता का धन, सदाचार, व्यभिचार, लाभ, आयु, तीर्थ-यात्रा, विदेश यात्रा, पुत्र, पौत्र, भाभी, बहनोई, दोहता-दोहती मुख्य विचारणीय विषय हैं।

10. दशमभाव (कर्मभाव)

यह केन्द्र भाव भी है। सूर्य, गुरु, बुध, शनि इस भाव के कारक ग्रह हैं। पितृप्रेम, पितृधन, संचितकार्य, राज्यदण्ड, उच्चपद, अधिकार, नौकरी, व्यवसाय, वाहन, प्रतिष्ठा, वायुयात्रा, नेत्रत्वशक्ति, मंत्रीपद, सास, जानु, घुटने, पीठ रोग विचारणीय विषय हैं।

11. एकादश भाव (आयभाव)

इसे त्रिषड़ाय भी कहते हैं। एकादश भाव को अशुभ माना जाता है। किन्तु भाव स्थित सभी ग्रह सदैव शुभ फल देते हैं। गुरु इस भाव का कारक ग्रह है। आय, लाभ, गड़ाधन, लाटरी, पितृधन, राज्यद्रव्य, माता की मृत्यु, व्यापार से लाभ-हानि, चोट, हिंसा, शत्रु, द्वितीय जीवनसाथी, बड़ा भाई, चाचा, पुत्रवधू, दामाद, पैर व एड़ी का दर्द मुख्य विचारणीय विषय हैं।

12. द्वादश भाव (व्ययभाव)

इसे दुष्ट भाव भी कहते हैं। शनि इस भाव का कारक ग्रह है। द्वादशेश सदैव ही मानहानि, धनहानि और अन्य दूसरे अनिष्ठ करता है। अपव्यय, धनहानि, गुप्तशत्रु, कोर्ट, कचहरी, राजदण्ड, सजा, विदेश संबंध, शयन सुख में कमी, ऋण, हत्या, आत्महत्या, राज्यसम्मान-अपमान, बायीं आंख मुख्य विचारणीय विषय हैं।

द्वादश भाव, कारक ग्रह और विचारणीय विषय

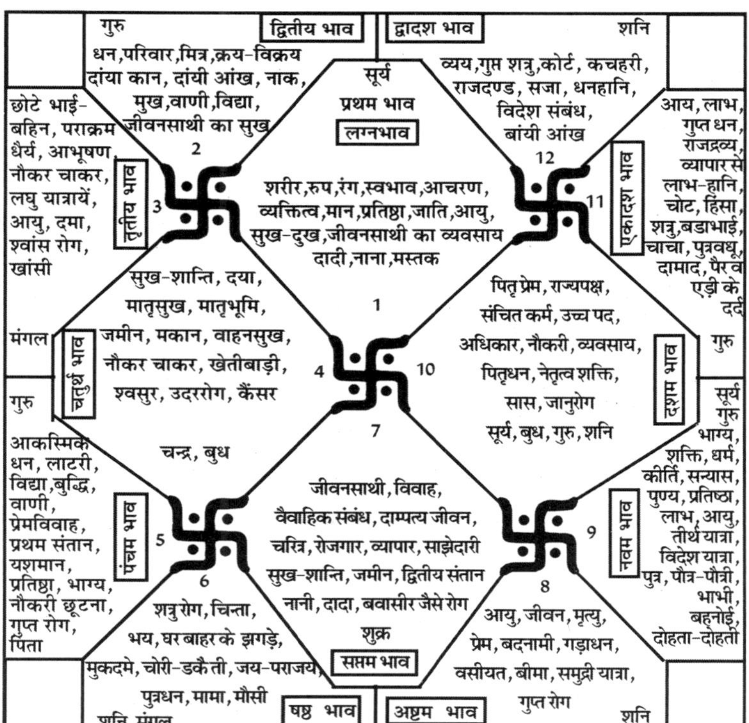

कुण्डली नं. 24

(iii) भाव और हमारे अंग :

किस भाव का मानव शरीर के किस अंग पर प्रभाव पड़ता है। भाव व प्रभावित मानव अंग सारिणी नीचे देखें।

भाव व प्रभावित मानव अंग सारिणी

भाव	अंग	भाव	अंग	भाव	अंग
प्रथम भाव	सिर, मस्तक, मस्तिष्क	पंचम भाव	उदर, यकृत, गर्भाशय	नवम भाव	कूल्हे, जांघे
द्वितीय भाव	चेहरा, मुख, जीभ, दांत, नाक, दांयीआंख	षष्ठ भाव	अंतड़ियाँ, नाभि, कमर	दशम भाव	घुटने, पीठ
तृतीय भाव	कंठ, कन्धे, बाजू कान, दायां हाथ	सप्तम भाव	जनेन्द्रियों के गुप्तभाग	एकादशभाव	पिण्डलियाँ, बायां हाथ
चतुर्थ भाव	ह्रदय, फेफड़े, छाती	अष्टम भाव	अण्डकोष, जनेन्द्रियों के बाहरी भाग	द्वादश भाव	पैर, तलवे, बांयीआंख

(iv) भाव और भावेश :

षष्ठ अध्याय ''जन्मकुण्डली रचना'' में बताया गया है कि 12 भावों में 12 राशियां लिख दी जाती हैं। जिस भाव में, जो राशि लिखी होती है, उस राशि का स्वामी ग्रह उस भाव का भावेश कहलाता है। भावेश अपनी राशि वाले भाव में बैठा हो सकता है और किसी अन्य राशि वाले भाव में भी बैठा हो सकता है। उदाहरण के लिये पृष्ठ 46 पर दी हुई ओजस्वी नामक बालक की जन्म कुण्डली देखें। इस कुण्डली के प्रथम भाव अर्थात लग्न भाव में वृश्चिक राशि लिखी है। वृश्चिक राशि का स्वामी ग्रह मंगल षष्ठ भाव में अपनी राशि मेष में बैठा है और लग्न भाव पर उसकी अष्टम दृष्टि भी है। किन्तु यह कहा जायेगा कि लग्न भावेश षष्ठ भाव में बैठा है। इसी प्रकार बुध ग्रह अपनी राशि कन्या में एकादश भाव में और शुक्र ग्रह अपनी राशि तुला में द्वादश भाव में बैठे हैं। उनके बारे में यह कहा जायेगा कि भावेश अपने भाव में बैठे हैं। इसी प्रकार सभी भावों एवं भावेशों के बारे में जान सकते हैं।

जन्म कुण्डली में 1, 2, 4, 5, 7, 9, 10 कुल सात भाव शुभ भाव हैं। इनके भावेशों को क्रमशः लग्नेश, द्वितीयेश, चतुर्थेश, पंचमेश, सप्तमेश, नवमेश और दशमेश कहा जाता है। यह आवश्यक नहीं कि सभी शुभ भावों के भावेश भी शुभ हों। यह पापग्रह भी हो सकते हैं। शेष 3, 6, 8, 11 एवं 12 पांच भाव अशुभ माने गये हैं। इनके भावेशों को क्रमशः तृतीयेश, षष्ठेश, अष्टमेश, एकादशेश और द्वादशेष कहा जाता

है। इनमें से एकादश भाव के स्वामी एकादशेश को शुभ माना जाता है। एकादशेश, जिस भाव/राशि में होता है, शुभ फल ही देता है। इन अशुभ भावों में 6, 8, 12 तीन भाव दुष्ट भाव कहे गये हैं। इनके भावेश, जिस भाव/राशि में स्थित होते हैं, उस भाव/राशि की सदैव ही हानि करते हैं और अशुभ फल देते हैं। अतः शुभ और अशुभ भाव और भावेशों का कुण्डली के फल कथन के समय विशेष ध्यान रखना चाहिये।

(v) भावेश और विंशोत्तरी दशा फल

जन्म कुण्डली में भावेशों की स्थिति/परिस्थिति अनुसार जीवन में घटित होने वाली महत्त्वपूर्ण घटनाओं का संकेत देने वाले प्रमुख बिन्दुओं में दशा क्रम महत्वपूर्ण है। दशा क्रम में विंशोत्तरी दशा क्रम, अष्टोत्तरी दशा क्रम, योगिनी दशा क्रम, चर दशा क्रम, माण्डू दशा क्रम प्रचलित हैं किन्तु घटनाओं के समय निर्धारण में विंशोत्तरी दशा क्रम की उपयोगिता निर्विवाद और सर्वसम्मत है।

विंशोत्तरी दशा क्रम का प्रार्दुभाव त्रिकोण पद्धति के आधार पर हुआ है। भचक्र में 360^0 अंश होते हैं। इसका प्रत्येक त्रिकोण 120^0 अंश का होता है। विंशोत्तरी दशा क्रम में त्रिकोण के 120^0 अंश को ध्यान में रखते हुए मनुष्य के पूर्ण आयुकाल का मान 120 वर्ष निश्चित किया गया है। इस आयु काल के मान में भ्रमणपथ पर नवग्रहों के सम्पूर्ण भ्रमणकाल को भी नोट किया गया है। इनकी भी समयावधि का योग 120 वर्ष है।

अतः महर्षि पाराशर ने मानव जीवन को 120 वर्ष का मानते हुए, 27 नक्षत्रों को 9 ग्रहों में बांटकर तथा प्रत्येक ग्रह को 3-3 नक्षत्रों का स्वामी बनाकर एक दशा क्रम या दशा पद्धति तैयार की। इसे ही विंशोत्तरी दशा क्रम का नाम दिया। भ्रमण पथ पर भ्रमण काल में सूर्यादि ग्रहों की आवृत्ति/पुनरावृत्ति अनुसार नवग्रहों का दशा क्रम कृतिका नक्षत्र से प्रारम्भ मानकर दशा वर्ष निश्चित किये। जन्म कालीन चन्द्र की नक्षत्रात्मक स्थिति को ध्यान में रखकर ग्रहों की महादशा, अन्तर्दशा, प्रत्यांतर दशा, सूक्ष्म दशा और प्राण दशा निकालने की गणित विधि व चार्ट तैयार किया। नवग्रहों का विंशोत्तरी दशाक्रम और दशा वर्ष इस प्रकार है :-

दशाक्रम	1	2	3	4	5	6	7	8	9
नवग्रह	सूर्य	चन्द्र	मंगल	राहू	गुरु	शनि	बुध	केतु	शुक्र
दशावर्ष	06	10	07	18	16	19	17	07	20

अगले पृष्ठ पर सूर्यादि ग्रहों की विंशोत्तरी महादशान्तर्दशा ज्ञान सारिणी देखें।

卐 सूर्यादि ग्रहों की विशोंत्तरी महादशान्तर्दशा ज्ञान सारिणी 卐

सूर्य दशा वर्ष 06				चन्द्र दशा वर्ष 10				मंगल दशा वर्ष 07			
कृतिका उ.फा.उ.षा. अन्तर्दशा				रोहिणी हस्त श्रवण अन्तर्दशा				मृग.चित्रा घनिष्ठा अन्तर्दशा			
ग्रह	व.	मा.	दि.	ग्रह	व.	मा.	दि.	ग्रह	व.	मा.	दि.
सू	0	3	18	चं	0	10	0	मं	0	4	27
चं	0	6	0	मं	0	7	0	रा	1	0	18
मं	0	4	6	रा	1	6	0	गु	0	11	6
रा	0	10	24	गु	1	4	0	श	1	1	9
गु	0	9	18	श	1	7	0	बु	0	11	27
श	0	11	12	बु	1	5	0	के	0	4	27
बु	0	10	6	के	0	7	0	शु	1	2	0
के	0	4	6	शु	1	8	0	सू	0	4	6
शु	1	0	0	सू	0	6	0	चं	0	7	0

राहू दशा वर्ष 18				गुरु दशा वर्ष 16				शनि दशा वर्ष 19			
आर्द्रा.स्वाती शतभिषा अन्तर्दशा				पुन.विशा. पूभा. अन्तर्दशा				पुष्य.अनुराधा उभा. अन्तर्दशा			
ग्रह	व.	मा.	दि.	ग्रह	व.	मा.	दि.	ग्रह	व.	मा.	दि.
रा	2	8	12	गु	2	1	18	श	3	0	3
गु	2	4	24	श	2	6	12	बु	2	8	9
श	2	10	6	बु	2	3	6	के	1	1	9
बु	2	6	18	के	0	11	6	शु	3	2	0
के	1	0	18	शु	2	8	0	सू	0	11	12
शु	3	0	0	सू	0	9	18	चं	1	7	0
सू	0	10	24	चं	1	4	0	मं	1	1	9
चं	1	6	0	मं	0	11	6	रा	2	10	6
मं	1	0	18	रा	2	4	24	गु	2	6	12

बुध दशा वर्ष 17				केतु दशा वर्ष 07				शुक्र दशा वर्ष 20			
आश्ले.ज्ये. रेवती अन्तर्दशा				मघा मूल अश्विनी अन्तर्दशा				पूफा. पूषा. भरणी अन्तर्दशा			
ग्रह	व.	मा.	दि.	ग्रह	व.	मा.	दि.	ग्रह	व.	मा.	दि.
बु	2	4	27	के	0	4	27	शु	3	4	0
के	0	11	27	शु	1	2	0	सू	1	0	0
शु	2	10	0	सू	0	4	6	चं	1	8	0
सू	0	10	6	चं	0	7	0	मं	1	2	0
चं	1	5	0	मं	0	4	27	रा	3	0	0
मं	0	11	27	रा	1	0	18	गु	2	8	0
रा	2	6	18	गु	0	11	6	श	3	2	0
गु	2	3	6	श	1	1	9	बु	2	10	0
श	2	8	9	बु	0	11	27	के	1	2	0

जन्म समय की ग्रह महादशा के भोग्य वर्ष निकालने की विधि :-

पृ. 68 उदा. 2 अनुसार-जन्म नक्षत्र-उत्तराफाल्गुनी, चन्द्र स्पष्ट-05*-08°-52'
कृतिका से जन्म नक्षत्र उ.फाल्गुनी तक गिनने पर संख्या 10÷9 शेष अंक = 1
शेष अंक 1 (दशाक्रम) के नीचे सूर्य लिखा है। अतः सूर्य की महादशा हुई।
महादशा की अवधि=नक्षत्र अवधि - चन्द्र स्पष्ट
=05*-10°-00' - 05*-08°-52' =01°-08' =68' कला
नक्षत्र की कुल 800 कला होने पर सूर्य अवधि = 6 वर्ष
68 कला की अवधि होगी = 6 x 68 ÷ 800 = 00 वर्ष, 06 मास, 15 दिन

विंशोत्तरी दशा फल को समझने के लिए महर्षि पाराशर ने ग्रहों को निम्नलिखित पांच श्रेणियों में बांटा है-

1. **सदैव शुभ फल देने वाले**-इसमें लग्नेश, पंचमेश, नवमेश और राजयोग कारक ग्रह आते हैं। राजयोग कारक ग्रह, वे ग्रह होते हैं, जो एक साथ केन्द्र और त्रिकोण के स्वामी होते हैं जैसे कर्क व सिंह लग्न में मंगल, वृष व तुला लग्न में शनि और मकर व कुंभ लग्न में शुक्र। उपरोक्त सभी अपनी महादशान्तर्दशा में सदैव शुभ फल देते हैं।

2. **सदैव अशुभ फल देने वाले**-इन ग्रहों में त्रिषडाय अर्थात 3, 6, 11 भाव के स्वामी और अष्टमेश आते हैं। यह सभी अपनी महादशान्तर्दशा में सदैव अशुभ फल देते हैं।

3. **सदैव तटस्थ रहने वाले**-चतुर्थेश, सप्तमेश और दशमेश (सभी केन्द्रेश) सदैव तटस्थ रहते हैं। अपनी महादशान्तर्दशा में किसी प्रकार का फल नहीं देते हैं।

4. **शुभाशुभ फल देने वाले**-द्वितीयेश और द्वादशेष ऐसे ग्रह हैं, जो समय-समय पर अपना फल बदलते रहते हैं। भाव/राशि स्थिति अनुसार अपनी महादशान्तर्दशा में कभी शुभ तो कभी अशुभ फल देते हैं।

5. **मृत्युतुल्यकष्ट या मृत्यु देने वाले**-द्वितीयेश और सप्तमेश मारक ग्रह हैं। अपनी महादशान्तर्दशा आने पर कभी मृत्युतुल्यकष्ट तो कभी सदा के लिए मौत की नींद सुला देते हैं।

शुभाशुभ भावेशों का विंशोत्तरी दशाफल-

1. **लग्नेश** - शुभ होने पर शारीरिक सुख, उत्तम स्वास्थ्य, धन-लाभ, भूमि-भवन-वाहन-सुख, नौकरी में सुख, व्यापार में वृद्धि, समाज में प्रतिष्ठा।

   अशुभ होने पर मानसिक चिंता, दु:ख, रोग, धनहानि, पदावनति, अपमान, शत्रुभय, परिवार से झगड़ा, जमीन का बंटवारा व असंतोष।

2. **द्वितीयेश** – शुभ होने पर आय साधनों में वृद्धि, सुख समृद्धि, शिक्षा विस्तार, राजनीति में पहुंच, संतान सुख, भाषण कला से लाभ, जायदाद में वृद्धि।

   अशुभ होने पर व्यर्थ का व्यय, स्वास्थ्य हानि, पारिवारिक क्लेश, नेत्र रोग, मुख रोग, स्वजनों से बिछोह, मानहानि, सजा व मृत्यु।

3. **तृतीयेश** – शुभ होने पर भाई–बहिन की उन्नति, शुभ समाचार, नवीन योजनाएं, फौज में स्थान, मान व प्रतिष्ठा। अशुभ होने पर भाई–बहिन, रिश्तेदारों की परेशानियां, धन हानि, अग्नि, चोरी व राजभय, झूठा कलंक, मानहानि।

4. **चतुर्थेश** – शुभ होने पर भूमि, भवन, मकान आदि सुख, मातृ सुख, शिक्षा क्षेत्र में नाम, पदोन्नति, यात्राऐं, समाज में प्रतिष्ठा। अशुभ होने पर माता–पिता को कष्ट, रक्त विकार, हार्ट अटैक, सम्पत्ति की हानि, स्थान भ्रष्ट होना।

5. **पंचमेश** – शुभ होने पर विद्या लाभ, धन लाभ, संतान सुख, योजना में सफलता, राजनीति में स्थान, मेल–मिलाप के संबंधों में विस्तार।

   अशुभ होने पर विघ्न–बाधा, मानसिक तनाव, पेटदर्द, बच्चों की हानि, स्कैण्डलों में फंसना, माता की मृत्यु, पुत्र शोक, धोखा होना व शरीर हानि।

6. **षष्ठमेश** – शुभ होने पर शत्रुओं पर विजय, व्यवसाय/व्यापार में वृद्धि, ऋण अदायगी, धनलाभ, निरोग शरीर व साहस। अशुभ होने पर रोग, भय, शत्रु भय, व्यवसाय में हानि, ऋणी होना, मामा को कष्ट, नौकरी में पदावनति।

7. **सप्तमेश** – शुभ होने पर विवाह होना, पत्नी सुख, व्यवसाय में उन्नति, धनलाभ, संतान लाभ, विदेश गमन। अशुभ होने पर शरीर कष्ट, स्त्री कष्ट, तनाव, धनहानि, थकान भरी यात्रायें, बदनामी, गुर्दे के रोग।

8. **अष्टमेश** – शुभ होने पर परिवार लाभ, लाटरी, बीमा, पेंशन से लाभ, कर्ज से मुक्ति, जमीन से लाभ। अशुभ होने पर परिवार से परेशानी, उलझनें, बनते कार्यों में रुकावटें, मृत्युतुल्य कष्ट एवं कर्जदार होना, लम्बी बीमारी व अपमान।

9. **नवमेश** – शुभ होने पर धर्म व परोपकार के कार्य, विद्यालाभ, उन्नति, अच्छे लोगों से संबंध, तीर्थ यात्रा, विदेश यात्रा, नौकरी में पदोन्नति, मान–सम्मान। अशुभ होने पर सौभाग्य हानि, धर्म में अरुचि, बनते कार्यों में विध्न, माता–पिता को कष्ट व जेल आदि।

10. **दशमेश** – शुभ होने पर कार्य व्यवसाय में लाभ, सरकारी क्षेत्रों से लाभ, सुखी–शान्त जीवन, मान–सम्मान में वृद्धि, समाज में प्रतिष्ठा, पार्षद जैसा पद। अशुभ होने पर माता के स्वास्थ्य पर प्रभाव, व्यवसाय में हानि, नौकरी का छूटना, धनहानि, अशान्ति व मानसिक संताप।

11. **एकादशेश** – शुभ होने पर आय में वृद्धि, विद्या व सन्तान लाभ, सुखी जीवन, स्वजनों से मिलाप, यश एवं प्रतिष्ठा। अशुभ होने पर स्वयं के स्वास्थ्य की हानि, धनहानि, असंतोष व अपमान, मस्तिष्क विकार, राजभय।

12. **द्वादशेष** – शुभ होने पर चिंताओं में कमी, सभी प्रकार के सुख व संतोष, सतकार्य, मान–सम्मान व विदेश यात्रा। अशुभ होने पर चिंता, धनहानि, व्यर्थ की भागदौड़, बनते कार्यों में विध्न, शरीर कष्ट।

*****

अध्याय-अष्टम
फलादेश
(Foretelling)

अन्तर्राष्ट्रीय ख्याति प्राप्त ज्योतिषविद् स्वामी डॉ. राज बलदेव के अनुसार फलादेश में ग्रहों के अतिरिक्त और दूसरे तथ्यों का भी ध्यान रखना चाहिये। उनके अनुसार सूर्य, चन्द्र, मंगल, बुध, गुरु, शुक्र, शनि ग्रहों का मानव जीवन पर अधिकतम 24 प्रतिशत प्रभाव पड़ता है। साथ में राहु, केतू छायाग्रहों और 28 नक्षत्रों की गति/क्रान्ति का अलग से प्रभाव होता है। इसके अतिरिक्त वंशानुगत जीन्स का 8 प्रतिशत, किशोरवय बच्चे के निवास स्थल के वातावरण का 4 प्रतिशत, जैनेटिक अपशोटस का 4 प्रतिशत, क्षेत्रीय स्थिति अनुसार शारीरिक बनावट व स्वास्थ्य का 12 प्रतिशत, आय क्षेत्र का 8 प्रतिशत, पारिवारिक पृष्ठभूमि का 19 प्रतिशत और पूर्वजन्म के संचित कर्म/भाग्य क्षेत्र का 21 प्रतिशत प्रभाव मानव जीवन पर पड़ता है। लेखक स्वामी जी के इस कथन से सहमत है कि मानव जीवन पर ग्रहों का अधिकतम 24 प्रतिशत और अन्य दूसरे तथ्यों का 76 प्रतिशत प्रभाव होता है किन्तु स्मरण रहे कि ग्रहों का 24 प्रतिशत प्रभाव ही कभी-कभी इतना भयंकर होता है कि व्यक्ति अपने आप को बेबस, असहाय व लाचार महसूस करता है। अत: व्यक्ति के फलादेश कथन में जन्म के समय, वार, तिथि, पक्ष, मास, ऋतु, वर्ष, अयन, योग, करण, नक्षत्र, राशि, महादशा आदि का पूरा-2 ध्यान रखना चाहिये।

फलादेश कहते समय सुदर्शन कुण्डली की लग्नों व लग्नेशों की भाव स्थिति व दृष्टि बड़ी महत्वपूर्ण होती है। इसके अतिरिक्त कुण्डली में विशेष योग, नीच भंग राजयोग एवं ग्रहयुति योग तो नहीं है। प्रत्येक दृष्टि से सोच समझकर पूर्ण फलादेश कहना चाहिये। सभी प्रकार के स्थूल फल आगे दिये जा रहे हैं किन्तु कथन से पूर्व फलादेश के विशेष नियमों को जानना अत्यावश्यक है।

फलादेश के विशेष नियम :

1. 1,4,7,10,5,9 (केन्द्र व त्रिकोण) भावों में शुभग्रहों का होना शुभ फलदायी होता है और पापग्रहों का होना दरिद्रता लाता है किन्तु लग्नेश पापग्रह है और लग्न में है तो शुभ फल ही देता है।
2. जन्म लग्नेश जन्म लग्न में हो या जन्म लग्नेश की जन्म लग्न पर पूर्ण दृष्टि हो तो

व्यक्ति राजासदृश सुन्दर, श्रेष्ठ, ज्ञानवान, लोकप्रिय, राजप्रिय, प्रभावशाली, धनवान व सुखी होता है।

3. जन्म लग्नेश केन्द्र या त्रिकोण में हो और जन्म लग्न पर उसकी पूर्ण दृष्टि हो तो व्यक्ति उच्च पद तक पहुँचता है।
4. जन्मलग्नेश, चन्द्रलग्नेश, सूर्यलग्नेश तीनों जन्म लग्न में हों या जन्म लग्न पर इनकी पूर्ण दृष्टि हो तो व्यक्ति उच्चपदासीन, धनी व सुखी होता है।
5. जन्मलग्नेश की जन्मलग्न पर, चन्द्रलग्नेश की चन्द्र लग्न पर और सूर्य लग्नेश की सूर्यलग्न पर पूर्ण दृष्टि हो तो भी व्यक्ति महान शासक, अग्रणी नेता, धनी, सुखी व विश्वविख्यात होता है।
6. 3,6,11 (त्रिषड़ाय) भावों में पापग्रहों का होना शुभ फलदायी होता है किन्तु 11वें भाव में समस्त ग्रह शुभ या मध्यम फल देते हैं।
7. 11वें भाव का स्वामी ग्यारहवें भाव में ही है तो व्यक्ति को धनी, सुखी एवं सौभाग्यशाली करता है।
8. 6ठे भाव का स्वामी छठे भाव में ही है तो व्यक्ति साहसी और पराक्रमी होता है। शत्रुओं पर विजय प्राप्त करता है।
9. 3रे भाव का स्वामी तीसरे भाव में ही है। बलवान और उच्चराशि का है। व्यक्ति जीवन में बहुत उन्नति एवं प्रगति करता है।
10. 5,9 (त्रिकोण) भावों के स्वामी, यदि पापग्रह भी हैं तो अपनी महादशा या अंतर्दशा में शुभ फल देते हैं किन्तु पंचम भाव के स्वामी की अपेक्षा नवम भाव का स्वामी अधिक बलशाली व लाभकारी होता है।
11. 6,8,12 (दुष्टभाव) भावों के स्वामीग्रह, जिस भाव में होते हैं, उसका अनिष्टकारी फल देते हैं। स्वराशिस्थ होने पर शुभ फल देते हैं। ऐसे भाव में बैठे हैं, जिसके कारक ग्रह हैं तो श्रेष्ठ या उत्तम फल देते हैं।
12. 8, 12 वें भावों में बैठे ग्रह सदैव अशुभ फल देते हैं किन्तु शनि व गुरु कारक ग्रह होने के कारण शुभ फल देते हैं।
13. अष्टमेश लग्नेश भी हो तो शुभ होता है। सूर्य, चन्द्र अष्टमेश हो तो वह भी शुभ फल देते हैं।
14. 6ठे भाव में गुरु शत्रु पैदा करता है किन्तु उन्हें पराजित भी करता है।
15. 2रे व 12वें भाव के स्वामी ग्रह फलदायक नहीं होते हैं। वह, जिस ग्रह के साथ बैठते हैं, उसी के अनुसार शुभ/अशुभ फल देते हैं। मित्र ग्रह के साथ बैठकर द्वितीयेश धन लाभ कराता है, शत्रु ग्रह के साथ बैठकर धन का लाभ रोकता है।

इसी प्रकार द्वादशेश नवम भाव में बैठकर धर्म /कर्म में धन व्यय कराता है और षष्ठ भाव के स्वामी के साथ बैठकर बीमारी में धन व्यय कराता है।

16. जब किसी शुभ भाव (1, 2, 4, 5, 7, 9, 10) का स्वामी नीचराशिस्थ हो और नीचभंग राजयोग बन रहा हो तो वह नीचराशिस्थ ग्रह अपने भाव के लिये शुभ होता है और अच्छा फल देता है।
17. वक्री ग्रह अधिक ताकतवर होते हैं। नीचराशि या शत्रुराशि में होने पर भी उच्चराशिस्थ ग्रह का फल देते हैं।
18. सूर्य 6ठे भाव में होने पर सुख-समृद्धि, 10वें भाव में उच्चप्रशासनिक पद, धन व यश और 11वें भाव में होने पर जमीन, मकान, नौकर-चाकर, वाहनसुख, राज्यसम्मान सभी कुछ दिलाता है।
19. सूर्य के साथ कोई भी ग्रह बैठा हो, वह अस्त (Combust) हो जाता है। उसका गौण फल मिलता है। पृष्ठ 59 नं. 9 विकल शीर्षक पढ़े।
20. सूर्य 2रे,12वें भाव में होने पर नेत्र ज्योति कम करता है। मंदाग्नि, सिरदर्द और मानसिक रोग देता है।
21. सूर्य द्वादश भाव में नीच राशि तुला में बैठा हो तो सहस्त्रों राजयोग नष्ट कर देता है।
22. सूर्य 10,11,12,1,2,3 राशियों में कहीं पड़ा हो तो हृदय रोग, वायुविकार, गैसदर्द, रक्तचाप जैसे रोग देता है।
23. सूर्य के साथ बुध 7वें भाव में पड़ा हो तो पति-पत्नी में झगड़ा कराता रहता है और अनबन पैदा करता है।
24. सूर्य के साथ बुध व शनि या बुध, शुक्र व शनि कहीं बैठे हो तो चर्मरोग, संग्रहणी, वायुविकार, तोतलापन या क्षीण स्मरण शक्ति पैदा करते हैं।
25. चन्द्र कृष्ण पक्ष की अष्टमी तिथि से शुक्ल पक्ष की अष्टमी तिथि तक क्षीण होता है और शुक्ल पक्ष की अष्टमी तिथि से कृष्ण पक्ष की अष्टमी तिथि तक पूर्ण ज्योति होता है। पूर्ण ज्योति चन्द्र शुभ फलदायी होता है। क्षीण चन्द्र स्वास्थ्य को बिगाड़ता है। प्रारंभ के 8, 12, 16 वें वर्ष में चोट लग सकती है।
26. चन्द्र, बुध एवं शुक्र 1, 4, 7, 10 वें भाव के स्वामी हो और अपने भाव में अकेले या इकट्ठे बैठे हों तो अशुभ फल ही देते हैं।
27. क्षीणचन्द्र, सूर्य, मंगल, शनि केन्द्र (1, 4, 7, 10) भावों के स्वामी हो तो अपनी महादशा/अंतर्दशा में अनुकूल फल देते हैं।
28. उच्च का मंगल सभी इच्छायें/आकांक्षायें पूरी करता है। स्वराशिस्थ होने पर शुभ फल देता है और 3, 4, 5, 9, 10 वें भाव में होने पर गौरव प्रदान करता है। द्वितीय भाव में निष्फल होता है।

29. उच्चराशि का मंगल सप्तम भावस्थ हो और उस पर किसी पापग्रह की दृष्टि न हो तो व्यक्ति फौज में उच्चाधिकारी, सांसद, मंत्री, राजदूत हो सकता है।
30. मंगल द्वितीयेश होकर एकादश भाव में हो तो व्यक्ति अपार धन सम्पत्ति वाला अर्थात करोड़पति या अरबपति होता है।
31. मंगल दशम भाव में हो, भाग्योन्नति कराता है। गौरवशाली बनाता है।
32. मंगल, शनि, सूर्य में से कोई एक ग्रह सप्तम भाव में बैठा हो, विवाह देर से होता है।
33. बुध ग्रह, जिस भाव में अकेला बैठा हो, उत्तम फल देता है किन्तु अन्य किसी ग्रह के साथ बैठा हो तो उस ग्रह के अनुसार फल मिलता है। चतुर्थ भाव में बुध निष्फल होता है।
34. गुरु अकेला जन्मलग्न में हो, स्वस्थ रखता है। विद्या, बुद्धि, स्त्री, संतान ,जमीन, मकान सभी कुछ उपलब्ध कराता है।
35. गुरु अकेला 2,5,7 भाव में बैठा हो या नीचराशि मकर में बैठा हो क्रमशः धन, पुत्र और जीवन साथी के लिये अनिष्ठकारी होता है। जीवन में अभाव लाता है।
36. गुरु, चन्द्र, बुध, शुक्र, शनि, राहु या केतु में से कोई एक ग्रह अकेला सप्तम भाव में बैठा हो, वैवाहिक जीवन सुखी और समृद्ध रहता है।
37. गुरु और शनि या गुरु और चन्द्र युति सप्तम भाव में हो, वैवाहिक जीवन में कष्ट लाती है। दाम्पत्य जीवन दुखदायी होता है।
38. गुरु और चन्द्र या गुरु और मंगल युति योग सर्वसुखकारी और दीर्घजीवी रखता है।
39. गुरु, चन्द्र या गुरु, मंगल आमने सामने हो अथवा चौथे, ग्यारहवें हो अथवा नवपंचम हो व्यक्ति की आर्थिक स्थिति सुदृढ़ होती है। कुटुम्ब का भरपूर सुख होता है। छोटे पद से उच्च पद तक पहुंचाता है। गौरव बढ़ाता है तथा व्यक्ति विश्वविख्यात होता है।
40. स्वराशिस्थ शुक्र कहीं भी हो, जीवन की सभी आवश्यकतायें/इच्छायें/आकांक्षायें पूरी करता है।
41. शुक्र जन्मलग्नेश, चन्द्रलग्नेश व सूर्यलग्नेश से द्वादश हो तो व्यक्ति अपार धन सम्पत्ति का स्वामी होता है।
42. शुक्रग्रह, गुरुग्रह से द्वादश हो तो व्यक्ति अपार धन सम्पत्ति का स्वामी होता है।
43. शुक्र 7,8,9,10,11,12 वे भावों में कहीं भी बैठा हो वह कुटुम्ब, जमीन-जायदाद, वाहनसुख देता है। छठे भाव में निष्फल होता है।
44. शुक्र द्वितीय भाव में बैठकर व्यक्ति को कामुक एवं विलासी करता है किन्तु द्वादश भाव में धनवान एवं एश्वर्यवान बनाता है।
45. शनि 2,3,5,9,10,11 वें भाव में या 10,11,7 वीं राशि में कहीं भी अकेला बैठा हो वकील, जज, नेता, मंत्री, पुलिस या फौज में अधिकारी बनाता है किन्तु कुंभराशिस्थ शनि एक बार जीवन में पद से गिराता है।

46. शनि के साथ चन्द्र सातवें भाव में बैठा हो तो पति-पत्नी में मनमुटाव/अलगाव/तलाक की स्थिति पैदा करता है।

47. राहु 3,6,10,11 वें भाव में शुभ फलदायी होता है।

48. केतु किसी भी भाव में बैठा हो, उस भाव के फल की कमी करता है। मंगल के साथ हो तो मंगल के फल को दुगना करता है।

49. राहु के साथ शनि या सूर्य या शनि, सूर्य दोनों ग्रह मिलकर, जिसभाव या ग्रह पर प्रभाव डालते हैं तो उस भाव या ग्रह से संबंधित वस्तु नष्ट हो जाती है।

50. पंचम और नवम भाव में राहु या केतु किसी भी ग्रह के साथ बैठे हो, सुफल ही देते हैं।

51. राहु/केतु अचानक फल देने वाले ग्रह हैं। प्रमोशन, राजनीति में सफलता, विधायक/सांसद/मंत्री बनना, लाटरी खुलना, जमीन/मकान बिकना, दुर्घटना होना, चोट लगना, राहु/केतु की महादशा/अंर्तदशा में संभव होते हैं।

(i) जन्म समय का फल :

जन्म के समय का बड़ा महत्व होता है। भगवान श्रीकृष्ण का जन्म अर्द्धरात्रि 12 बजे हुआ। इस समय अंग्रेजी तिथि बदलने को होती है। उन्होंने सत्य व धर्म की रक्षा की। इसी प्रकार संत ज्ञानेश्वर का जन्म भी अर्द्धरात्रि 12 बजे हुआ। वे महान संत हुए और उन्होंने सत्य व धर्म का प्रचार व प्रसार किया। पवन पुत्र महावीर हनुमान का जन्म प्रातः 6 बजे हुआ। वह बड़े ही वीर, धीर, साहसी और भगवत प्रेमी हुये। इसी प्रकार राष्ट्रपति सर्वपल्ली डॉ. राधा कृष्णनन का जन्म भी प्रातः 6 बजे हुआ। वह बड़े ही साहसी, धैयर्वान व आस्तिक हुए। भगवान श्रीराम का जन्म दोपहर 12 बजे हुआ। वह बड़े ही बलशाली थे और उन्होंने आदर्श स्थापित किये। प्रहलाद के पिता श्री हिरण्यकश्यप का जन्म सायः 6 बजे हुआ। वह बड़ा ही, अभिमानी व अधर्मी हुआ। अतः समय विशेष के जन्म का फल अलग-2 होता है। फल इस प्रकार है :

संत ज्ञानेश्वर

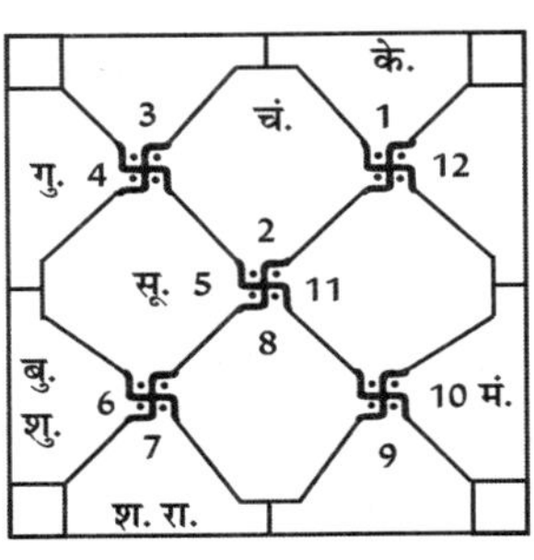

कुण्डली नं. 25

सर्वपल्ली डॉ. राधाकृष्णन

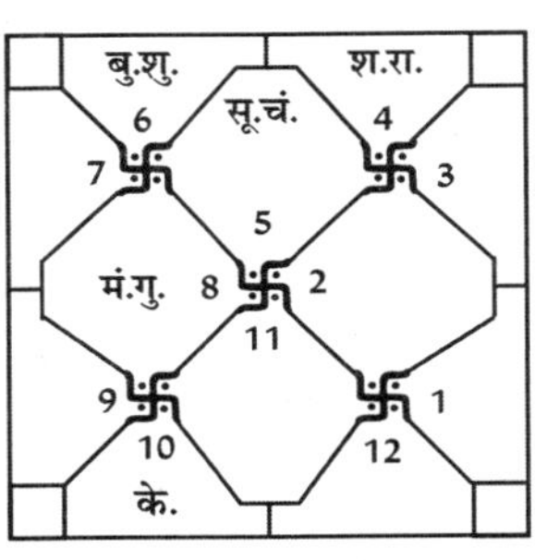

कुण्डली नं. 26

जन्म का समय	फल
रात्रि 11 बजे से रात्रि 1 बजे	इस समय जन्में व्यक्ति स्वस्थ एवं सुन्दर होते हैं। गेहुँआ रंग, गोल चेहरा, मनमोहक छवि वाले होते हैं। दूसरों को आकर्षित करने की कला जानते हैं। विद्वान, बुद्धिमान, नीतिवान और धर्माचरण वाले होते हैं। स्वयं के कमाये धन से सुख भोगते हैं। भाइयों के कारण दुःखी रहते हैं। अच्छी नौकरी और सुखी दाम्पत्य जीवन में से एक ही वस्तु मिलती है। सूर्य के 4थे भाव में होने पर ऐसा होता है।
रात्रि 1 बजे से रात्रि 3 बजे	ऐसे व्यक्ति स्वस्थ, परिश्रमी व शिक्षित होते हैं। विज्ञान और अनुसंधान में लगकर नाम, कीर्ति, यश, मान व इज्जत कमाते हैं। परिवार से मेल जोल रखते हैं। माता को पूरा आदर देते हैं। खर्च के लिये धन कमा लेते हैं। सामाजिक गतिविधियों से दूर, हंसमुख व निद्राप्रिय और एकांतप्रिय होते हैं। तीसरे भाव में सूर्य के होने से यह फल निश्चित है।
रात्रि 3 बजे से प्रातः 5 बजे	ऐसे व्यक्ति चंचल, क्रोधी, लापरवाह व भाग्यवादी होते हैं। परिश्रम से जी चुराते हैं। भलाई करने पर भी बुराई ही मिलती है। पैसा पास टिकता नहीं है। गुजारा मुश्किल से होता है। जीवन साथी से झगड़ा चलता रहता है। वायुविकार, नेत्र, दांत, मुख व मसूड़े के रोग चलते रहते हैं। सूर्य द्वितीयस्थ होने पर यह फल अवश्य होता है।
प्रातः 5 बजे से प्रातः 7 बजे	ऐसे व्यक्ति रंग, रूप, आकृति, प्रकृति में माता के समान, उन्नत मुख, मस्तक व चेहरे वाले, निडर, साहसी, संतुष्ट, सुखी व खर्चीले होते हैं। वीर, धीर, गंभीर व प्रभुभक्त होते हैं। परिवार में सबसे बड़े या सबसे छोटे हो सकते हैं। जान पहचान काफी होती है। मित्र बहुत होते हैं। उन्हें वायु विकार व नेत्र विकार होता है। सूर्य के लग्न भाव में होने पर यह फल निश्चित होता है।

प्रातः 7 बजे से प्रातः 9 बजे

इस समय जन्में व्यक्ति ईमानदार, व्यवहारकुशल किन्तु चंचल व डरपोक होते हैं। कुटुम्ब से दूर, जन्म स्थान से दूर देश में या विदेश में भाग्योदय होता है। नौकरीपेशा होते हैं और पैसा पास रखते हैं। जीवनसाथी से चिकचिक करते रहना इनका स्वभाव होता है। नेत्र, दांत, व सिरदर्द होता रहता है। कुण्डली के 12वें भाव में सूर्य हो तो यह फल अवश्य होता है।

प्रातः 9 बजे से प्रातः 11 बजे

ऐसे व्यक्ति स्वस्थ, साहसी, विद्वान, कलाप्रेमी, समाजसेवी, देशभक्त एवं यशस्वी होते हैं। राज्य सम्मान मिलता है। लोग इनका अनुकरण करते हैं। पिता पर पूर्ण श्रद्धा, भाइयों से प्यार व परिवार से मेल जोल होता है। जीवन सुखी व संतुष्ट होता है। सदैव उन्नतिपथ पर अग्रसर रहते हैं। एकादश भाव में सूर्य होने पर यह फल अवश्य होता है।

प्रातः 11 बजे से दोपहर 1 बजे

इस समय जन्में व्यक्ति पूर्ण स्वस्थ, साहसी, गुणवान, चरित्रवान, वचन के पक्के एवं विश्वसनीय होते हैं। भाई बहिनों वाले होते हैं। स्वयं के बल से नौकरी करके या व्यवसाय से धन कमाते हैं। पुरुषार्थी, मेहनती एवं त्याग-तपस्या की मूर्ति होते हैं। लोकहित कार्यो में रुचि लेते हैं। आदर्श स्थापित करते हैं। दाम्पत्य जीवन सुखी होता है। तीर्थ यात्रायें करते हैं। दशमस्थ सूर्य होने पर फल निश्चित होता है।

दोपहर 1 बजे से सांय 3 बजे

ऐसे व्यक्ति अल्पशिक्षित होते हुये भी मेहनती होते हैं। अपनी मेहनत से बनाये मकान में रहना पसन्द करते हैं। वाहन, नौकर-चाकर होते हैं। नेता बनने की चाह होती है। आध्यात्मिक विचारों में रुचि रखते हैं। व्यसनी, जिद्दी एवं बहसी होते हैं। व्यवहार रुखा होता है। जीवनसाथी के अधीन होते हैं। उसकी बात मानते हैं। नवम भाव में सूर्य होने से यह फल शत प्रतिशत मिलता है।

साय: 3 बजे से साय: 5 बजे	इस समय में जन्म लिये व्यक्ति स्वस्थ तो होते हैं किन्तु जल्दी ही किसी न किसी बीमारी के शिकार हो जाते हैं। परिश्रमी होते हुये भी डरपोक एवं निरुत्साही होते हैं। जल्दी ही घबरा उठते हैं। घरेलू परेशानियाँ/चिन्तायें घेरे रहती हैं। व्यसनी बन जाते हैं। आय कम और व्यय अधिक होने से जीवन में असंतोष बना रहता है। अष्टम भावस्थ सूर्य होने पर फल निश्चित होता है।
साय: 5 बजे से रात्रि 7 बजे	ऐसे व्यक्ति दुर्बल, पतले व लम्बे होते हैं। क्रोधी, कठोर हृदयी, स्वार्थी व अभिमानी होते हैं। अपना काम निकालने में चतुर होते हैं। अपने मान व झूंठी शान के लिये नीच से नीच काम करने में भी नहीं हिचकते हैं। संघर्षशील होते हैं। नौकरी में उतार-चढ़ाव बने रहते हैं। उन्नति विलम्ब से होती है। किसी प्रकार के दर्द से पीड़ित रहते हैं। सप्तमस्थ सूर्य होने पर यह फल शतप्रतिशत मिलता है।
रात्रि 7 बजे से रात्रि 9 बजे	ऐसे व्यक्ति पूर्ण स्वस्थ, बलिष्ठ, बीमारी से दूर किन्तु चंचल व जिद्दी होते हैं। परिवार में बड़े होते हैं। फलस्वरूप परिवार की जिम्मेदारी शीघ्र कन्धों पर आ जाती है। शिक्षा अधूरी ही रह जाती है। धन अच्छा कमा लेते हैं। अन्याय सहन नहीं कर सकते। माता को सुखी रखते हैं। जीवनसाथी की बात मानते हैं। दुश्मन भी इनसे डरते हैं। कला के शौकीन होते हैं। 6ठे भाव में सूर्य होने पर ऐसा होता है।
रात्रि 9 बजे से रात्रि 11 बजे	ऐसे व्यक्ति खिलीधूप के रंगरूप वाले, आकर्षक, स्वस्थ, विद्वान, प्रतिभावान, किन्तु कामुक एवं अभिमानी होते हैं। परिवार में श्रेष्ठ होते हैं। जीवन में एक ऐसा कार्य अवश्य करते हैं, जिससे इन्हें प्रतिष्ठा और गौरव मिलता है। विपरीत लिंगी को तुरन्त वश में कर लेते हैं। प्रेम को महत्व देते हैं, किन्तु दूसरों को तंग कर आनन्दित होते हैं। पंचम भाव में सूर्य हो तो यह फल मिलता है।

(ii) जन्म वार का फल :

वारों के नाम ग्रहों के आधार पर रखे गये हैं। ऐसी स्थिति में वारों के फल में ग्रहों की विशेषताओं और उनके अच्छे बुरे प्रभावों का समावेश होना आवश्यक है। भू.पू. प्रधानमंत्री राजीव गांधी का जन्म रविवार को हुआ। वह रवि समान तेजस्वी एवं निडर थे। वर्तमान प्रधानमंत्री मनमोहन सिंह का जन्म सोमवार को हुआ। वह चन्द्र समान शीतल और हंसमुख है। नीचे वारों के फल से यह तथ्य प्रमाणित होता लगता है।

वारों के नाम	**फल**
रविवार	यदि किसी व्यक्ति का रविवार का जन्म हो तो वह स्वस्थ, साहसी, निडर, परिश्रमी, बुद्धिमान, विद्धान, सत्यवक्ता और साफ दिल का होता है। अपमान सहन नहीं कर सकता। आत्मविश्वासी व महत्वाकांक्षी होता है। जन्मस्थान से बाहर रहता है। जीवन में सफलता कदम चूमती है। विश्व में नाम होता है। ऐसे व्यक्ति पित् प्रकृति वाले होते हैं।
सोमवार	इस वार को जन्में व्यक्ति सुन्दर, आकर्षक, गोलमटोल चेहरे वाले, शान्त, संतुष्ट, स्वभाव से दयालु, श्रद्धालु, सदाचारी, मिष्ठभाषी व मेहनती होते हैं। सुख–दु:ख को समान भाव से देखते हैं। धार्मिक कार्यों में रुचि होती है। नौकरी को महत्व देते हैं। वात् एवं कफकारी शरीर होता है। अत: सर्दी जुकाम, बुखार आना स्वाभाविक होता है।

रविवार की कुण्डली
(भू.पू.प्र.मं. राजीव गांधी)

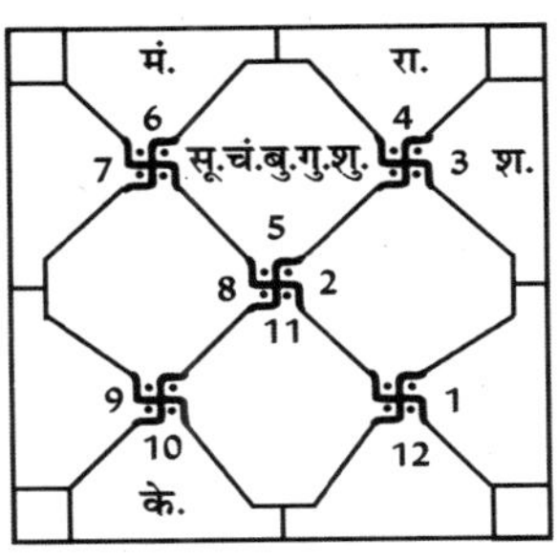

कुण्डली नं. 27

सोमवार की कुण्डली
(वर्तमान प्र.मं. मनमोहन सिंह)

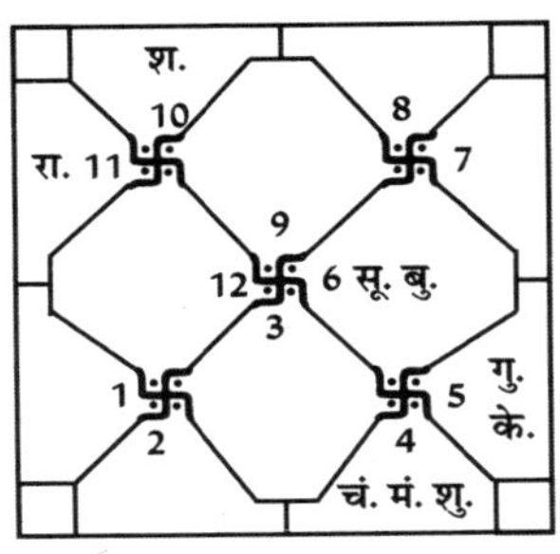

कुण्डली नं. 28

मंगलवार	ऐसे व्यक्ति शरीर से हृष्ट-पुष्ट, साहसी और बलवान होते हैं। स्वभाव से क्रोधी तथा शीघ्र भड़कने वाले किन्तु वचन के पक्के होते हैं। लड़ने भिड़ने से बिल्कुल नहीं डरते हैं। चंचल और अस्थिरमन होते हैं। अच्छे व्यापारी हो सकते हैं। तमोगुणी एवं पित्त प्रकृति के होने से समय कुसमय बीमार भी हो जाते हैं।
बुधवार	इस दिन जन्में व्यक्ति सुन्दर, सभ्य, सुशिक्षित और विद्वान होते हैं। इनकी भाषण कला गजब की होती है अतः सुवक्ता होते हैं। बड़ों का आदरमान करने वाले होते हैं। छोटी उम्र से ही पारिवारिक जिम्मेदारियाँ निभाने का भार पड़ जाता है किन्तु घबराते नहीं है। अपने रास्ते खोज लेते हैं और लक्ष्य पर पहुँच जाते हैं।
गुरुवार	ऐसे व्यक्ति स्वस्थ एवं जीवट वाले होते हैं। उत्तम शिक्षा ग्रहण करते हैं। नौकरी के क्षेत्र में अग्रणी होते हैं। सैल्फमेडमैन होते हैं। अपनी योग्यता और बुद्धि बल से धन कमाते हैं। माता-पिता, गुरु, ईश्वर में अटूट श्रद्धा होती है। लोकप्रिय और यशस्वी होते हैं। लोग इन्हें पूजते हैं।
शुक्रवार	इस वार को जन्में व्यक्ति सुन्दर, सुशील, मिष्ठभाषी, विनम्र और दयालु होते हैं। धन की इच्छा नहीं करते हैं किन्तु इच्छित वस्तु प्राप्त कर लेते हैं। विवाह भी अपनी मर्जी से करते हैं। श्वेत वस्त्र पहनना अधिक पसंद करते हैं। गायन, वादन और कला प्रेमी होते हैं। जीवन सुखपूर्वक व्यतीत करते हैं।
शनिवार	ऐसे व्यक्ति अड़ियल और दृढ़निश्चयी होते हैं। घर, परिवार,भाई, रिश्तेदार, मित्र, पड़ोसी में किसी से भी इनकी नहीं पटती है। इनकी दुनियाँ ही अलग होती है। विद्या में पूर्ण रुचि होती है। नौकरी करते हैं। व्यय अधिक होता है। कटु व्यवहार के कारण लोग दूर से नमस्ते करना ठीक समझते हैं। शरीर पर चोट का निशान अवश्य होता है।

(iii) जन्म तिथि का फल :

भारतीय पंचांङ्गों में दी गई तिथि या मिति चान्द्र आधारित होती हैं। कैलेण्डर की तिथियां सौर आधारित होती हैं। आजकल पंचांङ्गों में दोनों प्रकार की तिथियां दी होती हैं। नीचे दोनों प्रकार की तिथियों के फल दिये जा रहे हैं।

(अ) चान्द्र जन्म तिथि का फल :

यहाँ जन्म की तिथि का अर्थ चान्द्रमास की तिथि से है। अंग्रेजी कैलेण्डर अर्थात ग्रेगोरियन कैलेण्डर की तिथि इससे भिन्न होती है। पक्ष में 14 तिथियाँ होती है। इसके अतिरिक्त शुक्ल पक्ष की अंतिम तिथि को 15 (पूर्णिमा) तथा कृष्ण पक्ष की अंतिम तिथि को 30 (अमावस) कहते हैं। इनके जन्म का फल निम्नलिखित है।

जन्म तिथि	फल
प्रतिपदा	सुवक्ता, कलाप्रेमी, परिश्रमी, दृढ़प्रतिज्ञ किन्तु निर्धनों व दुर्जनों का मित्र।
द्वितीया	बलवान, धनवान, आस्तिक किन्तु खर्चीला, झूठा एवं कामुक।
तृतीया	अच्छा मित्र, सुवक्ता, राष्ट्रभक्त, किन्तु चंचल, ईर्ष्यालु एवं आलोचक।
चतुर्थी	चतुर, कार्यनिपुण, आशावादी, दानी किन्तु कंजूस और भोगी।
पंचमी	विद्वान, गुणग्राही, व्यवहारकुशल, किन्तु दुर्बल एवं कामुक।
षष्ठी	ज्ञानवान, विद्वान, मिष्ठभाषी, स्पष्टवक्ता, भ्रमणशील एवं क्रोधी।
सप्तमी	वकील, नेता, सुखी, धनी, संतुष्ट, सम्मानीय एवं गौरवशाली।
अष्टमी	स्वस्थ, पराक्रमी, सत्यवक्ता, दयालु, दानी, परिवारप्रिय एवं आस्तिक।
नवमी	गूढ़विद्याप्रेमी, मंत्र-तंत्र निपुण, ईश्वर भक्त, परिवार से दुःखी।
दशमी	तेजस्वी, परिश्रमी, सुवक्ता, कलाप्रिय, लोकप्रिय, भाग्यशाली एवं सुखी।
एकादशी	बुद्धिमान, विद्वान, परिवारप्रिय, मातृभक्त, ईश्वरभक्त, धनी एवं प्रतिष्ठित।
द्वादशी	चंचल, बुद्धिमान, ज्ञानवान, राष्ट्रप्रेमी, विदेशयात्री एवं लेखक।
त्रयोदशी	धनी, सुखी, परोपकारी किन्तु स्वार्थी, लोभी, कंजूस एवं कामुक।
चतुर्दशी	विद्याप्रवीण, यशस्वी, धनी, सुखी, नेता, अभिनेता, प्रबंधक, किन्तु क्रोधी।
पूर्णिमा	ईमानदार, उदार, पितृभक्त, सत्यवक्ता, सुखी, यशस्वी, बहुभोगी।
अमावस	धनवान, सुखी, आस्तिक, विश्वप्रेमी किन्तु कुटिल एवं मूर्ख।

(ब) कैलेण्डर जन्म तिथि का फल :

कैलेण्डर तिथि	फल
1,10,19,28	सूर्य ग्रह से प्रभावित इन तिथियों में जन्में व्यक्ति सूर्य के समान तेजस्वी, पराक्रमी, किन्तु क्रोधी, हठी व घमण्डी होते हैं। स्वस्थ, बलिष्ठ, साहसी, स्वतंत्रताप्रिय, स्वाभिमानी, दृढ़प्रतिज्ञ, निडर, कर्मठ व महत्वाकांक्षी होते हैं। सकारात्मक विचारधारा के होते हैं। विचारों

की मौलिकता उनका सहज गुण होता है। शोधकार्यों में अधिक रुचि होती है। अच्छे योजनाकार, कलाकार व कवि हो सकते हैं। प्रशासनिक क्षमता होती है। नेता होने के सभी गुण होते हैं। लोगों के बीच शीघ्र ही अपनी पहचान बना लेते हैं। यात्राएं बहुत करते हैं। अच्छे खिलाड़ी या किसान भी हो सकते हैं। 21 मार्च से 28 अप्रैल एवं 21 जुलाई से 28 अगस्त के मध्य इन तिथियों में पैदा हुये व्यक्ति इन गुणों से भरपूर होते हैं। सिंह राशि वाले व्यक्तियों के लिये यह तिथियां शुभ एवं सफलतादायक कही गई हैं। इन तिथियों में जन्में भारतीय और विदेशी व्यक्तियों के नाम हैं- भगत सिंह, गोविन्द वल्लभपन्त, इन्दिरा गांधी, नीलम संजीव रेड्डी, लाला लाजपतराय, सी.वी.रमन, मिर्जा गालिब, लता मंगेशकर, एश्वर्या राय, सिकन्दर महान, कैपटेन कुक, प्रेसीडेन्ट विलसन, ऐनी बीसेंट।

2,11,20,29 चन्द्र ग्रह से प्रभावित इन तिथियों में जन्में व्यक्ति चन्द्रमा के समान शीतल, निर्मल व हंसमुख होते हैं। स्वस्थ, सुडौल, सुन्दर, भावुक, कल्पनाशील, सदैव सचेत किन्तु दब्बू व डरपोक होते हैं। इनमें आत्मविश्वास की भी कमी होती है। आरामपसन्द होते हैं। धीमी गति से कार्य करते हैं। अत: पिछड़ जाते हैं। निराशा व हताशा ही हाथ लगती है। इससे स्नायु संस्थान प्रभावित होता है। नौकरी या व्यापार कुछ भी कर सकते हैं। मिष्टभाषी, व्यवहारकुशल व ईश्वरभक्त होते हैं। उनके चाहने वाले बहुत होते हैं। अभिनेता, नेता व सन्यासी बन सकते हैं। सुखी, संतुष्ट व परोपकारी होते हैं। 21 जून से 29 जुलाई के मध्य जन्में कर्क राशि वाले व्यक्तियों के लिये यह तिथियां लाभकारी रहती हैं। इन तिथियों में जन्में भारतीय व विदेशी व्यक्तियों के नाम हैं-रामकृष्ण परमहंस, महात्मा गांधी, जयप्रकाश नारायण, मोरारजी देसाई, लालबहादुर शास्त्री, अमिताभबच्चन, राजेश खन्ना, लार्ड कर्जन, चार्ल्स द्वितीय, पोपलियोXIII, प्रेसीडेंट हार्डिंग।

3,12,21,30 गुरु ग्रह से प्रभावित इन तिथियों में जन्में व्यक्ति गुरु के समान ज्ञानवान, विद्वान एवं निष्ठावान होते हैं। आस्तिक एवं महत्वाकांक्षी होते हैं। स्वभाव से विनम्र, दयालु, ईमानदार, समझदार, विश्वसनीय, अनुशासित, प्रकृतिवादी, आदर्शवादी व सुवक्ता होते हैं। निष्पक्ष, निडर, स्वतंत्रताप्रिय व थोड़े घमण्ड़ी होते हैं। आदेशात्मक मनोवृति होती है। स्वार्थी होते हैं और परिवार से इन्हें कोई सहायता नहीं मिलती। उत्तरदायी पद संभालने में सक्षम होते हैं। दूसरों से कार्य कराने में अपनी पूरी ताकत लगा देते हैं। नौकरी की ओर रुझान होता है। परोपकार व सामाजिक कार्यों में भी योगदान देते हैं। इनके मित्र

कम व शत्रु अधिक होते हैं। 19 फरवरी से 27 मार्च एवं 21 नवम्बर से 27 दिसम्बर के मध्य इन तिथियों में जन्में व्यक्ति निश्चित रुप से इन गुणों से भरपूर होते हैं। धनु और मीन राशि वालों के लिए यह तिथियां सफलता लाती हैं। इन तिथियों में जन्में व्यक्ति हैं- स्वामी विवेकानंद, औरंगजेब, छत्रपति शिवाजी, के.एम.पन्निकर, राष्ट्रपति राजेन्द्र प्रसाद, सरदार वल्लभभाई पटेल, फिरोज गांधी, राष्ट्रपति अब्राहम लिंकन, प्रकृतिवादी डार्विन, विंटसन चर्चिल, किंग जार्ज पंचम।

4,13,22,31 इन तिथियों को भी सूर्य प्रभावित तिथियां माना गया है। अत: इन तिथियों में जन्में व्यक्ति सूर्य के समान गर्म मिजाज, साहसी व पराक्रमी होते हैं। बहस या तर्क-वितर्क करने वाले होते हैं। इनकी विचाराधारा नकारात्मक (Negative) होती है। व्यवहार में थोड़ा रुखापन होता है। स्वस्थ, बलिष्ठ व कर्मठ होते हैं। नियम विरुद्ध कार्य करना उनकी आदत बन जाती है। हर समय अपनी चलाते हैं। सामाजिक प्रश्न उठाना और उन पर अपनी राय देना उचित समझते हैं। भ्रष्टाचार को बुरा मानते हैं। भ्रष्टाचारियों से दूर रहना पसन्द करते हैं। इन्हें घर का लालच बिल्कुल नहीं होता है। कवि, लेखक, नेता, अभिनेता हो सकते हैं। 21 मार्च से 28 अप्रैल एवं 21 जुलाई से 28 अगस्त के मध्य इन तिथियों में जन्में व्यक्ति इन गुणों वाले होते हैं। सिंह और मेष राशि वालों के लिये यह तिथियां शुभ और लाभकारी होती है। इन तिथियों में जन्में प्रसिद्ध व्यक्ति हैं- श्रीनिवास रामानुजम, सरोजनी नायडू, मुंशी प्रेमचन्द, दादाभाई नौरोजी, राष्ट्रपति फखरुदीन अली अहमद, वैजयंती माला, जार्ज वाशिंगटन, सैंट अगस्टीन, फ्रासिंस बेकन, सर आइजिक पिटमैन।

5,14,23 बुध ग्रह प्रभावित इन तिथियों में जन्में व्यक्ति बुद्धिमान व विचारवान होते हैं। सदैव सचेत एवं सचेष्ठ रहते हैं। स्वस्थ, सुशील, समझदार, धैर्यवान, हिम्मती, निडर किन्तु चंचल व अस्थिरमना होते हैं। कार्य तीव्रता और शीघ्रता से करते हैं। तुरंत निर्णय लेने की क्षमता होती है। व्यापारिक मनोवृति के होते हैं। नेता, अभिनेता, वक्ता, वैज्ञानिक, लेखक या ज्योतिषी हो सकते हैं। हानि होने पर भी हिम्मत बनाये रखते हैं। लाभ का रास्ता खोज लेते हैं। रिस्क लेते हैं और धन संचय कर लेते हैं। सच्चे देशभक्त होते हैं। देश के लिये कुछ कर गुजरने का दम रखते हैं। 21 मई से 27 जून एवं 21 अगस्त से 27 सितम्बर के मध्य इन तिथियों में पैदा हुये व्यक्तियों में उपरोक्त गुण निश्चित रुप से मिलते हैं। मिथुन और कन्या राशि वालों के लिये यह तिथियां

शुभ व उन्नतिदायक होती हैं। इन तिथियों में जन्में व्यक्तियों के नाम हैं: चितरंजनदास, सुभाषचन्द बोस, राममनोहर लोहिया, बालगंगाधर तिलक, वी.आर.अम्बेडकर, जवाहरलाल नेहरु, जगजीवनराम, राजकपूर, शेक्सपीयर, कार्लमार्क्स, नील ऑर्मस्ट्रांग।

6,15,24 इन तिथियों का शुक्र ग्रह से गहरा संबंध है। अत: इन तिथियों में जन्में व्यक्ति कला व सौन्दर्य के उपासक होते हैं। सदैव प्रसन्नचित्त व हंसमुख प्रतीत होते हैं। स्वस्थ, सुन्दर, आकर्षक व मनमोहक छवि वाले होते हैं। मौत के डर से निडर दृढ़ता के साथ अपने कार्य में लगे रहते हैं। लोकप्रिय व प्रभावशाली होते हैं। समाज में नाम होता है। सुखी व धनी होते हैं। इच्छित वस्तु समय पर मिल जाती है। क्रोध व ईर्ष्या से दूर विलासी व कामुक होते हैं। इस प्रकार के व्यक्तियों के मित्रों की संख्या बहुत होती है। राजा, मंत्री, प्रबंधक, संस्थापक आदि हो सकते हैं। 20 अप्रैल से 21 मई एवं 21 सितम्बर से 27 अक्टूबर के मध्य इन तिथियों में पैदा हुये व्यक्तियों में निश्चित ही उपरोक्त विशेषतायें मिलती हैं। वृष, तुला राशि वालों के लिये यह तिथियां शुभ और भाग्योन्नति वाली कही गई है। इन तिथियों में जन्में व्यक्ति हैं–दयानन्द सरस्वती, रविदास, अकबर, अरविन्द घोष, मोती लाल नेहरु, पृथ्वीराज कपूर, महारानी विक्टोरिया, नेपोलियन, हैनरी VI, वारेन हैस्टिंग्स, मैक्समूलर व रीगन।

7, 16, 25 इन तिथियों को भी चन्द्र ग्रह प्रभावित तिथियाँ माना गया है। अत: इन तिथियों में जन्में व्यक्ति विनम्र, दयालु व शान्त स्वभाव के होते हैं। स्वस्थ, सुन्दर, सहनशील, गुणवान, धनवान, दानी व परोपकारी होते हैं। भावुक और कल्पनाशील होते हैं। इनमें दृढ़ता कूट-2 कर भरी होती है। ईश्वर में आस्था होती है। भ्रमणशील होते हैं। विदेश में भाग्योन्नति होती है। यशस्वी एवं विख्यात होते हैं। अच्छे लेखक, संस्थापक, ज्योतिषी व धर्मज्ञ हो सकते हैं। प्रभावशाली व्यक्तित्व होता है। शोध कार्य कर सकते हैं। व्यापारी या अच्छे नेता/अभिनेता हो सकते हैं। 21 जून से 29 जुलाई के मध्य इन तिथियों में जन्में ऐसे व्यक्ति इन गुणों वाले होते हैं। जैसे - रविन्द्रनाथ टैगोर, मौ. अली जिन्ना, श्यामा प्रसाद मुखर्जी, रानी लक्ष्मी बाई, अटल बिहारी वाजपेयगी, हेमा मालिनी, महारानी एलिजाबेथ, रुसो एवं आईजिक न्यूटन।

8, 17, 26 इन तिथियों का शनिग्रह से गहरा संबंध है। अत: इन तिथियों में जन्में व्यक्ति संघर्षशील, सक्रिय एवं साहसी होते हैं किन्तु धीमी गति वाले होते हैं। स्वस्थ, परिश्रमी, विचारवान, न्यायप्रिय एवं

महत्वाकांक्षी होते हैं। कम बोलने वाले होते हैं। त्यागी, बलिदानी, हंसमुख व भाग्यवादी होते हैं। दुःख, पीड़ा व हानि से निडर समाज सेवा में लगे रहते हैं। अच्छा पद प्राप्त कर लेते हैं। अपने उत्तरदायित्व को भलीभांति समझते हैं। एकान्तप्रिय होते हैं। सैल्फमेड मैन होते हैं। पदाधिकारी, सन्यासी या मठाधीश हो सकते हैं। चोर या ठगों के सरदार भी हो सकते हैं। 21 जनवरी से 26 फरवरी के मध्य इन तिथियों में जन्में ऐसे व्यक्ति निश्चित रुप से इन विशेषताओं वाले होते हैं। मकर या कुम्भ राशि वालों के लिये यह तिथियां लाभकारी होती है। इन तिथियों में जन्में व्यक्ति इस प्रकार हैं-गुरु नानक, जस्टिस हिदायतउल्ला, जाकिरहुसैन, बी. वी. रमन, मनमोहनसिंह, जार्ज बनार्ड शॉ, अलफोनसे और वैक्सीन खोजकर्ता जैनर।

9,18,27 मंगल ग्रह प्रभावित इन तिथियों में जन्में व्यक्ति साहसी, पराक्रमी योद्धा एवं दृढ़ इच्छाशक्ति वाले होते हैं। बलशाली, सहनशील, शत्रुजीत, विद्वान, धनवान व दीर्घायु होते हैं। स्वतंत्र एवं भौतिक विचारों वाले होते हैं। लड़ाई झगड़ों और आलोचनाओं का डटकर मुकाबला करते हैं। प्यार और दया की मूर्ति होते हैं। त्याग व तपस्या हेतु अपना तन-मन-धन न्यौछावर कर देते हैं। सदैव स्वस्थ व निरोगी होते हैं। सुख और सम्मान के लिये कुछ भी कर गुजरने को तत्पर रहते हैं। अतः दुर्घटना और हार्ट अटैक की संभावनाएं बनी रहती है। अभिनेता, राजनेता, धर्म संस्थापक होने के अवसर आते हैं। वे ज्योतिषविद् भी हो सकते हैं। उनके मित्र ही उनके शत्रु हो जाते हैं। 21 मार्च से 26 अप्रैल एवं 21 अक्टूबर से 27 नवम्बर के मध्य इन तिथियों में जन्में ऐसे व्यक्ति निश्चित रुप से इन विशेषताओं वाले होते हैं। मेष एवं वृश्चिक राशि वाले व्यक्तियों के लिये यह तिथियां शुभ एवं साहस दिलाने वाली होती हैं। ऐसे व्यक्ति विख्यात होते हैं। प्रमुख व्यक्तियों के नाम इस प्रकार हैं-चैतन्य महाप्रभु, विट्ठल भाई पटेल, गोपाल कृष्ण गोखले, शबाना आजमी, थ्योडोर रुजवैल्ट, ज्योतिषविद् कैपलर, किंग एडवर्ड VII, जार्ज स्टीफैंशन।

(iv) जन्म पक्ष का फल :

प्रत्येक चान्द्र मास में दो पक्ष होते हैं। शुक्लपक्ष एवं कृष्णपक्ष। विक्रम संवत् चैत्र मास के शुक्लपक्ष की प्रतिपदा से प्रारंभ होकर चैत्र मास के कृष्णपक्ष की अमावस को समाप्त होता है। शुक्लपक्ष की अंतिम तिथि पूर्णिमा चांदनी या रोशनी की प्रतीक है तो कृष्ण पक्ष की अंतिम तिथि अमावस अन्धकार या कालिमा की। अतः शुक्ल पक्ष व कृष्ण पक्ष में जन्में व्यक्ति भी कुछ ऐसे ही होते हैं।

1. शुक्ल पक्ष का जन्म :

शुक्ल पक्ष में जिस व्यक्ति का जन्म हुआ हो, वह व्यक्ति चांदनी के समान शीतल, सुन्दर, हँसमुख एवं शान्ति प्रिय होता है। उदार और दयालु होता है। हृष्ट-पुष्ट व बलिष्ठ होता है। सुखी व सम्पन्न होता है। दूसरों को भी अपने समान बनाने में चेष्टारत रहता है। शुक्ल पक्ष के जन्म का चन्द्र जन्म कुण्डली के छठे या आठवें भाव में हो तो शरीर पीड़ा देता है। स्वास्थ्य की हानि करता है। शुक्ल पक्ष में रात्रि का जन्म हो तो ऐसा चन्द्र सर्वारिष्टनाशक होता है। व्यक्ति को कभी दु:ख नहीं भोगने पड़ते हैं और व्यक्ति दीर्घायु होते हैं। ऐसे व्यक्ति को विंशोंतरी महादशा का फल विशेष रूप से मिलता है। विंशोंतरी महादशा का उत्तर भारत में अधिक प्रचलन है। इसके अनुसार व्यक्ति की अधिकतम आयु 120 वर्ष मानी गयी है।

2. कृष्ण पक्ष का जन्म :

कृष्ण पक्ष में जन्में व्यक्ति मनमाने ढंग से चलते हैं। ऐसे व्यक्तियों में समझने की शक्ति का अभाव होता है। ऐसे व्यक्ति अन्दर से कमजोर और क्रोधी होते हैं। व्यसनाधीन होते हैं। चंचल होते हैं। क्लेश उन्हें घेरे रहते हैं। आर्थिक स्थिति बिगड़ती रहती है। सुनते सभी की हैं, किन्तु करते अपने मन की हैं। इससे दु:खी व चिंतित रहते हैं। इस पक्ष में जन्में व्यक्ति का चन्द्र जन्म कुण्डली के छठे या आठवें भाव में हो तो उसकी आयु के 8, 16, 32वें वर्ष बीमारी के होते हैं। बीमारी लम्बी चल सकती है। ऐसे लोगों को सोमवार को प्रात:काल चांदी का चन्द्र पहनना चाहिये। मोती की अंगूठी पहनना भी अच्छा रहेगा। कृष्णपक्ष में रात्रि का जन्म हो तो अष्टोत्तरी महादशा का फल अधिक ठीक होता है। अष्टोत्तरी महादशा का दक्षिण भारत में अधिक प्रचलन है। इसके अनुसार व्यक्ति की अधिकतम आयु 108 वर्ष कही गयी है।

(v) जन्म मास का फल :

शास्त्र सम्मत एवं प्रमाणित सिद्धान्त अनुसार प्रत्येक प्राणी को अपने पूर्व जन्म के कर्मों का फल इस जन्म में भोगना पड़ता है। पूर्व जन्म के कर्मों का 21 प्रतिशत प्रभाव होता है। इस आधार पर प्राणी का जन्म पूर्व कर्म अनुसार निश्चित समय पर ही होता है। जिन व्यक्तियों को अपने जन्म का समय, तिथि, वार आदि का ज्ञान न हो, वे अपने जीवन के संभावित तथ्य या भाग्य का लेखा-जोखा जन्म मास के आधार पर जान सकते हैं। अपने स्वभाव व मनोवृत्ति को समझ सकते हैं। उसको जाँच व परख सकते हैं। उदाहरणार्थ जनवरी और फरवरी मास में जन्में व्यक्ति महान एवं विद्वान होते हैं यथा रामकृष्णपरमहंस, मोरारजी देसाई और नेताजी सुभाष चन्द्र बोस। जुलाई और अगस्त में जन्में व्यक्ति क्रान्तिकारी होते हैं। काफी कष्ट उठाते हैं। इनकी अकाल मृत्यु हो जाती है। जैसे

लोकमान्य बाल गंगाधर तिलक, सरदार स्वर्णसिंह, वख्शी गुलाम मोहम्मद। इसी प्रकार अक्टूबर और नवम्बर मास में जन्में व्यक्ति, महापुरुष, नेता, अभिनेता बनते हैं यथा महात्मा गाँधी, जवाहरलाल नेहरु, वी. शान्ताराम। अतः मोटे तौर से मास के फल से जीवन के बहुत सारे तथ्यों का पता लग जाता है। 12 मासों के फल आगे दिये जा रहे हैं :-

अंग्रेजी मास जनवरी या चान्द्रमास पौष का फल

इस मास में सूर्य उत्तरायण और दक्षिण गोल होता है। शिशिर ऋतु होती है। इस मास में जन्में व्यक्ति प्रभावशाली होते हैं। स्वतंत्रता के उपासक और राजनीति के खिलाड़ी होते हैं। परिवर्तनशील विचार वाले होते हैं। अतः जीवन में अस्थिरता बनी रहती है।

1. स्वभाव एवं मनोवृति :

ऐसे व्यक्ति दयावान, उदारहृदयी, सदाचारी, सहनशील, चतुर, साहसी एवं स्वाभिमानी होते हैं। अपने लक्ष्य को ध्यान में रखते हैं। लग्नशील होते हैं और कार्य पूरा करके ही छोड़ते हैं। व्यवहारकुशल, मेहनती, स्वेच्छाचारी और विप्लवी होते हैं। आध्यात्मिकता के पुजारी और शत्रुजयी होते हैं। मृत्युपर्यन्त भी लोग इन्हें याद करते हैं और गौरव तथा सम्मान देते हैं। व्यक्तित्व के धनी होते हैं। झूठ से इन्हें नफरत होती है। अतः इनके घनिष्ट मित्रों की संख्या बहुत कम होती है।

2. स्वास्थ्य एवं शिक्षा

इनका स्वास्थ्य ठीक रहता है। किशोरावस्था में सर्दी, जुकाम, बुखार जैसी बीमारियाँ हो सकती हैं। निराशा की गहरी प्रवृत्ति से युवावस्था/प्रौढ़ावस्था में पित्ताशय और आमाशय में भी गड़बड़ी हो सकती है। कानून, इतिहास व गणित के विद्वान होते हैं। सदैव अध्ययनरत रहते हैं। धार्मिक शिक्षा में पूर्ण ध्यान देते हैं। समाज को समय पर दिशा निर्देश देने में भी चूक नहीं करते हैं। दीर्घायु होते हैं।

3. विवाह और परिवार

लोक कल्याण व देशहित की भावना से ओत प्रोत होते हैं। निडर होते हैं। 21 से 27 वर्ष की उम्र में विवाह हो सकता है। गृहस्थ जीवन भली भांति निभाते हैं। दाम्पत्य जीवन सुखी रहता है। माता-पिता व परिवार के प्रति अपनी जिम्मेदारी समझते हैं। संतान सुख भी अच्छा होता है। आर्थिक स्थिति कभी-2 डगमगा जाती है, फिर भी घबराते नहीं हैं।

4. रुचि एवं व्यवसाय

इनकी वाणी जोशीली और ओजपूर्ण होती है। सही अर्थों में अच्छे वक्ता होते हैं। समाज पर अपनी छाप छोड़ते हैं। विश्वविख्यात होते हैं। नौकरी कर सकते हैं। फौजी अधिकारी, राजपत्रित अधिकारी, प्रबन्धक, इन्जीनियर, वकील या जज, शिक्षक या

प्रोफेसर आदि बन सकते हैं। लेखक या नेता हो सकते हैं। कपड़े के व्यापार या मशीनरी के व्यवसाय में भी जा सकते हैं और अच्छा धन कमा सकते हैं। कृषि के क्षेत्र में भी नाम कमा सकते हैं।

5. जनवरी मास में जन्में व्यक्ति :

राजा कंस, स्वामी विवेकानन्द,
जनरल श्री करिअप्पा, नेताजी सुभाषचन्द्र बोस,
डाक्टर सम्पूर्णानन्द, सत्येन्द्रनाथ बोस,
डा० एम० चेन्ना रेड्डी, जज श्री रानाडे,
जुल्फिखारअलीभुट्टो, रिचर्ड निक्सन,

नेताजी सुभाषचन्द्र बोस

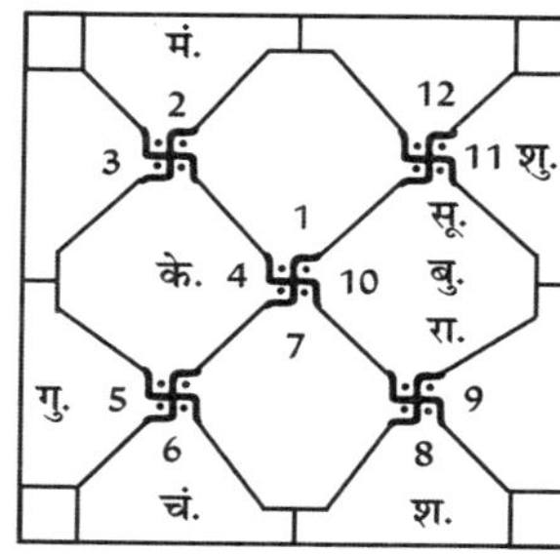

कुण्डली नं. 29

अंग्रेजी मास फरवरी या चान्द्र मास माघ का फल

इस मास में भी सूर्य उत्तरायण एवं दक्षिण गोल होता है। शिशिर ऋतु होती है। फरवरी में जन्में व्यक्ति कार्यदक्ष होते हैं। मित्रता व शत्रुता को शत प्रतिशत निभाते हैं। धर्मपरायण होते हैं। अत: इनका आत्मकल्याण की ओर झुकाव होता है।

1. स्वभाव एवं मनोवृति

ऐसे व्यक्ति सदाचारी, सत्यनिष्ठ, विचारवान, बुद्धिमान, परिश्रमी, परोपकारी, हंसमुख व निडर होते हैं। हर अमीर, गरीब से मिलकर चलते हैं। समान व्यवहार रखते हैं। त्याग और तपस्या से गौरव प्राप्त करते हैं। अपने सिद्धान्तों पर अटल रहते हैं। फलस्वरूप लोग इन्हें स्वार्थी व ईर्ष्यालु समझने लगते हैं। सच्चे मित्र होते हैं। लोकोपवाद से अनजान समाज कल्याण में लगे रहते हैं। धन का भी लोभ नहीं करते हैं।

2. स्वास्थ्य एवं शिक्षा

बलिष्ठ एवं स्वस्थ होते हैं। योगाभ्यास के शौकीन होते हैं। अत: बीमारी दूर रहती है। बड़ी उम्र में रक्तचाप, गुर्दो की बीमारी, सिरदर्द आदि हो सकते हैं। उत्तम शिक्षा ग्रहण करते हैं। कानून व सर्जरी की शिक्षा ले सकते हैं। जादूगरी की शिक्षा, धर्मशिक्षा लेकर अपना नाम कमा सकते हैं। ऐसे व्यक्ति गायन, वादन के शौकीन भी होते हैं।

3. विवाह और परिवार

चौबीस वर्ष की आयु तक विवाह संबंध जुड़ सकते हैं। दाम्पत्य जीवन सुखी व संतुष्ट होता है। घर-परिवार का कार्य जीवनसाथी के परामर्श से ही चलता है। परिवार छोटा ही होता है। कन्या संतान अधिक होती है। एक संतान पुत्र या पुत्री गौरवशाली होती है।

माता-पिता के प्रति श्रद्धा होती है। एकाकी जीवन अधिक पसंद होता है। अत: परिवार से ऊबकर सन्यास भी ग्रहण कर सकते हैं।

4. रुचि एवं व्यवसाय

नौकरी में रुचि कम होती है। संभवत: जज, डाक्टर, वैज्ञानिक, बैंक, रेल, बिजली विभाग में कर्मचारी या अधिकारी आदि हो सकते हैं। व्यापार या व्यवसाय में अधिक रुचि होती है। प्रोपर्टी डीलर, लाटरी सेलर, जादूगर, खेतिहर किसान हो सकते हैं। लेखक या कवि, राजनेता या सन्यासी भी हो सकते हैं। दिल के धनी होते हैं। परोपकार और लोकहित के कार्यों में पूर्ण रुचि लेते हैं। सभा, संस्थाओं में भाग लेते हैं।

5. फरवरी मास में जन्में व्यक्ति :

रामकृष्ण परमहंस, स्वामी दयानन्द सरस्वती,
गुरु रविदास, कवि मोहम्मद अल्लामा इकबाल
अब्राहम लिंकन, श्री मुरारजी देसाई,
जाकिर हुसैन, प्रणव मुखर्जी, जयललिता,
जादूगर पी.सी. सरकार, सी.वी. रमन।

रामकृष्ण परमहंस

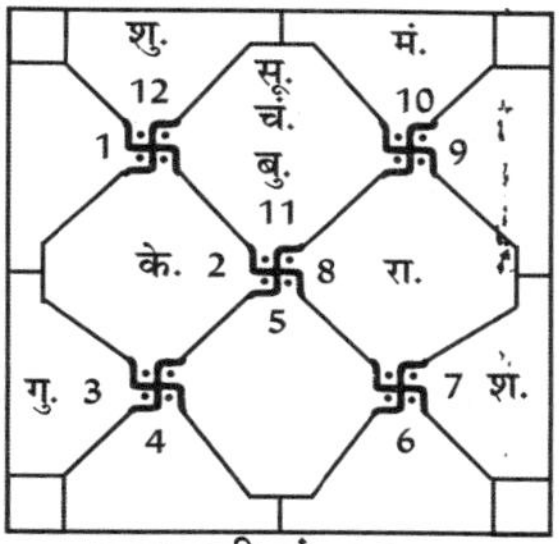

कुण्डली नं. 30

अंग्रेजी मास मार्च या चान्द्रमास फाल्गुन का फल :

मार्च के महीने में सूर्य उत्तरायण और दक्षिण गोल होता है। बसन्त ऋतु होती है। हरियाली के कारण मौसम आकर्षक व सुहावना होता है। इस मास में जन्में व्यक्ति में प्रबल आत्मविश्वास होता है। सामने बैठे व्यक्ति की परख तुरन्त कर लेते हैं। समाजकल्याण के कार्य, संस्थागत कार्य, जाति की उन्नति के कार्य व सभा/समितियों के कार्यों में सदैव ही अग्रसर रहते हैं।

1. स्वभाव एवं मनोवृति

ऐसे व्यक्ति सभ्य, सुशील, ईमानदार, न्यायप्रिय, चतुर व परिश्रमी होते हैं। अवसरवादी, आलसी, कामुक व डरपोक होते हैं। सरलहृदयी और भावुक होने के कारण कभी-2 पथभ्रष्ट भी हो जाते हैं। इससे उनकी बदनामी होती है। अत: इनकी थाह पाना बड़ा मुश्किल होता है। हाथ में जो भी काम लेते हैं, अपनी पूरी क्षमता से उसे पूरा करके ही छोड़ते हैं। चिन्ता करना उनके स्वभाव में होता है। उत्तरदायी पद के लिये संघर्षरत रहते हैं। आडम्बर इन्हें पसंद नहीं है। जीवन में भ्रमण करते रहना एक आवश्यकता बन जाती है।

2. स्वास्थ्य एवं शिक्षा

किसी न किसी व्यसन के अधीन होते हैं। अतः स्वास्थ्य ठीक नहीं रहता है। शरीर कमजोर होता है। उदरविकार, वायुविकार, रक्तविकार, बवासीर आदि बीमारियां होती हैं। आंखों में भी चश्मा लग सकता है। पढ़ने में कुशल व मेधावी होते हैं। कला, दर्शन, विज्ञान, भाषा, राजनीति, डाक्टरी आदि की शिक्षा ग्रहण कर सकते हैं।

3. विवाह और परिवार

इनका विवाह 20 से 24 वर्ष की अवस्था में हो जाता है। जीवनसाथी (पत्नी या पति) योग्य एवं चतुर होता है। परस्पर प्रेम होता है। दाम्पत्य जीवन पूर्णतया सुखी व संतुष्ट रहता है। माता-पिता पर पूरी श्रद्धा होती है। संतान शीघ्र व पुत्र रूप में होती है। नेक व इमानदार होती है। इनका नाम रोशन करती है। मान-प्रतिष्ठा बढ़ जाती है। पैसा काफी कमा लेते हैं किन्तु खर्च भी इनका काफी होता है।

4. रुचि एवं व्यवसाय

इन व्यक्तियों की रुचि नौकरी में कम किन्तु संस्थागत कार्यों में अधिक होती है। राजनीति में जा सकते हैं। नेता/मंत्री बन सकते हैं। अच्छे लेखक या कवि हो सकते हैं। लोहे के व्यापार में विश्व में नाम कमा सकते हैं। यदि नौकरी भी करे तो योग्यता के आधार पर अच्छे प्रशासक या जज बन सकते हैं। ललितकला मर्मज्ञ होते हैं। अतः ललितकला क्षेत्र में भी ऊंचा उठ सकते हैं।

5. मार्च मास में जन्में व्यक्ति

आर.एस.एस. संचालक डा. हेडगेवार,
नरेश सायाजी गायकवाड़, कुंजीलाल दुबे,
भू.पू. मन्त्री वाई.वी.चव्हाण, डा. कर्णसिंह
चीफजस्टिस श्री गजेन्द्र गडकर,
माधव राव सिंधिया, गुलाम नबी आजाद,
किर्लोस्कर ईंजन निर्माता अण्णा साहेब।

भू.पू. मंत्री वाय.वी.चव्हाण

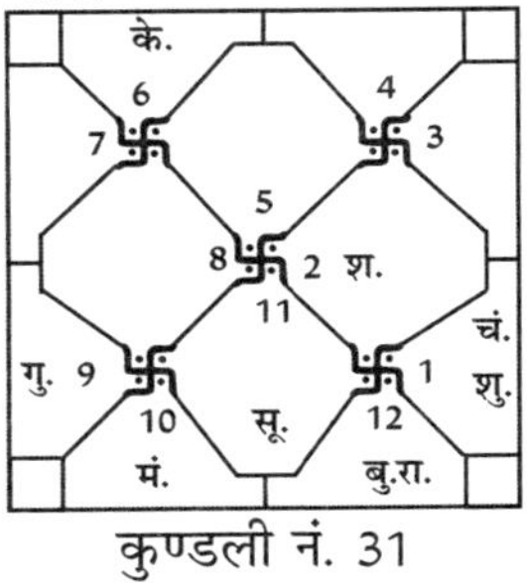

कुण्डली नं. 31

अंग्रेजी मास अप्रेल या चान्द्रमास चैत्र का फल :

इस मास में सूर्य उत्तरायण और उत्तर गोल होता है। मौसम बसन्त का होता है। इसमें बसन्तोत्सव व नवरात्र जैसे शुभ एवं धार्मिक कृत्य होते हैं। अतः इस मास में जन्में व्यक्ति सदैव प्रसन्नचित्त देखे जाते हैं। जीवन सुखी और संतुष्ट रहता है। ऐसे पुरुष/स्त्री दीर्घायु होते हैं।

1. स्वभाव एवं मनोवृत्ति

ऐसे व्यक्ति स्पष्टहृदयी, ईमानदार, दयालु, मिलनसार, आत्मविश्वासी, परिश्रमी, निडर, दृढ़ निश्चियी एवं महत्वाकांक्षी होते हैं किन्तु कभी-2 अधीर व कमजोर भी होते दिखाई दे सकते हैं। अधिकारिक मनोवृति के होते हैं। अतः निरंकुश हो सकते हैं। सामाजिक कार्यों में पूर्ण रुचि रखते हैं। मान-सम्मान व गौरव प्राप्त करते हैं। झूठे, घमण्डी व असभ्य लोगों से दूर रहते हैं। कष्ट उठाकर भी गरीबों, अनाथों, बच्चों, वृद्धों, रोगियों और अबलाओं की नि:स्वार्थ सेवा करते हैं।

2. स्वास्थ्य एवं शिक्षा

सुन्दर, आकर्षक और बलिष्ठ होते हैं। सहनशक्ति होती है। रोगों से लड़ने की क्षमता होती है। अतः रोग दूर ही रहते हैं किन्तु कभी-2 मौसमी बीमारियां सर्दी, जुकाम, बुखार आ जाते हैं। चोट लगने से घाव हो सकते हैं। जल्दी ही स्वस्थ हो जाते हैं। अध्ययन में पूर्ण रुचि होती है। कला, विज्ञान, इन्जीनियरिंग की उच्च शिक्षा ग्रहण करते हैं। गूढ़शिक्षा व धर्म शिक्षा की ओर भी पूरा ध्यान होता है। धर्म में पूर्ण आस्था होती है और विश्वास होता है।

3. विवाह और परिवार

ऐसे व्यक्तियों का विवाह एक बार ही होता है किन्तु पहली बार जहाँ से बात होती है, वहाँ से न होकर दूसरे स्थान से होता है। जीवनसाथी सुन्दर, शिक्षित एवं समझदार होता है। दाम्पत्य जीवन सुखी व शान्त होता है। कुटुम्ब में सबसे बड़े होते हैं। माता-पिता व भाई-बहिनों के साथ मिलजुलकर रहते हैं। बड़ों का आदर करते हैं। संतान दो या तीन किन्तु सुन्दर और सुयोग्य होती हैं। यात्रा के शौकीन और खर्चीले होते हैं।

4. रुचि एवं व्यवसाय

परिवर्तनशील विचारधारा के होते हैं। अतः टिककर एक जगह नहीं रह पाते हैं। पी.डब्लू.डी, रेल, बैंक, बीमा आदि क्षेत्रों में/विभागों में नौकरी कर सकते हैं। संबंधित विभागों के कार्य सम्पादन के व्यवसाय में जा सकते हैं। अच्छे ठेकेदार, चित्रकार, फिल्मकार बन सकते हैं। राजनेता या मंत्री बन सकते हैं। लोहा, मशीनरी, पानी, बिजली के सामान की ट्रेडिंग कर आर्थिक स्थिति सुदृढ़ कर सकते हैं। अमीर-गरीब, बड़े-छोटे सभी के साथ मित्रवत व्यवहार रखते हैं। ऐसे पुरुषों/स्त्रियों का भाग्योदय 24 से 32 वर्ष की उम्र में हो सकता है।

5. अप्रैल में जन्में व्यक्ति :

दादा साहेब फाल्के, सेठ घनश्यामदास बिड़ला, चित्रकार राजारविवर्मा, डा. भीमराव अम्बेडकर, मंत्री श्री जगजीवनराम, भू.पू.प्र.मं. चन्द्रशेखर, सेठ रामकृष्ण डालमिया, एडोल्फ हिटलर, श्री रामनाथकृष्णन, राष्ट्रपति सद्दामहुसैन।

सेठ घनश्यामदास बिड़ला

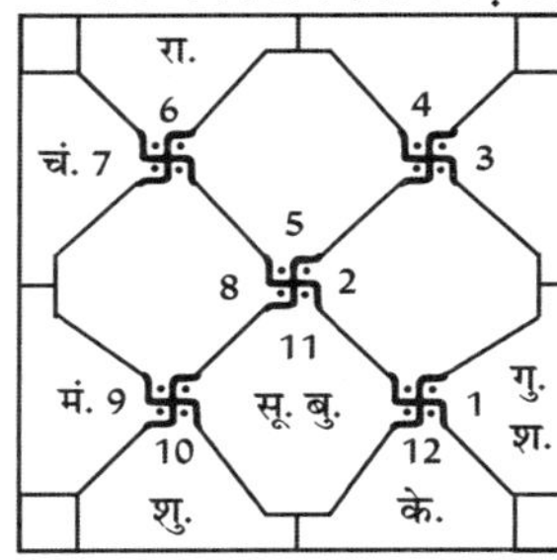

कुण्डली नं. 32

अंग्रेजी मास मई या चान्द्र मास वैसाख का फल :

मई मास में सूर्य उत्तरायण और उत्तर गोल होता है। ग्रीष्म ऋतु का आगमन होता है। कभी न क्षय होने वाली अक्षय तृतीया इसी मास के शुक्लपक्ष में आती है। इस मास में जन्में पुरुष/स्त्री विपत्तियों का डटकर मुकाबला करते हैं। वृद्धावस्था सुखपूर्वक व्यतीत होती है।

1. स्वभाव एवं मनोवृति

इस मास में जन्में व्यक्ति ईमानदार, मिलनसार, परोपकारी, नीतिनिपुण, धर्मशील, परिश्रमी, साहसी, दृढ़निश्चयी व अड़ियल होते हैं। कठिनाईयां आने पर भी अपने लक्ष्य पर अग्रसर रहते हैं। अपने व्यवहार व शिष्टाचार से दूसरों को तुरंत प्रभावित करने की कला जानते हैं। महत्वाकांक्षी व स्वतंत्र विचारों के होते हैं। अपने कार्यों को सोच-समझकर करते हैं। संघर्षरत रहते हैं। लम्बी यात्राएं करने को तत्पर रहते हैं। प्रतिष्ठा, ख्याति एवं गौरव प्राप्त करते हैं।

2. स्वास्थ्य एवं शिक्षा

शरीर से स्वस्थ, बलिष्ठ एवं हृष्ट-पुष्ट होते हैं। मानसिक शक्ति भी इनकी गजब की होती है। मित्र/शत्रु की पहचान होती है। कामुक एवं खर्चीले होते हैं। ऐसे पुरुषों/स्त्रियों को रक्तचाप की बीमारी शीघ्र घेर लेती है। अच्छी शिक्षा ग्रहण करने में काफी कठिनाईयाँ आती है। फलस्वरूप बीच में ही पढ़ाई छोड़ देते हैं। शिक्षा अधूरी रह जाती है किन्तु कुछ ऐसे भी होते हैं, जो देर-सवेर अपनी शिक्षा पूरी करने में सफलता प्राप्त कर लेते हैं। ग्रेजुएट/पोस्ट ग्रेजुएट हो सकते हैं।

3. विवाह और परिवार

विवाह 22 वर्ष से 28 वर्ष के मध्य हो जाता है। वैवाहिक जीवन सुखद रहता है। यह देखकर कुछ लोग उनसे ईर्ष्या करने लगते हैं किन्तु वे विनम्रता और मिठास से उन्हें

परास्त कर देते हैं। कभी-2 कष्ट या पीड़ा भी सहते हैं। माता, पिता को सुखी रखते हैं। भाई बहिनों को पूरा प्यार देते हैं। संतान सच्चरित्र होती है। बच्चों की पढ़ाई, मकान निर्माण, विवाह, बीमारी आदि के ईलाज में काफी पैसा लगाते हैं।

4. रुचि एवं व्यवसाय

इस प्रकार के व्यक्ति नौकरी के बजाय अपना व्यवसाय करना अधिक ठीक समझते हैं। देश सेवा/समाज सेवा की भावना होती है। अतः पुलिस या फौज में जा सकते हैं। वैद्य या डाक्टर हो सकते हैं। वकालत का व्यवसाय भी कर सकते हैं। अधिकारी, प्रशासक, पत्रकार, अभिनेता, नेता, मंत्री, शिक्षक, लैक्चरार, लेखक, कवि बन सकते हैं। समाज सुधारक हो सकते हैं। जन सुविधाओं के कार्यों में रुचि रखते हैं। तीर्थ यात्रायें बहुत करते हैं। किसी समय पर हिंसक भी हो सकते हैं।

5. मई मास में जन्में व्यक्ति :

गोपाल कृष्ण गोखले, पं. मोतीलाल नेहरु,
राजाराम मोहनराय, रवीन्द्रनाथ टैगोर,
कवि सुमित्रानंदन पंत, नीलम संजीव रेडडी,
ज्ञानीजैलसिंह, महारानी विक्टोरिया,
जोन एफ. केनेड़ी, एच.डी. देवेगौड़ा,
टी.एन. शेषन, नाथूराम गौड़से।

रवीन्द्रनाथ टैगोर

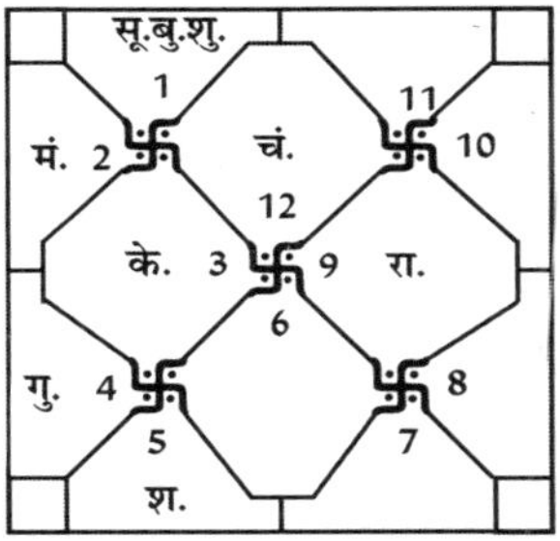

कुण्डली नं. 33

अंग्रेजी मास जून या चान्द्र मास ज्येष्ठ का फल

इस मास में सूर्य उत्तरायण और उत्तर गोल होता है। ग्रीष्मऋतु होती है। इस मास में जन्में व्यक्ति वीर, धीर एवं बहादुर होते हैं। जल्दबाज होने के कारण युवावस्था में आर्थिक हानि कर बैठते हैं किन्तु वृद्धावस्था में सुखी होते हैं। मृत्यु संभवतः हार्ट अटैक से हो सकती है।

1. स्वभाव एवं मनोवृत्ति

ऐसे व्यक्ति सत्यवक्ता, ईमानदार, व्यवहारकुशल, सर्वप्रिय, निड़र एवं परिश्रमी होते हैं। स्वतंत्र विचारों को महत्व देते हैं। समाज सुधार एवं परोपकार के कार्यों में बढ़-चढ़कर भाग लेते हैं। व्यसनाधीन व स्वार्थी होते हैं। आस्तिक वृत्ति के होते हैं और ईश्वर में पूर्ण विश्वास होता है। क्रोधित होने पर शीघ्र शान्त नहीं होते हैं। पुरानी संस्कृति के सुधारक होते हैं। इनमें कार्यकुशलता और आत्मविश्वास कूट-2 कर भरा होता है।

2. स्वास्थ्य एवं शिक्षा

सर्वसाधारण को दिखने में स्वस्थ एवं बलिष्ठ दिखाई देते हैं, किन्तु दिल के कमजोर होते हैं। रोग होने पर शीघ्र घबरा जाते हैं। सामान्य से कुछ मोटे होने के कारण सिरदर्द, वायुविकार, दमा, शुगर, रक्तचाप, आखों व दांतों के दर्द बने रहते हैं। कारणवश परिवार के सदस्य भी दुःखी रहते हैं। कला, विज्ञान, कृषि विज्ञान, कानून, इन्जीनियरिंग, डाक्टरी, ज्योतिष एवं कर्मकाण्ड आदि की शिक्षा ग्रहण करते हैं। अच्छे खिलाड़ी होते हैं। गीत, संगीत में भी प्रसिद्धि मिल जाती है।

3. विवाह और परिवार

इन व्यक्तियों का विवाह शीघ्र ही 21-22 वर्ष की अवस्था तक हो जाता है। कुटुम्ब में बड़े होने के कारण कुटुम्बियों के लालन-पालन का भार इन्हीं पर पड़ता है किन्तु कुटुम्बियों से दूर ही रहते हैं। दाम्पत्य जीवन सुखी होता है। पुत्र अधिक होते हैं। जमीन, जायदाद, मकान, दुकान, सुन्दर वस्तुओं का संग्रह अपनी मेहनत से करते हैं। शान्ति और आराम का जीवन व्यतीत करते हैं। ईश्वर में अटल श्रद्धा और विश्वास होता है। भाग्योदय विवाह के 10 वर्ष बाद हो पाता है।

4. रुचि एवं व्यवसाय

नौकरी को अधिक महत्व देते हैं। पुलिस या फौजी अफसर, वकील या जज, कैमिस्ट या डाक्टर, इंजिनियर, लेखक, पत्रकार, कलाकार हो सकते हैं। किसी व्यवसाय में भी जा सकते हैं- यथा भवन निर्माण सामग्री कार्य, कृषि भूमि संबंधी कार्य आदि। नेता/अभिनेता, समाजसेवी हो सकते हैं। अपमान सहन नहीं कर सकते हैं। अपने नाम के लिये मनमाना खर्च करते हैं। फलस्वरूप ऋणग्रस्त होकर कष्टकारी जीवन व्यतीत कर सकते हैं।

5. जून मास में जन्में व्यक्ति :

लैफ्टीनेन्ट जनरल चौधरी, कैलाशनाथ काटजू,
श्यामा प्रसाद मुखर्जी, अवधूतानन्द सरस्वती,
के. एम. पन्निकर, भू.पू.प्र.मं. विश्वनाथ प्रतापसिंह,
भू.पू. प्र.मं. नरसिम्हा राव, बेनजीर भुट्टो,
किरण बेदी, डिम्पल कापड़िया।

भू.पू. प्रधानमंत्री नरसिम्हा राव

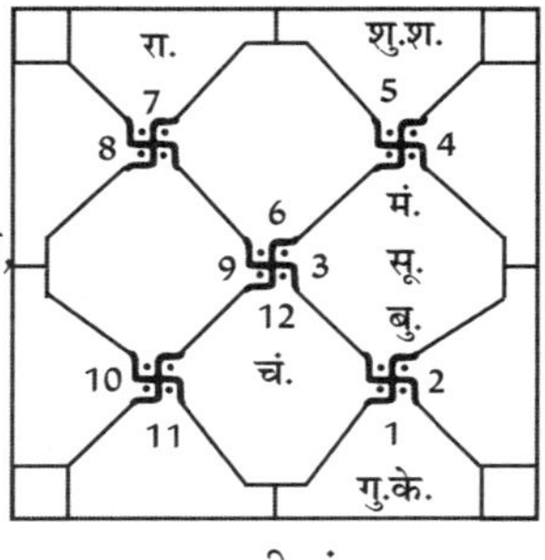

कुण्डली नं. 34

अंग्रेजी मास जुलाई या चान्द्र मास आषाढ़ का फल

इस मास में सूर्य दक्षिणायण और उत्तर गोल होता है। वर्षा ऋतु होती है। इस मास में जन्में व्यक्ति बड़े ही कार्यकुशल और प्रवीण होते हैं। किसी भी विषय की व्याख्या करने और उसे समझाने में समर्थ होते हैं। शत्रुता रखने वाले होते हैं। चंचल एवं स्वार्थी होते हैं।

1. स्वभाव एवं मनोवृत्ति

ऐसे व्यक्ति स्वभाव से दयालु, परोपकारी, परिश्रमी, उत्साही एवं कार्यतत्पर होते हैं। देखने में दुबले, पतले, शक्तिहीन से दिखाई देते हैं किन्तु कठिन स्थिति में भी डगमगाते या घबराते नहीं हैं। मान-अपमान का ध्यान रखते हैं। परिचय करने में चतुर अनेक मित्रों वाले होते हैं। झूठे और बुरे व्यक्तियों से दूर रहना ही ठीक समझते हैं। सत्संग व भक्ति में व्यस्त रहते हैं। यात्रायें बहुत करते हैं। मानसम्मान प्राप्त करते हैं।

2. स्वास्थ्य एवं शिक्षा

दुबले, पतले व कमजोर होने के कारण स्वास्थ्य अच्छा नहीं रहता है। साधारण बीमारियां जैसे सर्दी, जुकाम, बुखार, खांसी, सिरदर्द, आम होते रहते हैं किन्तु फिर भी ऐसे लोग जीवट वाले होते हैं। शिक्षा में पूरी रुचि होती है। बुद्धिमान व विद्वान होते हैं। राजनीति, कला, विज्ञान, इंजीनियरिंग, डाक्टरी की शिक्षा, ग्रहण कर सकते हैं। कृषि संबंधी ज्ञान भी ले सकते हैं। देशभक्ति/राष्ट्रभक्ति के कीड़े होते हैं।

3. विवाह एवं परिवार

इन व्यक्तियों के जीवन में दो विवाह योग होते हैं। अतः इनका विवाह काफी पूछताछ के बाद करना अधिक ठीक रहता है अन्यथा दाम्पत्य जीवन में असंतोष/क्लेश बने रहने की संभावना बनी रहती है। अधिक दिनों तक कुटुम्बियों से मिलकर नहीं रह सकते हैं। छोटी उम्र में (18 से 22 वर्ष में) विवाह का विशेष योग रहता है। अतः विवाह, मकान, धन का लेनदेन आदि सभी में सावधानी बरतना अत्यावश्यक है। कामुकता व भोगलिप्सा पर भी अंकुश रखना जरुरी है।

4. रुचि एवं व्यवसाय

ऐसे व्यक्तियों की राजनीति में बहुत रुचि होती है। मित्र बहुत होते हैं। देशभक्ति और समाज सेवा के कार्यों में भाग लेते हैं। नेता, मंत्री, अभिनेता बन सकते हैं किन्तु नौकरी में ऐसे व्यक्ति अधिक सुखी रहते हैं। डाक्टर, इंजीनियर, पायलट, मशीनिस्ट, पुलिस या फौजी अधिकारी बनकर समाज व राष्ट्र की सेवा कर सकते हैं। व्यवसाय में संघर्ष अधिक और लाभ कम होता है। धन संचय कर लेते हैं और सत्कार्यों में खर्च करते हैं। धर्मान्ध होते हैं। धर्म के लिये तन-मन-धन सभी कुछ न्यौछावर कर देते हैं।

5. जुलाई मास में जन्में व्यक्ति :

लोकमान्य बाल गंगाधर तिलक, चन्द्रशेखर आजाद, भू.पू. कार्यवाहक प्र.मं. श्री गुलजारीलाल नन्दा, मोहनलाल सुखाड़िया, बख्शी गुलाम मुहम्मद, ज्योति वसु, विमलराय, प्र.मं. बेनिटो मुसोलिनी, शिवसेना प्रमुख बाल ठाकरे, नेल्सन मण्डेला।

शिवसेना प्रमुख बाल ठाकरे

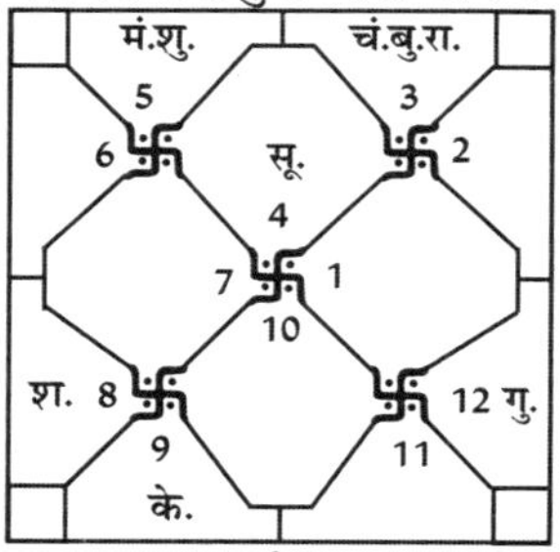

कुण्डली नं. 35

अंग्रेजी मास अगस्त या चान्द्रमास श्रावण का फल

अगस्त मास में सूर्य दक्षिणायण और उत्तर गोल होता है। वर्षा ऋतु जोर पर होती है। इस मास में जन्में व्यक्ति वर्षा की तरह फूट पड़ते हैं। क्रान्तिकारी विचारधारा के होते हैं। दार्शनिक एवं भावुक भी होते हैं। उनकी इच्छा/अनिच्छा का अनुमान लगाना मुश्किल होता है।

1. स्वभाव एवं मनोवृत्ति

ऐसे व्यक्ति स्पष्टभाषी, सत्यवक्ता, बुद्धिमान, नीतिवान, न्यायप्रिय, सदाचारी, संस्कारी, मिलनसार, चतुर, निडर, साहसी और प्रयत्नशील होते हैं। पुरुषार्थ में विश्वास करते हैं। परिश्रम से सफलता की सीढ़ियां चढ़ते हैं। भाग्यशाली भी होते हैं। अपनी गलती स्वीकार करने में जरा भी नहीं हिचकिचाते हैं। बेईमान, भ्रष्ट एवं बुरे लोगों की आलोचना करना अपना धर्म समझते हैं। मान अपमान का ध्यान रखते हैं। सभी के साथ समान व्यवहार करते हैं। मनमौजी मनोवृति के होते हैं।

2. स्वास्थ्य एवं शिक्षा

इस मास में जन्में व्यक्ति, कमजोर एवं दुबले-पतले होते हैं। अतः स्वास्थ्य ठीक नहीं रहता है। रक्तचाप, गैसदर्द, उदररोग, आंखों की कमजोरी के रोग होते रहते हैं। मस्तिष्क के अधिक उपयोग से विस्मृति जैसा रोग भी हो सकता है। उच्चकोटि की शिक्षा ग्रहण करते हैं। ग्रेजुऐट होते हैं। दर्शनशास्त्र के विद्वान होते हैं। दूरदृष्टि के कारण, समाज को नई दिशा देने में सक्षम होते हैं। संघर्षप्रिय एवं क्रान्तिकारी होते हैं।

3. विवाह और परिवार

विवाह का समय 22 से 28 वर्ष की अवस्था के मध्य होता है। भाग्योदय भी इन्हीं वर्षों में वांछित है। दाम्पत्य जीवन में असंतोष बना रहता है। इनके तौर तरीके ऐसे होते हैं कि परिवार के सदस्य एवं रिश्तेदार सभी इनसे दु:खी रहते हैं। आपसी भाईचारा नहीं निभा

सकते। संतान अच्छी, योग्य एवं गौरवशाली होती है। आर्थिक स्थिति अच्छी होती है। जमीन-जायदाद सभी कुछ होते हुए भी संतोष नहीं होता है।

4. रुचि एवं व्यवसाय

व्यवसाय में अधिक रुचि होती है। नौकरी की ओर ध्यान कम होता है किन्तु नौकरी करने का मन हो तो शिक्षक, उच्चाधिकारी, वकील या जज, पत्रकार या प्रबंधक, वैज्ञानिक या इन्जीनियर या पायलट भी हो सकते हैं। कवि, लेखक, अभिनेता, योजनाकार, ठेकेदार, कमीशन एजेन्ट बन सकते हैं। वस्तुओं की ट्रेडिंग कर सकते हैं। देशभक्ति, समाज सेवा व संस्था निर्माण के कार्यों की ओर जा सकते हैं। नेता या मंत्री भी हो सकते हैं और अपने देश के विकास में योगदान कर सकते हैं।

5. अगस्त मास में जन्में व्यक्ति :

मैथिली शरण गुप्त, सुभद्रा कुमारी चौहान, आचार्य चतुरसेन, विजयलक्ष्मी पंडित, सरदार स्वर्णसिंह, राष्ट्रपति वी.वी. गिरी, चौधरी बंसीलाल, द्वारिकाप्रसाद मिश्र, योगीराज अरविन्द घोष, शंकरदयाल शर्मा, मदर टेरेसा, फूलन देवी।

चौधरी बंसीलाल

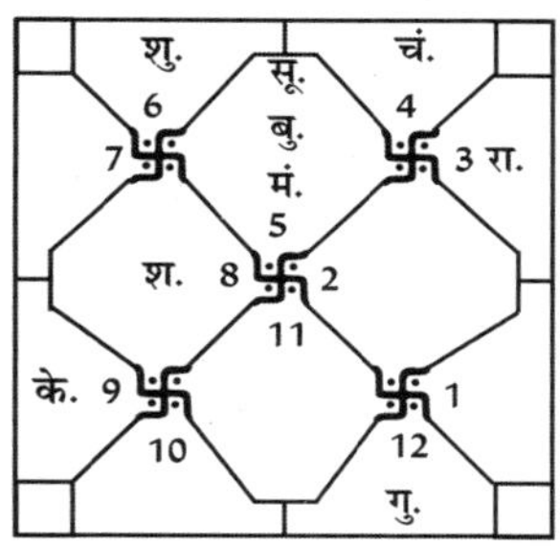

कुण्डली नं. 36

अंग्रेजी मास सितम्बर या चान्द्रमास भाद्रपद का फल

मास सितम्बर में सूर्य दक्षिणायण और उत्तर गोल होता है। वर्षा की समाप्ति और शरद ऋतु का प्रारंभ होता है। भगवान श्रीकृष्ण का जन्म इसी मास में हुआ था। इस मास में जन्में व्यक्ति तत्वज्ञानी व दार्शनिक होते हैं। भ्रमणशील होते हैं। दृढ़विचारों वाले होते हैं। अपना भला बुरा समझते हैं।

1. स्वभाव एवं मनोवृति

ऐसे व्यक्ति विनम्र, दयालु, परिश्रमी, विवेकशील, चतुर, ज्ञानी, आत्मसम्मानी, ईमानदार एवं सच्चरित्र होते हैं। प्रभावशाली और प्रबल इच्छाशक्ति वाले होते हैं। व्यवहारकुशल, परोपकारी एवं स्वतंत्र विचारधारा के होते हैं। विश्वासपात्र एवं समझदार होते हैं। ईश्वर में पूर्ण विश्वास रखते हैं। मान-सम्मान का ध्यान रखते हुये भी अपयश के भागी होते हैं। विदेश भ्रमण करते हैं। सामाजिक संबंध दूर-2 तक होते हैं।

2. स्वास्थ्य एवं शिक्षा

पारवारिक दायित्वों और राजकीय संबंधों के कारण स्वास्थ्य ठीक नहीं रहता है। मानसिक श्रम करने से थकान होती है। ऐसी स्थिति में नेत्ररोग, रक्तचाप, खांसी, दमा और पेट के दर्द हो जाते हैं। शरीर कमजोर रहता है। शिक्षा के क्षेत्र में आगे जाते हैं। इन्जीनियरिंग, कानून, डाक्टरी, कृषि, विज्ञान, खनिज विज्ञान आदि की शिक्षा पूरी करते हैं। धर्म शिक्षा की ओर भी अपना ध्यान देते हैं।

3. विवाह और परिवार

इन व्यक्तियों का विवाह लम्बी अवधि या बड़ी उम्र में लगभग 30 वर्ष की आयु में होता है। प्रेम विवाह भी हो सकता है। दाम्पत्य जीवन सुखी नहीं रहता है। संदेहास्पद प्रवृत्ति के कारण जीवनसाथी से तालमेल बिगड़ जाता है। पुत्र का अभाव रहता है। कन्या संतान होती है। अतः संतान की ओर से भी दुःख बना रहता है।

4. रुचि एवं व्यवसाय

ऐसे व्यक्तियों की सामाजिक कार्यों और राजनीति में अधिक रुचि रहती है किन्तु धन का अभाव बना रहता है। यदि नौकरी करें तो अधिक सुखी हो सकते हैं। रेलवे, बैंक, बीमा, चिकित्सा, कृषि, खनिज, न्याय, लेखन, प्रकाशन में ध्यान दें तो अपनी स्थित सुदृढ़ कर सकते हैं। इनका भाग्योदय 21 से 24 या फिर 32 से 38 वर्ष की अवस्था में होता है। देशभक्ति और धर्म के प्रति आस्था के कारण इनका नाम होता है।

5. सितम्बर मास में जन्में व्यक्ति :

श्री ईश्वरचन्द विद्यासार, आचार्य विनोबा भावे,
राष्ट्रपति डा. सर्वपल्ली राधाकृष्णनन,
गोविन्द वल्लभ पंत, भू.पू. मंत्री एम.सी. छागला,
दीनदयाल उपाध्याय, पीठाधीश-शंकाराचार्य,
लता मंगेशकर, ब्लिट्ज सम्पादक करंजिया,
भारतरत्न विश्वेसरैया, प्र.मं. मनमोहनसिंह।

आचार्य विनोबा भावे

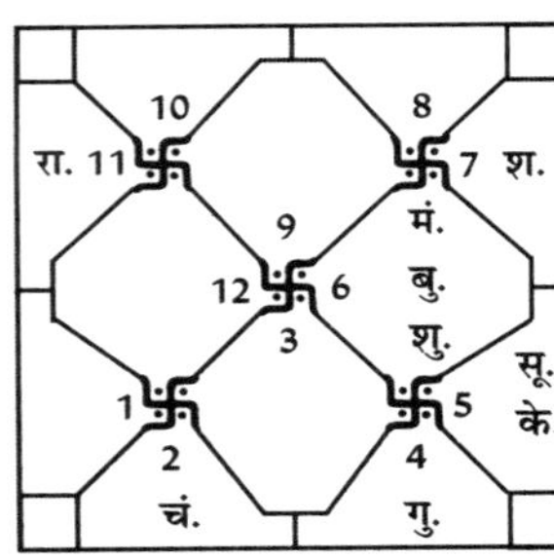

कुण्डली नं. 37

अंग्रेजी मास अक्टूबर या चान्द्रमास आश्विन का फल

अक्टूबर मास में सूर्य की स्थिति दक्षिणायण और दक्षिण गोल होती है। मौसम शरद ऋतु का होता है। इस मास में श्राद्ध और नवरात्र होते हैं। अतः इस मास में जन्में व्यक्ति गुरु, माता-पिता एवं ईश्वर के अतिरिक्त किसी के आगे सिर नहीं झुकाते हैं। अपने मनके अनुसार न्यायसंगत कार्य करते हैं।

1. स्वभाव व मनोवृति

ऐसे व्यक्ति विनम्र, दयालु, परिश्रमी, सक्रिय, स्वाभिमानी और सच्चरित्र होते हैं। पर निन्दा से दूर, सत्यनिष्ठ, परोपकारी, विचारशील, भावुक एवं दृढ़निश्चयी होते हैं। संघर्षशील होते हैं और कठिनाईयों, परेशानियों का डटकर मुकाबला करते हैं। शत्रु भी उनके आगे नतमस्तक होते हैं। नीतिवान, प्रतिभावान एवं प्रभावशाली होते हैं। स्वयं की योग्यता, बुद्धि व समझदारी से गौरव प्राप्त करते हैं। निडर एवं कठोर होते हैं। मित्रों व अनुयायियों की अधिकता होती है।

2. स्वास्थ्य एवं शिक्षा

शरीर से कमजोर होते हैं, किन्तु मस्तिष्क इनका तेज होता है। यही कारण है कि सिरदर्द, शरीरदर्द, पेट दर्द, खांसी, दमा व नेत्र रोग बने रहते हैं। ऐसे व्यक्ति की हार्ट अटैक से मृत्यु होने की संभावना रहती है। शिक्षा में अग्रणी होते हैं। कला, विज्ञान, राजनीति विज्ञान, कानून, इन्जीनियरिंग, डाक्टरी आदि की शिक्षा पूरी करते हैं। अच्छी शिक्षा के कारण उनका विश्व में नाम होता है। भाग्योदय मध्यायु में होता है।

3. विवाह और परिवार

विवाह बड़ी आयु में 24 से 32 वर्ष की अवस्था में होता है। जीवनसाथी जीवन में सामर्थ्य और भाग्योन्नति लाता है। यद्यपि बचपन दु:ख और दरिद्रता का होता है किन्तु विवाह के पश्चात दीर्घायु होते हैं। सुख-समृद्धि आती है। परिवार के साथ अच्छे संबंध होते हैं। माता-पिता की सेवा करते हैं। पुत्र अधिक होते हैं। पुत्रों से सुख और गौरव में वृद्धि होती है।

4. रुचि और व्यवसाय

इन व्यक्तियों की रुचि परोपकार के कार्यों, सामाजिक कार्यों व देशसेवा के कार्यों में अधिक होती है। अपना जीवन देश व देशवासियों के लिये न्योछावर कर देते हैं। भूले भटके लोगों को सही रास्ता दिखाते हैं। नौकरी में भी प्रगति करते हैं। मान-सम्मान पाते हैं। पुलिस और फौज में अफसर हो सकते हैं। शिक्षक, वकील, जज, इन्जीनियर, डाक्टर बन सकते हैं। अच्छे कृषक हो सकते हैं। मिल या संस्थान के मालिक भी बन सकते हैं।

5. अक्टूबर मास में जन्में व्यक्ति :

बादशाह अकबर, युगपुरुष महात्मा गाँधी,
भू.पू. गृहमंत्री सरदार वल्लभ भाई पटेल,
भू.पू. प्र.मं. लाल बहादुर शास्त्री,
महारानी विजयाराजे सिंधिया, जय प्रकाश नारायण,
उपराष्ट्रपति भैरोसिंह शेखावत, श्री ए.के.गोपालन,
भू.पू. ब्रिटिश प्र.मं. मारग्रेट थेचर, बिल गेट्स।

युगपुरुष महात्मा गांधी

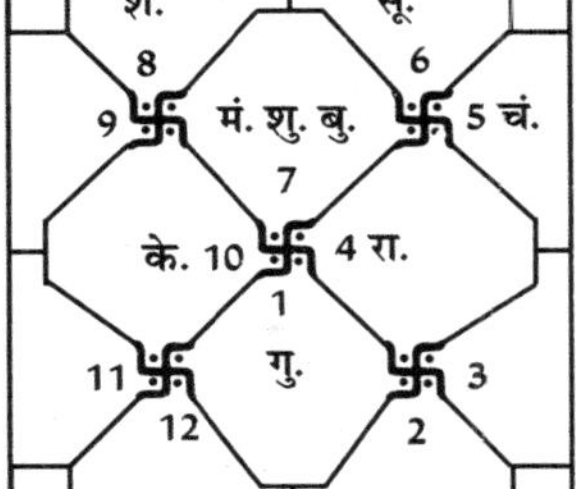

कुण्डली नं. 38

अंग्रेजी मास नवम्बर या चान्द्र मास कार्तिक का फल :

नवम्बर मास में सूर्य की स्थिति दक्षिणायण और दक्षिण गोल होती है। शरद ऋतु जाने और हेमन्त ऋतु आने का समय होता है। करवा चौथ, अहोई अष्टमी, दीपावली, गोवर्धन पूजा, देवप्रबोधिनी एकादशी जैसे शुभ दिवस इसी मास में आते हैं। अतः इस मास में जन्में व्यक्ति सजग एवं सतर्क होते हैं। 'आराम हराम है' में विश्वास रखते हैं। सदैव कर्मरत रहते हैं।

1. स्वभाव एवं मनोवृति

ऐसे पुरुष/स्त्री स्वभाव से उदारहृदयी, दयालु, सौम्य, सुशील, सच्चरित्र, सत्यभाषी, बुद्धिमान, हंसमुख व परिश्रमी होते हैं। समय का ध्यान रखते हैं। समाज व जाति की उन्नति हेतु काफी परिश्रम करते हैं। मिलनसार, परोपकारी एवं राष्ट्रभक्त होते हैं। दृढ़निश्चयी, प्रतिभावान और प्रभावशाली योद्धा होते हैं। भ्रमणशील प्रवृति के होते हैं किन्तु चंचल, क्रोधी और चिड़चिड़े होते हैं। आलसी, घमंडी, झूठे तथा भ्रष्ट लोगों से दूर रहते हैं। विचारक एवं प्रचारक होते हैं।

2. स्वास्थ्य एवं शिक्षा

सदैव ही स्वस्थ नजर आते हैं और होते भी स्वस्थ हैं किन्तु अत्यधिक भ्रमण करने से रक्तचाप, उदरविकार, चर्मरोग, गले और आंखों के रोग, लकवा जैसी बीमारियाँ हो जाती हैं। बुद्धिमान और विद्वान होते हैं। उत्तम शिक्षा ग्रहण करते हैं। विज्ञान, कला व साहित्यिक क्षेत्र में नाम कमाते हैं। अच्छे पद प्राप्त करते हैं।

3. विवाह और परिवार

विवाह 18 से 26 वर्ष की आयु के मध्य होता है। एक या दो विवाह हो सकते हैं। जीवनसाथी योग्य व निपुण होने पर भी दाम्पत्य जीवन अधिक सुखमय नहीं रहता है। बचपन में माता-पिता के कारण दुःखी रहते हैं। विवाह उपरान्त जीवनसाथी की असमय मृत्यु, दुःखदायी होती है। संतान के कारण भी कुछ कष्ट उठाने पड़ सकते हैं। धन दौलत की कमी नहीं होती है, फिर भी आधा जीवन कष्ट में ही व्यतीत होता है। अच्छे मित्र भी शत्रु हो जाते हैं।

4. रुचि एवं व्यवसाय

ऐसे पुरुष/स्त्री नौकरी के बजाय व्यवसाय को अधिक अच्छा समझते हैं। कलाकार, संगीतकार, लेखक या कवि हो सकते हैं। वैज्ञानिक, वकील, जज या समाजसेवी, राष्ट्रभक्त होकर राजनीति में जा सकते हैं। बड़े अधिकारी होकर नाम व यश प्राप्त कर सकते हैं। अपने वर्चस्व को रखने के लिये कुछ भी कर सकते हैं। इनका भाग्योदय 28 वर्ष की अवस्था से प्रारंभ होता है।

5. नवम्बर मास में जन्में व्यक्ति :

औरंगजेब, झांसी की रानी लक्ष्मीबाई,
जगदीश चन्द्र वसु, देशबंधु चितरंजनदास,
भारत के प्रथम प्र.मं. पं. जवाहरलाल नेहरु,
चक्रवर्ती राजगोपालाचार्य, कवि हरिवंशराय बच्चन,
निर्देशक व्ही शांताराम, श्रीमती इंदिरा गांधी,
श्री टी.टी. कृष्णामाचारी, प्रिन्स चार्ल्स।

पंडित जवाहरलाल नेहरु

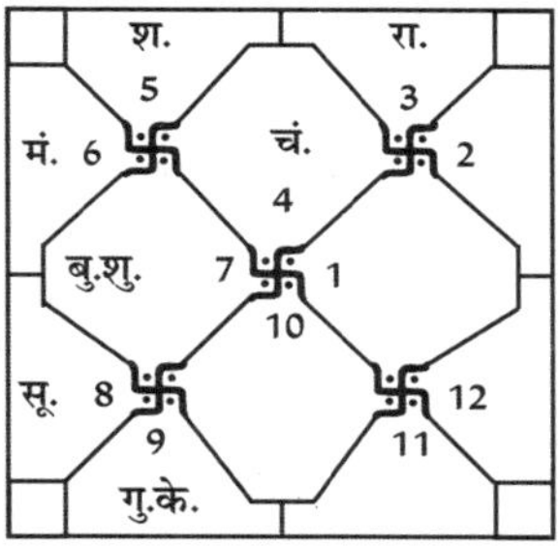

कुण्डली नं. 39

अंग्रेजी मास दिसम्बर या चान्द्रमास मार्गशीष का फल :

दिसम्बर मास में सूर्य दक्षिणायण और दक्षिण गोल होता है। हेमन्त ऋतु जाने को होती है और शिशिर ऋतु का आगमन होता है। इस मास में जन्में व्यक्ति स्वभाव के कठोर और डिक्टेटर प्रकृति के होते हैं किन्तु अच्छे स्कालर होते हैं।

1. स्वभाव एवं मनोवृति

ऐसे व्यक्ति स्वभाव के सख्त, परिश्रमी, स्पष्टभाषी, चतुर, निडर एवं पराक्रमी होते हैं। अपने बल, साहस और गहन अध्ययन के आधार पर विश्व में नाम कमाते हैं। दिल के साफ, दयालु, परोपकारी और सक्रिय होते हैं। कठिन से कठिन कार्य को भी अदम्य साहस से पूरा करके ही छोड़ते हैं। सामाजिक कार्यों में पूरा समय लगाते हैं। अपना अपमान सहन नहीं कर सकते हैं। आदर और प्रतिष्ठा के लिये अपना तन, मन, धन सभी कुछ दांव पर लगा देते हैं। अच्छे सलाहकार होते हैं। इनका चरित्र एक खुली किताब जैसा होता है।

2. स्वास्थ्य एवं शिक्षा

ऐसे व्यक्ति स्वस्थ एवं दीर्घायु होते हैं किन्तु कामुकता के कारण या अन्य किसी व्यसन में पड़ जाने पर कमजोर देखे जाते हैं। सिरदर्द, जुकाम, उदरविकार, रक्तचाप, चर्मरोग, नेत्र पीड़ा के शिकार हो जाते हैं। हार्टअटैक से मृत्यु हो सकती है। शिक्षा में नाम कमाते हैं। उच्च डिग्री प्राप्त करते हैं। विदेशों में भी शिक्षा ग्रहण करते हैं। योग्य, बुद्धिमान और विद्वान होते हैं। विश्व में नाम होता है।

3. विवाह और परिवार

ऐसे व्यक्ति का विवाह जीवन में एक ही बार होता है। जीवनसाथी से गहरा और निश्छल प्रेम होता है। माता-पिता के प्रति भी पूरी श्रद्धा होती है फिर भी पारिवारिक जीवन में असंतोष व निराशा बनी रहती है। अंतरतम में कोई न कोई गांठ उभरती रहती है। संतान सुख अच्छा रहता है। संतान गौरवशाली होती है। नाम रोशन करती है।

4. रुचि एवं व्यवसाय

इन व्यक्तियों की रुचि समाज सेवा के प्रति अधिक होती है। सामाजिक कार्यों में अपना पूरा जीवन ही अर्पित कर देते हैं। वैसे ऐसे व्यक्ति नौकरी या व्यापार दोनों ही में सफल हो सकते हैं। शिक्षक, वैज्ञानिक, वैद्य, डाक्टर या कृषक हो सकते हैं। नेता, मंत्री, अभिनेता, अभिनेत्री बन सकते हैं। लोहा, मशीनरी, बिजली का सामान, दवाईयां, अनाज आदि का व्यवसाय भी कर सकते हैं। ऐसे व्यक्ति सन्यासी भी हो सकते हैं।

5. दिसम्बर मास में जन्में व्यक्ति :

टीपू सुल्तान, प्रथम राष्ट्रपति डॉ. राजेन्द्र प्रसाद, श्री मदनमोहन मालवीय, लियाकत अली जिन्ना, रूपी नेता जोसफ स्टालिन, चीनी नेता माओत्सेतुंग, राज्यपाल एस.वी. ताम्बे, नृत्यकार उदय शंकर, अटल बिहारी वाजपेयी, अभिनेता राजेश खन्ना चौधरी चरणसिंह, संजय गांधी, शरद पंवार।

अभिनेता राजेश खन्ना

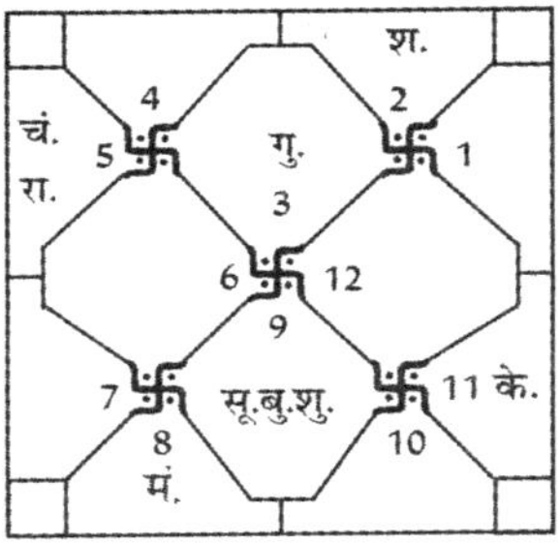

कुण्डली नं. 40

(vi) जन्म ऋतु का फल (Effects of seasons at birth)

एक वर्ष में 12 मास होते हैं। इन 12 मासों में मौसम बदलता रहता है। कभी अधिक गर्मी पड़ती है तो कभी बहुत ठंड। कभी वर्षा होती है तो कभी मौसम साफ, सुहावना और कभी हरियाली तो कभी पतझड़। मौसम परिवर्तन का क्रम निरन्तर चलता रहता है। मौसम परिवर्तन का मुख्य कारण सूर्य की स्थिति व गति होती है। सूर्य भ्रमणकाल में एक मास में एक राशि पार कर जाता है। फलस्वरूप ऋतुएं आती हैं। बसंत ऋतु सुहावनी होती है। इस ऋतु में जन्म लेने वाले व्यक्ति सुन्दर व आकर्षक होते हैं। ग्रीष्म ऋतु में जन्में लोग दुर्बल और व्यसनी होते हैं। ऋतु फल निम्नलिखित है:-

ऋतु का नाम	**फल**
बसंत	सुन्दर, आकर्षक, सुगन्धप्रिय, लोकप्रिय, दीर्घायु एवं धनी।
ग्रीष्म	बुद्धिमान, विद्वान, चतुर, परिश्रमी, दुर्बल, व्यसनी और कामुक।
वर्षा	सुन्दर, सुशील, मिष्ठभाषी, बुद्धिमान, आलसी एवं कटुपदार्थभोगी।
शरद	सत्यवक्ता, साहसी, पुण्यात्मा, सुखी, परोपकारी और योगी।
हेमन्त	दुबला, पतला, लम्बा, उत्साही, अल्पशिक्षित व कृषक।
शिशिर	विनम्र, दयालु, उदार, धर्मशील, गौरवान्वित और यशस्वी।

(vii) जन्म वर्ष का फल

आज भी अधिकांश व्यक्तियों को अपने जन्म का समय, जन्म की तिथि, जन्म का वार एवं जन्म का माह भली भांति ज्ञात नहीं है। इस स्थिति में वे अपनी सही वर्तमान आयु अनुसार जन्म का वर्ष निकाल सकते हैं। जन्म के वर्ष के स्थूल फल के आधार पर जीवन से संबंधित तथ्यों यथा शरीर की स्थिति, स्वभाव, स्वास्थ्य, विवाह, परिवार, रुचि, व्यवसाय, जीवन शैली आदि का अनुभव कर सकते हैं। जीवन कैसा होना चाहिए था, कैसा चल रहा है और भविष्य कैसा होगा? समझ सकते हैं।

विभिन्न जन्मवर्ष फल ईस्वी सन् 2000 या विक्रम संवत् 2057 को आधार मानकर दिये जा रहे हैं। इस सन्/संवत् में लगातार 12-12 वर्ष जमा करते जायें या 12-12 वर्ष घटाते जायें तो पायेंगे कि उन आगामी और गत सन्/संवत् में जन्में व्यक्तियों के जीवन के सभी विशेष तथ्य लगभग एक समान मिलते हैं। इन सन्/संवत् को राशियों के नाम से भी जाना जा सकता है। सन् 2000 से सन् 2011 तक या संवत 2057 से संवत् 2068 तक के 12 जन्म वर्ष फल आगामी पृष्ठों पर दिये जा रहे हैं। कुण्डली के दिये सन्/संवत अनुसार अपने जन्म वर्ष का फल पढ़े और समझें। एक शताब्दी में दो वर्ष बड़े ही अशुभ, क्रूर, कष्टकारी और हानिकर होते हैं। वर्तमान शताब्दी में सन् 2026 या संवत् 2083 और सन् 2086 या संवत् 2143 हो सकते हैं। इन अशुभ वर्षों में जन्में व्यक्ति जीवन के प्रारंभ में स्वास्थ्य हानि जैसा कष्ट भोग सकते हैं।

सन् 2000 या संवत् 2057 (मेष वर्ष)

सन्/संवत्	ईस्वी सन् या विक्रम संवत्		
सन् 2000 या अगले पिछले वर्ष	1952, 1964, 1976, 1988	2000	2012, 2024, 2036, 2048
संवत्2057या अगले पिछले संवत्	2009, 2021, 2033, 2045	2057	2069, 2081, 2093, 2105

1. शरीर की बनावट, स्वभाव एवं स्वास्थ्य :

उपरोक्त सन् या संवत में जन्म लेने वाले व्यक्ति दुबले-पतले, लम्बे, गोल व आकर्षक मुख-मस्तक वाले होते हैं। गेंहुआ वर्ण होता है। बाल गहरे, काले व दृष्टि पैनी होती है। स्मरण शक्ति गजब की होती है। भ्रमणशील होते हैं। शीघ्र ही लोगों के मध्य अपना विश्वास जमा लेते हैं। सर्वप्रिय और लोकप्रिय हो जाते हैं। उत्साही, बलशाली, उर्जावान, परिश्रमी, आशावादी, स्वतंत्रताप्रिय, नीतिवान, धनवान, निडर एवं दीर्घायु होते हैं किन्तु अपनी हठी, क्रोधी, शीघ्र एवं निर्दयी मानसिकता के कारण सदैव दु:खी रहते हैं। आर्थिक हानि भी होती है। स्वास्थ्य के प्रति सजग व सचेत रहते हैं किन्तु सिरदर्द, नेत्ररोग, त्वचारोग और रक्तविकार जैसे रोग हो सकते हैं।

2. विवाह, परिवार, रुचि एवं व्यवसाय :

इन व्यक्तियों के विवाह विलम्ब से होते हैं। जीवन साथी को दिल से प्यार करते हैं किन्तु दाम्पत्य जीवन में शुष्कता ही रहती है। भ्रमणशील होने के कारण इनका एक स्थान पर टिककर रह पाना मुश्किल होता है। अत: परिवार के सदस्यों व रिश्तेदारों से

सदैव ही दूरी बनी रहती है। एकाकी जीवन जीने के आदि हो जाते हैं किन्तु समरसता और सांमजस्य सभी से बनाये रखते हैं। जमीन-जायदाद के लड़ाई-झगड़ों में भी उलझे रह सकते हैं। व्यवसाय की अपेक्षा नौकरी में इनकी रुचि अधिक होती है। नौकरी लाभकारी भी रहती है। पुलिस या फौज में अच्छे पद पर जा सकते हैं। डाक्टर या सर्जन, वकील या जज, शिक्षक या लेखक, वास्तुकार, कलाकार बन सकते हैं। अच्छे धर्मज्ञ या ज्योतिषी भी हो सकते हैं। राजनीति में भाग लें तो राजदूत/राज्यपाल/ मंत्री/ प्रधानमंत्री का उच्च पद पा सकते हैं।

3. मैत्री संबंध, सावधानियां व जीवन शैली :

अपने स्वभाव के विपरीत गुणों वाले सीधे-सादे, भोले-भाले व्यक्तियों से मैत्री संबंध बनाते हैं ताकि समय आने पर सामाजिक प्रतिष्ठा का लाभ मिल सकें। ऐसे व्यक्ति चापलूसी व गुणगान पसन्द करते हैं ताकि लोग उन्हें भला समझते रहें। इसके लिये आवश्यक है कि वे अपना क्रोध, आडम्बर, हठधर्मिता और निर्दयता का चोला छोड़कर दयालु और परोपकारी बनें। सभी को प्यार और मिठास भरे अच्छे कार्यों से सराबोर करें। चकाचौंध से भ्रमित न करें। अच्छे स्वास्थ्य के लिये योगासन करें और सुख-शान्ति हेतु गायत्री मंत्र का जाप करें।

4. सन्/संवत् में जन्में व्यक्ति :

बाल गंगाधर तिलक, योगिराज अरविन्दो घोष, मुंशी प्रेमचन्द, लाल बहादुर शास्त्री, दीनदयाल उपाध्याय, शरद पंवार, जुल्फिखार अली भुट्टो, जार्ज बर्नाड शाँ, फ्लोरेन्स नाइटेंगेल, अभिनेत्री रशैल।

सन् 2001 या संवत् 2058 (वृष वर्ष)

सन्/संवत्	ईस्वी सन् या विक्रम संवत्		
सन् 2001 या अगले पिछले वर्ष	1953, 1965, 1977, 1989	2001	2013, 2025, 2037, 2049
संवत् 2058 या अगले पिछले संवत्	2010, 2022, 2034, 2046	2058	2070, 2082, 2094, 2106

1. शरीर की बनावट, स्वभाव एवं स्वास्थ्य :

इन उपरोक्त वर्षों में जन्में व्यक्ति इकहरे बदन के, लम्बे, सुन्दर व बलिष्ठ होते हैं। उनका चेहरा गोल व मनमोहक होता है। आंखे चमकदार व बड़ी होती हैं। पैरों में गति होती है। हंसमुख, सच्चरित्र एवं साख वाले होते हैं। बुद्धिमान, विद्वान, विवेकशील, दार्शनिक, दयालु, सत्यवक्ता, ईमानदार, शिष्ट, सभ्य एवं महत्वाकांक्षी होते हैं। तुरन्त सही निर्णय लेने वाले होते हैं। लक्ष्य की प्राप्ति के लिये मार्ग में बिना रुके आगे बढ़ते जाते हैं। बुराई व निन्दा से दूर, परोपकारी, सेवाभावी व प्रभावशाली होते हैं किन्तु जोखिम भरे कार्यों से दूर रहते हैं। संवेदनशील, आलसी, भावुक व कामुक होते हैं। स्वस्थ रहते हैं किन्तु कभी बीमार भी हो जाते हैं। जनेन्द्रिय रोग, पेट के रोग, दिल की बीमारी या हार्टअटैक आदि हो सकते हैं।

2. विवाह, परिवार, रुचि एवं व्यवसाय :

विवाह 22 से 24 वर्ष की आयु में हो जाता है। जीवन साथी से मधुर संबंध होते हैं। बड़ा परिवार होता है। मिलजुल कर रहते हैं। परिवार में माता-पिता व बड़ों को पूरा मान देते हैं। फैशनेबल जीवन व्यतीत करते हैं। कन्या संतान अधिक होती है। नौकरी और व्यवसाय दोनों में ही रुचि होती है। शिक्षक, प्रोफेसर, वकील, जज, डाक्टर, केमिस्ट, इन्जीनियर, टैक्नीशियन, लेखक, कवि, अभिनेता, कलाकार, संगीतकार हो सकते हैं। रेडीमेड कपड़े के व्यवसायी, हीरे जवाहिरात के व्यापारी, श्रंगार व सजावट के समान के विक्रेता बन सकते हैं। राजनीति भी कर सकते हैं। एम.एल.ए, सांसद, मंत्री, राजदूत बन सकते हैं। अपने परिश्रम, कार्य दक्षता व प्रभावशाली व्यवहार से अच्छा नाम कमा सकते हैं।

3. मैत्री संबंध, सावधानियाँ एवं जीवन शैली :

समाज के सभी बड़े-छोटे बुद्धिमान, समझदार, ईमानदार, मिलनसार व्यक्तियों से मैत्री संबंध रखते हैं। जीवनपर्यन्त उन्हें निभाते हैं। मित्रों से सहयोग की अपेक्षा नहीं करते किन्तु उन्हें पूरा सहयोग देते हैं। इस व्यवहार का कभी 2 मित्र नाजायज लाभ उठाकर चोट या हानि पहुँचा सकते हैं। ऐसे मित्रों से सतर्क एवं सावधान रहें। अवसरानुकूल अपने को बदलें। गरीब, असहाय, बेबस मित्रों का ही सहयोग करें। स्वास्थ्य के लिए आलस्य व कामुकता छोड़े।

4. सन्/संवत् में जन्में व्यक्ति :

महात्मा गांधी, शेख मुहम्मद अब्दुल्ला, इंदिरा गांधी, फकरुद्दीनअली अहमद, लता मंगेशकर, सेठ रामकृष्ण डालमियां, बेनजीर भुटटो, माओत्सेतुंग, कर्नल नासिर, जोन.एफ. केनेडी।

सन् 2002 या संवत् 2059 (मिथुन वर्ष)

सन्/ संवत्	ईस्वी सन् या विक्रम संवत्		
सन् 2002 या अगले पिछले वर्ष	1954, 1966, 1978, 1990	2002	2014, 2026, 2038, 2050
संवत् 2059 या अगले पिछले संवत्	2011, 2023, 2035, 2047	2059	2071, 2083, 2095, 2107

1. शरीर की बनावट, स्वभाव एवं स्वास्थ्य :

उपरोक्त सन्/संवत् में जन्में व्यक्ति हट्टे-कट्टे, लम्बे कद वाले, गौरवर्णी होते हैं। मस्तक पर तेज होता है। मुखड़ा सुन्दर होता है। नेत्रों से चंचलता झलकती है। पैरों में तेजी होती है। अच्छे धावक होते हैं। सबल, साहसी, उत्साही, उर्जावान व निडर होते हैं। स्वभाव से सज्जन, दयालु, समझदार, परिश्रमी, स्वतंत्रताप्रिय, लोकप्रिय, कार्यदक्ष, तुरतबुद्धि एवं महत्वाकांक्षी होते हैं किन्तु चतुर, चालाक, स्वार्थी, लालची, दम्भी व क्रोधी होते हैं। गप्पे हांकने में माहिर होते हैं। अपने लिये रास्ता खोज लेते हैं। दूसरे के बनते कार्यों में अड़चन डालने में खुशी महसूस करते हैं। इससे मन में असुरक्षा का भय

बना रहता है। मानसिक श्रम के कारण स्वास्थ्य भी गिरता रहता है। चिन्तायें बढ़ जाती हैं। सर्दी, जुकाम, खांसी, नाक, कान, गले व छाती के रोग हो सकते हैं।

2. विवाह, परिवार, रुचि एवं व्यवसाय :

विवाह 22 से 26 वर्ष की उम्र में हो जाता है। विवाह अपनी मर्जी से करते हैं। प्रेम विवाह भी कर सकते हैं। उत्तेजना और कामुकता के वशीभूत प्रारंभ में जीवन साथी पर सब कुछ न्यौछावर कर देते हैं किन्तु शीघ्र ही दाम्पत्य-जीवन से ऊब जाते हैं। परिवार के मुखिया कहलाना अधिक पसन्द करते हैं। अच्छी शिक्षा ग्रहण करते हैं। पठन-पाठन में रुचि होती है। नौकरी करते हैं। लैक्चरार, भूगर्भशास्त्री, वास्तुकार, लेखाकार, डाक्टर, इन्जीनियर, शोधकर्ता, लेखक, प्रकाशक, अनुवादक, उद्घोषक बन सकते हैं। इन्जीनियरिंग के कल पुर्जों के व्यवसायी हो सकते हैं। माउन्टेनियरिंग अपना सकते हैं। नेता, अभिनेता हो सकते हैं। आजादी के दीवाने होते हैं। राजनीति में भाग लें तो सांसद, मंत्री, राष्ट्रपति बन सकते हैं।

3. मैत्री संबंध, सावधानियां एवं जीवन शैली :

अपने जैसे स्वभाव के चतुर, चालाक, सक्रिय, बलशाली, खिलाड़ी जैसे योग्य एवं कर्मठ व्यक्तियों से मैत्री संबंध बनाते हैं। प्रत्येक कार्य में स्वयं निर्णय लेना किसी की बात न मानना, अपने स्वार्थ व लाभ की ही सोचना इनकी आदत हो जाती है। इनका बुरा प्रभाव पड़ता है और बच्चे भी साथ छोड़ देते हैं। अपने लिये अलग रास्ता चुन लेते हैं। अवसरानुकूल अपने स्वार्थ और दम्भ का त्याग करने से जीवन सफल, सुखी व मधुर हो सकता है। ऐसे व्यक्तियों की अकाल मृत्यु हो सकती है। गायत्री मंत्र का नित्यप्रति जाप करने से या मंगल का व्रत रखने से अकाल मृत्यु टल सकती है।

4. सन्/संवत् में जन्में व्यक्ति :

देशबंधु चितरंजनदास, चन्द्रशेखर आजाद, राष्ट्रपति शंकर दयाल शर्मा, अर्जुन सिंह, अभिनेता अमिताभ बच्चन व राजेश खन्ना, नील आर्मस्ट्रांग, रूसी नेता ख्रुश्चेव, अनवर सादात, नेल्सन आर. मण्डेला।

सन् 2003 या संवत् 2060 (कर्क वर्ष)

सन्/ संवत्	ईस्वी सन् या विक्रम संवत्		
सन् 2003 या अगले पिछले वर्ष	1955, 1967, 1979, 1991	2003	2015, 2027, 2039, 2051
संवत् 2060 या अगले पिछले संवत्	2012, 2024, 2036, 2048	2060	2072, 2084, 2096, 2108

1. शरीर की बनावट, स्वभाव एवं स्वास्थ्य :

इस सन्/संवत् में जन्में व्यक्ति कद में छोटे किन्तु मजबूत हड्डियों वाले होते हैं। हृष्ट-पुष्ट एवं बलिष्ठ होते हैं। चेहरा गोल एवं सुन्दर होता है। बाल चमकीले व रुखे होते हैं। आंखें काली व छाती चौड़ी होती है। मिष्ठभाषी, शान्तिप्रिय, विनम्र, दयालु, सज्जन, हंसमुख, प्रसन्नचित्त, मिलनसार, समझदार, भावुक, प्रकृति से सांमजस्य बनाये रखने

वाले किन्तु निराश, हताश, शर्मीले, शंकालु, कामुक व कायर होते हैं। भोजनभट्ट होते हैं। भोजन के लिये दूर-2 तक जाने को तैयार रहते हैं। अनियंत्रित जीवन के कारण असुरक्षा की हीन भावना के शिकार होते हैं। आराम पसन्द व अलौकिक होते हैं। स्वास्थ्य ठीक नहीं रहता है। बीमार होते रहते हैं। सर्दी, जुकाम, खांसी, बुखार, फेफड़ों व छाती के दर्द एवं पीलिया जैसे रोग होते रहते हैं।

2. विवाह, परिवार, रुचि एवं व्यवसाय :

विवाह 20 वर्ष की छोटी आयु में हो जाता है। ससुराल धनवान हो सकती है। परिवार में मिलजुल कर रहने की आदत होती है। आज्ञापालन एवं अनुकरण करना इनका स्वभाव होता है किन्तु जिम्मेदारियों से दूर रहते हैं। संतान के प्रति प्यार होता है। जीवन के सुख-दुःख एक साथ संजोते हैं। सुन्दरता व कला के पारखी होते है। नौकरी में रुचि होती है। अच्छे प्रशासक या प्रबन्धक, वकील या जज, आफिस कर्मचारी, सेल्स एजेन्ट हो सकते हैं। पुस्तक विक्रेता या प्रकाशक, सौन्दर्य प्रसाधनों व कलात्मक वस्तुओं के विक्रेता, दवा विक्रेता, मिठाई का व्यवसाय अपना सकते हैं और प्रचुर धन कमा सकते हैं। उच्च कोटि के राजनीतिज्ञ, राष्ट्रपति या प्रधानमंत्री जैसे पदों तक पहुंच सकते हैं। बहुत बड़े सन्यासी या मठाधीश या धर्मज्ञ हो सकते हैं।

3. मैत्रीसंबंध, सावधानियां व जीवन शैली :

जीवन शैली अलौकिक होती है। धर्म में पूरी आस्था होती है। रुढ़िवादी होते हैं। सामाजिक रीतिरिवाजों/परम्पराओं पर चलते हैं। अच्छे उच्च अधिकारियों, नेताओं, सामाजिक कार्यकर्ताओं, संस्थाओं से संबंध बनाना अपना गौरव समझते हैं। लड़ाई-झगड़ों से दूर रहते हैं। स्वार्थ पूर्ति होने पर बदल जाते हैं। आलसी व मूर्ख होते हैं। स्वार्थपरता और मूर्खता का त्याग करें। लोगों को प्यार दें। अधिकाधिक मेहनत करें। ठण्ड से बचें। संतोष के साथ रहें तो जीवन सुखी हो सकता है।

4. सन्/संवत् में जन्में व्यक्ति :

आचार्य विनोबाभावे, विश्वनाथ प्रतापसिंह, इन्द्रकुमार गुजराल, राष्ट्रपति ए.पी.जे अब्दुल कलाम, डा. एम. चेन्नारेड्डी, अभिनेत्री स्मिता पाटिल, इटली के मुसोलिनी, ईसाबेल , मुहम्मदअली, अमेरिका के बिलगेट्स।

सन् 2004 या संवत 2061 (सिंह वर्ष)

सन्/ संवत्	ईस्वी सन् या विक्रम संवत्		
सन् 2004 या अगले पिछले वर्ष	1956, 1968 1980, 1992	2004	2016, 2028, 2040, 2052
संवत् 2061 या अगले पिछले संवत्	2013, 2025, 2037 2049	2061	2073, 2085, 2097, 2109

1. शरीर की बनावट, स्वभाव एवं स्वास्थ्य :

इन उपरोक्त सन्/संवत् में जन्में व्यक्ति मध्यम कद-काठी के, शक्तिशाली, साहसी, गठीले एवं उर्जावान होते हैं। इनकी मुखाकृति देखने में सौम्य व आकर्षक लगाती है। इनकी आंखों में शरारत झलकती है। पैरों में ताकत होती है। भागदौड़ में अग्रणी और

फुर्तीले होते हैं। ऐसे व्यक्ति शिक्षित, समझदार, ज्ञानपिपासु, सक्रिय, स्वतंत्रताप्रिय, भ्रमणशील, निड़र एवं खेल भावना वाले होते हैं। इनकी स्मरणशक्ति प्रशंसनीय होती है। किसी समस्या को सुलझाने में और उस पर सही निर्णय लेने में देर नहीं करते हैं। समय पर झूंठ बोलकर भी अपना काम निकालने में तेज होते हैं। चंचल, चतुर, चालाक, स्वार्थी, दम्भी व झगड़ालू होते हैं। स्वास्थ्य बिगड़ता रहता है। पेट के रोग, हृदय रोग, नेत्रों के रोग हो सकते हैं किन्तु घबराते नहीं हैं। शीघ्र ही ठीक हो जाते हैं। चोट या दुर्घटना से अकाल मृत्यु की संभावना बनी रहती है।

2. विवाह, परिवार, रुचि एवं व्यवसाय :

विवाह छोटी उम्र में 18–20 वर्ष के आसपास हो सकता है। एक से अधिक शादियां भी हो सकती हैं। पारवारिक जीवन से शीघ्र ही मन भर जाता है। अत: जीवन नीरस होता है। इनके प्यार व मेल–जोल में भी गुस्सा होता है। बच्चों की संख्या अधिक हो सकती है। भ्रमणशील होने के कारण परिवार से सदा दूर रहते हैं। भाई–बहिनों का कोई सहयोग नहीं मिलता है। रईसी जीवन व्यतीत करने में काफी व्यय करते हैं। उच्चकोटि की शिक्षा ग्रहण करते हैं। उच्च पदाधिकारी, प्रबन्धक, सलाहकार, शोधकर्ता, डाक्टर, कैमिस्ट, लेखक, प्रकाशक, अभिनेता, फिल्म मेकर, फैशन डिजायनर आदि हो सकते हैं। नेता, सांसद, मंत्री, प्रधानमंत्री, राष्ट्रपति बन सकते हैं। ऐसे व्यक्तियों का प्रारम्भिक जीवन अर्थात युवावस्था ठीक होती है। प्रौढ़ावस्था व वृद्धावस्था में पराधीन व दु:खी देखे जा सकते हैं।

3. मैत्री संबंध, सावधानियाँ एवं जीवन शैली :

सभी प्रकार के व्यक्तियों से मित्रवत संबंध रखते हैं। सामाजिक कार्यों में बढ़ चढ़कर भाग लेते हैं। मित्र इनकी स्मरण शक्ति का लोहा मानते हैं। अच्छे स्वास्थ्य के लिये शाकाहारी भोजन करना ठीक रहता है। मांसाहारी भोजन न करें। अपनी स्थायी साख के लिये जीवन शैली में परिवर्तन लायें। झूंठ बोलने, परनिन्दा करने, गुस्सा करने से सदा बचें। परमात्मा से डरें और सत्य, अहिंसा व परोपकार का जीवन अपनायें अन्यथा मानसिक तनाव व आर्थिक हानि निश्चित है।

4. सन्/संवत् में जन्में व्यक्ति :

प्रथम राष्ट्रपति राजेन्द्र प्रसाद, घनश्यामदास बिड़ला, कुंजीलाल दुबे, मुरारजी देसाई, जगजीवनराम, राजीव गांधी, मनमोहन सिंह, मेनका गांधी, लिंडन बी जानसन, एलिजाबेथ टेलर।

सन् 2005 या संवत् 2062 (कन्या वर्ष)

सन्/ संवत्	ईस्वी सन् या विक्रम संवत्		
सन् 2005 या अगले पिछले वर्ष	1957, 1969 1981, 1993	2005	2017, 2029, 2041, 2053
संवत् 2062 या अगले पिछले संवत्	2014, 2026, 2038 2050	2062	2074, 2086, 2098, 2110

1. शरीर की बनावट, स्वभाव एवं स्वास्थ्य :

इन सन्/संवत् में जन्में व्यक्ति मध्यम कद वाले और थोड़े स्थूलकाय होते हैं। शरीर कोमल होता है। सुन्दर व आकर्षक चेहरे और दूरदृष्टि वाले होते हैं। वाणी तेज और रौबदार होती है। चेहरा कुछ आगे उभरा होता है। ऐसे व्यक्ति निष्कपट, साहसी, ऊर्जावान, मिष्ठभाषी, उदार किन्तु स्वपनदृष्टा होते हैं। संगीत और सौन्दर्य के पुजारी होते हैं। बहुत ही स्वार्थी, सनकी, निरकुंश, उग्र, कामुक व डींग मारने वाले होते हैं। जीवन में संतोष की कमी सदा बनी रहती है। समय आने पर मौत को भी हंसकर गले लगा लेते हैं। अनियंत्रित व असंतुलित भोजन करने से स्वास्थ्य खराब बना रहता है। वात, पित्त एवं कफ संबंधी रोग, नाक, कान, गले के रोग, त्वचा रोग, खाज खुजली आदि हो सकते हैं।

2. विवाह, परिवार, रुचि एवं व्यवसाय :

ऐसे व्यक्तियों का विवाह बड़ी उम्र में होता है। विचारों और स्वपनों की दुनियां में हर समय खोये रहते हैं। परिवार से कोई मोह नहीं होता है। भ्रमणशील होने के कारण अधिक दिनों तक घर में नहीं रहते हैं, फिर भी परिवार के साथ मेल जोल बनाकर ही जीवन निर्वाह करते हैं। कन्या संतान अधिक होती है। शिक्षा के प्रति जागरुक होते हैं। उच्चशिक्षा ग्रहण करते हैं। नौकरी को अधिक महत्व देते हैं। प्रशासक/प्रबन्धक, डाक्टर/सर्जन, आडीटर/अकाउन्टैन्ट, वैज्ञानिक/शोधकर्ता, शिक्षक/लैक्चरर, लेखक/कवि, पत्रकार/सम्पादक, धर्मज्ञ/ज्योतिषविद् हो सकते हैं। खेतिहर किसान भी हो सकते हैं। राजनीति में जाकर एम.एल.ए/सांसद मंत्री/प्रधानमंत्री बन सकते हैं। सौन्दर्य प्रसाधनों के व्यवसाय भी अपना सकते हैं।

3. मैत्री संबंध, सावधानियां व जीवन शैली :

अपने जैसे स्वभाव व मानसिकता वाले व्यक्तियों से मैत्री संबंध रखते हैं। समाज को नई दिशा देने की भरसक कोशिश करते हैं। आजादी के दीवाने होते हैं। मातृभूमि के लिये मर मिटने को तैयार रहते हैं किन्तु इन्हें हवाई महल बनाने व डींग मारने की आदत का त्याग करना चाहिये और शुभकार्यों में अधिकाधिक योगदान करना चाहिये। अपव्यय से बचना चाहिये। संतुलित भोजन करना चाहिये। संतोष के साथ जीवन बिताना चाहिये। ईश-स्मरण आवश्यक है।

4. सन्/संवत् में जन्में व्यक्ति :

मोतीलाल नेहरु, सुभाषचन्द्र बोस, सत्यजीतरे, रवीन्द्रनाथ टैगोर, होमी जहांगीर भाभा, नरसिम्हाराव, जाकिर हुसैन, एच.डी.देवेगौडा, टी.एन.शेषन, माधवराव सिंधिया, चिदम्बरम।

सन् 2006 या संवत् 2063 (तुला वर्ष)

सन्/ संवत्	ईस्वी सन् या विक्रम संवत्		
सन् 2006 या अगले पिछले वर्ष	1958, 1970 1982, 1994	2006	2018, 2030, 2042, 2054
संवत् 2063 या अगले पिछले संवत्	2015, 2027, 2039 2051	2063	2075, 2087, 2099, 2111

1. शरीर की बनावट, स्वभाव एवं स्वास्थ्य :

इन सन्/संवत् में जन्में व्यक्ति औसत से कुछ लम्बे कद के व तगड़े होते हैं। चेहरा आगे से उभरा हुआ किन्तु सुन्दर व आकर्षक होता है। नेत्र चमकीले होते हैं। तेज धावक होते हैं। स्वभाव से विनम्र, दयालु, ईमानदार, वफादार, सावधान, सतर्क, न्यायप्रिय, बुद्धिमान, दूरदर्शी, कर्मशील व विश्वसनीय होते हैं। भ्रमणशील व परोपकारी होते हैं। त्याग व तपस्या की मूर्ति होते हैं। ईश्वर से डरते हैं। कला और सौन्दर्य के शौकीन होते हैं किन्तु थोड़े गुस्से वाले, जिद्दी, शंकालु, चिन्तित, निराशावादी व कामुक होते हैं। स्वास्थ्य का पूरा ध्यान रखते हैं। कभी-2 दिनचर्या परिवर्तन से जुकाम, खांसी, बुखार, पीलिया, जनेन्द्रिय रोग व चमड़ी के रोग हो सकते हैं।

2. विवाह, परिवार, रुचि एवं व्यवसाय :

विवाह छोटी उम्र में जल्दी हो जाता है। अच्छा परिवार होता है। जीवनसाथी को पूरा प्यार देते हैं। मिल जुलकर रहते हैं। पारवारिक जीवन सुखी रहता है। पिता पर पूर्ण श्रद्धा होती है। संतान को अपना स्नेह देते हैं। संतान आज्ञाकारी होती है। अच्छी शिक्षा ग्रहण करते हैं। नौकरी को महत्व देते हैं। न्यायाधीश/मजिस्ट्रेट, डाक्टर/सर्जन, सांईटिस्ट/रिसर्चर, शिक्षक/लेखक व धर्मज्ञ/सन्यासी हो सकते हैं। नेता या अभिनेता बन सकते हैं। सौन्दर्य प्रसाधनों के व्यवसायी या रेडीमेड कपड़ों के विक्रेता हो सकते हैं। जीवनयापन की सभी भौतिक वस्तु जुटा लेते हैं और उनका दिखावा भी करते हैं। इससे आर्थिक स्थित प्रभावित होती है। समय विशेष पर ऐसे व्यक्ति हिंसक भी होते देखे गये हैं। अतः इनकी रुचियां बदलती रहती हैं। फलस्वरूप फांसी भी हो सकती है। अकाल मौत भी हो सकती है।

3. मैत्री संबंध, सावधानियां एवं जीवनशैली :

इनके अधिकांश मित्र नौकरीपेशा व ताकतवर अधिकारी होते हैं। राज्य और समाज में उनकी पहुंच या साख होती है। व्यवहारकुशल होते हैं। उनसे सदैव नजदीकी संबंध बनाये रखते हैं। उन्हें सहयोग देते हैं। जिद, शंका व कामुकता को छोड़ने से जीवन दीर्घायु, सुखी और संतुष्ट रह सकता है। अधिक परिश्रम से बचें। कूटनीति छोड़े और दिखावा न करें। ऐसा करने से जीवन में आराम व प्यार मिलता रहेगा।

4. सन्/संवत् में जन्में व्यक्ति :

भू.पू. राष्ट्रपति वी.वी.गिरी, वैज्ञानिक सी.वी. रमन, समाजवादी नेता राम मनोहर लोहिया, संजय गांधी, नाथूराम गौड़से, के.मं. रामविलास पासवान, भू.पू. ब्रिटिश प्र.मं. विस्टन चर्चिल, चीनी प्र.मं. चाऊ एन.लाय, भू.पू. अमेरिकी राष्ट्रपति बिल क्लिंटन।

सन् 2007 या संवत् 2064 (वृश्चिक वर्ष)

सन्/ संवत्	ईस्वी सन् या विक्रम संवत्		
सन् 2007 या अगले पिछले वर्ष	1959, 1971 1983, 1995	2007	2019, 2031, 2043, 2055
संवत् 2064 या अगले पिछले संवत्	2016, 2028, 2040, 2052	2064	2076, 2088, 2100, 2112

1. शरीर की बनावट, स्वभाव एवं स्वास्थ्य :

इन सन्/संवत् में जन्में व्यक्ति लम्बे कद के सुगठित एवं बलिष्ठ होते हैं। चेहरा सुन्दर एवं आकर्षक होता है। आंखे काली व चमकदार होती हैं। हाथ पैर लम्बे होते हैं। संमोहक दृष्टि वाले होते हैं। ऐसे व्यक्ति भोले-भाले, निर्दोष, शिष्ट, उदार, शिक्षित, सहनशील, निष्ठावान, छैलछबीले, परोपकारी, महत्वाकांक्षी, सक्रिय एवं दृढ़निश्चयी होते हैं। अपनी गलती तुरंत स्वीकार कर लेते हैं। अच्छे खिलाड़ी होते हैं। साफ सफाई का ध्यान रखते हैं। फल की चिन्ता न कर कार्य में लगे रहते हैं और अन्ततः उन्नति-प्रगति कर लेते हैं। धन के संबंध में मूर्ख व अनाड़ी होते हैं। स्वास्थ्य के प्रति सावधान होते हुये भी बीमार हो जाते हैं। जनेन्द्रिय रोग, पथरी के रोग, कब्जी, खांसी, जुकाम, चोट के घाव हो सकते हैं।

2. विवाह, परिवार, रुचि एवं व्यवसाय :

ऐसे व्यक्तियों की दो शादियाँ हो सकती हैं। दूसरी शादी से अधिक सुख एवं शान्ति की आशा की जा सकती है। पारवारिक जीवन कलहपूर्ण बना रह सकता है। संतान अच्छी होती है। भाई-बहिनों से, सगे संबंधियों से कोई लाभ नहीं होता है। व्ययशील होते हैं। नास्तिक होते हैं। डाक्टर, इन्जीनियर, पुलिस या फौजी आफीसर, वकील, शिक्षक, लेखक या कवि हो सकते हैं। राजनीति में जा सकते हैं। नेता/मंत्री बन सकते हैं। संगीतकार या कलाकार हो सकते हैं। अवसर व आवश्यकता अनुसार कोई भी कार्य कर सकते हैं। आवेग एवं आवेश के कारण उन्हें धनहानि या परेशानी हो सकती है।

3. मैत्री संबंध, सावधानियां एवं जीवन शैली :

ऐसे व्यक्तियों के मित्र कम होते हैं, किन्तु जो भी मित्र होते हैं, जीवन पर्यन्त रहते हैं। मित्रता दिल से निभाते हैं। उनका साथ निभाते हैं। अधिक शारीरिक श्रम करना ठीक नहीं है। पेय पदार्थों का अधिक उपयोग करना चाहिये। व्यवहार में मिठास व शालीनता बरतें। क्रोध करने से बचें अन्यथा जीवन अशान्त और चिन्तातुर हो सकता है। अपने को सुरक्षित महसूस करें और निडर रहें और कुछ समय ईश्वर उपासना में लगायें।

4. सन्/संवत् में जन्में व्यक्ति :

स्वामी विवेकानंद, वल्लभभाई पटेल, गोविन्द वल्लभ पंत, मदनमोहन मालवीय, एस.वी. ताम्बे, अभिनेता अशोककुमार, उपराष्ट्रपति भैरोसिंह शेखावत, मु. मं. भूपेन्द्र सिंह हुड्डा, हैनरी फोर्ड।

सन् 2008 या संवत् 2065 (धनु वर्ष)

सन्/ संवत्	ईस्वी सन् या विक्रम संवत्		
सन् 2008 या अगले पिछले वर्ष	1960, 1972, 1984, 1996	2008	2020, 2032, 2044, 2056
संवत् 2065 या अगले पिछले संवत्	2017, 2029, 2041, 2053	2065	2077, 2089, 2101, 2113

1. शरीर की बनावट, स्वभाव एवं स्वास्थ्य :

उपरोक्त सन्/संवत् में जन्में व्यक्तियों की कद-काठी सामान्य होती है। शरीर से दुबले-पतले किन्तु सुगठित एवं संतुलित होते हैं। मुखाकृति आकर्षक एवं मनमोहक होती है। पैनी एवं तेज दृष्टिवाले होते हैं। बाल काले, भूरे होते हैं। स्वभाव से चंचल, चतुर, चालाक, बुद्धिमान, महत्वाकांक्षी, अनुशासित किन्तु स्वार्थी, कंजूस, गप्पी व डरपोक होते हैं। बाहर से शान्त व संतुलित दिखाई देने वाले अन्दर से चिंतित, घबराये हुये, अशान्त, असंतुष्ट होते हैं। संकीर्ण विचारधारा वाले, जुआरी, कामुक, अवसरवादी व आक्रामक होते हैं। स्वास्थ्य के बारे में गंभीर नहीं होते हैं। छोटी सी बीमारी होने पर घबरा जाते हैं। यही कारण है कि वृद्धावस्था में बीमार होने की स्थिति में अधिक तंग व दु:खी होते हैं।

2. विवाह, परिवार, रुचि एवं व्यवसाय :

विवाह 20 वर्ष की छोटी अवस्था में हो जाता है। साहसी एवं बलशाली जीवन साथी से संबंध बनाते हैं। भरे पूरे परिवार में मिलजुल कर रहने की प्रवृत्ति होती है। अपने लिये जीवनयापन की सभी सुविधायें आसानी से जुटा लेते हैं। अच्छे सैल्समैन होते हैं। बचत करने की आदत होती है। भविष्य के लिये बहुत कुछ बचाकर रखते हैं, फिर भी कर्जदार होते हैं। बच्चे अधिक होते हैं। व्यवसाय की ओर रुझान होता है किन्तु नौकरी करने में भी कोई हानि नहीं है। मनीलैण्डर, दुकानदार, प्रकाशक, लेखक, चित्रकार, गायक, कथावाचक, अच्छे ज्योतिषी हो सकते हैं। बैंक अधिकारी, कर्मचारी, लेखाकार, शिक्षक, वकील, जज आदि हो सकते हैं। राजनीति इनके लिये अभियोग या बदनामी का कारण हो सकती है। अत: राजनीति में जाना ठीक नहीं है। राज्यसेवा या नौकरी से ही लाभ हो सकता है।

3. मैत्री संबंध, सावधानियां एवं जीवनशैली :

सुरक्षा एवं सफलता को महत्व देते हैं। अत: इनके मैत्री संबंध अपनी उम्र से कम आयु के साहसी एवं बलशाली व्यक्तियों से होते हैं। ऐसे व्यक्ति मेष और सिंह राशि वाले अधिक होते हैं। अच्छे खिलाड़ी होते हैं। अत: भागदौड़ बनी रहती है। इन्हें लम्बी यात्राओं से बचना चाहिये। लघु यात्रायें लाभकारी व सुखद होती हैं। अपनी समस्याओं का समाधान स्वयं ही खोजते हैं। किसी को बताना ठीक नहीं समझते हैं किन्तु दूसरों से सलाह लेने में कोई बुराई नहीं है। कामुकता और जुएं की लत छोड़ने से ही शांति मिल सकती है।

4. सन्/संवत् में जन्में व्यक्ति :

रामकृष्ण परमहंस, जे.बी. कृपलानी, हरिदेव जोशी, अटलबिहारी वाजपेयी, जयललिता, शैक्सपीयर, प्रिन्स चार्ल्स, जार्ज वाशिंगटन, जुबीन मेहता।

सन् 2009 या संवत् 2066 (मकर वर्ष)

सन्/ संवत्	ईस्वी सन् या विक्रम संवत्		
सन् 2009 या अगले पिछले वर्ष	1961, 1973, 1985, 1997	2009	2021, 2033, 2045, 2057
संवत् 2066 या अगले पिछले संवत्	2018, 2030, 2042, 2054	2066	2078, 2090, 2102, 2114

1. शरीर की बनावट, स्वभाव एवं स्वास्थ्य :

इस सन्/संवत् में जन्में व्यक्ति सामान्य से थोड़े लम्बे कद के होते हैं। हृष्ट-पुष्ट एवं बलवान होते हैं। शरीर स्थूलकाय हो सकता है। आंखों में प्यार झलकता है। सुड़ौल और सुन्दर मुखड़ा होता है। ऐसे व्यक्ति सीधे-सादे, भोले-भाले, ईमानदार, समझदार, उदार, मिलनसार, बुद्धिमान, वाकपटु, चिन्तनशील, अत्यधिक परिश्रमी एवं विलक्षणी होते हैं। यथार्थ में विश्वास रखते हैं। सच्चाई के साथी होते हैं। जिद्दी व धर्मान्ध होते हैं। परोपकार में लगे रहते हैं। सदैव हंसते रहना इनकी दीर्घायु का सूचक है। सदैव स्वस्थ रहते हैं। बीमारी इनसे दूर रहती है लेकिन जब कभी हिंसक हो जाते हैं तो स्वास्थ्य प्रभावित होता है।

2. विवाह, परिवार, रुचि एवं व्यवसाय :

विवाह ठीक समय हो जाता है। परिवार में मिलजुल कर रहते हैं। परिवार वालों की बातें मानते हैं। सामाजिक रीति-रीवाजों के अनुसार कार्य करते हैं। उनका पूरा-2 निर्वाह करते हैं। परिवार से दूर अकेले रहने में भी इन्हें कोई ऐतराज नहीं है। सैल्फमेड मैन होते हैं। निरन्तर अपने कार्य में व्यस्त रहते हैं। बच्चों पर गर्व करते हैं। कृषि कार्य को अधिक महत्व देते हैं। पुलिस या फौज में भी जा सकते हैं। डाक्टर/सर्जन, वास्तुकार, ठेकेदार, इन्जीनियर, टैक्नीशियन हो सकते हैं। सामाजिक गतिविधियों में भाग लेते हैं। अत: राजनीति में जाकर उच्च पद पर पहुँच सकते हैं। राजदूत/सांसद/मंत्री/राष्ट्रपति बन सकते हें। धर्मोपदेशक होकर समाज को नई दिशा दे सकते हैं।

3. मैत्री संबंध, सावधानियाँ एवं जीवन शैली :

ऐसे व्यक्तियों के संबंध बुद्धिमान, विद्वान किन्तु कला के पुजारी एवं फैशनेबल लोगों से होते हैं और परस्पर विश्वास की नींव पर होते हैं। उचित समय पर एक दूसरे की सहायता करते हैं। यात्रा के शौकीन होते हैं किन्तु अधिक दिनों तक अकेले घर से बाहर नहीं रह सकते हैं। परस्पर प्यार भरा जीवन जीते हैं। अपनी सक्रिय सेवा भावना से सभी को अपना बना लेते हैं। इनके विशेष गुण निडरता व हठधर्मिता इन्हें तानाशाह कर सकते हैं। हठ छोड़ने में ही स्वयं की भलाई व सभी का सुख है। मृत्युपर्यन्त भी इस प्रकार के व्यक्तियों को याद किया जाता है।

4. सन्/संवत में जन्में व्यक्ति :

भू.पू. मंत्री वाय.वी. चव्हाण, यशवंत सिन्हा, प्र.मं. पंडित जवाहरलाल नेहरु, व्ही. शान्ताराम, किरणबेदी, ब्रिटिश प्र.मं. मारग्रेट थैचर, नेपालियन, एडोल्फ हिटलर, वाल्टडिजनी, रिचर्ड निक्सन, आगाखान भू.पू. पाकिस्तानी राष्ट्रपति अयूब खां।

सन् 2010 या संवत् 2067 (कुम्भ वर्ष)

सन्/ संवत्	ईस्वी सन् या विक्रम संवत्		
सन् 2010 या अगले पिछले वर्ष	1962, 1974, 1986, 1998	2010	2022, 2034, 2046, 2058
संवत् 2067 या अगले पिछले संवत्	2019, 2031, 2043, 2055	2067	2079, 2091, 2103, 2115

1. शरीर की बनावट, स्वभाव एवं स्वास्थ्य :

इन सन्/संवत् में जन्में व्यक्ति सामान्य कद के होते हैं। शरीर सुड़ौल, सुगठित एवं संतुलित होता है। आंखे चमकदार एवं पैनी होती है। मुखाकृति डरावनी लगती है। पैरों में ताकत होती है। अच्छे धावक होते हैं। तेज दौड़ सकते हैं। सिंहसमान साहसी, उत्साही, बलशाली, निड़र व क्रान्तिकारी होते हैं। उनका अपना चाल-चलन नेक होता है किन्तु दूसरों के दोष निकालने की उनकी आदत होती है। शंकालु होते हैं। किसी पर भी विश्वास नहीं करते हैं। सतर्क एवं सावधान रहते हैं। राजा के समान जीवन होता है। शासन करने की इच्छा रखते हैं। सदा स्वस्थ रहते हैं। बीमार होने का प्रश्न हीं नहीं उठता है। दुर्घटना में अकाल मृत्यु हो सकती है।

2. विवाह, परिवार, रुचि एवं व्यवसाय :

ऐसे व्यक्तियों का विवाह या तो होता नहीं है और यदि होता है तो काफी विलम्ब से होता है। परिवार के प्रति कोई मोह नहीं होता है। एकाकी रहना पसन्द करते हैं। धन होता है किन्तु धन का तनिक भी लालच नहीं होता है। ठीक से प्यार नहीं निभा पाते हैं। स्वार्थी व संकीर्ण विचारों के होते हैं। क्रोधी, क्रान्तिकारी व कामुक होते हैं। शीघ्र ही उग्र हो उठते हैं। अत: जीवन में अशान्ति बनी रहती है। सदैव सतर्क और सावधान रहते हैं। योद्धा प्रवृति के कारण फौजी अफसर, प्रशासक, प्रबन्धक बनने में रुचि होती है। नेता, राजदूत, मंत्री, प्रधानमंत्री, राष्ट्रपति भी बन सकते हैं। फिल्म मेकर या कवि भी हो सकते हैं। अपनी उग्रता के कारण अच्छे लोगों से तालमेल नहीं रख पाते हैं। अच्छे लोगों से मेलजोल रखना लाभकारी होता है।

3. मैत्री संबंध, सावधानियां एवं जीवन शैली :

इनके संबंध दुष्ट या दुर्जन व्यक्तियों से होते हैं। लड़ाकू होने के कारण सदैव ही दुर्घटनाओं से जूझते रहते हैं। बहादुरी के लिये सदैव याद किये जाते हैं। वृद्धावस्था से पूर्व ही अकाल मृत्यु के ग्रास हो जाते हैं। जब तक वह जीवित रहते हैं, आम व्यक्ति उनसे डरते रहते हैं। यदि प्यार-प्रीत से मिल कर रह सकें और आवेश को छोड़ सकें तो इनका जीवन सुखमय व दीर्घायु हो सकता है।

4. सन्/संवत् में जन्में व्यक्ति :

चौधरी चरण सिंह, ज्योति बसु, फिल्म मेकर बी.आर. चोपड़ा, हरीप्रसाद चौरसिया, जोसेफ स्टालिन, एच.जी. वेल्स, मार्लिन मुनरो, होची मिन्ह, कार्लमार्क्स, डीगॉल।

सन् 2011 या संवत् 2068 (मीन वर्ष)

सन्/ संवत्	ईस्वी सन् या विक्रम संवत्		
सन् 2011 या अगले पिछले वर्ष	1963, 1975, 1987, 1999	2011	2023, 2035, 2047, 2059
संवत् 2068 या अगले पिछले संवत्	2020, 2032, 2044, 2056	2068	2080, 2092, 2104, 2116

1. शरीर की बनावट, स्वभाव व स्वास्थ्य :

इस सन्/संवत् में जन्में व्यक्ति की कद काठी सामान्य होती है। सुड़ौल, सुगठित और सुन्दर होते हैं। आंखे अंधेरे में भी चमकती हैं। उनकी चाल में भी तेजी होती है। विनम्र, बुद्धिमान, शिष्ट, शान्त, धीर, गंभीर, भावुक एवं महत्वाकांक्षी होते हैं। पठन-पाठन में विशेष रुचि होती है। सदैव सतर्क और सावधान रहते हैं। अपनी संस्कृति के रक्षक होते हैं। चतुर, चालाक व गप्पी होते हैं। आराम व सुरक्षा को पूरा महत्व देते हैं। अशान्ति फैलाने वाले व्यक्तियों से इन्हें घृणा होती है। सदैव प्रसन्नचित्त दिखाई देते हैं और अपनी समस्याओं का हल स्वयं ही खोजते हैं। बीमार हो सकते हैं किन्तु बीमारी शीघ्र ही दूर हो जाती है।

2. विवाह, परिवार, रुचि व व्यवसाय :

विवाह 20-22 वर्ष की अवस्था में हो जाता है। साफ-सुथरे घर में रहते हैं। परिवार से प्यार होता है किन्तु मोह से कोसों दूर रहते हैं। छोटी उम्र में ही अपने माता-पिता व बच्चों का साथ छोड़ देते हैं। नौकरी मे बहुत कम रुचि होती है। अपना व्यवसाय स्वयं खोज लेते हैं। व्यवहारकुशल एवं मिष्ठभाषी होते हैं। अपने बुद्धिबल पर इन्हें विश्वास होता है। मित्रगण भी इनका लोहा मानते हैं और प्रशंसा करते हैं। अच्छे मॉडल, ड्रेसमेकर, डेकोरेटर, प्रचारक हो सकते हैं। अच्छे कृषक भी हो सकते हैं। वकील, जज, नेता, अभिनेता, राजदूत, मंत्री आदि हो सकते हैं। किसी संस्था के संस्थापक हो सकते हैं। विश्व में नाम होता है।

3. मैत्री संबंध, सावधानियाँ, जीवन शैली :

अपने जैसे शान्त एवं सभ्य लोगों से मित्रता के संबंध रखते हैं किन्तु सुरक्षा व साहस की दृष्टि से खरे उतरने वाले व्यक्ति होने चाहिये। कोई भी निर्णय लेने से पूर्व काफी सोच विचार करते हैं। सक्रिय और कर्तव्यनिष्ठ होते हैं। अटकलबाजी व अनुमान लगाने में माहिर होते हैं। दूसरों को आसानी से बेवकूफ बनाकर अपना रौब कायम रखते हैं। यह आदत ठीक नहीं है। दूसरों की आपत्तियों के समाधान में कोई योगदान नहीं करते हैं। अपने उपर मुसीबत आने पर मौत को भी गले लगा लेते हैं।

4. सन्/संवत् में जन्में व्यक्ति :

भू.पू.प्र.मं. चन्द्रशेखर, शिवसेना प्रमुख बालठाकरे, गोपीनाथ मुण्डे, सद्दाम हुसैन, फूलन देवी, ब्रिटिश महारानी विक्टोरिया, मार्टिन लूथर किंग, आइन्सटाइन, कन्फ्यूशियस।

(viii) जन्म अयन का फल :

सूर्य वर्ष में 6 महीने उत्तरायण और 6 महीने दक्षिणायण होता है। मकर की संक्रान्ति से मिथुन की संक्रान्ति तक का 6 राशियों का काल (10, 11, 12, 1, 2, 3) उत्तरायण काल होता है तथा कर्क की संक्रान्ति से धनु की संक्रान्ति तक का 6 राशियों का काल (4, 5, 6, 7, 8, 9) दक्षिणायण काल होता है।

1. उत्तरायण काल का जन्म :

इस काल में अर्थात जनवरी से जून तक की अवधि में जन्में व्यक्ति बुद्धिमान, विद्वान और महत्वाकांक्षी होते हैं। शिक्षा में पूरा ध्यान देते हैं। यौगिक क्रियाओं में लीन रहते हैं। समाज में मान-सम्मान पाते हैं। मेहनती व साहसी होते हैं। सदैव सक्रिय रहते हैं। विनम्र, दयालु और परोपकारी होते हैं।

2. दक्षिणायण काल का जन्म :

इस काल में अर्थात जुलाई से दिसम्बर तक की 6 महीने की अवधि में जन्में व्यक्ति वाकपटु और चतुर होते हैं। व्यवसायिक मनोवृत्ति के होते हैं। उन्हें अपने लाभ-हानि का ज्ञान होता है। स्वार्थी और अभिमानी होते हैं। दुश्मन से शत्रुता रखते हैं। निडर होते हैं। लड़ाई-झगड़े व मुकदमें उनके लिये खेल होते हैं।

(ix) जन्म के योग का फल (Effects of Yogas at Birth)

क्र.	नाम	फल
1.	विष्कुम्भ	सुन्दर, धनी, शत्रुजयी एवं कृषक।
2.	प्रीति	श्रृंगारप्रिय, सुगन्धप्रिय एवं सर्वप्रिय।
3.	आयुष्मान	स्वस्थ, साहसी एवं दीर्घायु।
4.	सौभाग्य	प्रसन्न, सुखी एवं सौभाग्यशाली।
5.	शोभन	आकर्षक, भोगी और हिंसक।
6.	अतिगण्ड	पापी, दुराचारी, संघर्षशील व धनी।
7.	सुकर्मा	कर्मशील, सुखी, धनी व धर्मरत।
8.	धृति	क्रोधी, स्वार्थी, कामुक व परधनहारी।
9.	शूल	क्रोधी, झगडालू, आक्रामक व निडर।
10.	गण्ड	दुष्ट, दुराचारी एवं पापकर्मी।
11.	वृद्धि	प्रगतिशील, बुद्धिमान और सुवक्ता।

12. ध्रुव स्थिरमन, कुशाग्रबुद्धि, धनी एवं सुखी।
13. व्याघात दुष्ट, लालची, क्रोधी एवं हिंसक।
14. हर्षण प्रसन्नचित्त, बुद्धिमान एवं यशस्वी।
15. वज्र धनी, आकर्षक व कामुक।
16. सिद्धि परोपकारी, प्रभुतासम्पन्न किन्तु आश्रित।
17. व्यतीपात अविश्वासी, कायर एवं धोखेबाज।
18. वरियान दुराचारी, दम्भी एवं कामुक।
19. परिघ ईर्ष्यालु, आलोचक एवं धनी।
20. शिव शान्त, शास्त्रज्ञाता, राजप्रिय एवं धनी।
21. सिद्ध विनम्र, सुशील, सफल एवं धर्मात्मा।
22. साध्य सद्गुणी, सच्चरित्र एवं बुद्धिमान।
23. शुभ सुन्दर, धनी, कामुक व रोगी।
24. शुक्ल सदगुणी, वाकपटु, चंचल और भ्रमणशील।
25. ब्रह्म बुद्धिमान, विश्वसनीय, पारखी एवं महत्वाकांक्षी।
26. इन्द्र विद्वान, ज्ञानवान, धनवान एवं परोपकारी॥
27. वैधृति चतुर, चालाक, बलिष्ठ एवं धनी।

(x) जन्म के करण का फल (Effects of Karanas at birth)

जैसाकि पहले ही लिखा गया है एक तिथि में दो करण होते हैं। जन्म समय एवं तिथि अनुसार करण मिश्रित फल देते हैं।

क्र.	नाम	फल
1.	किंस्तुघ्न	हास्यप्रिय, चंचल, भ्रमणशील, आलसी, असंतुष्ट एवं धनहीन।
2.	बालव	विनम्र, बुद्धिमान, राजमान्य, यशस्वी, लेखक, नेता एवं अभिनेता।
3.	तैतिल	साहसी, बलशाली, तेजस्वी, परोपकारी किन्तु क्रोधी एवं लड़ाकू
4.	वणिज	चंचल, कोमल, वाकपटु, बुद्धिमान, धनवान, लोकप्रिय एवं पुण्यात्मा।
5.	बव	बुद्धिमान, प्रतापी, कर्मशील, व्यवसायी एवं धर्मोपदेशक।
6.	कौलव	दयालु, मित्रवत, सदाचारी, सस्नेही, योगी या सन्यासी।
7.	गरज	विनम्र, दयालु, परिश्रमी, प्रतापी एवं दानवीर।
8.	विष्टी (यम)	स्वतंत्र, दुर्जन, कामी, ठग किन्तु डरपोक।
9.	शकुनि(काल)	क्रोधी, दु:खी व असंतुष्ट किन्तु अच्छा उपदेशक।
10.	चतुष्पद	निडर, लड़ाकू, बुद्धिमान, धनवान एवं यशस्वी।
11.	नाग (सर्प)	तेजस्वी, सुवक्ता, बलवान, धनवान किन्तु समाज से दूर।

(xi) जन्म नक्षत्र के फल (Effects of Constellations at birth)

क्र.	नाम नक्षत्र	नक्षत्र का फल
1.	अश्विनी	सुन्दर, स्वस्थ, सर्वप्रिय, चतुर, बुद्धिमान, ज्ञानवान, यशस्वी, धनी व सुखी।
2.	भरणी	स्वस्थ, सत्यवक्ता, विद्वान, धनवान, सुखी, स्वार्थी, क्रूर एवं विकल।
3.	कृतिका	तेजस्वी, साहसी, बुद्धिमान, विद्वान, व्यवहारकुशल, मोजनभट्ट व कामुक
4.	रोहिणी	दुबला-पतला, मिष्ठभाषी, मिलनसार, ज्ञानी, दानी, निंदक व भोगी।
5.	मृगशिरा	सौम्य, सुकोमल, सुवक्ता, धनी, सुखी, अभिमानी, निरुत्साही व रोगी।
6.	आर्द्रा	स्वस्थ, सुशील, धर्मात्मा, क्रोधी, मूर्ख, दुःखी, दरिद्र व अविश्वासी।
7.	पुर्नवसु	सुशील, व्यवहारकुशल, विख्यात, प्रवासी, धनी, दुर्व्यसनी व कामी।
8.	पुष्य	विद्वान, गुणवान, कर्तव्यनिष्ठ, धनी, परिवार प्रिय व आस्तिक।
9.	अश्लेषा	हंसमुख, बलिष्ठ, मन्दबुद्धि, स्वार्थी, क्रोधी, अखाद्यभोजी व दुराचारी।
10.	मघा	साहसी, उद्यमी, धनी, आस्तिक, अहंकारी, कुटिल व कामी।
11.	पूर्वा फाल्गुनी	मिष्ठभाषी, सदाचारी, दूरदर्शी, दानी, सुखी, प्रतिष्ठित, पंडित।
12.	उत्तरा फाल्गुनी	बुद्धिमान, सत्यवक्ता, संगीतप्रिय, लोकप्रिय, यशस्वी, योगी व भोगी।
13.	हस्त	विद्वान, पराक्रमी, परोपकारी, धनी, निर्दयी, निर्लज्ज, झूठा व चोर।
14.	चित्रा	स्वस्थ, सुन्दर, आभूषणप्रिय, धनवान, पुत्रवान, कंजूस, परस्त्रीगामी।
15.	स्वाती	मिष्ठभाषी, दानी, मातृ-पितृ भक्त, उच्चाधिकारी, धनी व धर्मात्मा।
16.	विशाखा	आस्तिक, नौकरीपेशा, शत्रुजयी, अहंकारी, ईर्ष्यालु, क्रोधी व कृपण।
17.	अनुराधा	सुन्दर, कर्तव्यनिष्ठ, प्रवासी, विख्यात, मातृ-पितृ भक्त, धनी व कामुक।
18.	ज्येष्ठा	धर्म परायण, क्रोधी, कटुभाषी, अल्पधनी, पाखंडी व परस्त्रीगामी।
19.	मूला	वाकपटु, चतुर, अनुशासित, आरामपसन्द, धनी, अभिमानी व निन्दक।
20.	पूर्वा षाढ़ा	लम्बा, शान्त, सुखी, दूरदर्शी, परोपकारी, कार्यकुशल, धनी व पत्नीप्रिय।
21.	उत्तरा षाढा	बलिष्ठ, पराक्रमी, ज्ञानवान, निष्ठावान, मित्रवान्, धनी व सुखी।

22. श्रवण सुशील, उत्साही, धर्मात्मा, कलाप्रिय, उच्चाधिकारी व परोपकारी।

23. धनिष्ठा धीर, वीर, निडर, संगीतप्रिय, सुखी, धनी व यशस्वी।

24. शतभिषा सुयोग्य, सत्यवक्ता, साहसी, अल्पभोगी, राजप्रिय, पंडित व ज्योतिषी।

25. पूर्वा भाद्रपद उदास, दुःखी, धनी, कामुक, ईर्ष्यालु, घमण्डी, कृपण व नास्तिक।

26. उत्तरा भाद्रपद विद्वान, धनवान, दानी, बातूनी, तर्कशास्त्री, गुणी व यशस्वी।

27. रेवती स्वस्थ, साहसी, बुद्धिमान, सुवक्ता, पुत्रवान, धनवान एवं कामुक।

नोट : 1. अश्विनी, मघा व मूल के प्रथम चरण और अश्लेषा व ज्येष्ठा के चतुर्थ चरण का जन्म हो तो व्यक्ति के स्वयं के जीवन के लिये और माता-पिता के जीवन के लिये भी अशुभ व दुःखदायी होता है। उसकी मृत्यु भी हो सकती है। यदि किसी कारण से 20 वर्ष की आयु पूरी हो जाती है तो वह दीर्घायु एवं विश्वविख्यात होता है।

2. ज्येष्ठा के प्रथम और द्वितीय चरण का जन्म व्यक्ति के बड़े व छोटे भाई के जीवन के लिये अशुभ एवं कष्टकारी होता है। बड़े या छोटे भाई की मृत्यु भी हो सकती है।

3. रेवती के चतुर्थ चरण का जन्म भी अपनों के लिए अशुभ एवं कष्टकारी होता है।

(xii) जन्म लग्न राशिफल

कुल 12 राशियाँ होती हैं। सभी ग्रह इन राशियों में होकर गुजरते हैं। चन्द्रमा सवा दो दिन में एक राशि पार कर लेता है। सूर्य एक महीने में एक राशि पार करता है और इसी प्रकार गुरु व शनि को छोड़कर अन्य ग्रह भी थोड़े समय में ही सारी राशियां पार कर जाते हैं। गुरु 13 महीने में और शनि 30 महीने में एक राशि पार करता है। इसी प्रकार राहु व केतु 18 महीने में सभी राशियां पार कर जाते हैं।

इन राशियों में जन्म लेने वाले व्यक्ति भिन्न-भिन्न विशेषताओं वाले होते हैं और जन्म समय की लग्न राशि अनुसार अपना जीवन जीते हैं। सभी लग्न राशियों का वर्णन अगले पृष्ठों पर देखें :-

1. जन्म लग्न राशि मेष (Aries)

(i) राशि परिचय : भचक्र की प्रथम राशि मेष आकृति में मैढ़ा या बकरे के समान, अग्नितत्व, रजोगुणी, चर, उष्ण, पुरुषलिंगी, रात्रिबली, पृष्ठोदयी, पूर्वदिशास्वामिनी, संघर्षशील, शुष्क एवं बंजर स्थान यथा पर्वत/वन निवासिनी एक अशुभ राशि है।

प्रतिवर्ष अंग्रेजी तिथि 21 मार्च के आस पास सूर्य इस राशि में प्रवेश करता है और 19 अप्रेल तक रहता है। इसका विस्तार 0^0 अंश से 30^0 अंश है। मंगल इस राशि का स्वामीग्रह है। शुक्र इसका शत्रु है। सूर्य की यह उच्च राशि तथा शनि की यह नीच राशि है। गुरु, मंगल, सूर्य इस राशि के शुभ फलदायी, लाभदायी कारक ग्रह हैं। सूर्य, मंगल युति और गुरु, मंगल युति सफल योग है।

(ii) शारीरिक बनावट : इस लग्न राशि में जन्में व्यक्ति शरीर से दुर्बल, दुबले-पतले किन्तु कद में सामान्य से कुछ लम्बे, सुगठित एवं बलिष्ठ होते हैं। मुखाकृति सुन्दर व आकर्षक होती है। नेत्र चमकीले होते हैं। दृष्टि पैनी और तेज होती है। चेहरा और गर्दन लम्बे होते हैं। बाल काले किन्तु रुखे और रंगरूप लाल गेहुँआ होता है। सिर या सिर के किसी भाग पर चोट का निशान या चेहरे या छाती पर तिल आदि का चिन्ह होता है।

(iii) स्वभाव एवं मनोवृत्ति : ऐसे व्यक्ति स्वभाव से हठी, क्रोधी, जल्दबाज, झगड़ालू, ढीठ, अविवेकी, अभिमानी किन्तु परिश्रमी, सत्यवक्ता, सदाचारी, स्वतंत्रताप्रिय, निडर व कर्मठ होते हैं। उत्साही, साहसी, उर्जावान, सक्रिय, महत्वाकांक्षी, चतुर, दार्शनिक, प्रेरक मनोवृति के होते हैं। तुरत बुद्धि होने के कारण कार्य को शीघ्रातिशीघ्र पूरा करने में गौरव महसूस करते हैं। संकट की घड़ी में भी संतुष्ट एवं प्रसन्नचित्त दिखाई देते हैं। इन्हें किसी के अधीन रहकर काम करना पसन्द नहीं है। इनमें तर्क शक्ति गजब की होती है। व्यवहारकुशल और अच्छे मार्गदर्शक होते हैं।

(iv) स्वास्थ्य एवं रोग : सामान्यत: ऐसे व्यक्ति स्वस्थ एवं निरोग रहते हैं। बीमार कम पड़ते हैं। इनकी प्रतिरोधक शक्ति से रोग भी दूर भागते हैं किन्तु खांसी, जुकाम, बुखार, सिरदर्द, रक्त विकार, नेत्ररोग, त्वचारोग आदि का भय बना रहता है। जलभीरु होते हैं। अत: चोट, घाव, फोड़े, फुन्सी सामान्य सी बात हो सकती है। योगासन एवं व्यायाम करते रहना स्वास्थ्य के लिये हितकर रहता है। प्रात: कालीन सैर भी ठीक है।

(v) विवाह और परिवार : इन पुरुष या स्त्रियों का विवाह 20 से 22 वर्ष की उम्र में हो जाता है। परिवार में मिलजुल कर रहने की भावना होती है। माता-पिता के प्रति पूरा स्नेह होता है। भ्रमणशील व परिवर्तनशील प्रकृति के कारण एक जगह या स्थान या घर पर टिक नहीं पाते हैं। इन्हें भाई-बहिनों, सगे-संबंधियों से कोई सुख या सहायता नहीं मिलती है। शीघ्र क्रोधित और शीघ्र मान जाने वाली प्रवृति के कारण परिवार में सामंजस्य बना रहता है किन्तु कई बार जमीन जायदाद के झंझटों के कारण परिवार में कठिनाइयाँ आ जाती है। जीवन में उत्थान-पतन होते रहते हैं।

(vi) नौकरी या व्यवसाय : शिक्षा के शौकीन होते हैं। डाक्टरी, इन्जीनियरिंग की शिक्षा ग्रहण कर सकते हैं। अच्छे खिलाड़ी भी होते हैं। ऐसी स्थिति में पुलिस या फौज में अच्छा पद पा सकते हैं। प्रशासनिक अधिकारी हो सकते हैं। चिकित्सक, केमिस्ट, लैक्चरार, इन्जीनियर, मैकेनिक, सर्वेयर, सेल्स एजेन्ट हो सकते हैं। बिजली या इलैक्ट्रोनिक्स उपकरण व्यवसायी भी बन सकते हैं। राजनीति में जा सकते हैं। नेता अभिनेता बन सकते हैं। लेखक या कवि हो सकते हैं किन्तु नौकरी के अवसर अधिक होते है।

(vii) महत्वपूर्ण एवं शुभ : भाग्योदय कारक वर्षों में 16, 22, 28, 32, 36 वें वर्ष तथा अन्य महत्वपूर्ण वर्षों में 18, 27, 45, 54, 63, 72 वें वर्ष प्रमुख है। दिनों में मंगलवार, गुरुवार और रविवार शुभ दिन हैं। रंगों में लाल और पीला रंग शुभ है। अंको में 9 का अंक सर्वाधिक शुभ है। निर्बल और अशुभ मंगल होने की स्थिति में मूँगा, रत्न पहनना शुभ होता है। मंगलवार को व्रत रखना और एक समय नमक रहित भोजन करना शुभ है। मानसिक शांति के लिए गायत्री मंत्र का जाप करना ठीक रहता है।

(viii) मैत्रीसंबंध एवं सावधानियाँ : सिंह, तुला, धनु लग्न राशि में जन्में पुरुष या स्त्रियों से मैत्री संबंध रखना अधिक श्रेयस्कर एवं लाभकारी रहता है। अत: मित्रवत् संबंधों में सावधानी बरतनी चाहिये। प्रोटीनयुक्त भोजन स्वास्थ्य के लिये अधिक उचित है। आराम में कमी न आने दे और पूरी नींद लें। क्रोध, हठ, कामुकता व अति वाद-विवाद की प्रवृति का त्याग करें।

(ix) मेष लग्न में जन्में व्यक्ति : सिकन्दर महान, पृथ्वीराज चौहान, नेताजी सुभाषचन्द्र बोस, डा. संपूर्णानन्द, सरदार बल्लभभाई पटेल, अभिनेता अशोककुमार, दिलीपकुमार, जयनारायण व्यास, अभिनेत्री स्मितापाटिल, भू.पू.मु.मं. हरिदेव जोशी, भू.पू.चु.आ. टी.एन. शेषन, ज्योतिषविद् एवं लेखक रघुनन्दन प्रसाद गौड़।

पृथ्वीराज चौहान

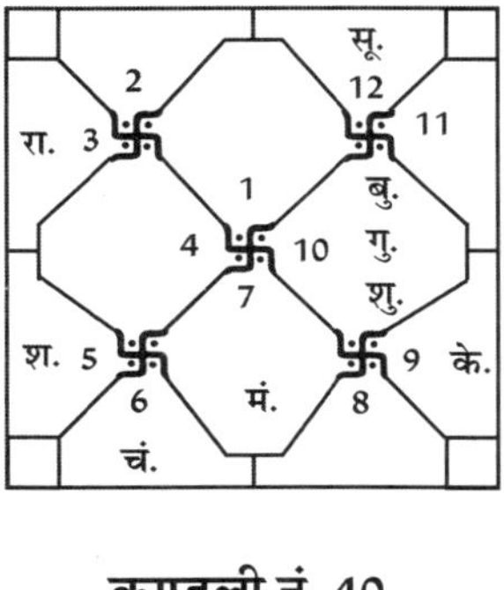

कुण्डली नं. 40

राज योग :

1. लग्न में शनि हो तो व्यक्ति पूर्णरूपेण सुखी, धनी एवं एश्वर्यशाली होता है।
2. सूर्य, गुरु, शनि, मंगल उच्च राशि में केन्द्रस्थ हो तो व्यक्ति पूर्णरूपेण सुखी, धनी, यशस्वी होता है।
3. सूर्य लग्न में, गुरु नवम में, मंगल दशम में और शनि सप्तम भाव में हो तो व्यक्ति धनवान एवं प्रतिष्ठित होता है। राज्यपाल बनता है।
4. सूर्य लग्न में, गुरु चतुर्थ, में मंगल दशम में या शनि सप्तम भाव में हो तो व्यक्ति अत्यन्त सुखी एवं धनी होता है।
5. सूर्य लग्न में, चन्द्र और गुरु चतुर्थ भाव में हो तो व्यक्ति विद्वान, धनवान, सुखी एवं गण्यमान होता है।
6. सूर्य एकादश में, चन्द्र चतुर्थ में तथा मंगल दशम में या शनि सप्तम भाव में हो तो व्यक्ति सुखी एवं धनवान होता है। उच्च प्रशासकीय अधिकारी होता है।
7. सूर्य लग्न में, चन्द्र द्वितीय में और शनि एकादश भाव में हो तो व्यक्ति, सुखी, धनी एवं भाग्यशाली होता है।
8. सूर्य लग्न में, चन्द्र+शनि युति सप्तम में तथा नवम भाव में गुरु हो तो व्यक्ति भाग्यशाली और सुखसम्पदा वाला होता है।
9. मंगल लग्न में, गुरु चतुर्थ में या फिर मंगल+गुरु चतुर्थ में एक साथ हो, व्यक्ति को धनी और सुखी करते हैं।
10. मंगल पंचम भाव में हो तो मंगल की महादशा में राजयोग होता है और व्यक्ति भाग्यशाली व धनी होता है। डाक्टर/सर्जन बन सकता है।
11. मंगल की द्वितीय भाव में गुरु, शुक्र के साथ युति हो तो व्यक्ति पूर्णरूपेण सुखी होता है। अतुल धन का स्वामी होता है। श्रेष्ठ व्यापारी होता है।

नीच योग :

1. मेष लग्न वाले व्यक्ति को फोड़े, फुन्सी, घाव, चोट, चेचक आदि का भय सदैव ही बना रहता है।
2. लग्नेश मंगल व बुध की युति रक्तचाप और सिर के दर्द लाती है।
3. इस लग्न में गुरु दशम भाव में हो तो मारक होता है। हार्ट अटैक की स्थिति पर पहुँचाता है।
4. अष्टम भाव में शुक्र वीर्य विकार और स्त्री सुख में बाधा लाता है।
5. अष्टम भाव में सूर्य, मंगल और शुक्र की युति गुदा रोग, बवासीर, भगन्दर तथा नेत्र रोग लाती है।
6. मेष लग्न में गुरु, शनि की युति गरीबी लाती है।

7. मेष लग्न वाले व्यक्ति के षष्ठ भाव में शुक्र या सप्तम में बुध हो तो दोनों स्थिति में जीवनसाथी रुग्ण रहता है।
8. बुध, मंगल की युति व्यक्ति को पागलपन की अवस्था तक पहुँचाती है।
9. एकादश भाव में मंगल+गुरु या मंगल+शनि युति संतान हानि कराती है।

जन्म लग्न मेष का फल : विंशोत्तरी महादशा चार्ट

1. सूर्य महादशा – 6 वर्ष			2. चन्द्र महादशा – 10 वर्ष			3. मंगल महादशा – 7 वर्ष		
सूर्य	सूर्य	सामान्य	चन्द्र	चन्द्र	व्ययशील	मंगल	मंगल	हानिकर, रोगप्रद
सूर्य	चन्द्र	व्ययशील किन्तु उन्नतिदायक	चन्द्र	मंगल	सामान्य	मंगल	राहु	सामान्य
सूर्य	मंगल	पूर्वार्द्ध–रोगप्रद, उत्तरार्द्ध–शुभ	चन्द्र	राहु	कष्टकारी व हानिकर	मंगल	गुरु	अनुकूल, धनदायी
सूर्य	राहु	सामान्य	चन्द्र	गुरु	पूर्वार्द्ध–प्रतिकूल उत्तरार्द्ध–अनुकूल,	मंगल	शनि	अनुकूल एवं उन्नतिप्रद
सूर्य	गुरु	शुभ	चन्द्र	शनि	हानिकर	मंगल	बुध	पीड़ाकर, हानिकर
सूर्य	शनि	पूर्वार्द्ध–शुभ उत्तरार्द्ध–हानिकर एवं व्ययशील	चन्द्र	बुध	स्वास्थ्य हानि, रोगप्रद	मंगल	केतु	लाभकारी, उन्नतिप्रद
सूर्य	बुध	कष्टकारी	चन्द्र	केतु	सामान्य	मंगल	शुक्र	धनदायी
सूर्य	केतु	अनुकूल	चन्द्र	शुक्र	पूर्वार्द्ध–शुभ उत्तरार्द्ध–प्रतिकूल	मंगल	सूर्य	श्रेष्ठत्तम, लाभप्रद
सूर्य	शुक्र	धनदायी	चन्द्र	सूर्य	धनदायी, श्रेष्ठत्तम, प्रोन्नति	मंगल	चन्द्र	कष्ट, व्याधि असंतोष

4. राहु महादशा – 18 वर्ष			5. गुरु महादशा–16 वर्ष			6. शनि महादशा – 19 वर्ष		
राहु	राहु	शुभ, लाभकारी व प्रोन्नतिदायी	गुरु	गुरु	व्ययशील	शनि	शनि	धनदायी किन्तु पीड़ाकर
राहु	गुरु	सामान्य	गुरु	शनि	लाभ एवं प्रोन्नति	शनि	बुध	रोगप्रद, मृत्युदायी
राहु	शनि	पीड़ाकारी	गुरु	बुध	श्रेष्ठत्तम	शनि	केतु	धनहानि एवं दुःखदायी
राहु	बुध	लाभकारी व उन्नतिप्रद	गुरु	केतु	अनुकूल एवं सुखदायी	शनि	शुक्र	श्रेष्ठत्तम

राहु	केतु	दु:खदायी व कष्टकारी	गुरु	शुक्र	हानिप्रद	शनि	सूर्य	श्रेष्ठ, धनलाभ राजसम्मान
राहु	शुक्र	यश,मान,प्रतिष्ठा व धनलाभ	गुरु	सूर्य	सामान्य	शनि	चन्द्र	पीड़ाकारी
राहु	सूर्य	लाभकारी	गुरु	चन्द्र	श्रेष्ठ, उन्नतिप्रद व धनदायी	शनि	मंगल	धनहानि व कष्टकारी
राहु	चन्द्र	शुभ	गुरु	मंगल	व्ययशील किन्तु संतानलाभ	शनि	राहु	पीड़ाकारी
राहु	मंगल	अनुकूल	गुरु	राहु	लाभकारी	शनि	गुरु	व्ययशील किन्तु व्यापार में उन्नति

7. बुध महादशा-17 वर्ष			8. केतु महादशा - 7 वर्ष			9. शुक्र महादशा - 20 वर्ष		
बुध	बुध	सामान्य	केतु	केतु	सामान्य	शुक्र	शुक्र	सामान्य
बुध	केतु	अल्पलाभ	केतु	शुक्र	सुखदायी व उन्नतिकारक	शुक्र	सूर्य	श्रेष्ठ व लाभकारी
बुध	शुक्र	व्ययशील,झगड़े, मुकदमे	केतु	सूर्य	कष्टकारी	शुक्र	चन्द्र	हानिकर एवं पश्चाताप
बुध	सूर्य	व्ययशील किन्तु माता का सुख	केतु	चन्द्र	सामान्य	शुक्र	मंगल	मृत्युदायी
बुध	चन्द्र	धनदायी व व्यापार लाभ	केतु	मंगल	शुभ एवं धनदायी	शुक्र	राहु	धनलाभ व सुखदायी
बुध	मंगल	पूर्वार्द्ध-रोग, पीड़ा उत्तरार्द्ध-शुभ	केतु	राहु	लाभकारी	शुक्र	गुरु	मृत्युदायी
बुध	राहु	धनहानि एवं पीड़ाकारी	केतु	गुरु	कष्टकारी, रोगप्रद	शुक्र	शनि	व्ययशील व दु:खदायी
बुध	गुरु	शुभ	केतु	शनि	शुभ एवं सुखदायी	शुक्र	बुध	रोगकारी,पीड़ाकारी
बुध	शनि	मृत्युतुल्य कष्ट	केतु	बुध	व्ययशील	शुक्र	केतु	भ्रात दु:ख, धनहानि

(1) जन्म लग्न राशि वृष (Taurus)

(i) राशि परिचय : भचक्र की द्वितीय राशि वृष आकृति में बैल के समान, पृथ्वीतत्व, रजोगुणी, स्थिर, शीत, स्त्रीलिंग, सौम्य, रात्रिबली, शीर्षोदयी, दक्षिण दिशा स्वामिनी, जमीन जायदाद एवं धन-दौलत के मध्य निवास करने वाली, मनमोहिनी एक शुभराशि है। प्रतिवर्ष अंग्रेजी तिथि 20 अप्रैल के आसपास सूर्य इस राशि में प्रवेश करता है और 20 मई तक रहता है। इसका विस्तार 30 अंश से 60 अंश है। शुक्र इस राशि का स्वामी ग्रह है। मंगल इसका शत्रु है। चन्द्र की यह उच्चराशि है। शनि, बुध, सूर्य शुभ फलदायी, भाग्यशाली और गौरव बढ़ाने वाले कारक ग्रह है। अकेला शनि, शनि+बुध युति या शनि+सूर्य युति सफल योग हैं।

(ii) शारीरिक बनावट : इस लग्न राशि में जन्में व्यक्ति मध्यम कद वाले, सुन्दर, आकर्षक एवं बलिष्ठ होते हैं। उनका चेहरा गोल होता है। आंखे चमकदार व बड़ी-2 होती हैं। होठ कुछ मोटे होते हैं। रंग गेहुआं अर्थात शर्बती होता है। अंगुली या गाल पर तिल या मस्से का चिन्ह होता है। बाल गहरे-काले होते हैं। शरीर पूर्णरूपेण विकसित, संतुलित एवं सुगठित होता है।

(iii) स्वभाव एवं मनोवृत्ति : ऐसे व्यक्ति स्वभाव से शान्त, सौम्य, विनम्र, दयालु, हंसमुख, परिश्रमी, कर्मठ, ईमानदार, विश्वसनीय, दृढ़प्रतिज्ञ और आत्मनिर्भर होते हैं किन्तु स्थिरमना, महत्वाकांक्षी, घमण्डी, आलसी, ईर्ष्यालु, मितव्ययी मनोवृत्ति के होते हैं। उत्तेजित होने पर शान्त करना मुश्किल होता है। ऐश्वर्ययुक्त जीवनयापन के इच्छुक होते हैं। इसके लिये भरपूर प्रयास करते हैं। अपनी बुराई सुनना पसन्द नहीं करते हैं। कर्तव्यपरायण, चरित्रवान, सहनशील और आज्ञापालक होते हैं। प्रयत्न करना कभी नहीं छोड़ते हैं।

(iv) स्वास्थ्य एवं रोग : सामान्यत: ऐसे व्यक्तियों का स्वास्थ्य उत्तम होता है, किन्तु जब बीमार हो जाते हैं तो ठीक और स्वस्थ होने में समय लगता है। कठोर परिश्रम के आदि होते हैं। साथ में कामुक भी होते हैं। अत: जनेन्द्रिय रोग, मूत्ररोग, नेत्ररोग, दाँत व गले के रोग, डायबीटिज, पेट के रोग यथा गैसदर्द, कब्ज आदि हो जाते हैं। यही कारण है कि ऐसे व्यक्तियों को हार्टअटैक होने की संभावना बहुत होती है और हार्टअटैक से मृत्यु भी हो जाती है।

(v) विवाह और परिवार : इस प्रकार के पुरुष/स्त्री अनुकूल समय आने पर विवाह करते हैं। वैवाहिक जीवन सुखी होता है। प्रेम निश्छल होता है। अनावश्यक वाद विवाद और झगड़े से बचते हैं। माता-पिता की इज्जत करते हैं। उनके यहाँ कन्या संतान की अधिकता होती है। रिश्तेदारों से दूरी रखना पसन्द करते हैं। सौन्दर्य के उपासक होते

हैं। कम बोलते हैं। भोग विलास की वस्तुओं का उपयोग करने में इनकी रुचि अधिक होती है। नृत्य एवं संगीतप्रिय होते हैं।

(vi) नौकरी या व्यवसाय : नौकरी के बजाय व्यवसाय अपनाना ठीक समझते हैं। पढ़े लिखे होने के बावजूद संगीत व नृत्य को महत्व देते हैं। कला के पुजारी होते हैं। राजनेता, अभिनेता या संगीतकार हो सकते हैं। सौंदर्य प्रसाधन, हीरे जवाहिरात, श्रृंगार सजावट के सामान, फैशन की वस्तुओं के व्यवसाय अपना सकते हैं। कृषि, बागवानी, चित्रकारी, रेड़ीमेड़ कपड़े, होटल, रेस्टोरेन्ट का धन्धा भी कर सकते हैं। बैंकिग में जा सकते हैं।

(vii) महत्वपूर्ण एवं शुभ : भाग्योदय कारक वर्षो में 28, 36, 42, 48 वें वर्ष तथा अन्य वर्षों में 15, 24, 33, 51, 60, 69, 78 वें वर्ष महत्वपूर्ण हैं। दिनों में सोमवार, बुधवार और शनिवार शुभ है। रंगों में श्वेत और हरा शुभ है। अंकों में 7, 8, 9 शुभ अंक है। शुक्र नीच या अस्त होने की स्थिति में हीरा धारण करना लाभकारी रहेगा। चन्दन की जड़ी या माला घर में रखने से भी श्री बनी रहती है। सामान्यत: रामायण पाठ करते रहना चाहिये। विशेष रूप से रामायण के सुन्दर काण्ड का पाठ करना अधिक लाभकारी रहता है।

(viii) मैत्रीसंबंध एवं सावधानियां : वृषलग्न राशि वाले व्यक्तियों को कन्या, मकर लग्न राशि वाले व्यक्तियों से मैत्री संबंध रखना लाभकारी होगा। कर्क, वृश्चिक, मीन राशि वालों से भी तालमेल ठीक रहेगा। प्रेम बना रहेगा। शारीरिक श्रम कम और मानसिक कार्य अधिक करें। क्रोध न करें। धन की लालसा को विराम दें। सदैव संतोष का अनुभव करें।

(ix) वृष लग्न में जन्में व्यक्ति :

भगवान श्रीकृष्ण, संत ज्ञानेश्वर, लता मंगेशकर, महाराजा सवाई जयसिंह, जार्ज बर्नाड्शॉ, जगदीशचन्द बसु, महारानी विक्टोरिया।

लता मंगेशकर

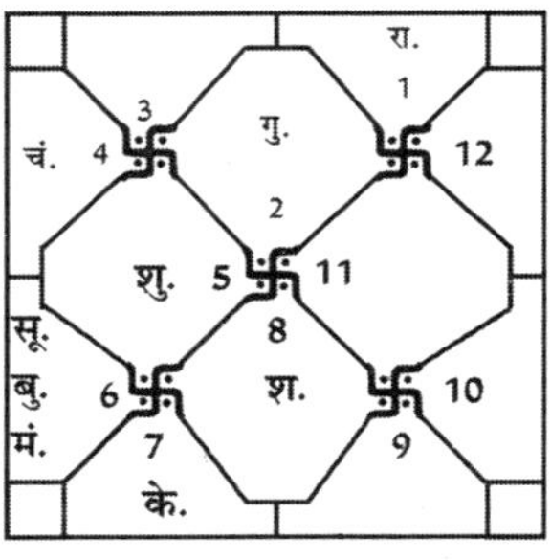

कुण्डली नं. 41

राजयोग :

1. सूर्य, बुध की युति नवम भाव में, शनि द्वितीय भाव में और शुक्र एकादश भाव में हो तो ऐसे व्यक्ति देवसमान, ऐश्वर्यवान एवं वैभवशाली होते हैं।
2. लग्न से केन्द्र में शुक्र एवं गुरु हो किन्तु गुरु अस्त न हो। ऐसा व्यक्ति बहुत बड़ा गीतकार होता है। विदेश यात्रा करता है और विश्व विख्यात होता है।
3. लग्न में चन्द्र, द्वितीय में बुध, चतुर्थ में गुरु और सप्तम में मंगल होने पर व्यक्ति गुणवान, धनवान, सुखी एवं यशस्वी होता है।
4. लग्न में चन्द्र, चतुर्थ में सूर्य, सप्तम में गुरु, दशम में शनि हो तो व्यक्ति धनवान, सुखी एवं प्रभावशाली होता है।
5. लग्न में चन्द्र, पंचम भाव में सूर्य+बुध युति, तृतीय भाव में गुरु, षष्ठ भाव में शुक्र और सप्तम भाव में मंगल होने पर व्यक्ति प्रसिद्ध एवं ऐश्वर्यशाली होता है।
6. लग्न में चन्द्र, द्वितीय भाव में गुरु, षष्ठ भाव में शनि तथा एकादश में अन्य ग्रह हो तो व्यक्ति विख्यात होता है। धनी व मित्रवान होता है।
7. लग्न में बुध+शुक्र की युति व्यक्ति को ज्योतिषी बनाती है। उसका नाम होता है।
8. दशम भावस्थ राहु राजनीतिज्ञ बनाता है। मंत्री पद दिलाता है।
9. वृष लग्न वालों के लिये शुक्र की दशा सर्वोत्तम एवं धनदायी होती है।

नीच योग :

1. मंगल, बुध, गुरु कहीं भी एक साथ हो तो बुध की दशा में व्यक्ति ऋणी रहता है।
2. लग्न में चन्द्र, द्वादश में शनि और केन्द्र में मंगल+केतु युति व्यक्ति को दीन, धनहीन और चिंतातुर करती है।
3. षष्ठस्थ मंगल जीवनसाथी से कलह कराता रहता है।
4. शुक्र+राहु की युति सदैव ही कष्टकारी और पीड़ाकारी होती है। व्यक्ति अस्वस्थ रहता है।
5. बुध+शुक्र युति हो तथा लग्न पर मंगल, गुरु या मंगल, राहु की दृष्टि हो तो स्त्री सुख नहीं मिलता है।
6. सूर्य को शनि या राहु या दोनों देखें तो राज्यसेवा में पतन होता है। व्यक्ति परेशान रहता है।

जन्म लग्न वृष का फल – विंशोत्तरी महादशा चार्ट

1. सूर्य महादशा – 6 वर्ष			2. चन्द्र महादशा – 10 वर्ष			3. मंगल महादशा – 7 वर्ष		
सूर्य	सूर्य	सामान्य	चन्द्र	चन्द्र	सामान्य	मंगल	मंगल	शुभ
सूर्य	चन्द्र	व्ययशील	चन्द्र	मंगल	मानसिक पीड़ा	मंगल	राहु	अनुकूल व शुभ
सूर्य	मंगल	श्रेष्ठतम	चन्द्र	राहु	दु:खदायी	मंगल	गुरु	लाभकारी
सूर्य	राहु	सामान्य व रोगकारक	चन्द्र	गुरु	सामान्य,व्ययशील	मंगल	शनि	पूर्वार्द्ध–शुभ उत्तरार्द्ध–अशुभ
सूर्य	गुरु	कष्टकारी व चिंताजनक	चन्द्र	शनि	पूर्वार्द्ध–ठीक उत्तरार्द्ध–कष्टकारी	मंगल	बुध	लाभकारी, व्यापारवृद्धि
सूर्य	शनि	पूर्वार्द्ध–शुभ उत्तरार्द्ध–अशुभ	चन्द्र	बुध	शुभ–मंगलकार्य विवाह आदि	मंगल	केतु	शुभ
सूर्य	बुध	श्रेष्ठ,धनदायी	चन्द्र	केतु	शुभ	मंगल	शुक्र	श्रेष्ठत्तम
सूर्य	केतु	शुभ	चन्द्र	शुक्र	श्रेष्ठत्तम,वाहनसुख	मंगल	सूर्य	सामान्य
सूर्य	शुक्र	श्रेष्ठ त्तम	चन्द्र	सूर्य	धनदायी,लाभकारी	मंगल	चन्द्र	शुभ

4. राहु महादशा – 18 वर्ष			5. गुरु महादशा–16 वर्ष			6. शनि महादशा – 19 वर्ष		
राहु	राहु	चिन्ता जनक	गुरु	गुरु	कष्टकारी	शनि	शनि	हानिकारक
राहु	गुरु	मृत्युसम कष्टकारी	गुरु	शनि	धनदायी, लाभकारी	शनि	बुध	कष्टकारी
राहु	शनि	धनहानि, मानहानि	गुरु	बुध	शुभ	शनि	केतु	शुभ–अनुकूल
राहु	बुध	सामान्य	गुरु	केतु	सामान्य	शनि	शुक्र	श्रेष्ठ
राहु	केतु	चिन्ताजनक	गुरु	शुक्र	श्रेष्ठत्तर	शनि	सूर्य	हानिकर
राहु	शुक्र	श्रेष्ठ	गुरु	सूर्य	पूर्वार्द्ध–शुभ उत्तरार्द्ध–कष्टकारी	शनि	चन्द्र	चिन्ताजनक
राहु	सूर्य	दु:खदायी	गुरु	चन्द्र	अनुकूल, प्रोन्नति	शनि	मंगल	श्रेष्ठत्तम
राहु	चन्द्र	रोग एवं पीड़ा	गुरु	मंगल	श्रेष्ठत्तम	शनि	राहु	अनुकूल
राहु	मंगल	श्रेष्ठतम	गुरु	राहु	सामान्य	शनि	गुरु	कष्टकारी, व्ययशील

7. बुध महादशा-17 वर्ष			8. केतु महादशा - 7 वर्ष			9. शुक्र महादशा - 20 वर्ष		
बुध	बुध	श्रेष्ठ	केतु	केतु	यात्रा एवं प्रोन्नति, स्थानान्तरण	शुक्र	शुक्र	शुभ
बुध	केतु	शुभ	केतु	शुक्र	श्रेष्ठ	शुक्र	सूर्य	उन्नति,वाहनसुख
बुध	शुक्र	श्रेष्ठतम	केतु	सूर्य	शुभ	शुक्र	चन्द्र	पारिवारिक सुख
बुध	सूर्य	मंगलकार्य, देश-विदेश यात्रा	केतु	चन्द्र	अनुकूल, मंगलकारी	शुक्र	मंगल	श्रेष्ठ
बुध	चन्द्र	धनदायी व्यापारवृद्धि	केतु	मंगल	श्रेष्ठतम	शुक्र	राहु	सामान्य
बुध	मंगल	श्रेष्ठत्तम	केतु	राहु	दुःखदायी	शुक्र	गुरु	कष्टकारी
बुध	राहु	कष्टकारी	केतु	गुरु	सामान्य	शुक्र	शनि	अनुकूल
बुध	गुरु	मृत्युसम कष्ट	केतु	शनि	सामान्य	शुक्र	बुध	श्रेष्ठ व उन्नतिदायी
बुध	शनि	सामान्य	केतु	बुध	श्रेष्ठ	शुक्र	केतु	शुभ

3. जन्म लग्न राशि मिथुन (Gemini)

(i) राशि परिचय : भचक्र की तृतीय राशि मिथुन आकृति में पुरुष एवं स्त्री के जोड़े समान, वायुतत्व, सतोगुणी, द्विस्वभाव, उष्ण, विषम, पुरुषलिंगी, दिनबली, शीर्षोदयी, पश्चिमदिशा स्वामिनी, गोदाम/कोल्ड स्टोरेज जैसे बंदस्थाननिवासिनी, क्रूर किन्तु बुद्धिमती शुभ राशि है। प्रतिवर्ष अंग्रेजी मास की 21 मई के आस पास सूर्य इस राशि में प्रवेश करता है और 21 जून तक रहता है। इसका विस्तार 60^0 अंश से 90^0 अंश है। बुध इस राशि का स्वामी ग्रह है। गुरु इसका शत्रु है। राहु की यह उच्च राशि तथा केतु की नीच राशि है। शुक्र ग्रह लाभकारी, धनदायी और कारक ग्रह है। बुध+शुक्र युति सफल योग है।

(ii) शारीरिक बनावट : इस राशि में जन्में व्यक्ति लम्बी कद काठी वाले होते हैं। इनकी भुजा और हाथ लम्बे किन्तु पैर छोटे होते हैं। मुखाकृति सुन्दर एवं आकर्षक होती है। नेत्र चंचल होते हैं। दृष्टि पैनी होती है। गौर वर्ण होता है। अच्छे धावक होते हैं। इनमें अनेक कार्य एक साथ करने की क्षमता होती है। इनके चेहरे पर कहीं न कहीं तिल का चिन्ह अवश्य होता है।

(iii) स्वभाव एवं मनोवृत्ति : ऐसे व्यक्ति स्वभाव से सज्जन, सरल, शिष्ट, चतुर, कार्यदक्ष, त्वरित बुद्धि वाले, दयालु और भावुक होते हैं। मिष्टभाषी, दूरदर्शी, साहसी,

परिश्रमी व संघर्षशील होते हैं। अस्थिर, अशान्त, चंचल, व्यग्र और ड़रपोक स्थिति उनकी परिवर्तनशील मनोवृत्ति की सूचक होती है। गप्पे हांकने और दूसरों की निन्दा करने के आदी होते हैं। उन्हें अपने कार्य में दूसरों का हस्तक्षेप सहन नहीं होता है। इनकी कल्पना शक्ति उत्तम प्रकार की होती है। अत: इनके विचारों में मौलिकता होती है। सदाचार इस राशि वालों का विशेष गुण है।

(iv) स्वास्थ्य एवं रोग : सामान्यत: ऐसे पुरुषों/स्त्रियों का स्वास्थ्य ठीक रहता है किन्तु मानसिक श्रम की अधिकता, चंचलता, चिन्ता व आराम की कमी से कई प्रकार के रोग हो जाते हैं। सर्दी, जुकाम, खाँसी व नाक, कान, गले के रोग की संभावना अधिक रहती है। चर्मरोग, डायबीटिज, पैरेलेसिस रोग भी हो सकते हैं। छाती के दर्द और हार्टअटैक का खतरा बना रहता है। गिरने से चोट लग सकती है।

(v) विवाह और परिवार : विवाह 22 से 28 वर्ष के मध्य होते हैं। अस्थिर प्रकृति के कारण पति-पत्नी के आपसी संबंधों में दरार व अलगाव की संभावना बनी रहती है। माता-पिता व भाई-बहिनों से भी मनमुटाव रहता है। रिश्तेदारों की भलाई करने पर भी बुराई मिलती है। कभी-2 मित्र भी कुमित्र हो जाते हैं। ऐसे व्यक्ति दीर्घायु होते हैं। पुत्र, पौत्रों का सुख देखने को मिलता है और वे भाग्यशाली होते हैं। कभी-कभी परिवार के बड़े या नजदीकी रिश्तेदार ही दु:ख का कारण बनते हैं।

(vi) नौकरी या व्यवसाय : बुद्धितत्व और भावतत्व की प्रबलता के कारण पठन-पाठन में रुचि होती है। अच्छी शिक्षा ग्रहण करते हैं। कवि, लेखक, प्रकाशक, अनुवादक, उद्घोषक बन सकते हैं। लैक्चरार या वकील हो सकते हैं। शोधकर्ता, जासूस, अभिनेता या नेता हो सकते हैं। राजनीति में जा सकते हैं। इन्जीनियरिंग के कल पुर्जो के कार्य व्यवसाय में भी सफलता मिल सकती है। हरफनमौला होते हैं।

(vii) महत्वपूर्ण एवं शुभ : भाग्योदय कारक वर्षों में 22, 32, 35, 36, 42वें वर्ष और अन्य महत्वपूर्ण वर्षों में 23, 41, 50, 59, 68 व 77 वें वर्ष प्रमुख हैं। सोमवार, बुधवार और गुरुवार, शुभवार हैं। रंगों में हरा, पीला,गुलाबी और नीला शुभ होते हैं। अंकों में 5, 6, 7 अंक शुभ हैं। इस लग्न राशि वालों को पन्ना नग शुभ है। स्त्रियां पुखराज की अंगूठी भी पहन सकती हैं। गायत्री जाप या सुन्दर काण्ड के पाठ से मन की अशान्ति, चिन्ता व भय दूर हो सकते हैं।

(viii) मैत्रीसंबंध व सावधानियां : तुला, धनु, कुम्भ में जन्में पुरुष/स्त्रियों से मैत्रीपूर्ण संबंध रखना अधिक लाभकारी और श्रेयस्कर होता है। सिंह लग्न या राशि वाले भी अच्छे मित्र बन सकते हैं। वायुकारक वस्तुयें न खायें। आवश्यकता से अधिक श्रम करना स्वास्थ्य की हानि करता है। गप्प हांकने और परनिन्दा करने की आदत छोड़े। सदाचार को अपनायें।

हास्य कवि काका हाथरसी

(ix) मिथुन लग्न राशि में जन्में व्यक्ति : महाकवि कालीदास, प्रधानमंत्री मोरारजी देसाई, राष्ट्रपति डा. जाकिरहुसैन, केन्द्रीय मंत्री अर्जुनसिंह, दीनदयाल उपाध्याय, नाथूराम गौड़से, रामकृष्णडालमिया, जुल्फिखारअली भुट्टो, कवि काकाहाथरसी, अभिनेता राजेश खन्ना।

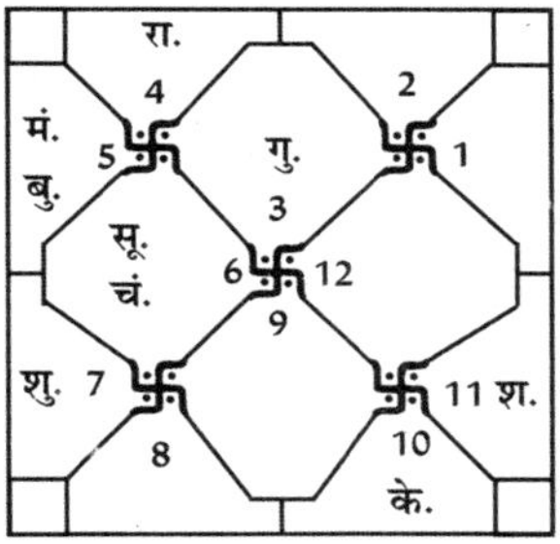

कुण्डली नं. 42

राज योग :

1. शुक्र ग्रह अकेला सूर्य से आगे द्वादश भाव में हो तो व्यक्ति अतुल सम्पदा का स्वामी तथा विदेशों में यात्रा करने वाला होता है।
2. सूर्य+बुध की तृतीय भाव में युति व्यक्ति को धनवान बनाती है।
3. बुध, मंगल, शुक्र युति द्वितीय भाव में हो व्यक्ति अतुल धनवान, सामर्थ्यवान होता है।
4. सूर्य+बुध युति एकादश भाव में तथा शनि नवम भाव में हो, व्यक्ति प्रसिद्धि प्राप्त करता है। विश्वविख्यात होता है।
5. गुरु नवम भाव में हो तो व्यक्ति शिक्षा विभाग में उच्च अधिकारी बनता है।
6. दशम भाव में गुरु+शुक्र युति व्यक्ति को गजेटेड ऑफिसर बनाती है। राज्यमान, यशमान मिलता है और वह धनी होता है।
7. पंचम भाव में तुला का मंगल हो और लग्नेश बली हो, व्यक्ति गुणवान, वाकपटु, मेधावी, शत्रुजयी और समाज में सम्मानित होता है।
8. शुक्र पांचवें, छठे और बारहवें भाव में हो, व्यक्ति ज्योतिषज्ञाता होता है।

नीच योग :

1. मिथुन लग्न में शनि की दृष्टि दशम भाव पर हो तो राज्यसेवा की हानि होती है।
2. इस लग्न में मंगल जहाँ भी बैठता है, उस भाव की हानि करता है यथा चतुर्थ में हो तो मातृ-सुख में कमी, हार्टअटैक आदि की स्थिति लाता है।
3. पंचम भावस्थ शुक्र+चन्द्र युति व्यक्ति को परपुरुषगामी/परस्त्रीगामी बनाती हैं।
4. तीसरे भाव में गुरु का पापग्रह के साथ होना दाम्पत्य जीवन में कडुवाहट लाता है।
5. बुध पर शनि, राहु की दृष्टि रक्तविकार लाती है।
6. दूसरे भाव में सूर्य+चन्द्र युति हो और उन पर मंगल की दृष्टि हो तो नेत्र दृष्टि चली जाती है।
7. अष्टम भाव में मंगल और एकादश में बुध हो तो व्यक्ति हिंसक या लुटेरा हो सकता है।

जन्म लग्न मिथुन का फल - विंशोत्तरी महादशा चार्ट

1. सूर्य महादशा - 6 वर्ष			2. चन्द्र महादशा - 10 वर्ष			3. मंगल महादशा - 7 वर्ष		
सूर्य	सूर्य	भाईयों से कष्ट	चन्द्र	चन्द्र	धनदायी,लाभकारी	मंगल	मंगल	पूर्वार्द्ध–सामान्य उत्तरार्द्ध–लाभकारी
सूर्य	चन्द्र	व्ययशील, चोट व हानि	चन्द्र	मंगल	उन्नतिकारक	मंगल	राहु	शुभ
सूर्य	मंगल	श्रेष्ठत्तम,धनदायी	चन्द्र	राहु	हानिप्रद,व्ययशील	मंगल	गुरु	धनदायी
सूर्य	राहु	अनिष्टकारी	चन्द्र	गुरु	कष्टकारी	मंगल	शनि	मंगलकार्य–विवाह
सूर्य	गुरु	पीड़ाकारी	चन्द्र	शनि	मृत्युसम कष्ट	मंगल	बुध	उत्तम
सूर्य	शनि	पूर्वार्द्ध–अवनति उत्तरार्द्ध–उन्नति	चन्द्र	बुध	उन्नति,धनलाभ	मंगल	केतु	शुभ
सूर्य	बुध	श्रेष्ठ,धनदायी	चन्द्र	केतु	अनुकूल	मंगल	शुक्र	श्रेष्ठ, धनदायी
सूर्य	केतु	सामान्य	चन्द्र	शुक्र	लाभकारी, सुखकारी	मंगल	सूर्य	संतान सुख
सूर्य	शुक्र	मंगल कार्य विवाह आदि	चन्द्र	सूर्य	धनदायी, यश, मान, प्रतिष्ठा	मंगल	चन्द्र	अनुकूल

4. राहु महादशा - 18 वर्ष			5. गुरु महादशा–16 वर्ष			6. शनि महादशा - 19 वर्ष		
राहु	राहु	अनुकूल	गुरु	गुरु	सामान्य	शनि	शनि	मृत्यु सम कष्टकारी
राहु	गुरु	धनहानि–अपमान, अवनति	गुरु	शनि	धनदायी, व्यापार वृद्धि	शनि	बुध	शुभ
राहु	शनि	रोगकारी	गुरु	बुध	श्रेष्ठ	शनि	केतु	शुभ
राहु	बुध	श्रेष्ठ	गुरु	केतु	भाग्यशाली	शनि	शुक्र	अनुकूल, धनदायी
राहु	केतु	सामान्य	गुरु	शुक्र	शुभ	शनि	सूर्य	मान, प्रतिष्ठा
राहु	शुक्र	अनुकूल–देश–विदेश यात्रा	गुरु	सूर्य	शुभ–यश एवं प्रतिष्ठा	शनि	चन्द्र	पूर्वार्द्ध–व्ययशील उत्तरार्द्ध–शुभ
राहु	सूर्य	कष्टकारी, धनहानि	गुरु	चन्द्र	धनदायी	शनि	मंगल	अनुकूल
राहु	चन्द्र	चिन्ताजनक	गुरु	मंगल	धनदायी, व्यापारवृद्धि	शनि	राहु	पीड़ाकारी

राहु	मंगल	लाभकारी, भाग्यवर्द्धक	गुरु	राहु	कष्टकारी, अवनति	शनि	गुरु	अनुकूल

7. बुध महादशा-17 वर्ष			8. केतु महादशा - 7 वर्ष			9. शुक्र महादशा - 20 वर्ष		
बुध	बुध	श्रेष्ठ	केतु	केतु	शुभ-पदोन्नति, स्थानान्तरण	शुक्र	शुक्र	सामान्य शुभ
बुध	केतु	अनुकूल-धनदायी	केतु	शुक्र	शुभ	शुक्र	सूर्य	श्रेष्ठत्तम, धनदायी
बुध	शुक्र	उच्च शिक्षा, विवाह, संतान	केतु	सूर्य	श्रेष्ठ	शुक्र	चन्द्र	अनुकूल
बुध	सूर्य	प्रतिष्ठा-यशमान	केतु	चन्द्र	श्रेष्ठतम	शुक्र	मंगल	उन्नतिदायी,लाभकारी
बुध	चन्द्र	उन्नतिदायी, धनदायी	केतु	मंगल	प्रसिद्धि, व्यापारवृद्धि	शुक्र	राहु	कष्टकारी
बुध	मंगल	श्रेष्ठत्तम	केतु	राहु	अत्यन्त कष्ट, चोट स्वास्थ्य हानि	शुक्र	गुरु	प्रोन्नति, लाभ, विवाह
बुध	राहु	कष्टकारी	केतु	गुरु	सामान्य	शुक्र	शनि	भाग्यवर्द्धक, व्यापार वृद्धि
बुध	गुरु	शुभ-मंगलकार्य	केतु	शनि	उन्नतिकारक	शुक्र	बुध	श्रेष्ठत्तम, उन्नतिकारक
बुध	शनि	भाग्यवर्द्धक	केतु	बुध	लाभकारी	शुक्र	केतु	श्रेष्ठ

4. जन्म लग्न राशि कर्क (Cancer)

(i) राशि परिचय : भचक्र की चतुर्थ राशि कर्क आकृति में केकड़ा समान, जलतत्व, सतोगुणी, शीत, चर, स्त्रीलिंग, सौम्य, रात्रिबली, पृष्ठोदयी, उत्तर दिशा स्वामिनी, मानसिक विस्तारवाली, नदियों, झीलों आदि में रहने वाली एक शुभराशि है। प्रतिवर्ष अंग्रेजी मास की 21 जून के आसपास सूर्य इस राशि में प्रवेश करता है और 21 जुलाई तक रहता है। इसका विस्तार 90^0 अंश से 120^0 अंश है। चन्द्र ग्रह इस राशि का स्वामी ग्रह है। शनि

इसका शत्रु है। गुरु की यह उच्चराशि तथा मंगल की नीच राशि है। गुरु, मंगल, शनि और स्वयं चन्द्र शुभ, लाभकारी एवं कारक ग्रह हैं। मंगल, मंगल+चन्द्र युति सफल योग हैं।

(ii) शारीरिक बनावट : इस राशि में जन्में व्यक्ति सामान्य कद वाले होते हैं। इनकी मुखाकृति सुन्दर व आकर्षक होती है। चेहरा गोल होता है। आंखे काली या नीली भूरी होती हैं। नाक छोटी होती है। छाती चौड़ी होती है। हाथ, पैर छोटे होते हैं। शरीर से स्थूलकाय होते हैं। अंग-प्रत्यंग लचीले एवं नरम होते हैं। चल-फिर सक्ते हैं।

(iii) स्वभाव एवं मनोवृत्ति : इन व्यक्तियों का स्वभाव परिवर्तनशील होता है। कल्पनाशक्ति उच्चकोटि की होती है। ऐसे व्यक्ति बुद्धिमान, संवेदनशील, भावुक, उदारहृदयी, न्यायप्रिय, मिलनसार एवं दयालु होते हैं। घूमने-फिरने के शौकीन होते हैं। यात्रायें अधिक करते हैं। इनमें कोई नया कार्य कर गुजरने की ललक होती है। धन के प्रति सावधान रहते हैं। दूरदर्शी एवं परोपकारी मनोवृत्ति होती है। कभी साहसी दिखाई देते हैं तो कभी डरपोक। उन्हें प्यार से जीता जा सकता है। इनकी स्मरण शक्ति तेज होती है। बातूनी होते हैं। इनमें दूसरे के दोष निकालने की बुरी आदत होती है।

(iv) स्वास्थ्य एवं रोग : इनका स्वास्थ्य उम्र के साथ-2 ठीक होता जाता है। बचपन में निमोनिया जैसी बीमारी घेरे रहती है। इनके फेफड़े कमजोर होते हैं। अत: इन्हें ठंड लगना, जुकाम-खांसी होना, बुखार आना, आम बात है। छाती के रोग, कब्जी होना, रक्त विकार, पीलिया रोग हो सकते हैं। स्त्रियों को हिस्टीरिया रोग भी हो जाता है। नींद न आना, नींद आये तो स्वपन देखना आदि बीमारियाँ अक्सर हो जाती हैं।

(v) विवाह और परिवार : इनका विवाह 20 से 22 वर्ष की उम्र में हो जाता है। इनका अपनी माता एवं मातृभूमि के प्रति पूर्ण लगाव होता है। घूमने फिरने के बाद परिवार में आकर, परिवार से मिलकर प्रसन्न रहते हैं। आदर व आज्ञाकारिता को बहुत महत्व देते हैं। संतान के प्रति भी पूरा लगाव होता है। जीवन के सुख-दु:ख परिवार के साथ संजोते हैं। पैतृक सम्पत्ति मिल जाती है। स्वयं भी धन संचय कर लेते हैं और परिवार की देखभाल में सदैव प्रयासरत रहते हैं।

(vi) नौकरी या व्यवसाय : इनको कला और सौन्दर्य में काफी रुचि होती है। संगीत व सजावट को बड़ा महत्व देते हैं। उच्च शिक्षा ग्रहण करते हैं। प्रशासक या न्यायाधीश बन सकते हैं। यातायात या टूरिज्म में जा सकते हैं। सेल्स एजेन्ट हो सकते हैं। रत्न व्यवसायी, दवा विक्रेता, दूध व दूध से बनी वस्तुओं के व्यवसायी या रंग रोगन व्यवसायी हो सकते हैं। अच्छे राजनीतिज्ञ हो सकते हैं। राजनीति में सर्वोच्च पद तक पहुँच सकते हैं। सन्यासी हो सकते हैं।

(vii) महत्वपूर्ण एवं शुभ - भाग्योदय कारक वर्षों में 24, 25, 28, 32, 36, 40 वें वर्ष तथा अन्य महत्वपूर्ण वर्षों में 20, 29, 38, 47, 56, 65 और 74 वें वर्ष प्रमुख है। दिनों में रविवार, सोमवार और मंगलवार शुभवार है। रंगों में श्वेत, लाल और पीला रंग

शुभ है। अंकों में 4, 6, 8 अंक शुभ हैं। इस राशि वालों की कुण्डली में निर्बल व अशुभ चन्द्र हो तो गुस्सा या चिड़चिड़ापन आ जाता है। अतः स्वच्छ मोती या सफेद पुखराज पहनना लाभकारी और आरामदेह रहता है। कष्टकारी समय में गायत्री पाठ करने से शान्ति मिलती है।

(viii) मैत्री संबंध एवं सावधानियां : इन व्यक्तियों को वृश्चिक, मकर, मीन लग्न वालों से मैत्री संबंध रखने चाहिये। ऐसा होने पर ही अधिक लाभ मिल सकता है। साझेदारी कायम रह सकती है। अधिक ठंड से बचना चाहिये। मानसिक श्रम कम करना चाहिये। दूसरों की निन्दा/आलोचना ठीक नहीं है। शीघ्र आवेश का त्याग करें।

(ix) कर्क लग्न राशि में जन्में व्यक्ति : मर्यादा पुरुषोत्तम श्रीराम, वीर विक्रमादित्य, गौतमबुद्ध, पं. मदनमोहन मालवीय, पं. जवाहरलाल नेहरु, इन्दिरा गांधी, मेनका गांधी, डा. एम. चेन्ना रेड्डी, अरविन्द घोष, प्रिन्स चार्ल्स, लोकमान्य तिलक, कामराज नाड़ार, विश्वनाथप्रतापसिंह, चंगेज खां, मिर्जा इस्माइल बेग।

श्रीमती इन्दिरा गांधी

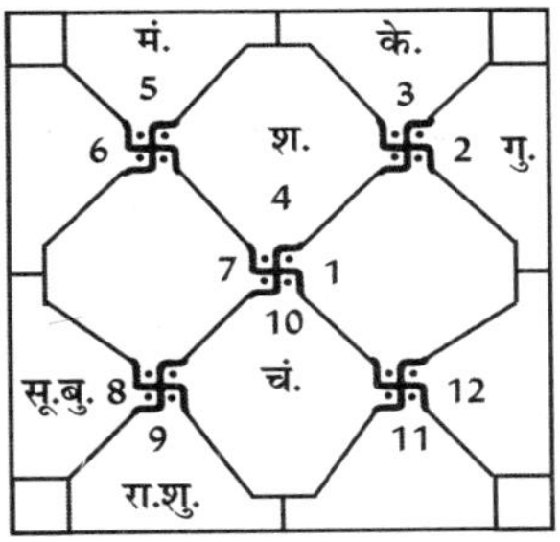

कुण्डली नं. 43

राज योग :

1. सूर्य, गुरु, शनि, मंगल अपनी-2 उच्च राशि में हो तो व्यक्ति सुखी, धनी एवं एश्वर्य का भोगी होता है।
2. गुरु लग्न में, शनि चतुर्थ में, मंगल या सूर्य दशम में हो तो व्यक्ति अच्छा पद प्राप्त करता है। धनी एवं सुखी होता है।
3. गुरु लग्न में, मंगल सप्तम में और सूर्य दशम भाव में हो तो व्यक्ति की पदोन्नति/ सम्मानवृद्धि होती है। धन का लाभ होता है।
4. गुरु+चन्द्र लग्न में तथा मंगल सप्तम भाव में हो तो व्यक्ति अत्यन्त धनवान व सुखी होता है।
5. गुरु+चन्द्र लग्न में तथा शनि चतुर्थ भाव में हो तो व्यक्ति को मातृसुख तथा वाहनसुख मिलता है।
6. गुरु लग्न में और मंगल दशम भाव में हो तो व्यक्ति अच्छा पद प्राप्त करता है। सम्मानित एवं सुखी होता है। फौज या पुलिस में अफसर होता है।
7. सूर्य+मंगल दशम भाव में, गुरु+चन्द्र नवम भाव में हो तो व्यक्ति सम्मानित, यशस्वी, धनी और सुखी होता है।

8. गुरु+चन्द्र लग्न में और सूर्य दशम भाव में हो तो व्यक्ति उच्च पद पर आसीन होता है। धनलाभ मिलता है।
9. गुरु लग्न में, सूर्य दशम में व चन्द्र+बुध+शुक्र एकादश भाव में हो तो व्यक्ति यशस्वी व विश्वविख्यात होता है।
10. गुरु लग्न में, सूर्य द्वितीय भाव में तथा चन्द्र सप्तम भाव में हो तो व्यक्ति भाग्यवान होता है। भाग्योदर्य 26वें वर्ष में होता है।
11. चन्द्र लग्न में और सूर्य नवम भाव में हो व्यक्ति धनवान, ऐश्वर्यवान एवं सम्मानित होता है।

नीच योग :

1. कर्क लग्न में गुरु जिस भाव में भी होता है, उस भाव की हानि करता है–जैसे प्रथम भाव में शरीर हानि, चतुर्थ भाव में मातृहानि आदि।
2. शुक्र अकेला सप्तम या द्वादश में हो तो, मातृकष्ट होता है।
3. शनि अकेला सप्तम या अष्टम में हो तो, स्त्री कर्कशा और दुष्टा होती है।
4. लग्नेश एवं चन्द्र पंचम भाव में हो तो व्यक्ति दुःखी व दरिद्र होता है।
5. लग्न में सूर्य हो तो नेत्र दृष्टि कम होती जाती है।
6. चन्द्रमा लग्न में हो और उस पर शनि व मंगल की पूर्णदृष्टि हो, व्यक्ति कुबड़ा होता है।

जन्म लग्न कर्क का फल – विंशोत्तरी महादशा चार्ट

1. सूर्य महादशा – 6 वर्ष			**2. चन्द्र महादशा – 10 वर्ष**			**3. मंगल महादशा – 7 वर्ष**		
सूर्य	सूर्य	कष्टकारी	चन्द्र	चन्द्र	उन्नतिदायक, सुखदायक	मंगल	मंगल	श्रेष्ठत्तम, धनदायी लाभकारी
सूर्य	चन्द्र	व्ययशील	चन्द्र	मंगल	श्रेष्ठत्तम, धनदायी	मंगल	राहु	शुभ
सूर्य	मंगल	श्रेष्ठ,पदोन्नति	चन्द्र	राहु	दुःखदायी, चिन्ताजनक	मंगल	गुरु	धनलाभ, व्यापारवृद्धि
सूर्य	राहु	सामान्य	चन्द्र	गुरु	शुभ	मंगल	शनि	परिवारसुख, वाहनसुख
सूर्य	गुरु	शुभ	चन्द्र	शनि	कष्टकारी	मंगल	बुध	दुःखदायी
सूर्य	शनि	पूर्वार्द्ध–कष्टकारी उत्तरार्द्ध–शुभ	चन्द्र	बुध	व्ययशील किन्तु शुभ	मंगल	केतु	अनुकूल

सूर्य	बुध	लाभकारी	चन्द्र	केतु	उन्नतिदायक,	मंगल	शुक्र	सामान्य
सूर्य	केतु	अनुकूल, उन्नतिदायक	चन्द्र	शुक्र	भाग्यवर्द्धक, लाभकारी	मंगल	सूर्य	उन्नतिदायी, लाभदायी
सूर्य	शुक्र	शुभ फलदायी	चन्द्र	सूर्य	शुभ-धनदायी	मंगल	चन्द्र	बहुमुखी उन्नति

4. राहु महादशा - 18 वर्ष			**5. गुरु महादशा-16 वर्ष**			**6. शनि महादशा - 19 वर्ष**		
राहु	राहु	बलदायी किन्तु दु:खदायी	गुरु	गुरु	पूर्वार्द्ध -कष्टकारी उत्तरार्द्ध-शुभ	शनि	शनि	पूर्वार्द्ध-श्रेष्ठत्तम उत्तरार्द्ध-अवनति
राहु	गुरु	अशुभ	गुरु	शनि	लाभकारी	शनि	बुध	सामान्य
राहु	शनि	मृत्युतुल्य कष्टकारी	गुरु	बुध	अनुकूल, उन्नतिदायक	शनि	केतु	हानिकर
राहु	बुध	व्ययशील, हानिकर	गुरु	केतु	शुभ	शनि	शुक्र	शुभ
राहु	केतु	चिन्ताजनक	गुरु	शुक्र	अनुकूल-लाभकारी	शनि	सूर्य	भाग्यवर्द्धक
राहु	शुक्र	शुभ	गुरु	सूर्य	अनुकूल-लाभकारी	शनि	चन्द्र	उन्नतिदायक
राहु	सूर्य	भाग्यवर्द्धक	गुरु	चन्द्र	भाग्यवर्द्धक	शनि	मंगल	बहुमुखी उन्नति
राहु	चन्द्र	चिन्ताजनक	गुरु	मंगल	श्रेष्ठत्तम	शनि	राहु	उन्नतिदायक
राहु	मंगल	शुभ एवं उन्नतिप्रद	गुरु	राहु	धनहानि, कार्यहानि	शनि	गुरु	शुभ

7. बुध महादशा-17 वर्ष			**8. केतु महादशा - 7 वर्ष**			**9. शुक्र महादशा - 20 वर्ष**		
बुध	बुध	पूर्वार्द्ध-शुभ उत्तरार्द्ध-व्यय	केतु	केतु	उन्नति, पदोन्नति व स्थानान्तरण	शुक्र	शुक्र	श्रेष्ठत्तम
बुध	केतु	शुभ	केतु	शुक्र	लाभकारी	शुक्र	सूर्य	धनलाभ
बुध	शुक्र	लाभकारी	केतु	सूर्य	धनदायी, लाभकारी	शुक्र	चन्द्र	यश, मान, प्रतिष्ठा
बुध	सूर्य	शुभ	केतु	चन्द्र	उन्नति, यश प्रतिष्ठा	शुक्र	मंगल	श्रेष्ठत्तम
बुध	चन्द्र	उन्नतिदायक	केतु	मंगल	शुभ	शुक्र	राहु	अपमान, अवनति
बुध	मंगल	श्रेष्ठत्तम	केतु	राहु	चिन्ताजनक	शुक्र	गुरु	मृत्युतुल्यकष्ट
बुध	राहु	मृत्युतुल्यकष्ट	केतु	गुरु	हानिकर	शुक्र	शनि	व्यापार हानि
बुध	गुरु	सामान्य	केतु	शनि	कष्टकारी	शुक्र	बुध	लाभकारी
बुध	शनि	कष्टकारी	केतु	बुध	उन्नतिदायक	शुक्र	केतु	शुभ

5. जन्म लग्न राशि सिंह (Leo)

(i) राशि परिचय : भचक्र की पंचम राशि सिंह आकृति में सिंह समान ही होती है। यह राशि अग्नितत्व, रजोगुणी, उष्ण, स्थिर, विषम, पुरुषलिंगी, क्रूर, दिनबली, शीर्षोदयी, पूर्व दिशा स्वामिनी, ऊँची जंगली पहाड़ियों में रहने वाली, शक्ति और स्थिरता की प्रतीक एक अशुभ राशि है। प्रतिवर्ष अंग्रेजी मास की 22 जुलाई के आसपास सूर्य इस राशि में प्रवेश करता है और 21 अगस्त तक रहता है। इसका विस्तार 120^0 अंश से 150^0 अंश है। यह सूर्य की स्वयं की अपनी राशि है। इस राशि का ना कोई शत्रु है और ना ही किसी ग्रह की यह उच्च या नीच राशि है। मंगल, सूर्य इसके कारक ग्रह हैं। अकेला मंगल या मंगल+सूर्य युति सफल योग है। सूर्य+गुरु और मंगल+गुरु युति योग भी ठीक है।

(ii) शारीरिक बनावट : इस लग्न या राशि में जन्में व्यक्ति सिंह के समान मजबूत हड्डियों वाले, साहसी एवं हृष्ट-पुष्ट होते हैं। मध्यम कद वाले सुन्दर एवं सुगन्धित होते हैं। मस्तक चौड़ा होता है। सिर गोल, कमर पतली होती है। आंखे नीली, भूरी होती हैं। मुखाकृति रौबदार होती है। इनकी सीना तानकर चलने की आदत होती है। कठिनाइयों में भी अपना रास्ता निकाल लेते हैं। बहुत प्रभावशाली होते हैं।

(iii) स्वभाव एवं मनोवृत्ति : ऐसे व्यक्ति स्वभाव से दयालु, बुद्धिमान, उद्यमी, कर्मठ, निडर, स्वतंत्र विचारों वाले, पराक्रमी, व्यवहारकुशल, अनुशासनप्रिय, नीति अनुसार आचरण करने वाले होते हैं। प्रसन्नचित एवं आशावान होते हैं। महत्वाकांक्षा, गर्ममिजाज, आत्म-विश्वास, मान-सम्मान, लोकप्रियता, स्वार्थपरता, अभिमान, नेतृत्व स्पष्ट झलकता है। यह जिद्दी, अड़ियल और शंकालु भी होते हैं। अपनी शान का प्रदर्शन इन्हें अच्छा लगता है। शीघ्र क्रोधी प्रवृत्ति होने पर भी बुद्धि चातुर्य से स्थिति संभाल लेने की क्षमता रखते हैं।

(iv) स्वास्थ्य एवं रोग : सबल और सुगठित होने के कारण सदैव स्वस्थ रहते हैं। कभी बीमार हो भी जाते हैं तो जल्दी ही ठीक हो जाते हैं। उदर रोग, हृदय रोग, नेत्र रोग, मस्तिष्क ज्वर, पीठदर्द, कमरदर्द, गर्मियों में हैजा होना, लू लगना, चक्कर आना आदि रोग हो सकते हैं। आपरेशन की स्थिति भी आ सकती है। आग और शस्त्र से चोट लग सकती है। घाव हो सकते हैं। लग्न पर गुरु दृष्टि हो तो बचाव हो सकता है।

(v) विवाह और परिवार : परिवार पर विश्वास होता है और मिलजुलकर रहते हैं। परिवार की प्रसन्नता और शान्ति बनाये रखने के लिये विवाह ठीक समय पर हो जाता है। जीवन साथी से भी सामंजस्य बना रहता है। संतान के रूप में एक भाग्यशाली और

गौरवशाली पुत्र होता है। संतान से पूरा प्यार होता है। भ्रमणशील प्रकृति के कारण देश-विदेश यात्रा करते हैं। माता-पिता के प्रति सेवा भाव होता है। भाई-बन्धु होने पर भी उनका सुख नहीं मिलता है। रईसी जीवन व्यतीत करने में सीमा से बढ़कर व्यय करते हैं। केवल नाम के आस्तिक होते हैं।

(vi) नौकरी या व्यवसाय : उच्चकोटि की शिक्षा ग्रहण करते हैं। खेल कूद में काफी रुचि होती है। प्रशासन व नेतृत्व की क्षमता होती है। अत: अच्छे प्रशासक, प्रबन्धक, सलाहकार, डाक्टर व पुलिस के अधिकारी बन सकते हैं। शिक्षक, लेखक बन सकते हैं। अच्छे खिलाड़ी हो सकते हैं। राजनीति में कदम रख सकते हैं। विधायक, सांसद और मंत्री बन सकते हैं। उच्च स्तर के व्यवसाय यथा मशीनी उद्योग करना पसन्द करते हैं।

(vii) महत्वपूर्ण एवं शुभ : भाग्योदय कारक वर्षों में 16, 22, 24, 26, 28, 32 वें वर्ष तथा अन्य महत्वपूर्ण वर्षों में 19, 37, 46, 55, 64, 73, 82 वें वर्ष प्रमुख हैं। दिनों में रविवार, बुधवार, मंगलवार और गुरुवार शुभ दिन है। रंगों में श्वेत, लाल एवं हरा रंग शुभ है। अंकों में 1, 4, 5, 6, 9 अंक शुभ और लाभदायी हैं। इस लग्न राशि वाले व्यक्तियों के लिये माणिक रत्न की अंगूठी पहनना शुभ और लाभकारी रहता है। कष्ट के समय सूर्य को प्रात: जल देना तथा सूर्य की उपासना करना सर्वाधिक सुखकारी है। कष्ट दूर होते हैं। शान्ति एवं संतोष मिलता है।

(viii) मैत्री संबंध और सावधानियां : मेष, धनु, कुम्भ लग्न राशि वाले व्यक्तियों से मैत्री संबंध रखना अधिक लाभकारी और सुखदायी रहता है। प्यार और सम्मान बना रहता है। संतुलित शाकाहारी भोजन करें। क्रोध न करें। शान-शौकत के लिये अनावश्यक व्यसन न करें। शंकालु प्रवृत्ति का त्याग करें। दूसरों पर विश्वास रखें।

फील्ड मार्शल मानेक शा

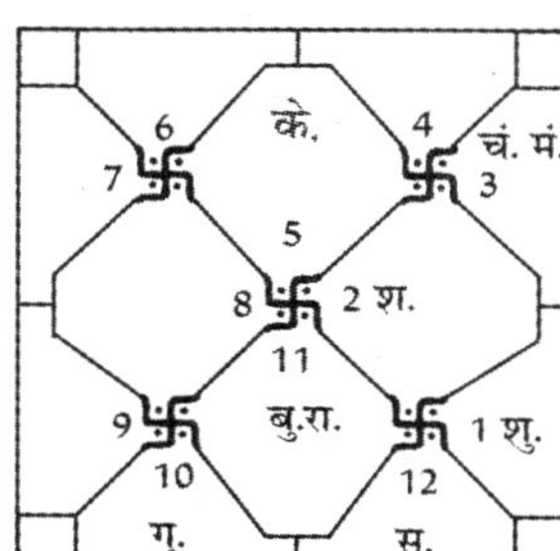

कुण्डली न. 44

(ix) सिंह लग्न राशि में जन्में व्यक्ति : छत्रपति शिवाजी, भू.पू. राष्ट्रपति डा. शंकरदयाल शर्मा, भू.पू.प्रधानमंत्री राजीव गांधी, फील्डमार्शल मानेकशा, राष्ट्रपति जानसन और निक्सन, लेखक भारतेन्दु हरिशचन्द्र, सेठ घनश्यामदास बिड़ला, मुख्यमंत्री बंसीलाल

राजयोग :

1. सूर्य, मंगल, बुध तीनों लग्न में हो तो व्यक्ति धनवान, राज्यमान व प्रतिष्ठावान होता है।
2. सूर्य, बुध, गुरु तीनों कहीं भी एक साथ हो तो व्यक्ति श्रेष्ठ, धनवान व कीर्तिवान होता है।
3. सूर्य लग्न में हो तो व्यक्ति उच्च पदासीन प्रशासनिक अधिकारी बनता है। प्रभुत्ता एवं सत्ता प्राप्त करता है।
4. बुध द्वितीय, पंचम, एकादश भाव में कहीं भी हो तो व्यक्ति को अचानक धन मिलता है।
5. निर्बल, अस्त व पाप प्रभाव में गुरु होने पर व्यक्ति विदेश यात्रा करता है।
6. प्रबल मंगल व्यक्ति को भूसम्पत्ति, मकान आदि दिलाने में सहायता करता है।
7. दशमस्थ शुक्र अपनी महादशा में व्यक्ति को श्रीसम्पन्न करता है, ऊँचा उठाता है।
8. द्वादश भावस्थ मंगल+शनि युति शनि महादशा में उन्नतिदायक होती है।

नीच योग :

1. शनि द्वितीय या अष्टम भाव में हो तो व्यक्ति को निर्धन और श्रीहीन करता है। सारा जीवन कष्ट में ही व्यतीत होता है।
2. इस लग्न में शुक्र का कहीं भी बलवान होना राजसेवा में अवनति व अपमान का कारण होता है।
3. शनि+गुरु युति होने पर पत्नी कर्कशा और दुष्टा मिलती है।
4. शुक्र गुरु कहीं भी एक साथ बैठे हों तो व्यक्ति को श्रीहीन व कंगाल करते हैं। दर-दर भटकने को मजबूर करते हैं।
5. तृतीयस्थ शुक्र अपनी दशा में मानहानि, राजहानि कराता है।

जन्म लग्न सिंह का फल – विंशोत्तरी महादशा चार्ट

1. सूर्य महादशा – 6 वर्ष			2. चन्द्र महादशा – 10 वर्ष			3. मंगल महादशा – 7 वर्ष		
सूर्य	सूर्य	श्रेष्ठत्तम,पदोन्नति	चन्द्र	चन्द्र	चिन्ताजनक	मंगल	मंगल	भाग्यवर्द्धक
सूर्य	चन्द्र	व्ययशील किन्तु मंगलकारी एवं सुखकारी	चन्द्र	मंगल	श्रेष्ठत्तम, भाग्यवर्द्धक	मंगल	राहु	श्रेष्ठ

सूर्य	मंगल	शुभ, लाभकारी व भाग्यवर्द्धक	चन्द्र	राहु	कष्टकारी	मंगल	गुरु	संतान कष्ट
सूर्य	राहु	सामान्य	चन्द्र	गुरु	सामान्य	मंगल	शनि	कष्टकारी
सूर्य	गुरु	दु:खकारी	चन्द्र	शनि	परिवार कष्ट	मंगल	बुध	शुभ, श्रेष्ठ व्यापार लाभ
सूर्य	शनि	चिन्ताजनक	चन्द्र	बुध	लाभकारी	मंगल	केतु	धनदायी,लाभकारी
सूर्य	बुध	धनलाभ एवं व्यापारवृद्धि	चन्द्र	केतु	शुभ, अनुकूल	मंगल	शुक्र	शुभ
सूर्य	केतु	शुभ	चन्द्र	शुक्र	कष्टकारी	मंगल	सूर्य	यश, मान व प्रतिष्ठा
सूर्य	शुक्र	धनहानि	चन्द्र	सूर्य	श्रेष्ठ,धनदायी, लाभकारी	मंगल	चन्द्र	शुभ

4. राहु महादशा – 18 वर्ष			**5. गुरु महादशा–16 वर्ष**			**6. शनि महादशा – 19 वर्ष**		
राहु	राहु	कष्ट व अपमान	गुरु	गुरु	पूर्वार्द्ध–शुभ उत्तरार्द्ध–कष्ट	शनि	शनि	कष्टकारी
राहु	गुरु	धनलाभ–वाहनसुख	गुरु	शनि	मृत्युतुल्य कष्टकारी	शनि	बुध	लाभकारी, व्यापार वृद्धि
राहु	शनि	लाभकारी	गुरु	बुध	धनदायी, लाभकारी	शनि	केतु	शुभ
राहु	बुध	शुभ	गुरु	केतु	शुभ	शनि	शुक्र	सुखदायी
राहु	केतु	चिन्ताजनक, अपमानजनक	गुरु	शुक्र	अनुकूल	शनि	सूर्य	अनुकूल
राहु	शुक्र	सामान्य	गुरु	सूर्य	लाभकारी–व्यापारवृद्धि	शनि	चन्द्र	अनुकूल
राहु	सूर्य	कष्टकारी, पीड़ाकारी	गुरु	चन्द्र	बाधापूर्ण	शनि	मंगल	श्रेष्ठ, धनदायी, लाभकारी
राहु	चन्द्र	चिन्ताजनक	गुरु	मंगल	यश–मान, प्रतिष्ठा	शनि	राहु	कष्ट, बाधा
राहु	मंगल	धनलाभ	गुरु	राहु	कष्टकारी	शनि	गुरु	शुभ

7. बुध महादशा–17 वर्ष			8. केतु महादशा - 7 वर्ष			9. शुक्र महादशा - 20 वर्ष		
बुध	बुध	श्रेष्ठ, धनदायी लाभकारी	केतु	केतु	अनुकूल	शुक्र	शुक्र	कष्ट, बाधा
बुध	केतु	धनदायक, प्रसन्नतादायक	केतु	शुक्र	राज्यमान, पदोन्नति	शुक्र	सूर्य	उन्नतिदायक
बुध	शुक्र	अनुकूल	केतु	सूर्य	पदोन्नति एवं प्रतिष्ठा	शुक्र	चन्द्र	अनुकूल
बुध	सूर्य	श्रेष्ठ, पदोन्नति	केतु	चन्द्र	परिवार सुख	शुक्र	मंगल	लाभकारी, पदोन्नति
बुध	चन्द्र	शुभ–मंगलकार्य	केतु	मंगल	फलदायक	शुक्र	राहु	कष्टकारी
बुध	मंगल	अनुकूल–सुखकारी	केतु	राहु	चिन्ताजनक, बाधापूर्ण	शुक्र	गुरु	मृत्युतुल्यकष्ट
बुध	राहु	कष्टकारी	केतु	गुरु	चिन्ताजनक	शुक्र	शनि	हानि एवं पतन
बुध	गुरु	अशुभ–कष्टकारी	केतु	शनि	हानिकर	शुक्र	बुध	लाभकारी
बुध	शनि	पूर्वार्द्ध–अशुभ उत्तरार्द्ध–शुभ	केतु	बुध	धनलाभ, उन्नति, व्यापारवृद्धि	शुक्र	केतु	सुखकारी, भाग्यवर्द्धक

6. जन्म लग्न राशि कन्या (Virgo)

(i) राशि परिचय : भचक्र की षष्ठम राशि कन्या स्वरूप में कन्या सम होती है। यह पृथ्वीतत्व, तमोगुणी, शील, द्विस्वभाव ,स्त्रीलिंग ,सौम्य, दिनबली, शीर्षोदयी, दक्षिण दिशा स्वामिनी, अन्न भंडारों, बाग बगीचों में रहने वाली, वास्तविक कार्यसम्पन्ना एक शुभ राशि है। सूर्य इस राशि में 22 अगस्त के आसपास प्रतिवर्ष प्रवेश करता है और 22 सितम्बर तक रहता है। इसका विस्तार 150^0 अंश से 180^0 अंश तक है। बुध इस राशि का स्वामी ग्रह है और बुध की ही यह उच्चराशि भी है। शुक्र की यह नीच राशि है। बुध, सूर्य और चन्द्र इस राशि के कारक ग्रह है। बुध+शुक्र युति सफल योग है।

(ii) शारीरिक बनावट : कन्या लग्न में जन्में व्यक्तियों का सामान्यत: मध्यम कद होता है, किन्तु ये इकहरे बदन के होते हैं। शरीर कोमल होता है। सुन्दर व आकर्षक आंखे, लम्बी नाक और होठ पतले होते हैं। वाणी तेज और धीमी होती है। मस्तक आगे की ओर उभरा हुआ होता है। बाल काले होते हैं। चलने की गति तेज होती है। इनकी उम्र का अनुमान लगाना मुश्किल होता है।

(iii) स्वभाव एवं मनोवृत्ति : ऐसे व्यक्तियों का स्वभाव नरम और अस्थिर होता है। वातावरण और स्थिति के अनुसार बदल जाते हैं। मेधावी, बुद्धिमान, गणितज्ञ, विनम्र, भावुक, मिष्ठभाषी और लज्जाशील होते हैं। कल्पनाशील एवं सूक्ष्मदर्शी होते हैं। इनमें आत्मविश्वास की कमी होती है। शान्तचित्त एवं एकान्तप्रिय मनोवृत्ति के होते हैं। उतावले, क्रोधी, डरपोक और कामुक होते हें। दूसरों की कमियाँ निकालने की आदत होती है। अपने स्वार्थ के लिये दूसरों का अहित करने में कभी नहीं चूकते हैं। इनको समझना बड़ा मुश्किल होता है। संगीत और सौन्दर्य के पुजारी होते हैं।

(iv) स्वास्थ्य एवं रोग : सामान्यत: स्वस्थ रहते हैं। उम्र के साथ-2 स्थूल होते जाते हैं। अनियमित और असंतुलित भोजन करने से पाचन संस्थान प्रभावित होता है। फलस्वरूप पीलिया जैसे रोग हो सकते हैं। चिंता और डर से स्नायु तंत्र भी कमजोर हो जाता है। वात, पित्त, कफ के रोग, नाक, कान व गले के रोग, खाज, खुजली, पीठ दर्द, कमरदर्द जैसे रोगों की संभावना हर समय बनी रहती है।

(v) विवाह और परिवार : ऐसे व्यक्तियों का विवाह विलम्ब से होता है। विचारों तथा स्वप्नों की दुनिया में हर समय खोये रहते हैं किन्तु दुनियादारी की समझ होती है। परिवार से मिलकर चलने की प्रवृति होती है। कन्या संतान होने के अवसर अधिक होते हैं। माता-पिता के प्रति लगाव होता है। धन व सम्पत्ति संचय में अधिक समय देते हैं। भ्रमणशील होते हैं। अधिक समय तक घर से दूर रहते हैं। संतान के प्रति बहुत कम मोह होता है।

(vi) नौकरी या व्यवसाय : स्वामी ग्रह बुध के विद्या, वाणी का कारक होने से ऐसे व्यक्ति उच्च्व शिक्षा प्राप्त कर लेते हैं। आप अच्छे डाक्टर हो सकते हैं। ऑडीटर, अकाउन्टैण्ट बन सकते हैं। वकील, पत्रकार, सम्पादक, प्रकाशक हो सकते हैं। शिक्षक एवं सेल्स एजेंट बन सकते हैं। सौन्दर्य प्रसाधनों, संगीत वाद्यों के व्यवसायी हो सकते हैं। ज्योतिष में रुचि होती है। राजनीति क्षेत्र में भी कूद सकते हैं। नौकरी के अवसर अधिक संभावित हैं।

(vii) महत्वपूर्ण एवं शुभ : भाग्योदय कारक वर्षों में 25, 32, 35, 36, 42 वें वर्ष तथा अन्य महत्वपूर्ण वर्षों में 23, 41, 50, 59, 68, 77 वें वर्ष प्रमुख है। वारों में बुधवार, रविवार और शुक्रवार शुभवार हैं। रंगों में हरा व पीला रंग शुभ है। अंकों में 2, 3, 5, 6, 7 अंक शुभ है। शुभ नग पन्ना है। इसको पहनने से आर्थिक स्थिति सुदृढ़ होने के आसार बनते हैं। प्रात: सूर्य को जल देना व नमस्कार करना शुभ रहेगा। गायत्री मंत्र का जाप करते रहना भी शुभ और लाभकारी रहता है।

(viii) मैत्रीसंबंध और सावधानियाँ : मकर, मीन एवं वृष लग्न वाले व्यक्तियों से मैत्री संबंध रखना अधिक लाभकारी एवं शुभ रहता है। आर्थिक स्थिति सुदृढ़ होती है।

दूध से बने खट्टे पदार्थों और हरी सब्जियों का प्रयोग करें। खाने में नियमितता बरतें। अपने स्वार्थ के लिये दूसरों की हानि या निन्दा करना छोड़ें। दूसरों की भलाई में ही अपनी भलाई है।

(ix) कन्या लग्न राशि में जन्में व्यक्ति : सम्राट शाहजहाँ, बांग्लादेशी नेता शेख मुजीवुर्रहमान, अमेरिकी राष्ट्रपति जान एफ. केनेडी, गायिका मलिका सुरैया, नैपोलियन बोनापार्ट, प्रधानमंत्री नरसिम्हाराव, के.सी. पंत, राजबहादुर फतेह सिंह भौंसले।

जान एफ केनेडी

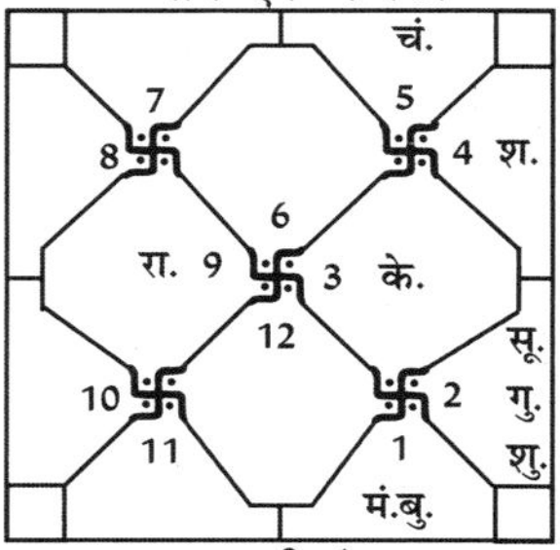

कुण्डली नं. 45

राजयोग :

1. नवम भाव में गुरु तथा सप्तम में शुक्र, चन्द्र युति हो तो व्यक्ति विद्यावान, धनवान, राजमान्य एवं सुखी होता है।
2. लग्न में बुध, पंचम में मंगल+शनि युति और चतुर्थ में गुरु, शुक्र, चन्द्र हो तो व्यक्ति सम्मानित एवं एश्वर्यशाली होता है।
3. सूर्य+शुक्र या सूर्य+चन्द्र कहीं भीं एक साथ बैठे हो, व्यक्ति को सूर्य महादशा में धनलाभ, मान–सम्मान एवं प्रतिष्ठा प्राप्त होती है।
4. द्वितीय भाव में केतु+शुक्र युति व्यक्ति को आकस्मिक धनलाभ कराती रहती है।
5. द्वितीय भाव में शनि का होना भी व्यक्ति को धनवान बनाता है।
6. नवम भाव का राहु तीर्थ यात्रायें कराता है। धार्मिक अभिरुचि में वृद्धि करता है।
7. गुरु+शुक्र युति चतुर्थ भाव में हो, व्यक्ति उन्नति करता है और धन व सम्मान पाता है।
8. सप्तम में चन्द्र+शुक्र युति, एकादश में गुरु और अष्टम भाव में सूर्य हो तो व्यक्ति को उत्तम ससुराल मिलती है। धनलाभ होता है।

नीच योग :

1. षष्ठ भाव में राहु हो तो व्यक्ति प्राय: बीमार रहता है।
2. षष्ठ भाव में राहु तथा अष्टम में बुध हो तो व्यक्ति स्त्रियों द्वारा अपमानित होता है।
3. कमजोर तथा अष्टमस्थ गुरु मातृसुख में कमी करता है।

4. द्वितीय, षष्ठ, अष्टम या द्वादश भाव में गुरु हो तो व्यक्ति का गृहस्थ जीवन दुःखी और नरक समान होता है।
5. पंचम या एकादश भावस्थ शनि पुत्रसुख से वंचित करता है।
6. सूर्य, शुक्र एक साथ बैठे हो तो शुक्र की दशा में व्यक्ति दिवालिया होता है।
7. कन्या लग्न में सूर्य तथा सप्तम में शनि जीवनसाथी की शीघ्र मृत्यु कराते हैं।

जन्म लग्न कन्या का फल - विंशोत्तरी महादशा चार्ट

1. सूर्य महादशा - 6 वर्ष			2. चन्द्र महादशा - 10 वर्ष			3. मंगल महादशा - 7 वर्ष		
सूर्य	सूर्य	कष्टकारी, व्ययशील	चन्द्र	चन्द्र	श्रेष्ठ, सुखदायी	मंगल	मंगल	मृत्युतुल्यकष्ट
सूर्य	चन्द्र	चिन्ताजनक, व्ययशील	चन्द्र	मंगल	शुभ, उन्नतिदायक	मंगल	राहु	हानि, अपमान, पतन
सूर्य	मंगल	कष्टकारी किन्तु धनदायी	चन्द्र	राहु	कष्टकारी	मंगल	गुरु	पूर्वार्द्ध-शुभ उत्तरार्द्ध-अशुभ
सूर्य	राहु	धनहानि, परिवार कष्ट	चन्द्र	गुरु	कष्टकारी, बाधापूर्ण	मंगल	शनि	व्ययशील
सूर्य	गुरु	बाधापूर्ण, चिन्ताजनक	चन्द्र	शनि	रोगकारी	मंगल	बुध	अनुकूल
सूर्य	शनि	पूर्वार्द्ध-अशुभ उत्तरार्द्ध-शुभ, उन्नति एवं लाभ	चन्द्र	बुध	शुभ	मंगल	केतु	शुभ
सूर्य	बुध	उन्नति व धनलाभ	चन्द्र	केतु	शुभ, अनुकूल	मंगल	शुक्र	धनदायी
सूर्य	केतु	शुभ	चन्द्र	शुक्र	श्रेष्ठ, भाग्यवर्द्धक	मंगल	सूर्य	सुखदायी, संतान लाभ
सूर्य	शुक्र	शुभ, धनदायी, भाग्यवर्द्धक	चन्द्र	सूर्य	धनदायी, लाभकारी	मंगल	चन्द्र	शुभ-वाहनसुख

4. राहु महादशा - 18 वर्ष			5. गुरु महादशा-16 वर्ष			6. शनि महादशा - 19 वर्ष		
राहु	राहु	बाधापूर्ण	गुरु	गुरु	शुभ, धनदायी, विवाहकार्य	शनि	शनि	रोगकारी, मातुलकष्ट
राहु	गुरु	अशुभ-हानिकर	गुरु	शनि	धनदायी, लाभकारी	शनि	बुध	शुभ

राहु	शनि	बाधापूर्ण	गुरु	बुध	बहुमुखी उन्नति	शनि	केतु	अनुकूल
राहु	बुध	शुभ-अनुकूल	गुरु	केतु	शुभ	शनि	शुक्र	उन्नतिप्रद, वाहनसुख
राहु	केतु	शुभ	गुरु	शुक्र	लाभकारी, भाग्यवर्द्धक	शनि	सूर्य	मृत्युतुल्यकष्ट
राहु	शुक्र	भाग्यवर्द्धक	गुरु	सूर्य	भाग्यवर्द्धक	शनि	चन्द्र	सुखदायी, विवाह
राहु	सूर्य	बाधापूर्ण	गुरु	चन्द्र	मृत्युतुल्यकष्ट	शनि	मंगल	कष्टकारी
राहु	चन्द्र	चिन्ताजनक	गुरु	मंगल	हानि व बाधा	शनि	राहु	दुःखदायी
राहु	मंगल	कष्टकारी	गुरु	राहु	हानिकर	शनि	गुरु	व्ययशील एवं हानिकर

7. बुध महादशा-17 वर्ष			8. केतु महादशा - 7 वर्ष			9. शुक्र महादशा - 20 वर्ष		
बुध	बुध	श्रेष्ठ, भाग्यवर्द्धक	केतु	केतु	शुभ एवं उन्नतिप्रद	शुक्र	शुक्र	धनदायी एवं भाग्यवर्द्धक
बुध	केतु	अनुकूल	केतु	शुक्र	धनदायी एवं भाग्यवर्द्धक	शुक्र	सूर्य	शुभ-वाहनसुख
बुध	शुक्र	धनलाभ, भाग्यवर्द्धक	केतु	सूर्य	शुभ किन्तु व्ययशील	शुक्र	चन्द्र	परिवार सुख
बुध	सूर्य	परिवारसुख, मंगलकार्य	केतु	चन्द्र	शुभ	शुक्र	मंगल	कष्ट एवं हानि
बुध	चन्द्र	धनदायी, लाभदायी	केतु	मंगल	हानिकर एवं पदोन्नति	शुक्र	राहु	अपमान एवं पतन
बुध	मंगल	हानि व कष्ट किन्तु पदोन्नति	केतु	राहु	कष्टकारी, बाधापूर्ण	शुक्र	गुरु	मृत्युतुल्यकष्ट
बुध	राहु	अत्यन्त कष्ट	केतु	गुरु	सामान्य	शुक्र	शनि	शुभ, उन्नतिदायक
बुध	गुरु	सामान्य	केतु	शनि	चिन्ताजनक	शुक्र	बुध	श्रेष्ठ
बुध	शनि	मृत्युतुल्यकष्ट	केतु	बुध	अनुकूल, उन्नतिदायक	शुक्र	केतु	उन्नतिदायक

7. जन्म लग्न राशि तुला (Libra)

(i)राशि परिचय : भचक्र की सप्तम राशि तुला आकृति में तुला अर्थात तराजू के समान वायुतत्व, रजोगुणी, उष्ण, चर, विषम, पुरुषलिंगी, क्रूर, दिनबली, शीर्षोदयी, पश्चिम दिशा/स्वामिनी, ऊँचाईयों और खुले स्थानों पर रहने वाली, संतुलन बनाये रखने वाली, न्यायमूर्ति शुभ राशि है। प्रतिवर्ष अंग्रेजी मास की 23 सितम्बर की तिथि के आस–पास सूर्य इस राशि में प्रवेश करता है और 22 अक्टूबर तक रहता है। इसका विस्तार 180^0 अंश से 210^0 अंश तक है। सूर्य, चन्द्र, शुक्र और शनि विशिष्ट कारक ग्रह है। शुक्र इस राशि का स्वामी ग्रह है। मंगल इसका शत्रु है। शनि की उच्च तथा सूर्य की नीच राशि है। अकेला शनि या चन्द्र+शनि या बुध+शनि या शुक्र+शनि या चन्द्र+बुध या बुध+गुरु युति योग सफल योग हैं।

(ii) शारीरिक बनावट : इस लग्न राशि में जन्में व्यक्ति कद में औसत से कुछ लम्बे स्थूलकाय एवं तीखे नाक–नक्श वाले होते हैं। सुन्दर व गोरा वर्ण होता है। चेहरा आगे से उभरा हुआ, नेत्र नीले व चमकीले, नाक सीधी होती हैं। प्राय: हंसमुख होते हैं और हंसते समय गाल में गड्ढे पड़ते हैं। फलस्वरूप चितवन आकर्षक लगती है। काले बाल होते हैं। चलने की गति तीव्र होती है। वाणी में मिठास होती है। संमुख बैठे व्यक्ति को मोह लेती है।

(iii) स्वभाव मनोवृत्ति : आप स्वभाव से विनम्र, दयालु, उदार, आशावादी, प्रसन्नचित, न्यायप्रिय व अनुशासनप्रिय होते हैं। कल्पनाशक्ति के धनी होते हैं। बुद्धिमान व दूरदर्शी होते हैं। ईमानदार, मिलनसार, व्यवहारकुशल और लोकप्रिय होते हैं। श्रंगार और सौन्दर्य के शौकीन एवं कामुक होते हैं। समस्याओं को हल करने की क्षमता रखते हैं। प्रत्येक कार्य सोच समझकर करते हैं। रहन–सहन का ढंग रईसी होता है। क्रोधी, आक्रामक व निडर होते हैं। अत: सदैव सावधान व सतर्क रहते हैं। देश–विदेश में भ्रमण करते रहते हैं। सत्यवादी, परोपकारी, धीर एवं गंभीर होते हैं।

(iv) स्वास्थ्य एवं रोग : ऐसे पुरुष/स्त्री सामान्यत: स्वस्थ रहते हैं किन्तु दिनचर्या में परिवर्तन करते रहने से बीमार भी हो जाते हैं। शुक्र के निर्बल होने की स्थिति में अथवा नीचस्थ सूर्य के तुला राशि में आने या होने पर जनेन्द्रिय रोग, गुर्दे के रोग, कमर व रीढ़ की हड्डी के रोग हो सकते हैं। छोटी–2 बीमारियां यथा जुकाम, खांसी, बुखार, पीलिया आदि हो सकते हैं।

(v) विवाह और परिवार : विवाह कम आयु में ही हो जाता है। जीवन साथी को पूरा प्यार देते हैं। निष्ठावान व वफादार होते हैं। अत: दाम्पत्य जीवन सुखदायी होता है। परिवार में मिलजुल कर रहने की प्रवृत्ति होती है। पिता के प्रति श्रद्धा होती है। संतान के प्रति भी स्नेह रखते हैं। सौन्दर्य प्रसाधनों का अधिक उपयोग करते हैं। दिखावे के

प्रदर्शन में विश्वास करने से आर्थिक स्थिति प्रभावित होती है। वैराग्य की भावना विकसित होती है। जीवन का मोह त्याग देते हैं।

(vi) नौकरी या व्यवसाय : ऐसे व्यक्तियों का रुझान नौकरी की ओर कम और व्यवसाय की ओर बहुत अधिक होता है। अतः सौन्दर्य प्रसाधनों यथा इत्र, सैंट, कशीदाकारी, कढ़ाई बुनाई, खिलौने, रेडीमेड वस्त्र आदि का व्यवसाय कर सकते हैं। रेस्टोरेन्ट, होटल आदि खोल सकते हैं। इन्टीरियर डेकोरेटर, संगीतकार, अभिनेता बन सकते हैं। राजनीति में जा सकते हैं। उच्चपद ग्रहण कर सकते हैं और विश्व में नाम होता है।

(vii) महत्वपूर्ण एवं शुभ : जीवन के भाग्योदय कारक वर्षों में 25, 27, 32, 33, 35 वें वर्ष तथा अन्य महत्वपूर्ण वर्षों में 24, 42, 51, 60, 69, 78 वें वर्ष प्रमुख हैं। दिनों में रविवार, सोमवार, मंगलवार, बुधवार और शनिवार शुभ वार हैं। रंगों में श्वेत और लाल रंग सर्वाधिक शुभ हैं। अंकों में 1, 2, 4, 7 अंक शुभ हैं। इस राशि के व्यक्तियों के लिये हीरा या श्वेत मोती पहनना आर्थिक स्थिति की सुदृढ़ता के लिये शुभ है। प्रतिदिन हनुमान जी के दर्शन और गायत्री मंत्र का स्मरण करते रहने से शुभता बनी रहती है। परिवार सुखी रहता है।

(viii) मैत्री संबंध और सावधानियाँ : मेष, मिथुन, कुंभ, लग्न वाले व्यक्तियों से मैत्रीपूर्ण संबंध बनाये रखना श्रेयस्कर व लाभकारी होता है। कार्यों में आसानी बनी रहती है। स्टार्च युक्त भोजन करें। कामुकता पर नियंत्रण रखें। शारीरिक श्रम अधिक न करें। पूर्ण आराम लें। इससे सुख व शान्ति मिल सकती है।

(ix) तुला लग्न राशि में जन्मे व्यक्ति : बादशाह जहांगीर, झांसी की रानी लक्ष्मीबाई, गोपाल कृष्ण गोखले, महात्मा गांधी, नेता व अभिनेता एन.टी.रामाराव, माधवराव सिंधिया, प्रधानमंत्री अटलबिहारी वाजपेयी, मुख्यमंत्री भगवतदयाल शर्मा, संगीतकार ओ. पी. नय्यर, जर्मन तानाशाह एडोल्फ हिटलर और रूपी नेता जोसेफ स्टालिन।

एन. टी. रामाराव

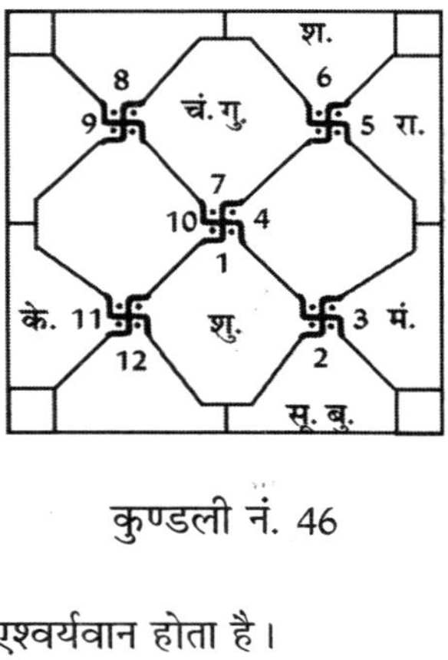

कुण्डली नं. 46

राजयोग :

1. शनि लग्न में हो तो व्यक्ति पूर्ण सुखी, धनी एवं एश्वर्यवान होता है।
2. शनि, मंगल, सूर्य और गुरु अपनी उच्चराशि में केन्द्र में हो तो व्यक्ति धनी व यशस्वी होता है।

3. शनि लग्न में, सूर्य सप्तम में, चन्द्र या गुरु दशम भाव में हो तो व्यक्ति सुखी, धनवान एवं प्रतिष्ठित होता है।
4. शनि लग्न में, चन्द्र+गुरु युति दशम भाव में हो तो व्यक्ति धनवान एवं भाग्यवान होता है।
5. शनि लग्न में, चन्द्र दशमभाव में हो तो व्यक्ति धनी, सुखी एवं सम्मानित होता है। उच्च पदासीन होता है।
6. शनि एकादश भाव में, मंगल चतुर्थ भाव में और चन्द्र दशम भाव में हो तो व्यक्ति साहसी, सुखी एवं धनी होता है।
7. शनि+शुक्र लग्न में, मंगल सप्तम में, गुरु दशम में और सूर्य+बुध युति द्वादश भाव में हो तो व्यक्ति सुखी होता है।
8. बुध लग्न में, चन्द्र+गुरु+शुक्र तृतीय में, शनि चतुर्थ में और मंगल द्वादश भाव में हो तो व्यक्ति नृपतुल्य होता है। राष्ट्रपति, प्रधानमंत्री, सांसद होता है।
9. लग्नेश त्रिकोण में, द्वितीयेश एकादश में तथा द्वितीयेश की द्वितीय भाव पर पूर्ण दृष्टि हो तो व्यक्ति करोड़पति होता है।
10. सूर्य+बुध+शनि का मंगल या चन्द्र+मंगल युति से संबंध हो या दृष्टि हो तो व्यक्ति भाग्यशाली होता है।
11. अष्टम में गुरु, नवम में शनि, एकादश में बुध+मंगल की युति हो तो व्यक्ति उच्चपदाधिकारी होता है।
12. सूर्य लग्न में हो तो व्यक्ति राजपत्रित (गजेटेड) अधिकारी होता है।
13. चतुर्थ भाव में चन्द्र हो तो व्यक्ति राजनीतिज्ञ या राजदूत होता है।

नीच योग :

1. लग्न में चन्द्र हो तथा केन्द्रस्थ मंगल की उस पर दृष्टि हो और द्वादश में शनि हो व्यक्ति दीन, दुःखी एवं निर्धन होता है।
2. लग्न में सूर्य हो, व्यक्ति निर्धन होता है, पुत्रकष्ट होता है।
3. लग्न में शुक्र हो तो शुक्र की दशा मारक होती है।
4. षष्ठ या अष्टम या द्वादश में मंगल हो और मंगल की दशा हो तो व्यक्ति विविध कष्ट भोगता है।
5. गुरु चौथे, शुक्र पांचवें भाव में हो तो गुरु दशा में व्यक्ति को त्वचा रोग होता है।
6. शनि+सूर्य या शनि+मंगल की युति हो तो व्यक्ति पुत्र की ओर से घोर कष्ट पाता है।
7. नवमस्थ गुरु प्रौढ़ावस्था में सन्यासी/वैरागी बनाता है।
8. निर्बल, अस्त, पापाक्रान्त शुक्र अल्पायु करता है।

जन्म लग्न तुला का फल - विंशोत्तरी महादशा चार्ट

1. सूर्य महादशा - 6 वर्ष			2. चन्द्र महादशा - 10 वर्ष			3. मंगल महादशा - 7 वर्ष		
सूर्य	सूर्य	शुभ,उन्नतिदायक	चन्द्र	चन्द्र	सामान्य	मंगल	मंगल	कष्टकारी
सूर्य	चन्द्र	बहुमुखी उन्नति	चन्द्र	मंगल	हानि, पतन	मंगल	राहु	हानि, पतन
सूर्य	मंगल	कष्टकारी	चन्द्र	राहु	मातृकष्ट,मृत्यु	मंगल	गुरु	रोग, मृत्यु
सूर्य	राहु	कष्ट, बाधा एवं पतन	चन्द्र	गुरु	रोगकारी, हृदयरोग	मंगल	शनि	सामान्य
सूर्य	गुरु	हानिकर	चन्द्र	शनि	शुभ	मंगल	बुध	कष्टकारी
सूर्य	शनि	शुभ,उन्नतिदायक	चन्द्र	बुध	भाग्यवर्द्धक	मंगल	केतु	शुभ
सूर्य	बुध	धनदायी, लाभकारी,	चन्द्र	केतु	अनुकूल	मंगल	शुक्र	धनदायी
सूर्य	केतु	शुभ	चन्द्र	शुक्र	सामान्य	मंगल	सूर्य	सुखदायी
सूर्य	शुक्र	हानि एवं कष्ट	चन्द्र	सूर्य	व्यापार लाभ,	मंगल	चन्द्र	हानिकर

4. राहु महादशा - 18 वर्ष			5. गुरु महादशा-16 वर्ष			6. शनि महादशा - 19 वर्ष		
राहु	राहु	आर्थिक हानि	गुरु	गुरु	कष्टकारी	शनि	शनि	उन्नतिदायक
राहु	गुरु	हानिकर	गुरु	शनि	व्ययशील किन्तु उन्नतिदायक	शनि	बुध	शुभ
राहु	शनि	लाभकारी	गुरु	बुध	भाग्यवर्द्धक	शनि	केतु	उन्नति, लाभ
राहु	बुध	सामान्य	गुरु	केतु	शुभ	शनि	शुक्र	कष्ट, पतन
राहु	केतु	चिन्ताजनक, पीड़ाकारी	गुरु	शुक्र	कष्ट, हानि पतन	शनि	सूर्य	उन्नतिदायक
राहु	शुक्र	घोरकष्ट, मृत्यु	गुरु	सूर्य	शुभ	शनि	चन्द्र	लाभकारी
राहु	सूर्य	हानिकर	गुरु	चन्द्र	अनुकूल	शनि	मंगल	अनुकूल
राहु	चन्द्र	मानसिक पीड़ा	गुरु	मंगल	हानिकर,	शनि	राहु	शुभ
राहु	मंगल	कष्टकारी	गुरु	राहु	घोर कष्ट	शनि	गुरु	सामान्य

7. बुध महादशा–17 वर्ष			8. केतु महादशा – 7 वर्ष			9. शुक्र महादशा – 20 वर्ष		
बुध	बुध	भाग्यवर्द्धक	केतु	केतु	सामान्य	शुक्र	शुक्र	लाभ, उन्नति
बुध	केतु	अत्यन्तशुभ,	केतु	शुक्र	अनुकूल वाहन सुख	शुक्र	सूर्य	लाभकारी
बुध	शुक्र	कष्ट, व्ययशील	केतु	सूर्य	लाभकारी	शुक्र	चन्द्र	लाभ एवं पदोन्नति
बुध	सूर्य	परिवारसुख, भाई की उन्नति	केतु	चन्द्र	पदोन्नति, स्थानान्तरण	शुक्र	मंगल	धनहानि, व्यापार हानि
बुध	चन्द्र	अतुल धन, उन्नति	केतु	मंगल	धनहानि	शुक्र	राहु	कष्टकारी
बुध	मंगल	लाभकारी	केतु	राहु	पीड़ाकारी	शुक्र	गुरु	पूर्वार्द्ध–शुभ उत्तरार्द्ध–अशुभ
बुध	राहु	कष्ट, धनहानि	केतु	गुरु	शुभ एवं उन्नतिदायक	शुक्र	शनि	उत्तम
बुध	गुरु	सामान्य	केतु	शनि	शुभ, उन्नतिप्रद	शुक्र	बुध	सामान्य
बुध	शनि	पूर्णरूपेण शुभ	केतु	बुध	सामान्य	शुक्र	केतु	शुभ

8. जन्म लग्न राशि वृश्चिक (Scorpio)

(i)राशि परिचय : भचक्र की अष्टम राशि वृश्चिक आकृति में बिच्छू समान, जलतत्व, तमोगुणी, स्थिर, शीत, स्त्रीलिंग, सौम्य, दिनबली, शीर्षोदयी, उत्तरदिशास्वामिनी, दलदली बदबूदार स्थान निवासिनी, रहस्यमयी एक अशुभ राशि है। प्रतिवर्ष अंग्रेजी मास की 23 अक्टूबर तिथि के आसपास सूर्य इस राशि में प्रवेश करता है और 21 नवम्बर तक रहता है। इसका विस्तार 210^0 अंश से 240^0 अंश तक है। मंगल इस राशि का स्वामी ग्रह है। शुक्र इसका शत्रु ग्रह है। चन्द्र की यह नीच राशि है। सूर्य, चन्द्र, मंगल, गुरु और शुक्र ग्रह शुभ एवं सौभाग्यशाली कारक ग्रह हैं। सूर्य+चन्द्र युति योग सफल योग है।

(ii) शारीरिक बनावट : इस लग्न में जन्में व्यक्ति कद में औसत से कुछ लम्बे होते हैं। सुगठित व संतुलित होते हैं। मुखाकृति सुन्दर व आकर्षक होती है। सिर चौड़ा और तेजवान होता है। बाल काले, और घुंघराले होते हैं। नेत्र नीले, भूरे एवं चमकदार होते हैं। संमोहक दृष्टि होती है। हाथ, पैर लम्बे होते हैं। गर्दन या कन्धे पर पहचान का कोई चिन्ह होता है।

(iii) स्वभाव एवं मनोवृत्ति : इन व्यक्तियों का स्वभाव बिच्छू के डंक के समान होता है। यह हठी, क्रोधी, चालाक, ईर्ष्यालु और स्वार्थी होते हैं। इनमें कल्पना शक्ति गजब की होती है। बुद्धिमान, साहसी, उत्साही, परिश्रमी, सामर्थ्यवान, ईमानदार, स्पष्टवादी, परोपकारी व व्यवहारकुशल होते हैं। दृढ़ संकल्पशक्ति वाले एवं स्वतंत्र विचारों के होते हैं। अपना मार्ग स्वयं तय करते हैं। अपनी बात को सर्वोपरि रखने का प्रयास करते हैं। अपनी गलती कभी स्वीकार नहीं करते हैं। अवसरवादी, उग्र और आक्रामक होते हैं। स्वार्थ के लिये शत्रु को भी गले लगा लेते हैं। दूसरों के लिये व्यंगात्मक भाषा का प्रयोग करना इनका स्वभाव होता है।

(iv) स्वास्थ्य एवं रोग : स्वास्थ्य के प्रति सावधान होते हुये भी बीमार हो जाते हैं। जनेन्द्रिय रोग और फोड़े, फुन्सी, चोट, घाव, पथरी आदि के रोग हो जाते हैं। कब्ज हमेशा बनी रहती है। जुकाम, खांसी आम बात है। स्त्रियों को रक्त संबंधी बीमारियां प्रमुख रूप से होती है। विशेष रूप से मासिक धर्म की अनियमितता बनी रहती है। इससे उनके स्वास्थ्य में गिरावट आती है।

(v) विवाह और परिवार : ऐसे व्यक्तियों के दो विवाह हो सकते हैं। दूसरे विवाह से शान्तिपूर्ण जीवन की आशा की जा सकती है। सामान्यत: पारिवारिक जीवन कलहपूर्ण होता है। अगर परिवार के सदस्य उनकी बात मान लें तो संतोष और शांति बने रहने का आधार हो सकता है। भाई-बहिनों और सगे-संबंधियों से कोई लाभ नहीं होता है। परिवार के जीवनयापन हेतु पुरुषार्थ से निर्वाह योग्य साधन जुटा लेते हैं। अपने आराम के लिये आय से अधिक धन खर्च कर देते हैं। नास्तिक होते हैं। धर्म का केवल दिखावा ही करते हैं।

(vi) नौकरी या व्यवसाय : अच्छी शिक्षा ग्रहण करते हैं। अत: डाक्टर, इन्जीनियर, पुलिस अफसर, वकील, रिसर्चर, शिक्षक बन सकते हैं। नौकरी में रुचि होती है। सफलता प्राप्त कर सकते हैं। केमिस्ट या बीमा व्यवसायी हो सकते हैं। राजनीति में जा सकते हैं। लेखक या कवि हो सकते हैं। हीन भावना के कारण शीघ्र निराश हो जाते हैं किन्तु बदले की भावना रखते हैं।

(vii) महत्वपूर्ण एवं शुभ : जीवन के 24, 28, 32, 36, 44वें वर्ष भाग्योदय कारक वर्ष होते हैं। अन्य महत्वपूर्ण वर्षों में 18, 27, 45, 54, 63 व 72 वें वर्ष प्रमुख हैं। वारों में रविवार, सोमवार, मंगलवार और गुरुवार शुभवार हैं। रंगों में पीला और लाल रंग सर्वाधिक शुभ हैं। अंकों में 1,2,3,7,9 अंक शुभ अंक है। निर्बल और नीच मंगल की स्थिति होने पर मूंगा रत्न पहनना शुभ रहता है। हनुमान जी की सेवा-पूजा व प्रसाद वितरण लाभकारी होता है।

(viii) मैत्रीसंबंध और सावधानियाँ : इस लग्न राशि के व्यक्तियों को कर्क या मीन लग्न राशि वाले व्यक्तियों से मैत्री संबंध रखना उत्तम है। सामंजस्य बना रहता है। लाभ होता है। मान-सम्मान मिलता है। स्वास्थ्य ठीक बना रहे, इसके लिये शारीरिक श्रम कम करें। पेय पदार्थों का अधिक उपयोग करें। स्वार्थपरता छोड़े। स्वभाव में मिठास लायें। क्रोध न करें। संयम से काम लें।

(ix) वृश्चिक लग्न राशि में जन्में व्यक्ति: कर्नल नासिर, अयूब खान, हेनरी फोर्ड, भू.पू. ब्रिटिश प्रधानमंत्री मारग्रेट थैचर, हस्तरेखा विशेषज्ञ कीरो, भक्त नामदेव, दस्यु मानसिंह, महाराजा जयपुर भवानीसिंह, भू.पू. ग्रहमंत्री लालकृष्ण अड़वाणी, उपराष्ट्रपति भैरोसिंह शेखावत।

लाल कृष्ण अडवाणी

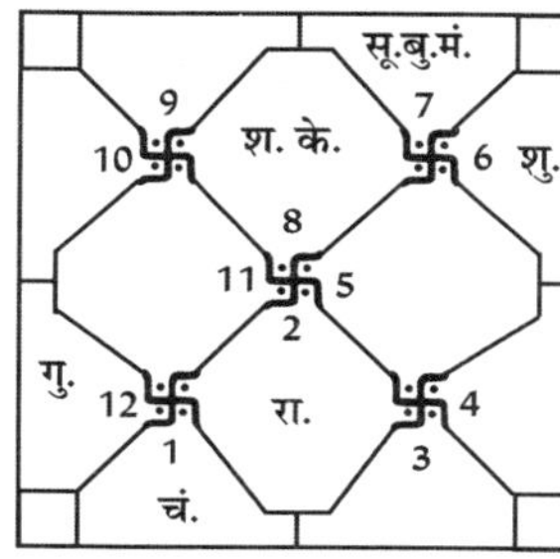

कुण्डली नं. 47

राजयोग :

1. सूर्य, बुध, शुक्र तीनों एक साथ सप्तम भाव में हों, व्यक्ति धनी, सुखी, सम्मानीय एवं प्रतिष्ठित होता है।
2. बुध+गुरु की युति या दृष्टि कहीं किसी भाव में हो तो व्यक्ति अमीर होता है।
3. बुध, गुरु पंचम में तथा चन्द्र एकादश में हो तो व्यक्ति करोड़पति और विख्यात होता है।
4. चन्द्र+गुरु+केतु की नवम भाव में स्थिति व्यक्ति को भाग्यशाली बनाती है।
5. गुरु अकेला नवम भाव में हो, व्यक्ति में वक्तृत्व शक्ति गजब की होती है। वह पूर्णसुखी होता है। संतान विख्यात होती है।
6. मंगल षष्ठ भाव में हो तो व्यक्ति को सामाजिक लाभ पहुंचाता है।
7. गुरु द्वितीय, मंगल तृतीय, शनि चतुर्थ और शुक्र पंचम भाव में हो तो व्यक्ति राजा सदृश एश्वर्यशाली/वैभवशाली होता है।

नीच योग :

1. गुरु+शुक्र की तृतीय भावस्थ युति व्यक्ति को पुत्रों की ओर से दुःखी करती है। उपार्जित द्रव्य को पुत्र उड़ा देते हैं।
2. चतुर्थ भावस्थ शनि व्यक्ति को वीर्यहीन या नपुंसक करता है।

3. षष्ठस्थ शनि+मंगल युति व्यक्ति को अच्छा चोर बनाती है।
4. अकेला शुक्र सप्तम भाव में हो तो व्यक्ति धोखेबाज होता है। उसका गृहस्थ-जीवन भी अच्छा नहीं होता है।
5. सप्तम भाव में शुक्र, शनि और राहु की युति व्यक्ति को लम्पट व परस्त्रीगामी बनाती है।
6. षष्ठ भावस्थ बुध व्यक्ति को रोगी व पागल करता है।

जन्म लग्न वृश्चिक का फल – विंशोत्तरी महादशा चार्ट

1. सूर्य महादशा – 6 वर्ष			2. चन्द्र महादशा – 10 वर्ष			3. मंगल महादशा – 7 वर्ष		
सूर्य	सूर्य	प्रतिष्ठा, पुरस्कार पदोन्नति	चन्द्र	चन्द्र	सामान्य	मंगल	मंगल	श्रेष्ठ एवं कल्याणकारी
सूर्य	चन्द्र	भाग्यवर्द्धक, यात्रायें एवं व्ययशील	चन्द्र	मंगल	शुभ	मंगल	राहु	शुभ
सूर्य	मंगल	शुभ	चन्द्र	राहु	हानि, चिन्ता	मंगल	गुरु	सुखदायी, धनदायी
सूर्य	राहु	चिन्ताजनक	चन्द्र	गुरु	धनलाभ, व्यापार वृद्धि	मंगल	शनि	मंगल कार्य, वाहनसुख
सूर्य	गुरु	धनदायी, व्यापार वृद्धि	चन्द्र	शनि	शुभ	मंगल	बुध	पूर्वार्द्ध–अशुभ उत्तरार्द्ध–शुभ
सूर्य	शनि	शुभ	चन्द्र	बुध	कष्टकारी	मंगल	केतु	सामान्य
सूर्य	बुध	रोग, कष्टकारी	चन्द्र	केतु	लाभकारी	मंगल	शुक्र	चिंताजनक
सूर्य	केतु	शुभ, अनुकूल एवं उन्नतिदायक	चन्द्र	शुक्र	आर्थिक लाभ	मंगल	सूर्य	सुखदायी, भाग्यवर्द्धक
सूर्य	शुक्र	मंगलकार्य, विवाह आदि	चन्द्र	सूर्य	धनदायी,लाभकारी पदोन्नति	मंगल	चन्द्र	चिन्ताजनक

4. राहु महादशा – 18 वर्ष			5. गुरु महादशा–16 वर्ष			6. शनि महादशा – 19 वर्ष		
राहु	राहु	सुखदायी	गुरु	गुरु	सामान्य	शनि	शनि	चिन्ताजनक,व्ययशील
राहु	गुरु	शुभ	गुरु	शनि	शुभ	शनि	बुध	शुभ
राहु	शनि	चिन्ताजनक एवं व्ययशील	गुरु	बुध	बाधापूर्ण	शनि	केतु	अनुकूल
राहु	बुध	कष्ट, रोग	गुरु	केतु	शुभ	शनि	शुक्र	लाभकारी

राहु	केतु	बाधापूर्ण	गुरु	शुक्र	रोग, चोट एवं दुर्घटना	शनि	सूर्य	शुभ
राहु	शुक्र	शुभ	गुरु	सूर्य	अनुकूल	शनि	चन्द्र	चिन्ताजनक
राहु	सूर्य	लाभकारी	गुरु	चन्द्र	भाग्यवर्द्धक	शनि	मंगल	अत्यन्त शुभ
राहु	चन्द्र	चिन्ताजनक	गुरु	मंगल	लाभकारी	शनि	राहु	शुभ
राहु	मंगल	शुभ	गुरु	राहु	चिन्ताजनक	शनि	गुरु	अनुकूल, लाभकारी

7. बुध महादशा-17 वर्ष			8. केतु महादशा - 7 वर्ष			9. शुक्र महादशा - 20 वर्ष		
बुध	बुध	कष्टकारी	केतु	केतु	उन्नतिदायक, स्थानान्तरण	शुक्र	शुक्र	सामान्य
बुध	केतु	हानिकर	केतु	शुक्र	शुभ	शुक्र	सूर्य	उन्नतिदायक
बुध	शुक्र	सामान्य	केतु	सूर्य	लाभ, उन्नति एवं प्रतिष्ठा	शुक्र	चन्द्र	पूर्णरूपेण उन्नति
बुध	सूर्य	हानिकर	केतु	चन्द्र	शुभ	शुक्र	मंगल	लाभकारी-भूसम्पत्ति
बुध	चन्द्र	चिन्ता व बाधा	केतु	मंगल	अनुकूल	शुक्र	राहु	शुभ
बुध	मंगल	अनुकूल	केतु	राहु	हानिकर,पतन	शुक्र	गुरु	मृत्युतुल्यकष्ट
बुध	राहु	पूर्णरूपेण लाभकारी	केतु	गुरु	सामान्य	शुक्र	शनि	अनुकूल
बुध	गुरु	लाभकारी	केतु	शनि	लाभकारी, वाहनसुख	शुक्र	बुध	सामान्य
बुध	शनि	सामान्य	केतु	बुध	शुभ	शुक्र	केतु	शुभ

9. जन्म लग्न राशि धनु (Sagittarius)

(i)राशि परिचय : भचक्र की जन्मलग्न राशि धनु आकृति में तीर चलाते हुये व्यक्ति के समान, अग्नितत्व, सतोगुणी, द्विस्वभाव, उष्ण, विषम, पुरुषलिंग, क्रूर, रात्रिबली, पृष्ठोदयी, पूर्व दिशास्वामिनी, उच्च स्थानों पर निवास करने वाली, लक्ष्यपूर्ण एक शुभराशि है। प्रतिवर्ष अंग्रेजी मास की 22 नवम्बर तिथि के आस-पास सूर्य इस राशि में प्रवेश करता है और 21 दिसम्बर तक रहता है। इसका विस्तार 240^0 अंश से 270^0 अंश तक है। गुरु इस राशि का स्वामी ग्रह है। बुध इसका शत्रु है। केतु की यह उच्चराशि तथा राहु की यह नीच राशि है। लग्नेश गुरु सर्वाधिक कारक तथा सूर्य, मंगल कारक ग्रह है। सूर्य+बुध युति योग सफल योग है। गुरु+मंगल योग भी ठीक है।

(ii) शारीरिक बनावट : इस लग्न राशि में उत्पन्न व्यक्तियों का शरीर सुन्दर गोरा और सुगठित होता है। कदकाठी में ऊंचे व लम्बे होते हैं। मस्तक चौड़ा, कान बड़े और

नाक लम्बी होती है। दृष्टि तेज एवं भौहें तनी रहती हैं। बाल काले होते हैं। लग्न में क्रूर ग्रह की स्थिति में सिर गंजा भी हो सकता है। चेहरा गोल और रोबीला होता है। बात के धनी होते हैं और नाप तौल कर बात करते हैं।

(iii) स्वभाव एवं मनोवृत्ति : ऐसे व्यक्ति स्वभाव से सौम्य, शान्त, उदार, दयालु, आत्मविश्वासी, संवेदनशील, परोपकारी व अध्यात्मवादी होते हैं। निडर, साहसी, उत्साही, सदाचारी होते हैं। बुद्धिमान एवं अनुशासित होते हैं। आप ईमानदार, न्यायप्रिय, सिद्धान्तवादी और महत्वाकांक्षी मनोवृत्ति के होते हैं। विलम्ब से निर्णय लेते हैं लेकिन सोच विचार कर ठीक निर्णय लेते हैं। आपकी सादगी व मधुर व्यवहार के कारण लोग आपको धोखा भी दे जाते हैं। गरीब, असहाय व दु:खी व्यक्तियों की सहायता करने में आगे रहते हैं। स्वेच्छाचारिता, क्रोध व आलोचना करने की आदत से परेशान भी होते हैं। खोज करने और आगे बढ़ने की प्रवृत्ति से दृढ़ता आती है।

(iv) स्वास्थ्य एवं रोग : धनु लग्न का स्वामी गुरु है। अत: ऐसे व्यक्ति स्वस्थ एवं संतुष्ट रहते हैं। जीवन में आराम रहता है। दूषित एवं निर्बल गुरु होने की स्थिति में गठिया, जोड़दर्द, कमरदर्द, कूल्हे के दर्द, घुटने में दर्द या सूजन, रक्त विकार, फेफड़ो के रोग हो सकते हैं। ये रोग वृद्धावस्था में बहुत तंग करते हैं और व्यक्ति दु:खी रहता है।

(v) विवाह और परिवार : विवाह 22 से 26 वर्ष की उम्र के मध्य होता है। जीवनसाथी समझदार, मिलनसार और कर्तव्यनिष्ठ होता है। घर में किसी प्रकार की कमी नहीं रहती है। धन सम्पदा, जमीन, जायदाद, वाहन सुविधा आसानी से प्राप्त कर लेते हैं। परिवार में, समाज में पूरा मान-सम्मान मिलता है। असहाय, दुखी, गरीबों की मदद हर समय करने को तत्पर रहते हैं। माता-पिता में पूरी श्रद्धा होती है।

(vi) नौकरी या व्यवसाय : ऐसे व्यक्ति उत्तम शिक्षा ग्रहण करते हैं। नौकरी करना ही इनके लिये उचित है। शिक्षक, उद्‌घोषक, बैंक कर्मचारी, वकील, चिकित्सक, न्यायाधीश, दूतावास कर्मचारी बन सकते हैं। कवि, लेखक, पत्रकार, अभिनेता, संस्थापक, कथावाचक, धर्मप्रचारक व ज्योतिषी बन सकते हैं। राज सेवा में अच्छे प्रशासक हो सकते हैं। राजनीति में भी जा सकते हैं। पुस्तक व्यवसायी हो सकते हैं।

(vii) महत्वपूर्ण एवं शुभ : जीवन के भाग्योदय कारक वर्षो में 23, 27, 32, 36 वें वर्ष तथा अन्य महत्वपूर्ण वर्षों में 21, 30, 39, 48, 57, 66, 75 वें वर्ष प्रमुख हैं। दिनों में रविवार, बुधवार, गुरुवार और शुक्रवार शुभ दिन हैं। रंगों में श्वेत, आसमानी और नारंगी रंग शुभ है। अंकों में 3, 9, 1, 2 अंक शुभ अंक है। सफलता के लिये पीला पुखराज नग शुभ है। स्त्रियों के शुभ एवं शीघ्र विवाह हेतु पुखराज श्रेष्ठ नग है। अशुभ ग्रह को शुभ करने हेतु, गणेश पूजा करना, गायत्री मंत्र का जाप करना लाभकारी एवं श्रेयस्कर होता है।

(viii) मैत्री संबंध एवं सावधानियाँ : मेष, मिथुन, सिंह लग्न वाले व्यक्तियों से मैत्रीपूर्ण संबंध लाभकारी है। इससे आर्थिक स्थिति सुदृढ़ होती है और मान सम्मान की वृद्धि होती है। नियमित शाकाहारी भोजन करें। मानसिक श्रम कम करें। क्रोध, इर्ष्या, हठ छोड़कर व्यवहारकुशल बनें। दूसरों के मान-सम्मान का ध्यान रखें।

(ix) धनु लग्न में जन्में व्यक्ति : ईश्वरचन्द्र विद्यासागर, भूतपूर्व राष्ट्रपति डा. राजेन्द्रप्रसाद और नीलम संजीव रेड्डी, मुख्यमंत्री मोहनलाल सुखाड़िया, चौ. चरणसिंह, जयप्रकाशनारायण, डा. केशव बलीराम हेडगेवार, बेनजीर भुटटो, निदेशक व्ही. शांताराम, रोम सम्राट नीरो, टीपू सुल्तान, चन्द्रशेखरआजाद, आचार्य विनोबा भावे, अभिनेता मनोज कुमार।

ईश्वरचन्द्र विद्यासागर

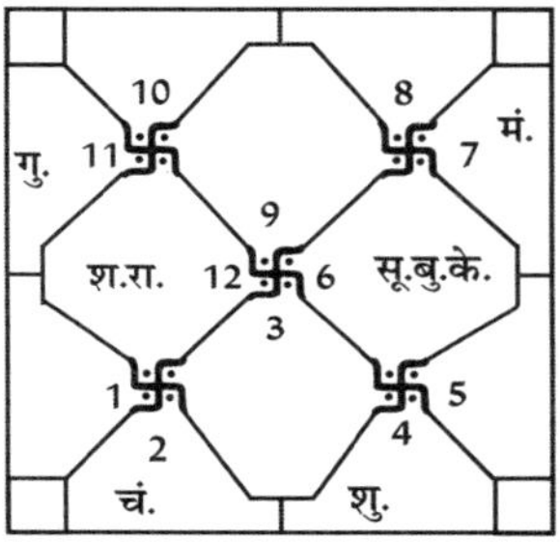

कुण्डली नं. 48

राजयोग :

1. लग्न में शनि हो तो व्यक्ति पूर्णरूपेण सुखी, धनवान एवं एश्वर्यवान होता है।
2. द्वादश में गुरु और एकादश भाव में शनि हो तो व्यक्ति उच्चपदासीन होता है।
3. लग्न में शनि, दशम में सूर्य, चन्द्र युति, चतुर्थ में गुरु और एकादश भाव में अन्यग्रह हो तो व्यक्ति राजा सदृश सुख भोगता है। राष्ट्रपति, प्रधानमंत्री हो सकता है।
4. लग्न में सूर्य हो तो व्यक्ति बुद्धिमान, विद्वान एवं उच्च पदासीन होता है किंतु संतान नहीं होती है।
5. पंचम भावस्थ शनि अपनी दशा में व्यक्ति को धनवान, यशस्वी एवं सुखी बनाता है।
6. तृतीय भाव में शनि, नवम भाव में सूर्य+शुक्र युति हो तो व्यक्ति शनि दशा में भाग्यशाली व समृद्धिशाली होता है।
7. दशम भाव में सूर्य+गुरु युति हो तो व्यक्ति उच्च प्रशासनिक अधिकारी पद पर आसीन होता है।
8. पंचम भावस्थ गुरु व्यक्ति को बुद्धिमान, विद्वान, दयालु, दानी, धनी, परोपकारी, सम्मानीय बनाता है। उच्च पद पर बिठाता है।
9. दशम भावस्थ शुक्र व्यक्ति को धनवान एवं गुणवान बनाता है।

नीच योग :

1. लग्न या त्रिकोण में सूर्य+चंद्र युति हो और गुरु केन्द्र या तृतीय भाव में हो व्यक्ति बातूनी, झूंठा और गप्पी होता है।
2. षष्ठ या अष्ठम भाव में बुध हो तो जीवन भर त्वाचारोग बना रहता है।
3. दशम भाव में बुध हो तथा चतुर्थ भाव में राहु या शनि या राहु+मंगल युति हो तो जातक राज्यसेवा में पतनोन्मुख होता है।
4. पंचम भाव में शुक्र+शनि युति उदररोग बनाये रखती है। यह निरंतर जीवन भर बना रहता है।
5. सप्तम भाव में मंगल+शुक्र युति हो तो जीवन साथी की मृत्यु जलने से होती है।
6. नवमस्थ मंगल हो तो व्यक्ति का धन पुत्र नष्ट कर देते हैं।
7. सप्तम भावस्थ मंगल व्यक्ति को शौकीन, परस्त्रीगामी व कामुक बनाता है।
8. पंचम भावस्थ शनि जीवन साथी की आयु कम करता है।

जन्म लग्न धनु का फल - विंशोत्तरी महादशा चार्ट

1. सूर्य महादशा - 6 वर्ष			2. चन्द्र महादशा - 10 वर्ष			3. मंगल महादशा - 7 वर्ष		
सूर्य	सूर्य	शुभ,राजयोग, भाग्यवर्द्धक	चन्द्र	चन्द्र	हानिकर	मंगल	मंगल	लाभकारी
सूर्य	चन्द्र	हानिकर, व्ययशील	चन्द्र	मंगल	शुभ,उन्नतिदायक	मंगल	राहु	शुभ
सूर्य	मंगल	शुभ,लाभकारी, संतानसुख	चन्द्र	राहु	हानिकर, चिन्ताजनक	मंगल	गुरु	अनुकूल,लाभकारी
सूर्य	राहु	सामान्य	चन्द्र	गुरु	शुभ एवं सुखदायी	मंगल	शनि	अनुकूल
सूर्य	गुरु	शुभ,राजयोग, वाहनसुख	चन्द्र	शनि	पूर्वार्द्ध-सामान्य उत्तरार्द्ध-सुखदायी	मंगल	बुध	सामान्य
सूर्य	शनि	धनदायी, लाभकारी	चन्द्र	बुध	लाभकारी	मंगल	केतु	अनुकूल,सुखदायी
सूर्य	बुध	सामान्य	चन्द्र	केतु	सामान्य	मंगल	शुक्र	हानि, रोग
सूर्य	केतु	पूर्णरूपेण शुभ	चन्द्र	शुक्र	दु:खदायी किन्तु लाभप्रद	मंगल	सूर्य	पूर्णरूपेण अनुकूल
सूर्य	शुक्र	अनुकूल	चन्द्र	सूर्य	धनदायी	मंगल	चन्द्र	अनुकूल

4. राहु महादशा - 18 वर्ष			5. गुरु महादशा-16 वर्ष			6. शनि महादशा - 19 वर्ष		
राहु	राहु	हानिकर	गुरु	गुरु	शुभ-लाभकारी	शनि	शनि	धनदायी, सुखदायी
राहु	गुरु	शुभ	गुरु	शनि	धनदायी, व्यापारलाभ	शनि	बुध	उत्तम
राहु	शनि	सामान्य	गुरु	बुध	अनुकूल	शनि	केतु	अनुकूल
राहु	बुध	शुभ फलदायी	गुरु	केतु	शुभ	शनि	शुक्र	पूर्वार्द्ध-अशुभ उत्तरार्द्ध-शुभ,
राहु	केतु	हानिकर	गुरु	शुक्र	दुःखदायी, कष्टकारी	शनि	सूर्य	अनुकूल किन्तु मृत्युतुल्यकष्ट
राहु	शुक्र	पूर्णरूपेण लाभकारी	गुरु	सूर्य	राजयोग	शनि	चन्द्र	सुखी दाम्पत्य जीवन
राहु	सूर्य	उन्नतिदायक	गुरु	चन्द्र	सामान्य एवं हानिकर	शनि	मंगल	लाभकारी
राहु	चन्द्र	चिन्ता, बाधा	गुरु	मंगल	भाग्यवर्द्धक	शनि	राहु	अनुकूल
राहु	मंगल	अनुकूल	गुरु	राहु	सुखदायी	शनि	गुरु	शुभ

7. बुध महादशा-17 वर्ष			8. केतु महादशा - 7 वर्ष			9. शुक्र महादशा - 20 वर्ष		
बुध	बुध	विवाह उत्तम	केतु	केतु	अनुकूल	शुक्र	शुक्र	दुःखदायी
बुध	केतु	लाभकारी	केतु	शुक्र	सुखदायी एवं उन्नतिकारक	शुक्र	सूर्य	लाभकारी, वाहनसुख
बुध	शुक्र	लाभकारी	केतु	सूर्य	लाभकारी, राजयोग	शुक्र	चन्द्र	सामान्य
बुध	सूर्य	अनुकूल	केतु	चन्द्र	सामान्य	शुक्र	मंगल	हानिकर, कष्टकारी, पतन
बुध	चन्द्र	धनदायी	केतु	मंगल	शुभ	शुक्र	राहु	बाधापूर्ण
बुध	मंगल	दुःख	केतु	राहु	दुःख, धनहानि व बाधायें	शुक्र	गुरु	दुःख-मृत्यु
बुध	राहु	हानि, चिन्ता	केतु	गुरु	लाभकारी	शुक्र	शनि	भाग्यवर्द्धक
बुध	गुरु	पूर्ण भाग्यवर्द्धक	केतु	शनि	उत्तम	शुक्र	बुध	धनदायी
बुध	शनि	अनुकूल	केतु	बुध	सुखदायी, भाग्यवर्द्धक	शुक्र	केतु	दुःखदायी किन्तु भाग्यवर्द्धक

10. जन्म लग्न राशि मकर (Capricorn)

(i) राशि परिचय : भचक्र की दशम राशि मकर आकृति में बकरे के समान, पृथ्वीतत्व, तमोगुणी, चर, शीत, स्त्रीलिंग, सौम्य, दिनबली, पृष्ठोदयी, दक्षिणदिशा स्वामिनी, कंटीली झाड़ियों वाली बंजर भूमि निवासिनी, परिश्रमी एक अशुभ राशि है। प्रतिवर्ष अंग्रेजी मास की 22 दिसम्बर तिथि के आस पास सूर्य इस राशि में प्रवेश करता है और 20 जनवरी तक रहता है। इसका विस्तार 270^0 अंश से 300^0 अंश तक है। शनि इस राशि का स्वामी ग्रह है। चन्द्र इसका शत्रु है। मंगल की उच्च और गुरु की नीच राशि है। शुक्र, शनि, चन्द्र, सूर्य, शुभ कारक ग्रह हैं। अकेला शुक्र या शुक्र+शनि युति या बुध+शुक्र युति योग सफल योग है।

(ii) शारीरिक बनावट : इस लग्न में जन्म लेने वाले व्यक्ति दुबले, पतले और मध्यम से कुछ लम्बे कद वाले होते हैं। मुखाकृति सुन्दर होती है। नयन नकश तीखे होते हैं। चेहरा पतला, नाक लम्बी, आंखे काली, नीली होती हैं। उनके बाल काले घने होते हैं। कमर पतली होती है। त्वचा संवेदनशील होती है। रंग साफ होता है।

(iii) स्वभाव एवं मनोवृति : ऐसे व्यक्ति विनम्र, दयालु, अनुशासनप्रिय, स्वच्छन्द, ईर्ष्यालु, स्वार्थी, लोभी, अड़ियल और उग्र होते हैं। बुद्धिमान, नीतिवान, धैर्यवान, आत्म विश्वासी होते हैं। दूरदर्शी एवं व्यवहारकुशल होते हैं। उच्चाभिलाषी, मननशील, एकान्तप्रिय, मितव्ययी, विश्वसनीय एवं नेतृत्वशील प्रवृत्ति के होते हैं। रुढ़िवादी विचार धारा के होते हैं। समस्याओं से निपटने की कला जानते हैं। ये न चिन्तित होते हैं और न घबराते हैं। बदले की भावना एक बार घर कर गई तो भूलना मुश्किल होता है। ईमानदार होते हैं। अशुभग्रहों के प्रभाव से चोर, बदमाश भी हो सकते हैं।

(iv) स्वास्थ्य एवं रोग : ऐसे व्यक्ति निर्बल और अशक्त होते हैं। कब, कौनसी बीमारी इन्हें घेर ले, कोई पता नहीं होता है ? वायु और कफ से संबंधी रोग अधिक होते हैं। पाचनशक्ति ठीक नहीं रहती है। कब्ज बनी रहती है। जोड़ो के दर्द, कमर के दर्द, घुटनों के दर्द, पिण्डलियों के दर्द, खाज, खुजली जैसे रोगों की संभावना बनी रहती है। खांसी, बुखार व निमोनिया हो सकता है।

(v) विवाह और परिवार : इन व्यक्तियों का विवाह विलम्ब से होता है। 24 से 28 वर्ष की उम्र में हो सकता है। स्वभाव के उग्र होते हैं। अधिक बोलते हैं। असफलता के कारण हीन भावना आजाती है। गलती बताने पर नाराज हो जाते हैं। अत: दाम्पत्य जीवन सामान्यत: दु:खी रहता है। माता-पिता के प्रति भी लगाव कम होता है। नाम, प्रसिद्धि, धन व अधिकार की चाह में बच्चों को भी भुला देते हैं किन्तु परिवार के प्रति उत्तरदायित्व की पूर्ति करने और कर्तव्यों को निभाने का ध्यान रखते हैं।

(vi) नौकरी या व्यवसाय : ऐसे व्यक्तियों का रुझान व्यवसाय की ओर अधिक होता है। नौकरी भी कर सकते हैं। अच्छी शिक्षा ग्रहण करते हैं। अध्यापक, प्रवक्ता, अकाउंटेंट, इन्जीनियर, पायलट, वैज्ञानिक, भूगर्भ शास्त्री बन सकते हैं। जासूसी या

वकालत का व्यवसाय अपना सकते हैं। हस्त रेखा विशेषज्ञ या सन्यासी हो सकते हैं। बीमा एजेंट या दलाल हो सकते हैं। मुद्रण या प्रकाशन व्यवसाय अपना सकते हैं। खेल कूद में भी अच्छा नाम कमा सकते हैं। लग्न पर अशुभ ग्रहों के पाप प्रभाव होने पर चोर, जेबकतरे या बदमाश बन सकते हैं।

(vii) महत्वपूर्ण एवं शुभ : भाग्योदय कारक वर्षों में 22, 24, 25, 32 वें वर्ष तथा अन्य वर्षों में 17, 26, 35, 44, 53, 62, 71 वें वर्ष महत्वपूर्ण है। दिनों में शनिवार, शुक्रवार और मंगलवार शुभवार हैं। रंगो में श्वेत, काला व नीला रंग शुभ हैं। अंकों में 6, 8, 9 अंक सर्वाधिक शुभ हैं। यदि लाभकारी और सुखकारी हो तो ऐसे व्यक्तियों के लिये नीलम, रत्न पहनना ठीक रहता है। कष्टकारी समय में शनिवार को हनुमान जी के दर्शन करना और हनुमान चालीसा पढ़ना या गायत्री मंत्र का जाप करना ठीक रहता है। मछलियों व चींटियों को आटा डालना भी ठीक है।

(viii) मैत्री संबंध एवं सावधानियां : वृष, कन्या और कर्क लग्न वाले व्यक्तियों से संबंध रखना श्रेयस्कर एवं लाभकारी रहेगा। ऐसे व्यक्तियों को आराम कम और काम ज्यादा करना चाहिये। इससे आपत्ति या कष्ट कम हो सकते हैं। शीतल पेय ठीक नहीं है। निराश न हों। स्वार्थ को छोड़े। अड़ियल स्वभाव में भी परिवर्तन लायें। सामाजिक भलाई के कार्य करें। धार्मिक गतिविधियों में भाग लें।

(ix) मकर लग्न राशि में जन्में व्यक्ति : महाराणा प्रताप, चीनी नेता माओत्सेतुंग, स्वामी विवेकानन्द, संजय गांधी, एच. जी. बेल्स, फूलनदेवी, महारानी एलिजाबेथ (द्वितीय)।

फूलन देवी

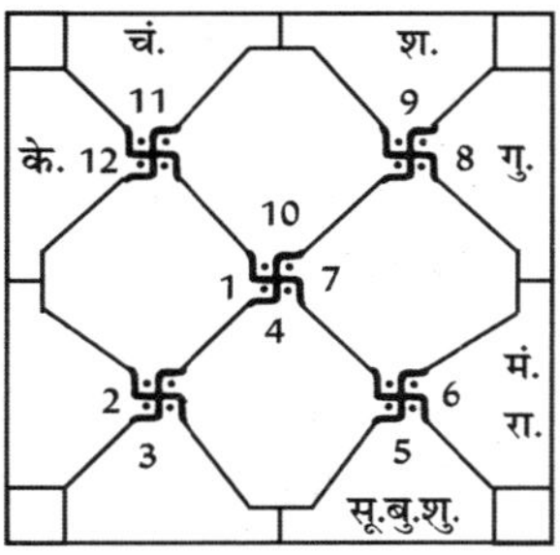

कुण्डली नं. 49

राजयोग :

1. सूर्य, शनि, मंगल, गुरु अपनी-2 उच्च राशि में केन्द्र में हो तो व्यक्ति विद्वान, धनवान और सुखी होता है।
2. मंगल लग्न में तथा चन्द्र अकेला या चन्द्र+गुरु युति सप्तम भाव में हो व्यक्ति राजा-सदृश सुखी व संपन्न होता है।
3. मंगल लग्न में तथा सूर्य चतुर्थ या सप्तम भाव में हो तो व्यक्ति गुणवान, धनवान और यशस्वी होता है।

4. मंगल लग्न में, चन्द्र सप्तम में तथा शनि दशम भाव में हो तो व्यक्ति धनवान एवं पूर्णसुखी होता है।
5. चन्द्र+मंगल युति लग्न में तथा सूर्य द्वादश भाव में हो व्यक्ति विद्वान, गुणवान एवं भाग्यशाली होता है।
6. शनि लग्न में हो व्यक्ति पूर्ण सुखी, धनी व एश्वर्यशाली होता है।
7. शनि लग्न में, चन्द्र तृतीय में, मंगल षष्ठ में, बुध नवम में व गुरु द्वादश भाव में हो व्यक्ति पूर्ण-सुख भोगता है।
8. चन्द्र पंचम में, गुरु नवम में तथा बुध+शुक्र युति लग्न में हो तो व्यक्ति उच्चस्तरीय शासनाधिकारी व भाग्यवान होता है।
9. बुध+शनि युति नवम भाव में हो तो निर्धन परिवार में जन्मा व्यक्ति भी भाग्यवान, यशस्वी व धनवान होता है।
10. शुक्र लग्न में हो तो अपनी महादशा में व्यक्ति को पूज्यनीय, सम्मानित व धनवान बनाता है।
11. बुध नवम या एकादश भाव में हो तो व्यक्ति का भाग्योदय विदेश में होता है। परिवार से बाहर के लोग इस कार्य को सम्पन्न कराते हैं।

नीच योग :

1. लग्न में गुरु, सप्तम में सूर्य और अष्टम भाव में बुध हो तो व्यक्ति निर्धन व दर-2 भटकने वाला होता है।
2. दशम भावस्थ शुक्र धन हानि कराता है।
3. कुण्डली में नवम भावस्थ शुक्र हो तो व्यक्ति का धन उसके पुत्र ही नष्ट कर देते हैं।
4. बुध+गुरु युति हो और राहु+शनि की उस पर दृष्टि हो, व्यक्ति साधन सम्पन्न होते हुये भी अपने नौकरों से पीड़ित होता है।
5. द्वादश भावस्थ चन्द्र व्यक्ति को व्यसनी, परस्त्रीगामी और कामुक बनाता है।
6. लग्न में मंगल+शनि युति और सप्तम भाव में चन्द्र+शुक्र युति हो तो व्यक्ति का जीवनसाथी से सदैव ही विरोध बना रहता है।

जन्म लग्न मकर का फल – विंशोत्तरी महादशा चार्ट

1. सूर्य महादशा – 6 वर्ष			2. चन्द्र महादशा – 10 वर्ष			3. मंगल महादशा – 7 वर्ष		
सूर्य	सूर्य	चिन्ता एवं कष्ट	चन्द्र	चन्द्र	अनुकूल	मंगल	मंगल	अनुकूल
सूर्य	चन्द्र	व्ययशील	चन्द्र	मंगल	सुखदायी	मंगल	राहु	शुभ

सूर्य	मंगल	धनदायी, सुखदायी	चन्द्र	राहु	हानिकर, अपमान एवं पतन	मंगल	गुरु	सामान्य
सूर्य	राहु	सामान्य	चन्द्र	गुरु	शरीरकष्ट व धनहानि	मंगल	शनि	लाभकारी व श्रेष्ठ
सूर्य	गुरु	कष्ट, बाधा	चन्द्र	शनि	शुभ	मंगल	बुध	श्रेष्ठ, भाग्यवर्द्धक
सूर्य	शनि	विवाह, यश, मान एवं प्रतिष्ठा	चन्द्र	बुध	भाग्यवर्द्धक	मंगल	केतु	हानिकर
सूर्य	बुध	उन्नतिदायक एवं धनदायी	चन्द्र	केतु	शुभ	मंगल	शुक्र	लाभकारी, भाग्यवर्द्धक
सूर्य	केतु	अनुकूल	चन्द्र	शुक्र	लाभकारी, व्यापार वृद्धि	मंगल	सूर्य	र ाजयोग
सूर्य	शुक्र	लाभकारी एवं भाग्यवर्द्धक	चन्द्र	सूर्य	धनदायी	मंगल	चन्द्र	अनुकूल व शुभ

4. राहु महादशा - 18 वर्ष			5. गुरु महादशा-16 वर्ष			6. शनि महादशा - 19 वर्ष		
राहु	राहु	लाभकारी	गुरु	गुरु	पूर्वार्द्ध-शुभ उत्तरार्द्ध-अशुभ	शनि	शनि	उन्नति व धनलाभ
राहु	गुरु	हानिकर	गुरु	शनि	लाभकारी	शनि	बुध	लाभकारी, व्यापारवृद्धि
राहु	शनि	शुभ	गुरु	बुध	सामान्य	शनि	केतु	शुभ
राहु	बुध	शुभ	गुरु	केतु	सुखदायी	शनि	शुक्र	श्रेष्ठतम
राहु	केतु	चिन्ताजनक	गुरु	शुक्र	भाग्योन्नति	शनि	सूर्य	अनुकूल
राहु	शुक्र	भाग्यवर्द्धक	गुरु	सूर्य	शुभ	शनि	चन्द्र	सामान्य
राहु	सूर्य	उन्नतिदायक	गुरु	चन्द्र	व्यापारलाभ	शनि	मंगल	सुखदायी,लाभकारी
राहु	चन्द्र	दुखदायी	गुरु	मंगल	भूसम्पत्ति लाभ	शनि	राहु	अनुकूल
राहु	मंगल	शुभ	गुरु	राहु	हानि एवं दुःख	शनि	गुरु	शुभ, श्रेष्ठ

7. बुध महादशा-17 वर्ष			8. केतु महादशा - 7 वर्ष			9. शुक्र महादशा - 20 वर्ष		
बुध	बुध	पूर्वार्द्ध-हानिकर उत्तरार्द्ध-शुभ	केतु	केतु	प्रोन्नति, स्थानान्तरण	शुक्र	शुक्र	श्रेष्ठत्तम
बुध	केतु	अनुकूल	केतु	शुक्र	लाभकारी	शुक्र	सूर्य	भाग्यवर्द्धक

बुध	शुक्र	श्रेष्ठ, सुखदायी	केतु	सूर्य	उन्नति, धनलाभ	शुक्र	चन्द्र	शरीर पीड़ा
बुध	सूर्य	राजयोगकारक	केतु	चन्द्र	श्रेष्ठ	शुक्र	मंगल	शुभ, व्यापार वृद्धि
बुध	चन्द्र	श्रेष्ठ	केतु	मंगल	भू-सम्पत्ति लाभ	शुक्र	राहु	शुभ
बुध	मंगल	लाभकारी	केतु	राहु	चिन्ता, दु:ख	शुक्र	गुरु	लाभकारी
बुध	राहु	दु:ख, यातना	केतु	गुरु	सुखदायी	शुक्र	शनि	रोग–मृत्यु
बुध	गुरु	सामान्य	केतु	शनि	अनुकूल	शुक्र	बुध	लाभकारी
बुध	शनि	दु:खदायी	केतु	बुध	शुभ	शुक्र	केतु	सुख, सौभाग्य

1. जन्म लग्न राशि कुम्भ (Aquarius)

(i) राशि परिचय : भचक्र की एकादश राशि कुम्भ आकृति में अपने नाम के अनुसार कुम्भ या घट जैसी होती है। यह वायुतत्व, तमोगुणी, स्थिर, उष्ण, विषम, पुरुषलिंग, क्रूर, दिनबली, शीर्षोदयी, पश्चिमदिशा स्वामिनी, जलाशय निवासिनी , ज्ञानवान एक अशुभराशि है। अंग्रेजी मास की 21 जनवरी तिथि के आस पास सूर्य इस राशि में प्रवेश करता है और 19 फरवरी तक रहता है। इसका विस्तार 300^0 अंश से 330^0 अंश तक है। शनि इस राशि का स्वामी ग्रह है। सूर्य इसका शत्रु है। शुक्र, शनि, सूर्य और चन्द्र प्रमुख लाभदायी कारक ग्रह है। शुक्र अकेला व शुक्र+शनि युति सफल योग है।

(ii) शारीरिक बनावट : इस राशि में जन्में व्यक्ति ऊंचे कद वाले, सुन्दर और प्रभावशाली होते हैं। रंग गोरा होता है। चेहरा मांसल, भरा हुआ, कंधे चौड़े और मनमोहक नेत्र होते हैं। बालों का रंग भूरा और काला होता है। शरीर बलिष्ठ एवं सुगठित होता है। पिण्डलियों पर पहचान का चिन्ह मस्सा होता है। इनके चलने का ढंग इनको और भी आकर्षक बनाता है।

(iii) स्वभाव एवं मनोवृत्ति : ऐसे व्यक्ति स्वभाव से दयालु, शांत, गंभीर, विवेकी, परिश्रमी, विचारवान और मितव्ययी होते हैं। ज्ञानवान, बुद्धिमान होते हैं। स्मरण शक्ति और तर्कशक्ति तीव्र होती है। व्यवहारकुशल, परोपकारी और मिलनसार होते हैं। आत्मविश्वास और निष्ठा से भरे होते हैं। नैतिक स्तर ऊँचा होता है। अत: स्पष्टवादी और महत्वाकांक्षी होते हैं। हंसमुख और निस्वार्थ भावना से ओत प्रोत होते हैं। संघर्षशील एवं निडर होते हैं। कठिनाइयों से जूझना इनकी प्रकृति होती है।

(iv) स्वास्थ्य एवं रोग : ऐसे व्यक्ति सामान्यत स्वस्थ रहते हैं। कठिनाइयों से जूझने की प्रकृति और अधिक परिश्रम करने के कारण हृदय रोग, रक्त चाप, नेत्र रोग, चर्म रोग हो सकते हैं। गठिया, जोड़ों के दर्द, दांत के दर्द, गले के दर्द भी हो सकते हैं। टांगों, घुटनों, पिण्डलियों, अंगुलियों में सूजन भी हो सकती है। क्रोध करने, जिद पर अड़े रहने, कटु भाषा बोलने और लालच करने से भी स्वास्थ्य प्रभावित होता है।

(v) विवाह और परिवार : इन व्यक्तियों में प्रेम भावना प्रबल होती है। परिवार व सगे सम्बन्धियेां से मिलकर चलते हैं। वे उनके सहायक होते हैं। विबाह देर से होता है। माता-पिता व अन्य सभी के लिये आदर की भावना होती है। धन की कमी नहीं होती है। विदेश भ्रमण के अवसर भी आते हैं। प्रबन्ध योग्यता बहुत अच्छी होती है। जीवन में आकस्मिक उतार चढ़ाव आते रहते हैं किन्तु घबराते नहीं हैं।

(vi) नौकरी या व्यवसाय : बुद्धिमान और विद्यावान होते हैं। अच्छी शिक्षा ग्रहण करते हैं। अपने कर्तव्यों और मान सम्मान का ध्यान रखते हैं। उच्च प्रशासकीय अधिकारी, डाक्टर, जज, वकील, प्रोफेसर, लेखाकार, पत्रकार, लेखक और उच्च कोटि के ज्योतिषी हो सकते हैं। बीमा एजेन्ट, सेल्स एजेंट भी हो सकते हैं। मुद्रण या प्रकाशन का व्यवसाय अपना सकते हैं। शोध कार्यों में भाग ले सकते हैं। अनुवादक, उदघोषक बन सकते हैं। पुरातत्व एवं वास्तुकला ज्ञानी हो सकते हैं।

(vii) महत्वपूर्ण एवं शुभ : भाग्योदय कारक वर्षों में 25, 28, 36, 42, 45 वें वर्ष तथा अन्य महत्वपूर्ण वर्षों में 26, 35, 44, 53, 62, 71वें वर्ष प्रमुख है। वारों में शुक्रवार, गुरुवार, मंगलवार और सोमवार शुभवार हैं। रंगों में लाल, पीला, भूरा रंग शुभ हैं। अंकों में 2, 3, 7, 9 अंक शुभ हैं। यदि शनि ठीक नहीं है तो नीलम रत्न पुरुषों के लिये और पुखराज रत्न स्त्रियों के लिये पहनना शुभ और धनदायी होता हैं। जलजीवों-(मछली, कछुआ आदि) को आटा खिलाना ठीक है। चींटियों को भी आटा डालना शुभ है। हनुमान जी के दर्शन करना और गायत्री जप भी शुभ एवं लाभकारी होते हैं। कष्टों से मुक्ति मिलती है।

(viii) मैत्री संबंध एवं सावधानियां : मिथुन, तुला, सिंह लग्न में जन्में पुरुष या स्त्री से संबंध रखना लाभकारी व उत्तम रहता है। उन्नति होती है। लोकप्रियता व मान सम्मान में वृद्धि होती है। वायुकारक वस्तुओं का सेवन न करें। आराम अधिक करें। क्रोध का त्याग करें। कटु भाषा बोलना और अधिक लालच करना छोड़े।

(ix) कुम्भ लग्न राशि में जन्में व्यक्ति : रामकृष्ण परमहंस, कार्ल मार्क्स, कवि जयशंकर प्रसाद, उपन्यासकार आचार्य चतुरसेन, बादशाह औरंगजेब, मोहम्मद अली जिन्ना, अभिनेता शिवाजी गणेशन, अभिनेत्री रेखा, केन्द्रीय मंत्री वाय.वी. चौहान, जनरल बी.एम.कौल, भू.पू. अमेरिकी राष्ट्रपति अब्राहम लिंकन।

कार्ल मार्क्स

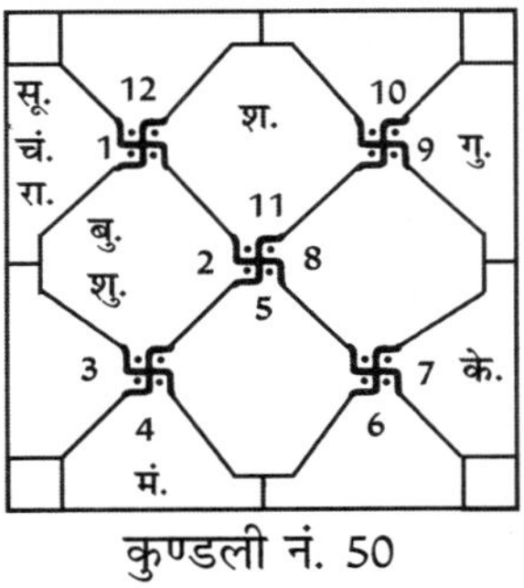

कुण्डली नं. 50

राजयोग :

1. सप्तम में शनि हो तो व्यक्ति धनवान, एश्वर्यवान एवं पूर्णरूपेण सुखी होता है।
2. दशम भावस्थ शनि व्यक्ति को अटूट सम्पत्ति का स्वामी बनाता है।
3. तृतीय भावस्थ सूर्य व्यक्ति को सदाचारी, विचारवान और उच्च पदाधिकारी बनाता है।
4. नवम भाव से केन्द्र में अर्थात लग्न से तृतीय, षष्ठ और द्वादश भाव में गुरु हो, एकादश भाव से केन्द्र में अर्थात लग्न से द्वितीय, पंचम और अष्टम भाव में शुक्र हो तो व्यक्ति राजमान्य, लोकमान्य, धनवान, विजयी एवं दीर्घायु होता है।
5. एकादश भाव में शुक्र+शनि की युति हो तो शुक्र की महादशा व्यक्ति को धनवान बनाती है।
6. तृतीय भाव में सूर्य, बुध, गुरु की युति हो तो व्यक्ति सूर्य की महादशा में भाग्यशाली होता है।
7. द्वितीय भाव में गुरु, ग्यारहवें भाव में शुक्र हो तो व्यक्ति गरीब घर में भी जन्म लेकर लखपति बनता है।

नीच योग :

1. लग्न में सूर्य हो तो व्यक्ति को हार्ट अटैक होने की संभावना रहती है।
2. सूर्य+मंगल युति अष्टम भाव में हो तो इनकी दशा में लखपति व्यक्ति भी कंगाल व दरिद्र होता है।
3. नवमस्थ सूर्य जीवन साथी की आयु कम करता है।
4. निर्बल चन्द्र व्यक्ति की आयु घटाता है।
5. पंचम भाव में बुध+गुरु युति हो और एकादश भाव में शनि हो, ऐसे व्यक्ति की संतान सदा दु:खी रहती है।
6. इस लग्न में द्वादश भावस्थ शुक्र व्यक्ति को भाग्यहीन करता है।

जन्म लग्न कुम्भ का फल - विंशोत्तरी महादशा चार्ट

1. सूर्य महादशा - 6 वर्ष			2. चन्द्र महादशा - 10 वर्ष			3. मंगल महादशा - 7 वर्ष		
सूर्य	सूर्य	शुभ, श्रेष्ठ फलदायक	चन्द्र	चन्द्र	सुखदायी	मंगल	मंगल	शुभ-उन्नतिदायक,
सूर्य	चन्द्र	सुखदायी	चन्द्र	मंगल	शुभ-सफल	मंगल	राहु	शुभ
सूर्य	मंगल	उन्नति, पदोन्नति	चन्द्र	राहु	हानिकर,	मंगल	गुरु	लाभकारी
सूर्य	राहु	सामान्य	चन्द्र	गुरु	सामान्य	मंगल	शनि	शुभ
सूर्य	गुरु	अनुकूल	चन्द्र	शनि	शुभ	मंगल	बुध	सामान्य

सूर्य	शनि	शुभ	चन्द्र	बुध	व्ययशील	मंगल	केतु	सुखदायी
सूर्य	बुध	लाभकारी, मांगलिक कार्य	चन्द्र	केतु	शुभ	मंगल	शुक्र	बहुमुखी उन्नति व प्रगति
सूर्य	केतु	शुभ	चन्द्र	शुक्र	श्रेष्ठ	मंगल	सूर्य	सफलतादायक
सूर्य	शुक्र	धनदायी, लाभकारी	चन्द्र	सूर्य	लाभकारी	मंगल	चन्द्र	शुभ

4. राहु महादशा - 18 वर्ष			5. गुरु महादशा-16 वर्ष			6. शनि महादशा - 19 वर्ष		
राहु	राहु	दुःखदायी	गुरु	गुरु	सफलतादायक	शनि	शनि	व्ययशील
राहु	गुरु	पूर्वार्द्ध-हानिकर उत्तरार्द्ध-शुभ	गुरु	शनि	लाभकारी	शनि	बुध	सफलतादायक
राहु	शनि	शुभ	गुरु	बुध	शुभ-कार्य	शनि	केतु	अनुकूल
राहु	बुध	श्रेष्ठ	गुरु	केतु	अनुकूल	शनि	शुक्र	शुभ
राहु	केतु	हानिकर एवं व्ययशील	गुरु	शुक्र	लाभकारी, उन्नतिदायक	शनि	सूर्य	अनुकूल
राहु	शुक्र	सफलतादायक	गुरु	सूर्य	शुभ	शनि	चन्द्र	दुःख-हृदयरोग
राहु	सूर्य	अनुकूल	गुरु	चन्द्र	सफलतादायक	शनि	मंगल	सफलतादायक
राहु	चन्द्र	हानिकर	गुरु	मंगल	सामान्य	शनि	राहु	हानिकर
राहु	मंगल	सामान्य	गुरु	राहु	हानिकर	शनि	गुरु	शुभ धनलाभ

7. बुध महादशा-17 वर्ष			8. केतु महादशा - 7 वर्ष			9. शुक्र महादशा - 20 वर्ष		
बुध	बुध	पूर्वार्द्ध-शुभ उत्तरार्द्ध-अशुभ	केतु	केतु	लाभकारी, उन्नतिदायक	शुक्र	शुक्र	शुभ
बुध	केतु	शुभ	केतु	शुक्र	सुखदायी	शुक्र	सूर्य	उन्नतिदायक,राजयोग
बुध	शुक्र	सफलतादायक	केतु	सूर्य	शुभ	शुक्र	चन्द्र	सफलतादायक
बुध	सूर्य	शुभ	केतु	चन्द्र	हानिकर	शुक्र	मंगल	लाभकारी
बुध	चन्द्र	सामान्य	केतु	मंगल	रोगकारी	शुक्र	राहु	सुखदायी
बुध	मंगल	भूसम्पत्तिलाभ	केतु	राहु	चिन्ता, बाधा	शुक्र	गुरु	सफलतादायक

बुध	राहु	हानिकर	केतु	गुरु	धनलाभ	शुक्र	शनि	लाभकारी
बुध	गुरु	लाभकारी	केतु	शनि	अनुकूल	शुक्र	बुध	अनुकूल
बुध	शनि	सामान्य	केतु	बुध	शुभ	शुक्र	केतु	शुभ

12. जन्म लग्न राशि मीन (Pisces)

(i) राशि परिचय : भचक्र की द्वादश और अंतिम राशि मीन आकृति में दो मछलियों के समान, जलतत्व, सतोगुणी, द्विस्वभाव, शीत, सम, स्त्रीलिंग, सौम्य, दिनबली, उभयोदयी, उत्तर दिशा स्वामिनी, समुद्रों व झीलों में निवास करने वाली सेवाभावी व मोक्षदाता एक शुभ राशि है। सूर्य अंग्रेजी मास की 20 फरवरी तिथि को इस राशि में प्रवेश करता है और 20 मार्च तक रहता है। इसका विस्तार 330^0 अंश से 360^0 अंश तक है। गुरु इस राशि का स्वामी ग्रह है। बुध इसका शत्रु है। शुक्र की उच्च राशि तथा बुध की यह नीच राशि है। शुक्र, बुध, चन्द्र और सूर्य इस राशि के कारक ग्रह हैं। गुरु+चन्द्र युति और गुरु+मंगल युति सफल योग है।

(ii) शारीरिक बनावट : इस लग्न में जन्में व्यक्ति छोटे कद के होते हैं। शरीर मोटा होता है। चेहरा भरा हुआ मांसल होता है। दोहरी ठोड़ी होती है। बड़ी-2 आंखे, चौड़ा मुँह होता है। काले, घने बाल होते हैं। हाथ, पैर छोटे होते हैं। देखने में पीतवर्ण लगते हैं। दार्शनिक और कल्पनाशील होते हैं। स्वपनों में खोये रहते हैं।

(iii) स्वभाव एवं मनोवृत्ति : द्विस्वभाव राशि होने के कारण ऐसे व्यक्ति अस्थिर स्वभाव के होते हैं। ईमानदार उदार, दयालु, दानी, धर्मपरायण, परोपकारी, परिश्रमी, सदाचारी, विश्वासी, बुद्धिमान, धीर, गंभीर व व्यवहार कुशल होते हैं। महत्वाकांक्षी, स्वाभिमानी, दूरदर्शी, मान-मर्यादा और प्रतिष्ठा का ध्यान रखने वाले होते हैं। सहनशील एवं क्षमाशील होते हैं किन्तु मितव्ययी, डरपोक और दब्बू भी होते हैं। आवश्यकतानुसार ही बोलते हैं। समाजसेवा की भावना मन में सदैव ही बनी रहती है।

(iv) स्वास्थ्य एवं रोग : स्वास्थ्य ठीक-2 रहता है किन्तु मोटा शरीर होने के कारण गैस की समस्या बनी रहती है। फलस्वरूप हार्टअटैक, कफ, खांसी, रक्तविकार, पेट में दर्द, पसीना अधिक आना बीमारियाँ हो जाती हैं। पित्त रोग भी हो जाते हैं। कान व दाँत रोग, टखनों व पैरों में सूजन के रोग भी हो सकते हैं। पेट में कीड़े भी हो सकते हैं।

(v) विवाह और परिवार : विवाह 24 से 28 वर्ष की उम्र में हो जाता है। जीवन साथी सुन्दर एवं बुद्धिमान होता है। दाम्पत्य जीवन सुखी रहता है। परिवार में मेलजोल

और प्यार होता है। बड़ों की, सगे संबंधियों की सच्चे मन से इज्जत व सहायता करते हैं। इनका प्यार निश्छल होता है। अवसर के अनुसार व्यवहार करते हैं।

(vi) नौकरी या व्यवसाय : आप व्यवसाय के बजाय नौकरी करना अधिक पसन्द करते हैं। अच्छी शिक्षा प्राप्त करते हैं। सामाजिक कार्यों में रुचि अधिक होती है। अतः शिक्षक, प्राध्यापक, चिकित्सक, राजनयिक, राजदूत, मंत्री बन सकते हैं। लेखक, प्रकाशक, पत्रकार, संवाददाता बन सकते हैं। अच्छे ज्योतिषी या धर्म प्रचारक हो सकते हैं। औषधि निर्माण, सौन्दर्य प्रसाधन, रेडीमेड कपड़े, जल एवं रसायन के व्यवसाय में जा सकते हैं।

(vii) महत्वपूर्ण एवं शुभ : भाग्योदय कारक वर्षों में 24, 28, 33, 38 वें वर्ष महत्वपूर्ण होते हैं। अन्य वर्षों में 21, 30, 39, 48, 57, 66, 75 वें वर्ष प्रमुख हैं। वारों में रविवार, मंगलवार और गुरुवार शुभ दिन हैं। रंगों में लाल, पीला व गुलाबी रंग शुभ हैं। अंकों में 1, 3, 4, 9 शुभ अंक हैं। शुभ नग पुखराज पहनना लाभकारी एवं धनदायी रहेगा। शुभ वैवाहिक जीवन के लिये पन्ना नग भी धारण कर सकते हैं। कष्टकारी समय में श्री गणेश पूजा या रामायण पाठ करना शुभ रहता है।

(viii) मैत्री संबंध एवं सावधानियां : कर्क, कन्या और वृश्चिक लग्न वाले व्यक्तियों से मैत्रीपूर्ण संबंध रखना अधिक लाभकारी रहता है। उन्नति-प्रगति होती है। मान-सम्मान में वृद्धि होती है। मन को स्थिर रखें। कार्य प्रारंभ करने से पूर्व भली भाँति सोच लें। शाकाहारी भोजन व दूध, जूस आदि का सेवन करें।

(ix) मीन लग्न राशि में जन्में व्यक्ति : स्वामी रामतीर्थ, रवीन्द्रनाथ टैगोर, भू.पू. मंत्री जगजीवनराम, मु.मं. डा. जगन्नाथ मिश्र, उपेन्द्रनाथ अश्क, अरविन्द मफत लाल, आयजन हावर।

जगन्नाथ मिश्र

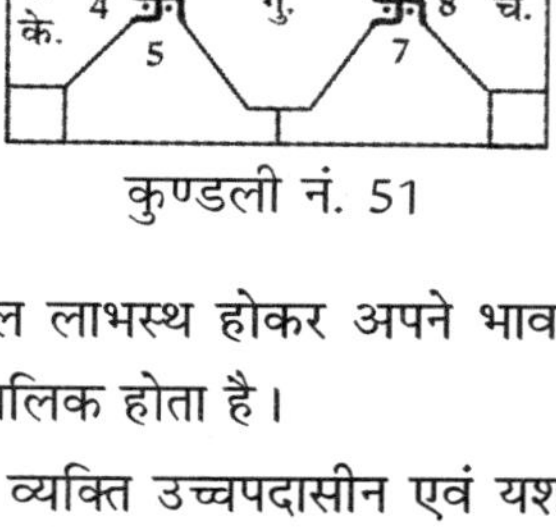

कुण्डली नं. 51

राजयोग :

1. लग्नेश गुरु त्रिकोणस्थ हो और द्वितीयेश मंगल लाभस्थ होकर अपने भाव को देखता हो तो ऐसा व्यक्ति अटूट सम्पत्ति का मालिक होता है।
2. लग्नेश गुरु द्वादश में, सूर्य एकादश में हो तो व्यक्ति उच्चपदासीन एवं यशस्वी होता है।

3. लग्न में पूर्णबली चन्द्र हो, एकादश में उच्चराशि मंगल, द्वादश में स्वराशि कुंभ में शनि हो व्यक्ति राजा सदृश धनी, मानी, सुखी होता है।
4. लग्न में शनि हो व्यक्ति पूर्णरूपेण सुखी, धनी एवं यशस्वी होता है।
5. चन्द्र, सूर्य, बुध, शुक्र, मंगल, शनि क्रमशः 3, 6, 7, 8, 11, 12 भाव में हो, व्यक्ति भाग्यशाली और धनीमानी होता है।
6. लग्न में गुरु, नवम में मंगल, द्वादश में शनि हो तो व्यक्ति धनवान, यशस्वी एवं कीर्तिवान होता है।
7. बलवान, शुभग्रहों से दृष्ट मंगल व्यक्ति को धनी, परोपकारी, सम्मानित बनाता है।
8. चन्द्र, मंगल, बुध, गुरु चतुर्थ में हो तो व्यक्ति की भाग्योन्नति होती है। धन व प्रतिष्ठा में वृद्धि होती है।
9. एकादश भाव में मंगल व्यक्ति को करोड़पति बनाता है।
10. द्वादश भाव का शनि अपनी महादशा में धन, यश, प्रतिष्ठा में वृद्धि करता है।
11. एकादश में चन्द्र+मंगल+बुध युति जीवन भर वाहनसुख दिलाती है।
12. द्वितीय भाव में सूर्य हो तो व्यक्ति के नाना और मामा यशस्वी व कुलश्रेष्ठ होते हैं। समाज में उनका नाम होता है।

नीच योग :

1. मीन लग्न में द्वादशस्थ शुक्र व्यक्ति को ॠणी रखता है।
2. मीन लग्न में द्वादशस्थ चन्द्र भी व्यक्ति को निर्धन करता है।
3. लग्नस्थ शुक्र विलासी एवं ऐय्याश बनाता है।
4. अष्टम भाव में बुध पिता की बचपन में ही मृत्यु का सूचक होता है।
5. पंचम भाव में गुरु हो तो पुत्रसुख नहीं मिलता है।
6. पंचम भावस्थ मंगल हो तो व्यक्ति के धन को स्त्री व स्त्री का भाई नष्ट कर देते हैं।
7. लग्न में सूर्य, शुक्र, मंगल की युति हो तथा अष्टम भाव में गुरु हो तो व्यक्ति गुरु या मंगल की दशा में जेल जाता है।

जन्म लग्न मीन का फल – विंशोत्तरी महादशा चार्ट

1. सूर्य महादशा – 6 वर्ष			2. चन्द्र महादशा – 10 वर्ष			3. मंगल महादशा – 7 वर्ष		
सूर्य	सूर्य	कष्टकारी	चन्द्र	चन्द्र	सुखदायी	मंगल	मंगल	लाभकारी
सूर्य	चन्द्र	लाभकारी	चन्द्र	मंगल	धन–लाभ	मंगल	राहु	शुभ
सूर्य	मंगल	शुभ	चन्द्र	राहु	हानिकर, मानसिक संताप	मंगल	गुरु	श्रेष्ठ

सूर्य	राहु	हानिकर एवं व्ययशील	चन्द्र	गुरु	श्रेष्ठ	मंगल	शनि	सामान्य
सूर्य	गुरु	उन्नतिदायक	चन्द्र	शनि	लाभकारी	मंगल	बुध	लाभकारी
सूर्य	शनि	शुभ	चन्द्र	बुध	अनुकूल	मंगल	केतु	सफलतादायक
सूर्य	बुध	लाभकारी	चन्द्र	केतु	सुखदायी	मंगल	शुक्र	हानि एवं बाधा
सूर्य	केतु	अनुकूल	चन्द्र	शुक्र	हानि, मृत्युसम कष्टकारी	मंगल	सूर्य	हानिकर
सूर्य	शुक्र	सामान्य	चन्द्र	सूर्य	लाभकारी	मंगल	चन्द्र	अनुकूल
4. राहु महादशा - 18 वर्ष			**5. गुरु महादशा-16 वर्ष**			**6. शनि महादशा - 19 वर्ष**		
राहु	राहु	सामान्य	गुरु	गुरु	शुभ	शनि	शनि	अनुकूल
राहु	गुरु	ठीक-ठीक	गुरु	शनि	अनुकूल	शनि	बुध	लाभकारी
राहु	शनि	पूर्वार्द्ध-लाभकारी उत्तरार्द्ध-अशुभ	गुरु	बुध	लाभकारी	शनि	केतु	व्ययशील, बाधापूर्ण
राहु	बुध	अनुकूल	गुरु	केतु	शुभ	शनि	शुक्र	धनहानि
राहु	केतु	व्ययशील	गुरु	शुक्र	सामान्य	शनि	सूर्य	उन्नतिकारक
राहु	शुक्र	हानि, अपमान एवं पतन	गुरु	सूर्य	हानिकर, रोगकारी	शनि	चन्द्र	सामान्य
राहु	सूर्य	हानिकर	गुरु	चन्द्र	शुभ	शनि	मंगल	सामान्य
राहु	चन्द्र	अनुकूल	गुरु	मंगल	अनुकूल	शनि	राहु	लाभकारी
राहु	मंगल	भाग्यवर्द्धक	गुरु	राहु	सामान्य	शनि	गुरु	शुभ एवं धनदायी
7. बुध महादशा-17 वर्ष			**8. केतु महादशा - 7 वर्ष**			**9. शुक्र महादशा - 20 वर्ष**		
बुध	बुध	सफलतादायक	केतु	केतु	अनुकूल	शुक्र	शुक्र	हानिकर
बुध	केतु	शुभ	केतु	शुक्र	सामान्य	शुक्र	सूर्य	स्वास्थ्य लाभ
बुध	शुक्र	सामान्य	केतु	सूर्य	हानिकर	शुक्र	चन्द्र	लाभकारी
बुध	सूर्य	सामान्य	केतु	चन्द्र	सफलतादायक	शुक्र	मंगल	धनल ाभ
बुध	चन्द्र	लाभकारी	केतु	मंगल	श्रेष्ठतम	शुक्र	राहु	शुभ
बुध	मंगल	भाग्यवर्द्धक	केतु	राहु	मानसिक संताप	शुक्र	गुरु	श्रेष्ठ
बुध	राहु	हानिकर	केतु	गुरु	शुभ-लाभ	शुक्र	शनि	हानि, बाधा
बुध	गुरु	सामान्य	केतु	शनि	लाभकारी	शुक्र	बुध	शुभ किन्तु व्ययशील
बुध	शनि	धनदायी	केतु	बुध	अनुकूल	शुक्र	केतु	लाभकारी एवं भाग्यवर्धक

(xiii) जन्म काल के ग्रहों का फल

जन्म के समय कुण्डली में ग्रह, जिस भाव में स्थित होते हैं, उनके अनुसार व उनकी दृष्टि या उन पर दृष्टि अनुसार व्यक्ति के सुख-दु:ख व सौभाग्य-दुर्भाग्य आदि का पता लगता है। ग्रहों का विस्तृत विवरण इस प्रकार है :-

आत्मा का अधिष्ठाता सूर्य

1. परिचय :

अथाह एवं अपार अग्नि के स्त्रोत, ज्योतिपुञ्ज सूर्य को सभी ग्रहों का जनक माना गया है। वस्तुत: सभी ग्रह सूर्य से ही ज्योति या प्रकाश प्राप्त करके अपनी कलाओं का प्रदर्शन करते हैं। हमारी पृथ्वी व हम पृथ्वीवासियों पर तेजस्वी सूर्य का सीधा प्रभाव पड़ता है। अत: ज्योतिष में पृथ्वी के स्थान पर सूर्य को ही एक प्रमुख ग्रह कहा गया है। सूर्य अपने मार्ग अर्थात भचक्र में पड़ने वाले सभी राशि क्षेत्रों का एक वर्ष में एक चक्कर लगा लेता है। अपनी स्वराशि सिंह में 22 जुलाई को प्रवेश कर 22 अगस्त तक रहता है। सूर्य आकृति में सपाट एवं समतल, स्थिर, उष्ण, पुरुषलिंग, क्षत्रियवर्ण, अग्नितत्व, सतोगुणी, पूर्वदिशा स्वामी, लम्बाई में सामान्य, गुलाबी रंग का एक क्रूर ग्रह है। क्रूर ग्रह होते हुये भी 22 वर्ष से 24 वर्ष की अवस्था में अपनी महादशा/अंतर्दशा आने पर व्यक्ति की भाग्योन्नति कराता है। चन्द्र, मंगल, गुरु इसके मित्र ग्रह हैं। बुध अस्त (Combust) होने वाला सबसे नजदीक का समग्रह है। रविवार सूर्य का अपना वार है।

2. प्रभाव :

सूर्य एक जीवनदायी ग्रह है। यह आत्मा का अधिष्ठाता है। व्यक्ति की जन्म कुण्डली में सूर्य की अपनी स्थिति और अपनी स्वराशि सिंह की स्थिति से उसके व्यक्तित्व (Personality) का पता लगता है। शुभ भावस्थ/राशिस्थ सूर्य व्यक्ति को स्वस्थ, सक्रिय, स्फूर्तिवान, बुद्धिमान, विद्वान, दृढ़प्रतिज्ञ, दयावान, परोपकारी, महत्वाकांक्षी व कीर्तिवान बनाता है। उसके जीवन में उन्नति, प्रगति व सफलता लाता है। उच्चपद व प्रतिष्ठा दिलाता है। स्वतंत्रताप्रिय एवं स्वाभिमानी बनाता है। यह एक राजयोग कारक ग्रह है और एक अधिनायक की भूमिका निभाता है। यह 3, 6, 10, 11 भावों में होने पर अधिक लाभकारी व शुभ फलदायी होता है। निर्बल, दूषित एवं नीचराशिस्थ सूर्य स्वार्थी, घमण्डी, ईर्ष्यालु, आक्रामक, अपव्ययी एवं अविश्वसनीय बनाता है। साख एवं स्वास्थ्य को गिराता है। शरीर के दायें-बांये भाग, पीठ, दिल व नेत्रों को प्रभावित करता है। शुभ बली सूर्य व्यक्ति को अच्छा खिलाड़ी, पुलिस या फौजीअफसर, राजपत्रित अधिकारी, केमिस्ट या सर्जन, सुपरवाईजर या प्रबन्धक या फिर अच्छा किसान बनाता है। उसके जीवन में खुशियां लाता है। उसके मान-सम्मान को बढ़ाता है और उसे गौरव दिलाता है।

3. प्रमुख योग :

(i) वेशि योग : सूर्य से द्वितीय भाव में चन्द्र के अतिरिक्त कोई ग्रह होने से यह योग बनता है। व्यक्ति स्वस्थ, सत्यवक्ता, *नीतिवान, भाग्यशाली व दीर्घायु होता है।*

(ii) वाशि योग : सूर्य से द्वादश भाव में चन्द्र के अतिरिक्त कोई ग्रह होने से यह योग बनता है। व्यक्ति बुद्धिमान, विद्वान, दयावान, कीर्तिवान व प्रतापी होता है।

(iii) उभयचरी योग : सूर्य से द्वितीय एवं द्वादश भाव में चन्द्र के अतिरिक्त कोई ग्रह होने से यह योग बनता है। व्यक्ति विद्वान, गुणवान, धनवान, सुखी, दानी व राजासमान सांसद, मंत्री, प्रधानमंत्री, किसी संगठन का नायक हो सकता है।

(iv) भास्कर योग : सूर्य से 12वें चन्द्र, 2रे बुध तथा 4थे या 8वें गुरु होने से यह योग बनता है। व्यक्ति सुन्दर, साहसी, पराक्रमी, धैर्यवान व शक्तिशाली होता है।

(v) रवि योग : सूर्य जन्म लग्न से दशम भाव में तथा शनि दशमेश से तृतीय भाव में होने पर यह योग बनता है। व्यक्ति स्वस्थ, मेधावी, नीतिवान, कीर्तिवान होता है।

(vi) विभावसु योग : सूर्य 2रे, गुरु+चन्द्र 9वें और मंगल के 10वें भाव में होने पर यह योग बनता है। व्यक्ति सुखी, शान्त, संतुष्ट, भाग्यवान, कीर्तिवान व अच्छे परिवारवाला होता है।

4. भावफल :

1. प्रथम भाव में सूर्य व्यक्ति को स्वस्थ, शक्तिशाली, प्रभावशाली, उदार, आत्मसम्मानी व महत्त्वाकांक्षी बनाता है। दृढ़ता उनमें कूट-2 कर भरी होती है। निर्बल सूर्य हठी, क्रूर और तानाशाह करता है।
2. द्वितीय भाव में सूर्य व्यक्ति को धनी, राजप्रिय, सुखी किन्तु नेत्ररोगी बनाता है। मानसिक तनाव लाता है। शनि से दृष्ट हो तो निर्धन करता है।
3. तृतीय भाव में सूर्य व्यक्ति को धनी, पुरुषार्थी व प्रभावशाली बनाता है। भाई-बहिन के सुख में कमी लाता है। नैतिक गुणों से परिपूर्ण मित्र उसे प्रिय होते हैं।
4. चतुर्थ भाव में सूर्य व्यक्ति को चिन्ताग्रस्त, उद्भ्रान्त, अप्राप्य वस्तुओं के लिये व्यग्र और भौतिक सुख सुविधाओं से रहित करता है। मातृसुख में कमी लाता है तथा पारिवारिक कष्ट देता है। मित्रों का अभाव रहता है।
5. पंचम भाव में सूर्य व्यक्ति को सम्मानीय नेता, उपदेशक, वेदान्ती व ज्योतिषविद् बनाता है किन्तु संतान का अभाव लाता है।
6. षष्ठ भाव में सूर्य व्यक्ति को शत्रुजयी, निरोगी, न्यायप्रिय व प्रभावशाली बनाता है। जीवन की सभी समस्यायें सहज हल हो जाती हैं।

7. सप्तम भावस्थ सूर्य व्यक्ति को कठोर, स्वार्थी, कामुक बनाता है। फलस्वरूप उसका दाम्पत्य जीवन कष्टमय होता है। समाज में अप्रिय होता है। वह घुमक्कड़ या भ्रमणशील होता है।
8. अष्टम भावस्थ सूर्य व्यक्ति की आयु के लिये शुभ है किन्तु वह दुबला-पतला, रोगी व मन्दबुद्धि होता है। उसका दाम्पत्य जीवन कष्टप्रद रहता है।
9. नवमस्थ सूर्य व्यक्ति की धार्मिक अभिरुचि बढ़ाता है और उसे साहसी व दानी बनाता है।
10. दशम भावस्थ सूर्य व्यक्ति को महत्वाकांक्षी, प्रतिष्ठित, प्रभुतासम्पन्न, सम्मानित व धनी बनाता है। जीवन में सफलता, सुख व शान्ति मिलती है।
11. एकादश भाव में सूर्य व्यक्ति को धनी व राज सम्मानित बनाता है। जमीन, मकान, वाहन, नौकर-चाकर, उच्चपद दिलाता है। वह आकर्षण का केन्द्र व लोकप्रिय होता है।
12. द्वादश भावस्थ सूर्य व्यक्ति को एकान्तप्रिय, परोपकारी व देशविदेश पर्यटक बनाता है। उसे धन सम्पत्ति, सामाजिक प्रतिष्ठा, शैया सुख की इच्छा नहीं रहती है।

5. राशिफल :

1. मेष राशि में सूर्य उच्च का होता है। व्यक्ति को आध्यात्मिक विचारों की प्रेरणा देता है। मान-सम्मान, यश, कीर्ति दिलाता है। धन-वैभव, पैतृक-सम्पदा की कमी करता है। व्यक्ति भ्रमणशील होता है।
2. वृष राशि का सूर्य व्यक्ति को भौतिक सुख सुविधायें प्रदान कर किसी संगठन का नायक बनाता है किन्तु जीवनसाथी के सुख से वंचित रखता है।
3. मिथुन राशि का सूर्य व्यक्ति को कुशाग्र बुद्धि देता है। वह अच्छा आलोचक होता है किन्तु उसका अपना जीवन अस्थिर होता है। वह घुमक्कड़ होता है।
4. कर्क राशि का सूर्य व्यक्ति के स्वास्थ्य को गिराता है और चिन्तातुर बनाता है। फलस्वरूप धनाभाव के कारण दूसरों पर आश्रित रहना पड़ता है। जीवन में उतार-चढ़ाव बने रहते हैं।
5. सिंह अर्थात स्वराशिस्थ सूर्य व्यक्ति को दृढ़प्रतिज्ञ, हठी व आत्म विश्वासी बनाता है। वह नये-2 विचारों और आविष्कारों को जन्म देता है।
6. कन्या राशिस्थ सूर्य व्यक्ति को विनम्र और दयालु बनाता है। वह लेखक, कलाकार, गणितज्ञ, दर्शनशास्त्र का ज्ञाता हो सकता है। धन संग्रह कराता है।

7. तुला राशि में सूर्य नीच का होता है। ऐसा सूर्य व्यक्ति को कटुभाषी व कामुक बनाता है। जीवन के किसी भी क्षेत्र में उसे संतुष्टि नहीं मिलती है। जीवन में सदैव भटकाव बना रहता है और वह हीनभावना से ग्रस्त रहता है।
8. वृश्चिक राशि में सूर्य व्यक्ति को जिद्दी, क्रूर, स्वार्थी व अनैतिक बनाता है। वह निर्जन स्थानों में घूमता रहता है। रसायन द्रव्यों से धन कमाता है।
9. धनु राशि में सूर्य व्यक्ति को ईमानदार, विद्यावान, बुद्धिमान, विद्वान, धनी, लोकप्रिय और सम्मानित बनाता है।
10. मकर राशि का सूर्य व्यक्ति को परिश्रमी, साहसी व सचेत रखता है किन्तु वह कंजूस, कपटी व नीचकर्मी होता है। यदि शनि से दृष्ट हो तो वह दुष्टसंगत में भी बैठता है।
11. कुम्भ राशि का सूर्य भी व्यक्ति के लिये हितकर नहीं है। वह चिड़चिड़ा, स्वार्थी व कपटी होता है।
12. मीन राशिस्थ सूर्य व्यक्ति को शान्तिप्रिय बनाता है किन्तु वह असंतुष्ट रहता है और उसका जीवन बाधाओं से भरा होता है। मदिरा सेवन और कपट व्यवहार उसे दु:खी करता है।

मन का अधिष्ठाता चन्द्र

1. परिचय :

भौगोलिक दृष्टि से चन्द्र पृथ्वी का एक उपग्रह है। पृथ्वी के सर्वाधिक नजदीक होने के कारण पृथ्वी व पृथ्वीवासियों को बहुत अधिक प्रभावित करता है। अत: ज्योतिष में सूर्य के बाद इसे एक प्रमुख ग्रह माना गया है। चन्द्र ग्रह को एक ममतामयी मां सदृश कोमल, भावुक, कुलाचारी, कुलस्नेही आदि गुणों वाला कहा गया है। भचक्र की समस्त 12 राशियों का चक्कर एक मास में लगा लेता है। यह तीव्र गति वाला ग्रह है। कर्क राशि इसकी अपनी राशि है। शुक्ल पक्ष में बढ़ता हुआ दिखाई देता है। पूर्णमासी के दिन पूर्ण गोलाकार एवं प्रकाशवान होता है। उजाला फैलाता है। कृष्णपक्ष में यह घटता जाता है और अमावस के दिन छिप जाता है। अन्धकार लाता है। चन्द्र आकृति में गोल, चंचल, शीतल, स्त्रीलिंग, वैश्यवर्ण, जलतत्व, सतोगुणी, पश्चिमोत्तर दिशास्वामी, लम्बाई में छोटा, श्वेत रंग का एक शुभ ग्रह है। कुण्डली में व्यक्ति के जन्म के समय के चन्द्र नक्षत्र का विशेष महत्व होता है। नक्षत्र चरणाक्षर के आधार पर उसका नामकरण होता है। नक्षत्रपाया, ग्रहमहादशा, राशि, वर्ग, वश्य, वर्ण, योनि, गण, नाड़ी आदि की जानकारी मिलती है। इसका केाई शत्रु नहीं है। सभी ग्रहों को मित्रवत समझता है। सोमवार इसका अपना शुभवार है।

2. प्रभाव :

चन्द्र मन का अधिष्ठाता है। यह मानस मन को अपनी स्थिति अनुसार ढालने का कार्य करता है। इसे उर्वरता (Fertility) और मातृत्व (Motherhood) का प्रतीक भी माना गया है। शुभभावस्थ / शुभराशिस्थ (शुक्लपक्ष की अष्टमी से कृष्ण पक्ष की अष्टमी तक) पूर्ण चन्द्र व्यक्ति को मातृसम स्नेही, सहनशील, दयालु, परोपकारी व दार्शनिक बनाता है। उसकी कल्पना शक्ति व स्मरणशक्ति को उभारता है। उसे बुद्धिमान, विद्वान, भावुक एवं ईश्वरभक्त बनाता है। उसे समय व अवसर के अनुकूल अपने को बदल लेने की क्षमता प्रदान करता है और उसमें जीवन में उतार-चढ़ाव आने पर न अधिक दुःखी और न अधिक प्रसन्न होने की प्रेरणा भरता है। व्यक्ति में ऐसे बीज बोता है कि उसका जीवन सुखी, शान्त एवं संतुष्ट रह सके। निर्बल, दूषित व क्षीण चन्द्र (कृष्ण पक्ष की अष्टमी से शुक्ल पक्ष की अष्टमी तक) भाग्यहीन और आलसी करता है। परिवार में, समाज में ऐसे व्यक्ति को कोई मान नहीं मिलता है। उसका जीवन संघर्षमय बना रहता है। उसके मन व मस्तिष्क दोनों ही पीड़ित रहते हैं। पूर्णचन्द्र प्रभावित व्यक्ति नाविक या नौसेना अधिकारी, नर्सिंग अस्टिैन्ट, कर्मचारी या मैनेजर, कैमिस्ट या ड्रगिस्ट, दुकानदार या व्यापारी के रूप में सफल हो सकते हैं।

3. प्रमुख योग :

(i) गजकेसरी योग : चन्द्र से गुरु केन्द्रस्थ हो तो यह योग होता है। व्यक्ति मेधावी, तेजस्वी, धनी होता है। राजकाज में प्रतिष्ठा मिलती है।

(ii) सकट योग : चन्द्र से गुरु षष्ठ या अष्टम भाव में हो तो यह योग होता है। व्यक्ति अपना वैभव व अपनी प्रतिष्ठा बार-2 खोता है। निर्धन व दुःखी होता है।

(iii) अधियोग : चन्द्र से 6ठे, 7वें और 8वें भावों में शुभग्रह हो किन्तु 6ठे और 8वें भाव में गुरु न हो तो यह योग बनता है। व्यक्ति उच्चपदाधिकारी, आई.ए.एस ऑफिसर, मंत्री, प्रधानमंत्री बन सकता है।

(iv) केमद्रुम योग : चन्द्र से 2रे और 12वें भाव में सूर्य के अतिरिक्त कोई ग्रह न होने से यह योग बनता है। व्यक्ति विद्याहीन व निर्धन होता है। निन्दा का पात्र होता है।

(v) सुनफा योग : चन्द्र से द्वितीय भाव में सूर्य के अतिरिक्त कोई अन्य ग्रह होने से यह योग बनता है। व्यक्ति, बुद्धिमान, विद्वान, विख्यात, धनी व सुखी होता है।

(vi) अनफा योग : चन्द्र से द्वादश भाव में सूर्य के अतिरिक्त अन्य कोई ग्रह होने से यह योग बनता है। व्यक्ति सुन्दर, सुशील, निरोगी, यशस्वी, धनी व राजा सदृश होता है। किसी संगठन का नायक, सांसद व मंत्री हो सकता है।

(vii) दुरुधरा योग : चन्द्र से 2रे और 12वें भाव में सूर्य के अतिरिक्त अन्य ग्रह होने से यह योग बनता है। व्यक्ति गुणवान, धनवान, वाहन, नौकर-चाकर वाला व प्रतिष्ठित होता है।

(viii) अमलकीर्ति योग : चन्द्र से दशम भाव में केवल शुभग्रह हो, तो यह योग होता है। व्यक्ति दानी, गुणी, परोपकारी, बन्धुप्रिय, धर्मात्मा, राजमान्य व विख्यात होता है।

4. भावफल :

1. प्रथम भावस्थ चन्द्र व्यक्ति को सुन्दर, गौरवर्णी, स्वस्थ एवं आकर्षक बनाता है। वह धन के प्रति आस्थावान किन्तु चंचल व अस्थिर स्वभाव वाला होता है। क्षीण चन्द्र उसे अस्वस्थ व अविश्वास का पात्र बनाता है।
2. द्वितीय भावस्थ शुभ चन्द्र व्यक्ति को मिष्ठभाषी, धर्मपालक, सुखी, समृद्ध परिवार वाला और राज सम्मानित बनाता है। क्षीणचन्द्र मन्दबुद्धि व रोगग्रस्त करता है।
3. तृतीय भावस्थ चन्द्र व्यक्ति को पारवारिक सुख देता है किन्तु भाई-बहिनों की कमी लाता है। ऐसे व्यक्ति अल्पभाषी और धार्मिक वृत्ति के होते हैं। कठिनाई या मुसीबत के समय उग्र एवं क्रोधी हो उठते हैं।
4. चतुर्थ भाव का चन्द्र व्यक्ति को शान्त, सौम्य और विनम्र बनाता है। माता का प्यार, दुलार, भूसंपत्ति, मकान, वाहन दिलाता है। समाज में प्रतिष्ठा मिलती है।
5. पंचम भाव में चन्द्र व्यक्ति को अच्छी विद्या/बुद्धि देता है। योग्य जीवनसाथी, धन, संतान, यश, मान दिलाता है।
6. षष्ठ भाव में चन्द्रमा व्यक्ति के स्वास्थ्य को गिराता है। रोग लाता है। मुकदमों में फंसाता है। असामाजिक लोगों की संगति में रहकर वह क्षुद्रहृदयी, स्वार्थी और ईर्ष्यालु होता है।
7. सप्तम भावस्थ चन्द्र व्यक्ति को जीवनसाथी का प्यार दिलाता है। धन की वृद्धि करता है। दयालु, एश्वर्यवान, मैत्रीपूर्ण व्यवहार वाला व कामुक बनाता है।
8. अष्टम भावस्थ चन्द्र व्यक्ति को क्रूर, स्वच्छन्द और क्रोधी बनाता है। स्वास्थ्य को गिराता है। धन का नाश करता है। अशान्ति और असंतोष देता है।
9. नवम भावस्थ चन्द्र व्यक्ति को धीर, वीर, विनम्र व धार्मिक मनोवृत्ति वाला बनाता है। उसकी रुढ़िगत रीति रिवाजों में पूर्ण आस्था होती है। वह भाग्यशाली होता है।
10. दशम भावस्थ चन्द्र व्यक्ति को सुन्दर, विनम्र, धनी व निरोगी करता है। उसे विकास की सुविधायें व सम्मान प्रदान करता है किन्तु उसका चित्त अस्थिर रहता है।
11. एकादश भावस्थ चन्द्र व्यक्ति को भाग्यशाली, सहृदयी और दयालु बनाता है। सहज सफलता दिलाता है। मान सम्मान बढ़ाता है। उसे मातृस्नेह मिलता है।
12. द्वादश भावस्थ चन्द्र व्यक्ति को दुर्व्यसनी, अपव्ययी व कामुक बनाता है।

5. राशिफल :

1. मेषराशि में चन्द्रमा व्यक्ति को बलशाली, शूरवीर, स्वस्थ एवं धनवान करता है। वह बन्धुहीन, चंचल व कामुक होता है। विपरीतलिंगी प्रिय होता है। जल-भीरु होता है।
2. वृष राशि चन्द्र की उच्च राशि है। इस राशि का चन्द्र व्यक्ति को सुन्दर, प्रसन्नचित्त, स्वस्थ, सहनशील, लोकप्रिय बनाता है। सुखी और शान्त रखता है। कन्या संतान होती हैं।
3. मिथुन राशि में चन्द्र व्यक्ति को मृदुभाषी, बुद्धिमान, कूटनीतिज्ञ, भ्रमणशील बनाता है। ऐसा व्यक्ति नेत्र चिकित्सक हो सकता है।
4. कर्क अर्थात स्वराशिस्थ चन्द्र व्यक्ति को बुद्धिमान, धनवान, यशस्वी व मालिक मकान बनाता है। विश्वसनीय मित्र देता है। उसकी ज्योतिष में रुचि होती है।
5. सिंह राशिस्थ चन्द्र व्यक्ति को हृष्ट-पुष्ट, मातृभक्त, उच्चपदाभिलाषी करता है। उसे दंतरोग व उदर रोग होता है।
6. कन्या राशि में चन्द्र व्यक्ति को सुन्दर, मृदुभाषी, सदाचारी, मेधावी, शास्त्रवेता और विदेश वासी बनाता है। वह खाद्य सामग्री व औषध व्यवसायी हो सकता है।
7. तुला राशि का चन्द्र व्यक्ति को गुणवान, धनवान, जमीन जायदाद वाला, श्रद्धालु, दयालु और परोपकारी बनाता है। कुटुम्ब से दूर करता है। वह भ्रमणशील होता है।
8. वृश्चिक राशि चन्द्र की नीचराशि है। व्यक्ति को नास्तिक, लोभी, मादकद्रव्य प्रेमी और गुप्त रोगी बनाती है। वह विषयासक्त व तस्कर होता है।
9. धनु राशि में चन्द्र व्यक्ति को सुवक्ता, कवि, लेखक व आलोचक बनाता है। वह कुटुम्ब से घृणा करता है। उसे प्रेमपूर्ण व्यवहार और ईमानदारी से जीत सकते हैं।
10. मकर राशि का चन्द्र व्यक्ति को विद्वान, कीर्तिमान, धर्मात्मा बनाता है किन्तु वह लालची होता है। जीवन साथी का सुख होते हुये भी वह व्यभिचारी प्रवृति का होता है।
11. कुम्भ राशिस्थ चन्द्र व्यक्ति को मांसल देही वाला किन्तु महापापी, आलसी व पाखण्डी बनाता है। वह चरित्रहीन होता है। फलस्वरूप दु:खी रहता है।
12. मीन राशिस्थ चन्द्र व्यक्ति को बलिष्ठ, संतानप्रिय व धर्मानुरागी बनाता है। कभी निराश व हताश भी करता है।

पराक्रम का अधिष्ठाता मंगल

1. परिचय :

पराक्रम का अधिष्ठाता, साहस एवं शक्ति का प्रतीक मंगल एक उर्जावान ग्रह है। यह सभी प्राणियों में प्राण शक्ति का संचार करता है। उन्हें पुरुषार्थी और सक्रिय बनाकर उनका कायाकल्प करता है। व्यक्ति के रक्त और स्वभाव में उत्तेजना, उग्रता, आक्रामकता,

निडरता एवं कामुकता उत्पन्न करता है। प्रत्येक 15 वर्ष पश्चात पृथ्वी के अधिक नजदीक 3600000 मील दूर आ जाता है। शुक्र के समान प्रकाशवान दृष्टिगोचर होता है। एक राशि में लगभग डेढ़ माह रहता है। मेष एवं वृश्चिक इसकी अपनी दो राशियां हैं। वह इनका स्वामी है। मंगल आकृति में ड्रम के समान गोलाकार-बेलनाकार, उग्र, उष्ण, पुरुषलिंग, क्षत्रिय वर्ण, अग्नितत्व, तमोगुणी, दक्षिण दिशास्वामी, लम्बाई में छोटा, लाल रंग का सूर्यसदृश एक पापग्रह है। 28 वर्ष से 32 वर्ष की अवस्था में अपनी महादशा/अंतदर्शा आने पर व्यक्ति के भाग्य को उठाता है। उन्नति एवं प्रगति लाता है। सूर्य, चन्द्र और गुरु इसके मित्र ग्रह हैं। मंगलवार इसका अपना वार है।

2. प्रभाव :

मंगल अपने प्रभाव से व्यक्ति की सभी अंतर्निहित शक्तियों को बहिर्मुख और विकसित करता है। फलस्वरूप प्राणी दृढ़ता के साथ अपने लक्ष्य की ओर अग्रसर होता है और भौतिकता से परे आध्यात्मिकता के मूल को भली भांति जान लेता है। मंगल जन्म कुण्डली के 3, 6, 10, 11 भावों में होने पर ही व्यक्ति को अपने सुफल देता है किन्तु द्वितीय भाव में सदैव निष्फल होता है। द्वादश, लग्न, द्वितीय, चतुर्थ, सप्तम और अष्टम भाव में मंगल का होना मंगलीक दोष उत्पन्न करता है। इस प्रकार की स्थिति व्यक्ति के विवाह और दाम्पत्य जीवन के लिये अशुभ कही गई है। शुभभावस्थ व शुभराशिस्थ मंगल पुलिस या फौजी अफसर, जेलर, डाक्टर, इन्जीनियर, डिजाईनर, सुपरवाईजर, प्रबन्धक, शिक्षक, रिसर्चर आदि बनाता है। मंगल प्रभावित व्यक्ति अच्छे नेता, सामाजिक कार्यकर्ता भी हो सकते हैं। निर्बल, दूषित, नीच एवं अस्त मंगल व्यक्ति के जीवन में कटुता लाता है और संघर्ष की राहों पर ले जाता है। फलस्वरूप जीवन नीरस, अतृप्त, असंतुष्ट रहता है। अनैतिकता के साम्राज्य का विस्तार होता है। व्यक्ति का पारिवारिक जीवन बोझ बनकर रह जाता है।

3. प्रमुख योग :

(i) रुचक योग : स्वराशिस्थ या उच्चराशिस्थ मंगल के जन्म लग्न या चन्द्र लग्न से केन्द्रस्थ होने से यह योग बनता है। व्यक्ति नृपतुल्य बलवान, शीलवान, गुणवान, विद्वान, धनवान, शत्रुजित व दीर्घायु होता है। खेलकूद विभाग, मिलिटरी, पुलिस में अच्छा पद मिल सकता है।

(ii) धूमयोग : मंगल के नवांश के स्वामी भाव से गुरु और शुक्र त्रिकोण में हो और उच्च का शनि दशम भाव में हो तो यह योग होता है। व्यक्ति साहसी, धनी, नीरोगी, सुखी और उच्च पदाधिकारी बनता है और उसे सम्मान मिलता है।

4. भावफल :

1. प्रथम भाव में मंगल होने से मंगलीक योग बनता है। व्यक्ति क्रोधी, चपल, मतिभ्रम, चोर, किन्तु साहसी, शक्तिशाली, महत्वाकांक्षी व धनवान होता है।
2. द्वितीय भावस्थ मंगल बली होने पर व्यक्ति को विद्वान, गुणवान बनाता है और परिवार में प्रतिष्ठित करता है। निर्बल मंगल कटुभाषी, निर्बुद्धि, कलहप्रिय, अपव्ययी, नेत्ररोगी व कर्णरोगी करता है। दक्षिण भारत के ज्योतिषविदों के अनुसार इस भाव का मंगल भी मंगलीक योग लाता है।
3. तृतीय भाव में मंगल व्यक्ति को शूरवीर, साहसी, बलवान, धैर्यवान और संघर्षशील बनाता है किन्तु भाई बहिनों से उसके विचार नहीं मिलते हैं।
4. चतुर्थ भाव में मंगल होने से मंगलीक योग बनता है। व्यक्ति के पास भौतिक सुख सुविधायें-जमीन, मकान, वाहन आदि होती हैं फिर भी वह व्यथित रहता है। मातृसुखहीन एवं अल्पमृत्यु को भोगता है।
5. पंचम भावस्थ मंगल व्यक्ति को बुद्धिमान, विद्धान, पराक्रमी, दृढ़निश्चयी, खिलाड़ी, डाक्टर आदि बनाता है किन्तु दाम्पत्य सुख और संतान सुख में कमी करता है। वह कपटी व उदररोगी होता है।
6. षष्ठ भाव में मंगल व्यक्ति को विजयी बनाता है। शत्रुओं का नाश करता है। दुष्कर कार्य करने की क्षमता देता है। पुलिस अफसर बनाता है। राजनीति में लाता है। रक्तविकार रोग देता है।
7. सप्तम भावस्थ मंगल मंगलीक योग बनाता है। व्यक्ति दाम्पत्य जीवन से दुःखी, वातरोगी, राजभीरु, धननाशक, शीघ्रक्रोधी व ईर्ष्यालु होता है। व्यवसाय में हानि होती है।
8. अष्टम भावस्थ मंगल भी मंगलीक सूचक है। व्यक्ति को दीर्घायु देता है। निर्बल होने पर जीवन साथी का बिछोह, गुप्तांगों की बीमारी, जुआ और मादक द्रव्यों का व्यसन देता है।
9. नवम भावस्थ मंगल व्यक्ति को क्रोधी, अहंकारी, ईर्ष्यालु किन्तु शिक्षित एवं साहसी बनाता है। तकनीकी विषयों का ज्ञाता, अधिकारी व राजनेता बनाता है।
10. दशम भाव का मंगल व्यक्ति को भाग्यवान, विद्वान, धनवान, सुखी, यशस्वी, परोपकारी व व्यवहार कुशल बनाता है। वह कुलदीपक होता है। माता-पिता का नाम रोशन करता है।
11. एकादश भाव में मंगल व्यक्ति को सुखी, श्रेष्ठ, कार्यकुशल, गुणवान, धनवान, बाग-बगीचों वाला, वैज्ञानिक, गणितज्ञ, कम्प्यूटर इन्जीनियर या सफल व्यापारी बनाता है।

12. द्वादश भावस्थ मंगल भी मंगलीक योग बनाता है। व्यक्ति निर्बल, क्रोधी, कामुक, चिन्तातुर, शैयासुखहीन, अपव्ययी, नीच प्रकृति वाला और नेत्ररोगी होता है।

5. राशिफल :

1. मेष राशि मंगल की अपनी राशि होती है। व्यक्ति सत्यवक्ता, शीतल, शान्त, शूरवीर, स्वाभिमानी, राजमान्य, लोकमान्य, धनवान होता है।
2. वृष राशिस्थ मंगल व्यक्ति को स्वार्थी, दोषी, लड़ाकू प्रकृति वाला, सुखहीन, विदेशवासी और कामुक बनाता है।
3. मिथुन राशिस्थ मंगल महत्वाकांक्षी, चतुर, विद्वान, कार्यदक्ष व परोपकारी करता है। विश्वासप्रद मित्रों का अभाव देता है। बलशाली शत्रु मानसिक पीड़ा पहुँचाते रहते हैं।
4. कर्क राशि मंगल की नीच राशि है। इस राशि का मंगल व्यक्ति को उदार, स्वच्छन्द एवं क्रोधी करता है। संवेदना, चिन्ता और पीड़ा देता है। भूसम्पत्ति व मातृप्रेम में कमी करता है।
5. सिंह राशि का मंगल व्यक्ति को शूरवीर, स्वाभिमानी, सदाचारी, परोपकारी बनाता है। लोग उससे मिलने से घबराते हैं।
6. कन्या राशिस्थ मंगल व्यक्ति को बुद्धिमान, किन्तु धोखेबाज और कामुक बनाता है। अच्छे मित्र बहुत कम होते हैं। वह गुप्तेन्द्रियों के रोगों से पीड़ित रहता हैं।
7. तुला राशिस्थ मंगल व्यक्ति को सुवक्ता किन्तु कामुक, परधनहारी, झगड़ालू और प्रवासी बनाता है।
8. वृश्चिक राशि मंगल की अपनी राशि है। ऐसा मंगल व्यक्ति को नीति-निपुण, व्यवहारकुशल, चतुर, चालाक, पापी, स्वार्थी, कामुक बनाता है। बदला लेने की भावना उत्पन्न करता है।
9. धनु राशिस्थ मंगल व्यक्ति को महत्वाकांक्षी, परिश्रमी और लोकप्रिय बनाता है किन्तु वह पराधीन रहता है। शत्रुओं से सदैव घिरा रहता है। अतः उग्र व आक्रामक होता है।
10. मकर राशि में मंगल उच्च का होता है। व्यक्ति स्वस्थ, नीरोगी, साहसी व प्रतिष्ठित होता है। वह अजेय व उच्चपदासीन होता है। लोगों की सहायता करता है।
11. कुम्भ राशिस्थ मंगल व्यक्ति को निराश, दुःखी, कामुक, आचरणहीन, व्यसनी और धननाशक बनाता है। वह समाज से दूर रहना पसन्द करता है।
12. मीन राशिस्थ मंगल व्यक्ति को रोगी, हठी, धूर्त, वाचाल, कामुक और प्रवासी बनाता है। वह शान्त जीवन बिताने का इच्छुक होता है।

वाणी का अधिष्ठाता बुध

1. परिचय :

वाणी का अधिष्ठाता व बुद्धि का देवता बुध सूर्य के सर्वाधिक नजदीक का अधिकतम 27^0 अंश तक दूर रहने वाला ग्रह है। सूर्य के साथ सभी ग्रह निश्चित अंशों के अन्तर तक अस्त (Combust) हो जाते हैं। बुध 13^0 अन्तर पर अस्त होता है। बुध व्यक्ति को बुद्धिमान, विद्वान, निपुण एवं सुवक्ता बनाता है। उसमें वाकशक्ति का पूर्ण विकास कर उसे सफल नेता या व्यापारी बनने की सामर्थ्य उत्पन्न करता है। यह अपने मार्ग पर 95000 मील प्रति घंटा की गति से चलता है। एक राशि में लगभग 3 सप्ताह तक रहता है। मिथुन और कन्या उसकी अपनी दो राशियां हैं। कन्या बुध की मूलत्रिकोण व उच्चराशि भी है। यह ग्रह आकृति में त्रिकोणाकार, द्विस्वभाव, त्रिदोषयुत, पुरुषनपुंसक, शूद्रवर्ण, पृथ्वीतत्व, उत्तरदिशा स्वामी, राजसिक, लम्बा, हरे रंग का एक शुभ ग्रह है। अपनी महादशा/अंतर्दशा आने पर 32 से 35 वर्ष की अवस्था में व्यक्ति की भाग्योन्नति कराता है। सूर्य और शुक्र इसके मित्र है। चन्द्र इसका शत्रु है। बुधवार अपना शुभवार है।

2. प्रभाव :

अकेला बुध 2, 3, 6, 8, 10, 11, भावों में होने पर शुभ व लाभकारी होता है। व्यक्ति को बुद्धिमान, विद्वान करता है। उच्चपदासीन करता है। योग्य एवं कुशल व्यापारी/व्यवसायी बनाता है। चतुर्थ भाव में सदैव निष्फल होता है। शुभ राशियों 2, 3, 6, 7, 9, 12 में होने पर भी सुयोग्य, सेवाभावी एवं लोकप्रिय बनाता है। दूषित एवं पाप प्रभावित बुध व्यक्ति को पागल बना देता है। उसे आत्महत्या करने हेतु प्रेरित कर सकता है। बुध के साथ में किसी ग्रह के होने की स्थिति में अपना फल भूलकर उस साथी ग्रह के अनुसार शुभ/अशुभ फल देता है। एक प्रकार से उसका अपना अस्तित्व ही समाप्त हो जाता है। बुध प्रभावित व्यक्ति चिंतित, जल्दबाज एवं चिड़चिड़े हो सकते हैं। यह नाड़ी संस्थान, हाथ, कन्धों, भुजा, जीभ, नेत्रदृष्टि आदि को प्रभावित कर सकता है। अकेला बुध व्यक्ति को शिक्षक, लैक्चरार, लिपिक, लेखाकार, प्रकाशक, पत्रकार, दस्तकार, दुकानदार या अच्छा व्यापारी, वक्ता, नेता बना सकता है। बुध ग्रह को बाल अवस्था वाला ग्रह कहा जाता है।

3. प्रमुख योग :

(i) बुधादित्य योग : बुध एवं सूर्य की युति से यह योग बनता है। इस योग वाला व्यक्ति बुद्धिमान और विद्वान होता है। उच्च पद प्राप्त करता है। सप्तम भाव में यह योग ठीक नहीं है। दाम्पत्य जीवन में रुखापन लाता है। चतुर्थ भाव में पागल और मन्द बुद्धि बनाता है।

(ii) भद्र योग : जन्मलग्न या चन्द्रलग्न से स्वराशिस्थ या उच्चराशिस्थ बुध केन्द्रस्थ हो तो यह योग बनता है। इस योग में व्यक्ति गुणवान, धनवान, प्रभावशाली, यशस्वी महापुरुष बनता है।

4. भावफल :

1. प्रथम भावस्थ बुध व्यक्ति को सुन्दर, मिष्ठभाषी, उदार, विद्वान, आस्तिक, लोकप्रिय और मिलनसार बनाता है। वह वैद्य या चिकित्सक हो सकता है।
2. द्वितीय भावस्थ बुध सुन्दर, साहसी, गुणवान, बुद्धिमान, सुवक्ता और सत्यवादी बनाता है। वह दानी व मितव्ययी होता है। वकील या जज हो सकता है।
3. तृतीय भावस्थ बुध व्यक्ति को परिश्रमी, कार्यदक्ष, किन्तु स्वार्थी व डरपोक बनाता है। वह भाई बहिनों से प्रेम रखता है। संततिवान व विलासी होता है। लेखक/कवि हो सकता है।
4. चतुर्थ भाव में बुध निष्फल रहता है। व्यक्ति बुद्धिमान, विद्वान, भाग्यवान, सुखी, दानी, बन्धुप्रेमी होते हुए भी आलसी होता है। वह कपटी व कामुक होता है।
5. पंचम भाव में बुध व्यक्ति को कुशाग्रबुद्धि, सदाचारी, प्रसन्नवदन और प्रतिष्ठित बनाता है। संतान कम होती है किन्तु वह बुद्धिमान व विद्याकुशल होती है।
6. षष्ठ भाव में बुध व्यक्ति को दुर्बल, आलसी, कलहप्रिय, रोगी व कामुक बनाता है। जीवन में अस्थिरता रहती है। मानसिक संतुलन बिगड़ता है।
7. सप्तम भाव में बुध व्यक्ति को चतुर, मिलनसार, व्यवसायकुशल, कूटनीतिज्ञ व यशस्वी बनाता है। दीर्घायु देता है।
8. अष्टम भावस्थ बुध व्यक्ति को धनवान, प्रतिष्ठित व राजमान्य करता है। वह अभिमानी होता है और मानसिक रूप से दुःखी रहता है। वह दीर्घायु होता है।
9. नवम भाव में बुध व्यक्ति को विनम्र, विद्वान, धनवान किन्तु धर्मभीरु बनाता है। वह कवि/लेखक/ज्योतिषी हो सकता है।
10. दशम भावस्थ बुध व्यक्ति को सदाचारी, सत्यवादी, मिलनसार, लोकमान्य, मातृ-पितृ भक्त, बाग बगीचों का मालिक और कानून का ज्ञाता वकील या न्यायाधीश बनाता है।
11. एकादश भावस्थ बुध व्यक्ति को सुन्दर, साहसी, बुद्धिमान, विद्वान, धनवान, पुत्रवान, व्यापार कुशल एवं ज्योतिषी बनाता है। बड़ा भाई उसे सहयोग देता है।
12. द्वादश भावस्थ बुध व्यक्ति को शास्त्रज्ञ, वेदज्ञ, धर्मज्ञ बनाता है। वह कानूनज्ञाता भी हो सकता है। वह धोखेबाज और कामुक हो सकता है।

5. राशिफल :

1. मेष राशिस्थ बुध व्यक्ति को दुबला, पतला, चतुर, कामी और कर्जदार बनाता है। भौतिक सुख सुविधायें दिलाता है। निर्बल बुध दुःखदायी होता है।

2. वृषराशि में बुध व्यक्ति को कुशाग्रबुद्धि, मृदुभाषी, धीर, धनी व विलासप्रिय बनाता है। वह व्यसनी हो सकता है।
3. मिथुन राशि बुध की अपनी राशि है। इसमें बुध व्यक्ति को सदाचारी, सुवक्ता एवं अच्छा लेखक बनाता है। प्रतिष्ठा दिलाता है किन्तु संतान कम होती है।
4. कर्क राशिस्थ बुध व्यक्ति को वाचाल, कायर , कामुक और परदेशवासी बनाता है। व्यक्ति की स्मरण शक्ति अधिक होती है।
5. सिंह राशिस्थ बुध व्यक्ति को मितभाषी, क्रोधी और कुरूप बनाता है किन्तु वह उदार, ईमानदार, न्यायप्रिय और पथप्रदर्शक भी होता है।
6. कन्या राशि बुध की स्वराशि व उच्चराशि है। इस राशि का बुध व्यक्ति को सुवक्ता, कवि, लेखक, सम्पादक बनाता है और सुखी करता है।
7. तुला राशिस्थ बुध व्यक्ति को चतुर, संयमित, व्यापारदक्ष, उदार, आस्तिक और परिवार प्रिय बनाता है। परिवार के लोग इसे चाहते हैं।
8. वृश्चिक राशिस्थ बुध व्यक्ति को जिद्दी, कामुक, स्वार्थी, दुराचारी, व्यसनी व ऋणी बनाता है।
9. धनुराशि का बुध व्यक्ति को ईमानदार, गुणवान, विद्वान, धनी व राजमान्य करता है। समाज में प्रतिष्ठा मिलती है।
10. मकर राशिस्थ बुध व्यक्ति को दुराचारी, मूर्ख और डरपोक बनाता है। वह सदैव ऋणी बना रहता है।
11. कुंभ राशि का बुध भी व्यक्ति को दुराचारी, दम्भी और मूर्ख बनाता है। वह सदैव चिंतित व हताश दिखाई देता है।
12. मीन राशि बुध की नीच राशि है। इसमें व्यक्ति सहनशील, सदाचारी किन्तु चिंतित व रोगी बना रहता है। विदेश में रहकर धन कमा लेता है।

ज्ञान का अधिष्ठाता गुरु

1. परिचय :

अज्ञान को दूर कर सद्मार्ग की ओर ले जाने वाले, विद्या के सागर एवं ज्ञान के अधिष्ठाता गुरु ग्रहों में आकार में सबसे बड़े हैं। गुरु का प्रचलित नाम बृहस्पति भी है। पौराणिक कथाओं में बृहस्पति को भृगु ऋषि का पुत्र बताया गया है। बृहस्पति देवताओं के गुरु थे। ज्योतिष में गुरु को सर्वाधिक शुभ ग्रह माना गया है। अपनों का सदैव भला चाहते हैं। गुरु एक राशि में 13 मास रहते हैं। धनु और मीन गुरु की अपनी दो राशियां हैं। द्विस्वभाव राशियों के स्वामी होने के कारण, उनके स्वभाव में गतिशीलता और स्थिरता

दोनों प्रकार के गुण पाये जाते हैं। आकृति में गुरु अण्डाकार, लघु, त्रिदोषयुत, पुरुषलिंग, विप्रवर्ण, आकाशतत्व, सतोगुणी, पूर्वोत्तर दिशा स्वामी, लम्बा-तगड़ा, पीतरंग का, आयु के अनुसार वृद्ध अवस्था वाला एक शुभ ग्रह है। यह 16 या 22 या 40 वर्ष की उम्र में अपनी महादशा आने पर व्यक्ति के भाग्य में चार चांद लगाता है और उसे ऊँचा उठाता है। सूर्य, चन्द्र, मंगल इसके मित्र ग्रह हैं। शनि समभाव वाला ग्रह है। गुरुवार या वृहस्पतिवार इसका अपना शुभवार है।

2. प्रभाव :

गुरु अपने ज्ञान, अनुभव और गहन चिंतन से व्यक्ति को ज्ञानवान, बुद्धिमान, विद्वान, गुणवान, नीतिवान, दयावान, न्यायशील, यशस्वी व धनी बनाता है। हर प्रकार की समृद्धि लाता है। भूमि, भवन, जीवन साथी, पुत्र आदि सभी सुख प्रदान करता है। प्रसन्नचित और स्वस्थ रहने की दिशा दिखाता है। अध्यात्मिकता और धार्मिकता की ओर ले जाता है। निर्बल, दूषित, व अकेला गुरु 2, 5, 7, 6, 8, 12 भावों में होने पर व्यक्ति को स्वार्थी, लोभी, क्रूर, आक्रामक एवं अविश्वसनीय बनाता है। फलस्वरूप व्यक्ति दु:खी रहता है। शरीर में चिंतावश कमजोरी आती है और स्वास्थ्य गिर जाता है। यह रक्त, जिगर, शिराओं, धमनियों, जंघाओं को प्रभावित करता है। शुभ भावस्थ एवं शुभराशिस्थ गुरु व्यक्ति को उच्च पदासीन करता है और उसका मान बढ़ाता है। गुरु के प्रभाव से व्यक्ति शिक्षक, प्रोफेसर, कैमिस्ट, डाक्टर, वकील या जज, कैशियर, बैंकर, अधिकारी, राजदूत, नेता या मंत्री, धर्मोपदेशक या समाजसेवक या अच्छा पथप्रर्दशक हो सकता है। गुणवान एवं धनवान बनाता है। यश एवं गौरव दिलाता है किन्तु 2, 5, भावों में अकेला गुरु हानिकर होता है। भाव के फल को नष्ट करता है। जीवनसाथी, पुत्र आदि सुख से वंचित करता है। उच्चविद्या में अवरोध लाता है और धन की हानि करता है।

3. प्रमुख योग :

(i) हंसयोग : स्वराशि या उच्चराशि का गुरु जन्मलग्न या चन्द्रलग्न से 1, 4, 7, 10, 5, 9 भावों में हो तो यह योग बनता है। व्यक्ति महान विद्धान बनता है। वह राजासदृश होता है। हाथ-पैरों में कमल, मछली, अंकुश, चाप, शंख आदि के चिन्ह या निशान होते हैं। किन्तु अत्यधिक कामुक होता है।

(ii) सरस्वती योग : स्वराशि, उच्चराशि या मित्रराशि का होकर गुरु, बुध, शुक्र के साथ 1, 4, 7, 10, 5, 9 भावों में हो तो यह योग होता है। व्यक्ति सर्वप्रिय, सुन्दर, कार्यकुशल, धनी होता है। वह उत्तम पद व प्रतिष्ठा पाता है। जीवनसाथी सुन्दर व पुत्रोंवाला होता है।

4. भावफल :

1. प्रथम भाव में गुरु व्यक्ति को स्वस्थ, सुन्दर, विनीत, धर्मात्मा, दीर्घायु, सुखी, धनी, प्रतिष्ठित व ज्योतिषविद् बनाता है।
2. द्वितीय भावस्थ गुरु व्यक्ति को मिष्ठभाषी, सदाचारी, सुवक्ता, धनी, परिवारपालक बनाता है और दीर्घायु देता है। पापग्रह की युति होने पर मिथ्याभाषी व विद्याहीन करता है। नीचराशि मकर में होने पर चरित्रभ्रष्ट करता है। बुध से दृष्ट गुरु निर्धन करता है
3. तृतीयभावस्थ गुरु व्यक्ति को कृपण, नीच, कामुक, प्रवासी, भ्रमणशील व जितेन्द्रिय बनाता है। वह भाई-बहिनों का दायित्व निभाता है।
4. चतुर्थ भावस्थ गुरु व्यक्ति को मातृपितृभक्त, सुन्दर, सुशिक्षित, जमीन, मकान, नौकर चाकर वाला, धनी, सुखी व लोकप्रिय बनाता है और जीवन में संतोष और सुख मिलता है।
5. पंचम भाव में गुरु व्यक्ति को नीतिवान, पुत्रवान, आस्तिक, कुलश्रेष्ठ, ज्योतिषविद् बनाता है। उसके बहुत से मित्र, शिष्य और अनुयायी होते हैं।
6. षष्ठ भाव में गुरु व्यक्ति को दुर्बल, अनेक शत्रुओं वाला, अपनों से ही अपमानित होने वाला, अल्प सुखसुविधा वाला बनाता है किन्तु नौकरी में उच्च पद दिलाता है।
7. सप्तम भावस्थ गुरु व्यक्ति को विनम्र, सुशिक्षित, सम्मानित, धनी बनाता है। जीवनसाथी सुन्दर एवं सुशील होता है। माता-पिता का स्नेह मिलता है।
8. अष्टम भावस्थ गुरु व्यक्ति को चंचल, दुराचारी, दुःखी, गुप्तरोगी बनाता है। शत्रु उसका धननाश करते हैं।
9. नवम भाव में गुरु व्यक्ति को सत्यवक्ता, गुणवान, विद्वान, प्रभावशाली, परोपकारी, यशस्वी व उच्चपदाधिकारी बनाता है। वह धर्म के प्रति आस्थावान होता है।
10. दशमस्थ गुरु व्यक्ति को विनम्र, सदाचारी, सत्यवादी, राजमान्य व शत्रुहंता बनाता है। उत्तम पद, मान व प्रतिष्ठा दिलाता है। अच्छा जीवनसाथी देता है और उसकी संतान योग्य होती है।
11. एकादश भावस्थ गुरु व्यक्ति को स्वस्थ, सुन्दर, विद्वान, धर्मशील, धनी और सम्मानित करता है। उसके बहुत मित्र होते हैं। संतान सुख मिलता है। अकेला गुरु धन की कमी करता है।
12. द्वादशभावस्थ गुरु व्यक्ति को नीच, आलसी, लोभी, कुटिल, अपव्ययी करता है। स्वगृही गुरु हो तो धर्मात्मा बनाता है।

5. राशिफल :

1. मेष राशि का गुरु व्यक्ति को विनम्र, उदार, सुसंस्कृत, बलशाली अनुशासित एवं एश्वर्यवान बनाता है। अश्विनी व कृतिका नक्षत्र के प्रथम चरण के जन्म का गुरु अधिक शुभ होता है।
2. वृष राशिस्थ गुरु व्यक्ति को हृष्ट-पुष्ट, सदाचारी, बुद्धिवान, दयालु, मिलनसार, परिवारप्रिय और धनवान करता है। कृतिका नक्षत्र के दूसरे और रोहिणी नक्षत्र के चौथे चरण के जन्म के गुरु का प्रभाव अधिक होता है।
3. मिथुन राशिस्थ गुरु व्यक्ति को दानी, उदार, सत्यवादी, विश्वासपात्र, सहृदयी बनाता है। सगे संबंधियों में सम्मानित होता है। खेती से लाभ होता है व जीवन सुखी रहता है।
4. कर्क राशि गुरु की उच्च राशि है। इसमें गुरु व्यक्ति को सदाचारी, सत्यवक्ता, बुद्धिमान, धनवान, लोकमान्य और सुखी बनाता है।
5. सिंह राशिस्थ गुरु व्यक्ति को चतुर, कार्यकुशल, तेजस्वी, धर्मात्मा बनाता है। पड़ोसियों से प्यार मिलता है। वह प्रकृति प्रेमी होता है।
6. कन्या राशिस्थ गुरु व्यक्ति को महत्वाकांक्षी, बुद्धिमान किन्तु आलसी व स्वार्थी बनाता है।
7. तुला राशिस्थ गुरु व्यक्ति को सुन्दर, शान्त व मिलनसार बनाता है। उसके मस्तक पर तेज होता है। वह प्रवासी होता है। गायन, वादन व छलकपट से धन कमाता है।
8. वृश्चिक राशिस्थ गुरु व्यक्ति को दृढ़प्रतिज्ञ, चतुर, पंडित, लेखक आदि बनाता है किन्तु वह निर्बल, स्वार्थी और कामुक होता है। सदैव दुःखी रहता है। संतान कम होती है।
9. धनुराशि गुरु की अपनी राशि है। व्यक्ति को शारीरिक, मानसिक रूप से दृढ़ करता है। पैतृक -सम्पत्ति दिलाता है।
10. मकर राशि गुरु की नीच राशि है। व्यक्ति को अस्थिरमना, दुःखी और द्रव्यहीन करती है। काफी परिश्रम से भी लाभ नहीं होता है।
11. कुम्भ राशि में गुरु व्यक्ति को विवादास्पद, कपटी, रोगी और प्रवासी बनाता है। परिवार से भी तालमेल में कमी करता है।
12. मीन राशि गुरु की स्वराशि है। इसमें व्यक्ति साहसी, व्यवहारकुशल, उच्चपदासीन, राजमान्य व सुखी होता है। पैतृक धन मिलता है। अच्छा लेखक हो सकता है।

सुख का अधिष्ठाता शुक्र

1. परिचय :

सुख के अधिष्ठाता शुक्र को कलत्रकारक ग्रह भी कहा जाता है। अत: इसका कामुकता, भोगविलास, सौन्दर्य, प्रेम, विवाह, कला, गीत-संगीत व जीवन के अन्य सभी सुखों से सीधा एवं गहरा संबंध है। शिष्टता, शान्ति, धीरज और प्रेम का प्रतीक शुक्र समरसता और मित्रता का ग्रह है। यह 21 दिन में एक राशि पार कर लेता है। वृष और तुला इसकी अपनी दो राशियाँ हैं। एक स्थिर और दूसरी चर है। यही कारण है कि इसमें स्थिरता और गतिशीलता दोनों गुण मिलते हैं। पुराणों में उन्हें दैत्य गुरु का आसन दिया गया है। मृत संजीवनी विद्यासिद्ध शुक्र को देवताओं के गुरु वृहस्पति से भी अधिक ज्ञानवान बताया गया है। शुक्र आकृति में अष्टभुजाकार, कोमल, स्त्रीलिंग, विप्रवर्ण, जलतत्व, रजोगुणी, दक्षिणपूर्वदिशास्वामी, वात-कफ प्रकृति वाला, लम्बाई में सामान्य, श्वेत रंग का एक शुभ ग्रह है। यह 25 से 28 वर्ष की अवस्था में अपनी महादशा/अंतर्दशा आने पर व्यक्ति की भाग्योन्नति कराता है। शुक्र को सूर्यसदृश कान्तिवान एवं आकर्षक ग्रह कहा जाता है। यह काफी चमकीला है। बुध, शनि इसके मित्र ग्रह हैं। शुक्रवार उसका अपना शुभवार है।

2. प्रभाव :

शुक्र सूर्य सदृश ही एक जीवनदायी ग्रह है। व्यक्ति को भौतिकता में लिप्त रहने की क्षमता शुक्र की ही देन है। यह व्यक्ति को कामुकता, भोगविलास व मायामोह के भौतिक सुख-साधनों की ओर आकर्षित करता है। शुभ भाव या राशि का शुक्र दीर्घायु, आनन्द, भोगविलास, धन, वैभव एवं सुखी जीवन जीने की सभी इच्छाओं की पूर्ति कराने में सक्रिय भूमिका निभाता है। किन्तु निर्बल, दूषित, अस्त, नीच शुक्र दाम्पत्य जीवन में क्लेश एवं कड़ुवाहट लाता है। लग्न या सप्तम भाव से गणना करने पर त्रिक या दुष्ट 6, 8, 12 भावों में शुक्र का होना अनिष्टकारी समझा जाता है। इसी प्रकार शुक्र की शनि/मंगल/राहु/केतु/सूर्य से युति या पाप मध्यत्व भी कष्टप्रद वैवाहिक जीवन का फल देते हैं। इसमें विवाह न होना, विवाह देर से होना, जाति से बाहर होना, अलगाव, तलाक आदि शामिल है। शुक्र से 12, 1, 2, 4, 7, 8 भावों में सूर्य, मंगल, शनि, राहु का होना भी दाम्पत्य जीवन में अस्थिरता लाता है। मंगलीक सदृश योग माना जाता है। बली शुक्र व्यक्ति को नेता, अभिनेता, कलाकार, गायक, नर्तक, जौहरी, रेडीमेड वस्त्र विक्रेता आदि बनाता है। सामान्यत: 2रे, 6ठे, 10वें भाव में अशुभ और 6ठे भाव में पूर्णतया निष्फल होता है।

3. प्रमुख योग :

1. मालव्य योग : जब शुक्र स्वग्रही या उच्च का होकर जन्मलग्न या चन्द्र लग्न से केन्द्रस्थ होता है तो यह योग बनता है। इस योग में व्यक्ति बलवान, विद्वान, गुणवान, परिवार प्रिय, संतान से सुखी, कई वाहनों वाला, शास्त्रज्ञ एवं विख्यात होता है।

2. भेरी योग : जब शुक्र लग्नेश हो तथा शुक्र स्थान से गुरु सप्तम स्थान में हो, नवमेश बली हो, यह योग बनता है। इस योग में व्यक्ति दीर्घायु, धनी, सदाचारी, प्रसिद्ध, परिवार एवं संतान से सुखी और बहुचर्चित होता है।

3. अंशावतार योग : जब लग्न चरराशि का हो और शुक्र, गुरु, केन्द्रस्थ हो, यह योग होता है। इस योग में व्यक्ति यशस्वी, कीर्तिवान, विद्वान, संयमित, दार्शनिक और र ाजा सदृश सभी सुख सुविधाओं वाला यथा जमीन, मकान, वाहन, नौकर-चाकर वाला होता है।

4. भावफल :

1. प्रथम भाव में शुक्र व्यक्ति को सुन्दर, सुशील, मिष्ठभाषी, दीर्घायु करता है। वह भौतिक सुख सुविधाओं में आसक्त, कामुक किन्तु विश्वसनीय होता है।
2. द्वितीय भाव में शुक्र व्यक्ति को विद्वान, दयालु, लोकप्रिय, धनी एवं परिवार प्रमुख बनाता है। वह कार्यकुशल व विख्यात होता है।
3. तृतीय भावस्थ शुक्र व्यक्ति को कृपण, आलसी, दरिद्र, दुष्ट, आनन्दरहित एवं नास्तिक बनाता है। समाज में कोई पूछ नहीं होती है। वैवाहिक जीवन भी दु:खी रहता है।
4. चतुर्थ भावस्थ शुक्र व्यक्ति को सुन्दर, सुखी, दानी व धर्मात्मा बनाता है। धन-वैभव, अच्छा परिवार, अच्छी संतान, जमीन, मकान, वाहन देता है। जीवन शान्तिपूर्वक व्यतीत होता है।
5. पंचम भाव में शुक्र व्यक्ति को प्रतिभावान, प्रभावशाली, धनी एवं यशस्वी बनाता है। कलाकार एवं चित्रकार बनाता है। कन्या संतान देता है।
6. षष्ठस्थ शुक्र व्यक्ति को क्रूरहृदयी, ईर्ष्यालु, दु:खी, दुराचारी, गुप्तरोगी बनाता है। उसके शत्रु अधिक होते हैं। वह व्ययशील होता है। उसका दाम्पत्य जीवन अस्थिर होता है।
7. सप्तमस्थ शुक्र व्यक्ति को जीवनसाथी का पूर्ण सुख देता है। मिलनसार, चंचल, भोगी एवं कामुक करता है। वह धनी होता है। विवाह के बाद भाग्योदय होता है।
8. अष्टम भावस्थ शुक्र व्यक्ति को सभी भौतिक सुविधायें जुटाता है। प्रवासी बनाता है। क्रोधी, दु:खी व रोगी करता है। परिवार सुख, शान्ति और संतोष देता है।

9. नौवें भाव का शुक्र व्यक्ति को आस्तिक बनाता है। वह तीर्थयात्रायें करता है। समाज में लोकप्रिय होता है। आदर्श स्थापित करता है। धनी व संतुष्ट होता है।
10. दशम भावस्थ शुक्र व्यक्ति को भावुक किन्तु सत्यवादी बनाता है। वह धनवान होता है और अच्छे कार्य करता है। नेता, अभिनेता, समाज सुधारक हो सकता है। पिता पर उसकी पूर्ण श्रद्धा होती है।
11. एकादश भाव का शुक्र, व्यक्ति को लक्ष्मीवान, धनवान, गुणवान, पुत्रवान, सुखी, परोपकारी व प्रतिष्ठावान करता है। उसे सुगंधित वस्तुओं/द्रव्यों का व्यवसाय लाभकारी होता है।
12. द्वादश भाव का शुक्र, जहाँ व्यक्ति को धनी, भोगी व कामुक बनाता है तथा शत्रुओं का नाश करता है वहाँ दुःखी, स्वार्थी, धोखेबाज, आलसी और बहुभोजी करता है।

5. राशिफल :

1. मेष राशिस्थ शुक्र व्यक्ति के स्वभाव में अस्थिरता लाता है। वह दुःखी, कामुक, स्वार्थी एवं अविश्वासी होता है। उसका अनैतिक कार्यों में ध्यान होता है।
2. वृष राशि शुक्र की अपनी राशि है। इसमें व्यक्ति को सुन्दर, सात्विक, एश्वर्यवान एवं शास्त्रज्ञ बनाता है। उसमें सहानुभूति, संवेदना, समरसता होती है।
3. मिथुन राशिस्थ शुक्र व्यक्ति को तीक्ष्ण बुद्धि, भौतिक सुख-साधन देता है किन्तु उसके जीवन में अशान्ति व असंतोष बना रहता है। वह छल कपट करता है और अत्यधिक लालची होता है।
4. कर्क राशि में शुक्र व्यक्ति को दयालु, धार्मिक व मातृप्रेमी बनाता है। वह धन का इच्छुक होता है किन्तु उसे निराशा व असफलता ही मिलती है।
5. सिंह राशिस्थ शुक्र व्यक्ति को अल्प सुखी, चिन्तातुर व कामुक बनाता है। वह स्वार्थसिद्धि में तत्पर, कल्पनालोक में उड़ान करता है।
6. कन्या राशि शुक्र की नीच राशि है। इसमें शुक्र व्यक्ति को नीच प्रकृति का, आलसी, असमर्थ, अतिकामुक व धननाशक बनाता है।
7. तुला राशि शुक्र की अपनी राशि है। इस राशि का शुक्र व्यक्ति को कुशाग्रबुद्धि, धनवान, गुणवान, यशस्वी व सम्मानित बनाता है किन्तु वह विलासी होता है।
8. वृश्चिक राशिस्थ शुक्र व्यक्तिको कुकर्मी, क्रोधी, झगड़ालू, मादक द्रव्यों का सेवन करने वाला बनाता है। वह गुप्त रोगों से ग्रस्त रहता है। आकस्मिक धन मिलता है।
9. धनु राशिस्थ शुक्र व्यक्ति को विद्वान, पुण्यात्मा, दानी, सुखी बनाता है। उसका जीवन सराहनीय होता है।

10. मकर राशिस्थ शुक्र व्यक्ति को बलहीन, सुखहीन, नीतिहीन करता है। वह सुख-सुविधा के साधनों के अवसर मिलने पर भी असंतुष्ट एवं निराश रहता है।
11. कुम्भ राशिस्थ शुक्र व्यक्ति को चिन्तातुर, मलीन, कामुक बनाता है किन्तु वह प्रीत-प्यार व परोपकार की भावना में वृद्धि करता है।
12. मीन राशि शुक्र की उच्च राशि है। उसमें शुक्र व्यक्ति को विद्वान, कार्यकुशल, धनी एवं श्रेष्ठ बनाता है। सामाजिक मान व प्रतिष्ठा दिलाता है। उसे असीम शान्ति मिलती है।

संघर्ष का अधिष्ठाता शनि

1. परिचय :

शनि मन्द गति से चलने वाला एक वृद्ध ग्रह है। एक राशि क्षेत्र को 2½ वर्ष में पार करता है। इस प्रकार 12 राशि क्षेत्रों को पार करने में इसे 30 वर्ष लग जाते हैं। शनि जहाँ एक ओर व्यक्ति को लम्बी आयु प्रदान करता है तो वहाँ दूसरी ओर व्यक्ति के लिये दु:ख एवं विपत्ति लाता है। शनि की साढ़े साती और शनि की पनौती इसके प्रमाण है। यही कारण है कि शनि को शैतान प्रकृति वाला ग्रह कहा गया है। अंग्रेजी के शब्द 'SATURN' से शैतान मिलता जुलता शब्द है। वास्तव में शनि शैतान ग्रह नहीं है। एक कहावत-'घमंडी का सिर नीचा' के अनुसार शनि व्यक्ति के घमण्ड़/अहंकार को मिटाकर, उसे विनम्र बनाने, दृढ़ता से विचार करने और समस्या का सही कारण तलाश करने की क्षमता प्रदान करता है ताकि उसका भविष्य उज्जवल हो। उसकी विजय हो। समाज में गौरव व मानसम्मान मिले। शनि आकृति में खिड़की सदृश, तीक्ष्ण, ठंडा, स्त्रीनपुंसक, मलेच्छवर्ण, वायुतत्व, तमोगुणी, पश्चिमदिशा स्वामी, लम्बाई में छोटा, काले-नीले रंग का एक पापग्रह है। मकर और कुंभ इसकी दो राशियाँ हैं। इसमें गतिशीलता और स्थिरता दोनों गुण हैं। यह 36 से 47 वर्ष की अवस्था में अपनी महादशा/अंतर्दशा आने पर व्यक्ति को लाभान्वित करता है। बुध और शुक्र इसके मित्र ग्रह है। शनिवार इसका अपना वार है।

2. प्रभाव :

संघर्ष का अधिष्ठाता होने के कारण शनि व्यक्ति को जीवन में आने वाले कष्टों और विपदाओं से जूझने या संघर्ष करने तथा कंटक भरे मार्ग को साफ कर आगे बढ़ने में सहायता करता है। व्यक्ति को सक्रिय एवं साहसी बनाता है। शनि, जिस भाव में भी बैठता है, उस भाव की वृद्धि करता है। शनि की जिस भाव पर पूर्ण दृष्टि होती है, वहाँ वह विच्छेदात्मक प्रभाव देता है। वह व्यक्ति को हानि पहुंचाता है और उसे नीचे गिराता है। धीमी गति के अनुरूप कार्यो में विलम्ब लाता है। व्यक्ति में द्वेषभाव, घृणा,

ईर्ष्या, शत्रुता, निराशा व नीरसता के बीज बोता है। त्रिषड़ाय भावों अर्थात 3, 6, 11 भावों में सदैव शुभफल देता है किन्तु सप्तम भाव में निष्फल होता है। शनि का घुटनों, दातों, स्नायुमंडल व अस्थियों पर गहरा प्रभाव पडता है। इससे स्वास्थ्य क्षीण होता है और व्यक्ति कमजोर होता है। शनि प्रभावित व्यक्ति अच्छे धर्मोपदेशक, शिक्षक, मशीनिस्ट, चर्मव्यवसायी, भवन निर्माण सामग्री सप्लायर, कृषि व्यवसायी आदि हो सकते हैं।

3. प्रमुख योग :

1. सन्यास योग : चन्द्र स्थित भाव पर किसी ग्रह की दृष्टि न हो और चन्द्र शनि को देखता हो या फिर चन्द्र स्थित राशि स्वामी को शनि देखता हो या चन्द्रमा शनि के द्रेष्काण में हो, सन्यास योग होता है। व्यक्ति सन्यासी या मठाधीश बनता है।

2. शश योग : स्वराशि या उच्च राशि का शनि जन्म लग्न या चन्द्रलग्न से केन्द्रस्थ हो तो यह योग होता है। इस योग से व्यक्ति चोरों/डाकुओं का नेता, अति कामुक और जंगल का निवासी व वनवासी होता है।

3. महापुरुष योग : शनि, चन्द्र या लग्न को और नवम भाव में स्थित गुरु को देखता हो तो यह योग बनता है। व्यक्ति किसी दर्शन/पंथ/मत का संस्थापक होता है।

4. भावफल :

1. प्रथम भाव में शनि व्यक्ति को कुरूप, क्रोधी, कामुक, व्यभिचारी, दरिद्री व रोगी करता है। मकर और तुला का शनि धनदायी होता है किन्तु अंत में चिंतन, मनन कराता है।
2. द्वितीय भावस्थ शनि दरिद्री, आलसी, मुखरोगी एवं एश्वर्यहीन करता है। मान-सम्मान खोता है। कुम्भ व तुला का शनि लाभकारी होता है।
3. तृतीय भावस्थ शनि, बुद्धिमान, विद्वान, भाग्यवान, नेता, दानी व शत्रुहंता बनाता है किन्तु भाई-बहिनों का अनिष्ठ करता है।
4. चतुर्थ भावस्थ शनि व्यक्ति को बलहीन, यशहीन व शिक्षाहीन करता है। एक स्थान से दूसरे स्थान को भगाता रहता है। माता, भूमि, भवन से दूर करता है। माता की मृत्यु भी हो सकती है।
5. पंचम भाव में शनि व्यक्ति को बुद्धिहीन, क्रूर और कामुक बनाता है। शारीरिक व मानसिक क्षमता कम करता है। दाम्पत्य जीवन कष्टमय रहता है। किन्तु तकनीकी शिक्षा में प्रवीण करता है।
6. षष्ठ भाव का शनि व्यक्ति को सच्चरित्र, धनी, प्रतिष्ठित, सुखी व शत्रुहंता बनाता है, किन्तु रोगी करता है।

7. सप्तम भाव का शनि व्यक्ति को क्रूर, कपटी, दुर्जन, आलसी, विलासी एवं कामुक बनाता है। दाम्पत्य जीवन में कठिनाईयाँ लाता है।
8. अष्टम भाव में शनि व्यक्ति को स्थूल शरीर वाला, झूंठा, धोखेबाज किन्तु डरपोक करता है। दीर्घकालीन रोग यथा दमा, खाँसी, टी.बी आदि रोग देता है।
9. नवम भाव का शनि व्यक्ति को कृशदेही, वातरोगी, आलसी, डरपोक, निर्धन, मातृहीन करता है। व्यक्ति तंत्रमंत्र में विश्वास करता है और वह घूमता फिरता रहता है।
10. दशम भाव का शनि व्यक्ति को प्रभावशाली उच्चाधिकारी बनाता है। यशमान व प्रतिष्ठा दिलाता है। राजमान्य, धनवान बनाता है। शुभ शनि सन्यासी/मठाधीश करता है।
11. एकादश भाव का शनि व्यक्ति को दीर्घायु, परिश्रमी, विद्वान, पुत्रवान, धनवान एवं सुखी करता है। राजनीतिक सम्मान लाता है किन्तु शिक्षा व वाहन की कमी करता है।
12. द्वादश भाव में शनि व्यक्ति को दुःखी, आलसी, अपव्ययी, व्यसनी, रोगी बनाता है। कमाया धन बेकार जाता है। मामा के लिये भी कष्टदायक है।

5. राशिफल :

1. मेष राशि शनि की नीच राशि है। ऐसा शनि व्यक्ति को आलसी, निर्धन, दुराचारी, हठी, झूंठा, झगड़ालू बनाता है। वह मन्त्रसिद्धि में विश्वास करता है।
2. वृषराशि का शनि भौतिक सुख साधनों की प्राप्ति हेतु व्यक्ति की रुचि बढ़ाता है ताकि वह आराम से रह सके। फिर भी वह निर्धन, दुःखी व एकाकी जीवन जीता है।
3. मिथुन राशि का शनि व्यक्ति को मानसिक रूप से चिड़चिड़ा बनाता है। इससे किया गया परिश्रम व्यर्थ जाता है। दुर्भाग्य व असंतोष उसके जीवन के अंग बन जाते हैं।
4. कर्क राशि का शनि व्यक्ति को आलसी व अकर्मण्य बनाता है। मातृसुख में कमी करता है। वह ईर्ष्यालु और मितव्ययी होता है। आवास परिवर्तन कराता है।
5. सिंह राशिस्थ शनि व्यक्ति को कार्यदक्ष, चतुर, लेखक या अध्यापक बनाता है। धनी करता है। विदेशों में ख्याति भी मिलती है, किन्तु जीवन में उलझनें भी बनी रहती हैं।
6. कन्या राशि का शनि व्यक्ति को मितव्ययी, एकान्तप्रिय, दुःखी व निर्धन करता है। किन्तु अच्छा आलोचक या लेखक बनाता है। वह परोपकारी होता है।
7. तुलाराशि शनि की उच्च राशि है। उच्चराशि का शनि व्यक्ति को बुद्धिमान,

लोकप्रिय व यशस्वी बनाता है। वह उन्नति करता है और प्रतिष्ठित लोगों से उसका संपर्क होता है।

8. वृश्चिक राशि का शुभ शनि व्यक्ति को परोपकारी व दृढ़प्रतिज्ञ बनाता है। वह योग्य चिकित्सक हो सकता है। अशुभ शनि लोभी और क्रूर बनाता है।
9. धनु राशिस्थ शनि व्यक्ति को विचारक, दानी, दयालु, सदाचारी व व्यवहार कुशल करता है। उसे भौतिक साधनों व धर्म से भी लगाव नहीं होता है।
10. मकर राशि शनि की अपनी राशि है। व्यक्ति महत्वाकांक्षी और कूटनीतिज्ञ होता है। शत्रु कम होते हैं। वह झूंठा, असंतुष्ट व अल्पशिक्षित होता है। उसका दाम्पत्य जीवन भी दु:खी होता है।
11. कुम्भ राशि भी शनि की अपनी राशि है। कुम्भराशिस्थ शनि व्यक्ति को दीर्घायु, विनम्र, धनी व शत्रुहन्ता बनाता है। संतान सुख में कमी लाता है। दुर्घटनायें बढ़ाता है।
12. मीन राशि का शनि व्यक्ति को शान्तिप्रिय, सहनशील बनाता है। किन्तु वह दाम्पत्य जीवन से निराश व असंतुष्ट रहता है। दैवज्ञ हो सकता है और लोगों को अपने विचार दे सकता है।

अहंकार का अधिष्ठाता राहु

1. परिचय :

भारतीय ज्योतिष में फलकथन में छाया ग्रहों का विशेष महत्व है। यद्यपि अन्य ग्रहों की तरह इन्हें देखा नहीं जा सकता वरन इनका अनुभव किया जा सकता है। राहु ऐसा ही एक छाया ग्रह है। शनि सदृश विच्छेदात्मक भूमिका निभाता है। अत: इसे 'शनिवत् राहु' की संज्ञा दी गई है। राहु का स्वयं का कोई फल नहीं होता है। यह, जिस भाव में बैठता है, उस भाव स्थित ग्रह अनुसार या ग्रह न होने पर राशि स्वामी के अनुसार फल देता है। राहु के साथ बैठा ग्रह या राहु की जिन ग्रहों पर दृष्टि होती है, वे सभी राहु से प्रभावित होकर विच्छेदात्मक अर्थात हानिकर फल देते हैं। व्यक्ति परेशान रहता है। राहु अशुभ ग्रहों जैसे मंगल, शनि आदि के लिये उत्प्रेरक (Catalyst) का कार्य करता है। शनि के साथ बैठकर शनि के प्रभाव को दोगुना कर देता है। राहु आकृति में रेखासदृश, सर्पमुखाकार, तीक्ष्ण, ठण्डा, स्त्रीलिंग, मलेच्छवर्ण, वायुतत्व, तमोगुणी, दक्षिणपश्चिम दिशास्वामी, लम्बाई में काफी लम्बा, काले नीले रंग का एक वृद्ध पापग्रह है। इसे कन्या राशि का स्वामी बताया गया है, जबकि कन्या राशि बुध की राशि भी है। शुक्र और शनि मित्रग्रह है। राहु एक राशि में डेढ़ वर्ष रहता है। राहु को अहंकार का अधिष्ठाता माना गया है। 'मदमत राहु' समय आने पर सूर्य को भी ग्रस लेता है अर्थात उसके शुभत्व को भी नष्ट कर देता है।

2. प्रभाव :

राहु अचानक अप्रत्याशित फल देने वाला छायाग्रह है। पापग्रह होने के कारण पापग्रहों के प्रभाव में वृद्धि करता है। व्यक्ति को क्रोधी, कटुभाषी, देश-विदेश में भ्रमणशील, चोर, दुष्ट, कामुक आदि बनाता है। दूषित होने पर पारवारिक जीवन में कटुता, कलह, क्लेश पैदा करता है। अलगाव व तलाक की परिस्थितियां लाता है। भौतिक उपलब्धियों यथा जमीन-जायदाद, मकान, दुकान से दूर करता है। इनका क्रय-विक्रय कराता है और साथ ही प्रतिष्ठा को भी गिराता है। स्वास्थ्य में कमजोरी लाता है। चर्म रोग उत्पन्न करता है। यह 3, 6, 10, 11 भावों में होने पर अच्छे फल भी देता है। अनेक अरिष्टों, आपदाओं का नाश करता है। दशम भाव में होने पर नेतृत्वशक्ति प्रदान करता है। उच्चाधिकारी बनाता है। प्रोन्नति कराता है। द्वितीय भाव में होने पर धनदायी होता है। लाटरी खुल सकती है। राहु व्यक्ति को राजपत्रित अधिकारी, इन्जीनियर, सर्जन, अधिष्ठित राशि के स्वामी अनुसार कर्मचारी या व्यापारी बनाने में सहयोग करता है। सुख सुविधायें प्रदान करता है।

3. प्रमुख योग :

(i) **कालसर्प योग** : यदि सभी ग्रह राहु-केतु धुरी के मध्य हो तो कालसर्प योग बनता है। फलस्वरूप कुछ घटनाएं दुःखदायी एवं कष्टकारी होती हैं। व्यक्ति का जीवन निराशा एवं हताशा वाला होता है।

(ii) **सूर्य, चन्द्र युति** : यदि राहु सूर्य या चन्द्र के साथ अथवा सूर्य, चन्द्र दोनों के साथ किसी भाव में होता है तो सूर्य, चन्द्र का प्रभाव भी कम हो जाता है।

4. भावफल :

1. लग्नस्थ राहु व्यक्ति को दुष्ट, दुर्बल, कामुक, अल्पसंततिवान और अनैतिक बनाता है। वह भोग विलास की सामग्री बढ़ाने तक सीमित रहता है।
2. द्वितीय भावस्थ राहु कुटुम्ब से दूर परदेशवासी बनाता है। भौतिक सुख-साधनों में वृद्धि करता है। प्रतिष्ठित और सम्मानित करता है किन्तु कटुभाषी बनाता है।
3. तृतीय भावस्थ राहु साहस, उत्साह, परोपकार, विश्वकल्याण की भावना जाग्रत करता है। विवेकी, व्यवसायी और प्रवासी बनाता है। दीर्घायु देता है।
4. चतुर्थ भावस्थ राहु व्यक्ति को अल्पभाषी, मिथ्याचारी, उदररोगी व दुःखी करता है। जीवन में प्रेम व शान्ति से कोसों दूर रखता है। आत्महनन की प्रवृति और प्रवास देता है।

5. पंचम भावस्थ राहु मतिभेद, उदररोग, धन की हानि और संताननाश करता है, किन्तु व्यक्ति को शास्त्रज्ञाता व एक अच्छा कार्यकर्ता बनाता है। व्यक्ति सामाजिक कार्यों में भाग लेकर परोपकारी बनता है।
6. षष्ठ भावस्थ राहु अनिष्टकारी प्रभाव दूर करता है। अच्छा स्वास्थ्य, उत्तम भोजन, प्रशासनिक पद देता है। शत्रु, चोरी और कर्ज से बचाता है। व्यक्ति को शान्ति मिलती है।
7. सप्तम भाव का राहु व्यक्ति को दुष्कर्मी, दुराचारी, लोभी, वातरोगी, विधर्मी बनाता है। व्यापार में हानि कराता है। दाम्पत्य जीवन में कठिनाई लाता है।
8. अष्टम भाव का राहु अच्छे स्वास्थ्य के साथ उदररोग व गुप्तरोग भी देता है। संतान सुख से हीन करता है। चिंतन और मनन की ओर ढ़केलता है।
9. नवम भावस्थ राहु भाग्यहीन, बुद्धिहीन, नास्तिक, तानाशाह, विषयासक्त एवं हत्यारा बनाता है। घुमक्कड़ व प्रवासी होता है।
10. दशम भावस्थ राहु व्यक्ति को ऊँचा उठाता है। यशस्वी व महान बनाता है। उत्कृष्ट जीवन के लक्ष्य तक पहुंचाता है।
11. एकादश भाव का राहु व्यक्ति को परिश्रमी, व्यवसायी, सफल कार्यकर्ता बनाता है। वह ख्याति एवं प्रसिद्धि प्राप्त करता है। शत्रुजीत होता है।
12. द्वादश भाव का राहु व्यक्ति को विवेकहीन, मूर्ख, चिन्तित व कामुक करता है। घर गृहस्थी व अन्य सुखों से दूर रखता है। अनुकूल ग्रह साथ हो तो ऊँचा उठाता है।

5. राशिफल :

1. मेष राशि का राहु व्यक्ति को अविवेकी, आलसी व पराक्रमहीन करता है किन्तु वह नौकरी से धन कमा लेता है।
2. वृष राशिस्थ राहु व्यक्तिको कुरूप, चंचल, भोगी और विलासी बनाता है।
3. मिथुन राशि राहु की उच्च व मूल त्रिकोण राशि है। व्यक्ति को दीर्घायु, साहसी, योगाभ्यासी, धनी व गायक बनाती है।
4. कर्क राशिस्थ राहु व्यक्ति को उदार व दयालु बनाता है किन्तु वह कपटी और निर्धन होता है। सदैव पराजित होता है।
5. सिंह राशिस्थ राहु व्यक्ति को चतुर, नीतिवान, विद्वान एवं सदाचारी बनाता है। वह लोकप्रिय होता है। लोग उसके विचारों को सुनते हैं।
6. कन्या राशि का राहु व्यक्ति को मिष्ठभाषी, लोकप्रिय व सम्मानित करता है। वह अच्छा गायक या लेखक होता है।

7. तुला राशिस्थ राहु व्यक्ति को कार्यकुशल बनाता है। गुप्त धन दिलाता है। दांत का रोगी करता है। ऐसा व्यक्ति अल्पायु होता है।
8. वृश्चिक राशि में राहु व्यक्ति को धोखेबाज, स्वार्थी व निर्धन बनाता है। वह सदैव रोगी रहता है।
9. धनु राशि राहु की नीच राशि है। व्यक्ति को बचपन में सुखी किन्तु जवानी व बुढ़ापे में दुःखी रखता है। मित्रद्रोही होता है। किसी के गोद जाता है।
10. मकर राशि का राहु व्यक्ति को मितव्ययी व दुःखी बनाता है। उसे दांत का रोग देता है। कुटुम्बहीन करता है। जीवन में असंतोष व निराशा लाता है।
11. कुम्भ राशि का राहु व्यक्ति को बुद्धिमान, विद्वान एवं मधुरभाषी बनाता है। वह लेखक हो सकता है।
12. मीन राशिस्थ राहु व्यक्ति को योग्य, दक्ष, कुलीन, आस्तिक, शान्तचित्त व कलाप्रेमी बनाता है।

कष्ट का अधिष्ठाता केतु

1. परिचय :

केतु भी राहु के समान एक छायाग्रह है। इसे देख नहीं सकते हैं। केवल उसका अनुभव कर सकते हैं। केतु को 'कुजवत् केतु' कहा गया है। इसका अर्थ है कि केतु मंगल ग्रह के समान कार्य करता है। केतु का भी स्वयं का अपना कोई फल नहीं होता है। जिस ग्रह के साथ होता है, उसके अनुसार या फिर जिस राशि में बैठता है, उस राशि के स्वामी के अनुसार फल देता है। किसी स्वराशि ग्रह के साथ बैठा होता है तो उसके बल को चौगुना करता है। मंगल के साथ होने पर मंगल का बल व फल दुगना होता है। शनि के साथ बैठने पर विच्छेदात्मक भूमिका निभाता है और विघटन लाता है। व्यक्ति दुःखी रहता है। केतु आकृति में एक रेखासदृश, सर्प की पूंछ के आकार का, तीक्ष्ण, ठंडा, मलेच्छवर्ण, नपुंसक, वायुतत्व, तमोगुणी, दक्षिण–पश्चिम दिशा स्वामी, काफी लम्बा, धुयें जैसे रंग वाला एक वृद्ध पापग्रह है। मीन इसकी राशि है। मीन गुरु की राशि भी है। सूर्य, चन्द्र और मंगल मित्र ग्रह है। डेढ़ वर्ष में एक राशि क्षेत्र को पार कर लेता है। इस प्रकार 12 राशिक्षेत्र पार करने में 18 वर्ष लगते हैं। 48 से 54वें वर्ष की आयु में अपनी महादशा/अंतदर्शा में व्यक्ति को लाभ पहुंचाता है।

2. प्रभाव :

छायाग्रह पथ प्रदर्शक (Guide) का कार्य करते हैं। केतु भी पथ प्रदर्शन करता है। केतु के प्रभाव से व्यक्ति के मस्तिष्क में कष्टकारी एवं दुःखदायी विचार पनपते हैं। वह पागलों जैसा व्यवहार करने लगता है। उसे अपने पराये का ज्ञान नहीं रहता है। ऐसी

स्थिति में वह आधार की तलाश में भटकता रहता है। केतु आध्यात्मिकता की ओर ले जाने के उत्प्रेरक (Catalyst) का कार्य करता है। मोक्षदायी विचारों का सृजन करता है। समस्या के कारणों की जड़ तक पहुंचाता है ताकि व्यक्ति अपने लिये समाज में गौरवशाली स्थान बना सके। उसका जीवन सुखी और संतुष्ट हो। केतु 3, 6, 10, 11 भावों में सर्वथा शुभ फल देता है। मंगल ग्रह के फल के समान व्यक्ति को उच्च पद पर बिठाता है। पुलिस या फौजी अफसर, अच्छा खिलाड़ी, इन्जीनियर, डाक्टर, नेता, मंत्री आदि पदों के प्राप्त करने में सहयोग करता है। केतु सिरदर्द, बुखार, चोट, घाव, बहरापन, तोतलापन आदि बीमारियाँ भी उत्पन्न करता है। अशुभ भावस्थ/राशिस्थ होने पर निराशा या हताशा ही व्यक्ति के हिस्से में आती है।

3. प्रमुख योग :

i) निवृति एवं प्रसिद्धि : शुभ भावस्थ एकाकी केतु सांसारिक मायामोह से दूर, भौतिकता से परे, निवृत्ति मार्ग की ओर अग्रसर करता है। उसे प्रसिद्धि प्राप्त होती है।

ii) मंगल केतु युति : केतु किसी स्वराशिस्थ ग्रह के साथ हो तो उसका बल चौगुना करता है। मंगल, केतु युति हो तो मंगल का बल दुगना होता है।

iii) शुभ योग : किसी त्रिकोणेश या केन्द्रेश के साथ केन्द्र या त्रिकोण में होने पर सदैव शुभफल प्रदान करता है।

iv) कालसर्प योग : राहु से घड़ी की सूइयों के अनुकूल क्रम में राहु–केतु की धुरी के बीच सभी ग्रह होने से काल सर्प योग बनता है। कालसर्प योग का परिणाम जीवन दुःखी रहता है और परिवार से उसके विचार नहीं मिलते हैं। अनबन और असहयोग बना रहता है। उसके कष्टों में वृद्धि होती है।

4. भावफल :

1. प्रथम भाव में केतु व्यक्ति को चंचल, दुराचारी, मूर्ख व भीरु बनाता है। दूसरों से समरसता नहीं हो पाती है। आत्महत्या करने के विचार पैदा करता है। किन्तु वृश्चिक राशि में सुखी एवं धनी रहता है।
2. द्वितीय भाव में केतु व्यक्ति में विरोधी अवगुण भरता है। राजभीरु बनाता है। एश्वर्यहीन करता है। जनेन्द्रिय रोग भी लाता है।
3. तृतीय भाव में केतु व्यक्ति को साहसी, पराक्रमी, स्वावलम्बी, महत्वाकांक्षी, धैर्यवान और दृढसंकल्पी बनाता है। इच्छित लक्ष्य तक पहुंचाता है।
4. चतुर्थ भावस्थ केतु व्यक्ति को चंचल, अस्थिर, निरुत्साही व अशान्त करता है। वह कल्पनालोक में विचरण करता रहता है। फलस्वरूप कवि या कलाकार बन सकता है। क्लर्क भी बन सकता है। वह अच्छा सर्जन भी हो सकता है।

5. पंचम भावस्थ केतु व्यक्ति को बुद्धिहीन, धोखेबाज, हठी, वातरोगी व कन्या संतान वाला बनाता है। अध्यात्म में रुचि पैदा करता है।
6. षष्टम भाव में केतु व्यक्ति को सुखी, मितव्ययी, अरिष्टनिवारक तथा अध्यात्मिक गुरु बनाता है।
7. सप्तम भावस्थ केतु व्यक्ति को मतिमन्द, मूर्ख और दु:खी करता है। शत्रु जीने नहीं देते। अत: जीवन में उदासी व असंतोष बना रहता है।
8. अष्टम भाव में केतु व्यक्ति को दुर्बुद्धि, तेजहीन, वस्त्रहीन, आचरणहीन व दुर्जनों का सेवादार बनाता है। सदैव दु:खी रखता है।
9. नवम भाव का केतु व्यक्ति में सुख का संचार करता है। धर्म, दर्शन और आध्यात्म में प्रतिष्ठा दिलाता है। उसे विश्वसनीय मित्रों का सहयोग मिलता है।
10. दशम भाव में केतु व्यक्ति को पितृद्वेषी, दुर्भागी व अभिमानी बनाता है। परिश्रम के बाद भी उसे अनुकूल पद, प्रतिष्ठा, मान-सम्मान नहीं मिलता। किन्तु मृत्युपर्यन्त नाम अवश्य होता है।
11. एकादश भावस्थ केतु व्यक्ति को बुद्धिहीन और वातरोगी बनाता है। उसे संसार के माया मोह से विरक्ति होती है। वह सन्यासी हो सकता है।
12. द्वादशभाव का केतु व्यक्ति को धूर्त, ठग, अविश्वासी, भूतप्रेतों की जानकारी देने वाला बनाता है। कारणवश लोग उसे पूजते हैं और उसका नाम होता है।

5. राशिफल :

1. मेष राशि में केतु व्यक्ति को चंचल, जड़वादी, स्वार्थी, घमण्डी, धनी, सुखी व एश्वर्यवान बनाता है किन्तु वह प्रतिष्ठा के लिये चिंतित रहता है।
2. वृष राशि का केतु व्यक्ति को दु:खी, आलसी, निरुद्यमी व घुमक्कड़ बनाता है। परोपकारी मनोवृत्ति पैदा करता है।
3. मिथुन राशि का केतु व्यक्ति को दम्भी, क्रोधी, वातविकारी व अल्पायु करता है।
4. कर्क राशि में केतु व्यक्ति को बुद्धिमान व एकाग्रचित बनाता है। वह विषय प्रवीण होता है। विज्ञान, धर्म, गीत-संगीत में से कोई भी विषय हो सकता है।
5. सिंह राशिस्थ केतु व्यक्ति को प्रभावशाली, कलाविज्ञ व बहुभाषी बनाता है। समाज उसे मान देता है किन्तु वह डरपोक होता है।
6. कन्या राशिस्थ केतु व्यक्ति को सदाचारी व निर्भीक बनाता है किन्तु वह रोगी भी होता है।

7. तुला राशि का केतु व्यक्ति को कुष्टरोगी, कामुक, हठी, घमण्डी व स्वार्थी बनाता है। लोग मान देते हैं, किन्तु वह मिलनसार नहीं होता है।
8. वृश्चिक राशि का केतु बिरले लोगों की कुण्डली में ही मिलता है। ऐसे व्यक्ति क्रोधी, वाचाल, निर्धन व व्यसनी होते हैं और मानव कल्याण में लगे रहते है।
9. धनु राशि केतु की उच्चराशि होती है। व्यक्ति को निःस्वार्थ कार्यकर्ता व परोपकारी बनाती है। वह आदर्श स्थापित करता है। समाज उसे पूजता है।
10. मकर राशिस्थ केतु व्यक्ति को तेजस्वी, पराक्रमी, परिश्रमी, योगी व प्रवासी बनाता है। योगाभ्यास से समाज को रोगहीन बनाने की चेष्टा करता है।
11. कुम्भ राशि का केतु व्यक्ति को समृद्धिशाली बनाता है। किन्तु वह कर्णरोग से दुःखी रहता है। वह घुमक्कड़ और व्ययशील होता है। वह नास्तिक होता है।
12. मीन राशिस्थ केतु व्यक्ति को कार्यदक्ष एवं कर्तव्यपरायण बनाता है। फलस्वरूप सुखी व शान्त होता है किन्तु प्रवासी व कर्मयोगी हो सकता है।

(xiv) ग्रहयुति फल

किसी जन्म कुण्डली में एक भाव में एक ग्रह होता है तो किसी जन्म कुण्डली में एक भाव में एक से अधिक ग्रह होते हैं। ये दो, तीन और चार भी हो सकते हैं और पांच, छह, सात भी हो सकते हैं। ग्रहयुति होने से फल में काफी अन्तर आ जाता है। अतः ग्रहयुति फल पर भी ध्यान देना आवश्यक है। ग्रहयुति के स्थूल फल निम्न प्रकार हैं :-

क्र.	द्विग्रहयुति	द्विग्रहयुतिफल
1.	सूर्य चन्द्र	पराक्रमी, शिल्पी, धनी, पापी, दुर्विनीत एवं नेत्ररोगी
2.	सूर्य मंगल	तेजस्वी, साहसी, राजमान्य, यशस्वी, दुःखी व विवादी
3.	सूर्य बुध	मिष्ठभाषी, विद्वान, धनवान, ऐश्वर्यवान, लेखक व कलाकार
4.	सूर्य गुरु	विद्वान, मित्रवान, राजमान्य, धनवान, पितृभक्त व धर्मात्मा
5.	सूर्य शुक्र	चित्रकार, नाटककार, धनी, नेत्ररोगी व कामुक
6.	सूर्य शनि	बुद्धिमान, विद्वान, ज्ञानवान, सक्रिय, परिवार से दुःखी व रोगी
7.	चन्द्र मंगल	साहसी, शूरवीर, सुवक्ता, मातृहीन, धनहीन, रक्तविकार रोगी
8.	चन्द्र बुध	सुन्दर, हृष्ट-पुष्ट, गुणवान, धनवान, कवि, लेखक व शास्त्रज्ञ
9.	चन्द्र गुरु	सुशील, स्वस्थ, सुन्दर, सदाचारी, सुखी, धनी व धर्मात्मा
10.	चन्द्र शुक्र	व्यवहारकुशल, व्यापारकुशल, धनी, सुखी व भोगी
11.	चन्द्र शनि	सेवादार, घमण्डी, निर्धन, वंचक, अल्प संतान वाला
12.	मंगल बुध	सुयोग्य, सुवक्ता, शास्त्रज्ञ, धनी, चिकित्सक व व्यापारी

13. मंगल गुरु	मेधावी, वाकपटु, गणितज्ञ, शिल्पज्ञ, शास्त्रज्ञ, नेता व मंत्री
14. मंगल शुक्र	विद्वान, गुणवान, प्रवासी, व्यापारी एवं ज्योतिषी
15. मंगल शनि	चतुर, चालाक, विधर्मी, कलह प्रिय, अविश्वासी व पापी
16. बुध गुरु	संगीतकार, सुखी, धनी, धैर्यवान व ज्योतिषी
17. बुध शुक्र	हंसमुख, मिष्ठभाषी, धनवान, नीतिवान, धर्मज्ञ व कवि
18. बुध शनि	क्षीणकाय, रोगी, भ्रमणशील, कार्यदक्ष, धनी व अविश्वासी
19. गुरु शुक्र	विद्यावान, धैर्यवान, धर्मवान, भोगी, सुखी व दीर्घायु
20. गुरु शनि	पराक्रमी, यशस्वी, धनी, लोकमान्य, नेता या अध्यक्ष
21. शुक्र शनि	स्वभिमानी, साहसी, कार्यदक्ष, शिल्पज्ञ, नेता या मंत्री

क्र.	त्रिग्रहयुति	त्रिग्रहयुतिफल
1.	सूर्य चन्द्र मंगल	शूरवीर, ज्ञानवान, धैर्यवान, कार्यदक्ष, शिल्पज्ञ एवं कूटनीतिज्ञ
2.	सूर्य चन्द्र बुध	सुन्दर, स्वस्थ, मृदुभाषी, विद्वान, नीतिवान, राजमान्य, धनवान
3.	सूर्य चन्द्र गुरु	ज्ञानवान, विचारवान, मर्मज्ञ, धर्मज्ञ, सौम्य एवं सुखी
4.	सूर्य चन्द्र शुक्र	तेजस्वी, शत्रुजीत, सुखी, लोभी, स्वार्थी व निसंतान
5.	सूर्य चन्द्र शनि	अज्ञानी, चंचल, चालाक, पाखण्डी, अविश्वासी व अल्पधनी
6.	सूर्य मंगल बुध	साहसी, निड़र, निर्दयी, विख्यात, कामुक एवं निर्लज्ज
7.	सूर्य मंगल गुरु	ईमानदार, सत्यवक्ता, तेजस्वी, प्रभावशाली, राजमान्य व धनी
8.	सूर्य मंगल शुक्र	सुन्दर, कुलीन, योग्य, वैभवशाली, भोगी व नेत्ररोगी
9.	सूर्य मंगल शनि	मूर्ख, दु:खी, लोभी, रोगी, मित्रहीन, धनहीन व अपमानित
10.	सूर्य बुध गुरु	विद्वान, कार्यदक्ष, शिल्पज्ञ, शास्त्रज्ञ, कवि, लेखक, नेत्ररोगी, धनी
11.	सूर्य बुध शुक्र	निकृष्ट, ईर्ष्यालु, भ्रमणशील, तिरस्कृत, चंचल व दु:खी
12.	सूर्य बुध शनि	दुराचारी, द्वेषभावी, दु:खी, नीचकर्मरत, परित्यक्त व पराजित
13.	सूर्य गुरु शुक्र	सज्जन, साहसी, कार्यदक्ष, राजमान्य, परोपकारी व अल्पधनी
14.	सूर्य गुरु शनि	दुराचारी, साहसी, कार्यदक्ष, राजमान्य, परोपकारी व अल्पधनी
15.	सूर्य शुक्र शनि	पापी, दुर्विनीत, शत्रुभीत, कामुक, रोगी व तिरस्कृत
16.	चन्द्र मंगल बुध	दुराचारी, दु:खी, पापकर्मरत, नीचकर्मरत, बंधुहीन, जीविकाहीन
17.	चन्द्र मंगल गुरु	प्रसन्नचित्त, तेजस्वी, सुवक्ता, कार्यकुशल, सुखी व धनी
18.	चन्द्र मंगल शुक्र	चंचल, चतुर, भ्रमणशील, परिवार से दु:खी, दुराचारी व कामुक
19.	चन्द्र मंगल शनि	ईर्ष्यालु, निंदक, निर्दयी, असामान्य व अल्पायु

20.	चन्द्र बुध गुरु	तेजस्वी, वाकपटु, यशस्वी, धनी, सुखी व विख्यात
21.	चन्द्र बुध शुक्र	विद्यावान, बुद्धिमान, ईर्ष्यालु, लोभी, नीच व दुराचारी
22.	चन्द्र बुध शनि	चंचल, मायावी, कार्यदक्ष, विद्वान, राजमान्य व धनी
23.	चन्द्र गुरु शुक्र	विद्वान, कलाविद्, गुणवान, एश्वर्यवान, धनी व सुखी
24.	चन्द्र गुरु शनि	स्वस्थ, तेजस्वी, निरोगी, शिक्षक, लेखक, शास्त्रज्ञ, नेता, मंत्री
25.	चन्द्र शुक्र शनि	ज्ञानी, विवेकी, वैदज्ञ, शिक्षक, ज्योतिषी व व्यवसायी
26.	मंगल बुध गुरु	व्यवहारकुशल, महत्वाकांक्षी, कवि, गायक, परोपकारी, सुखी
27.	मंगल बुध शुक्र	विकलांग, कुलहीन, अल्पसंतुष्ट, चंचल, जल्दबाज व नेता
28.	मंगल बुध शनि	हंसमुख, विदेशवासी, व्यसनी, कर्तव्यच्युत, कामुक व नेत्ररोगी
29.	मंगल गुरु शुक्र	साहसी, सुखी, धनी, राजमान्य, लोकप्रिय, संतानसुखी व विलासी
30.	मंगल गुरु शनि	पराक्रमी, सदाचारी, सुखी, धनी, एश्वर्यवान व विख्यात
31.	मंगल शुक्र शनि	सदाचारी, विदेशवासी, परिवार से दुःखी, व्यसनी व कामुक
32.	बुध गुरु शुक्र	सुन्दर, स्वस्थ, सत्यवक्ता, शत्रुजीत, राजमान्य, एश्वर्यवान
33.	बुध गुरु शनि	स्वस्थ, विद्वान, धनवान, एश्वर्यवान, सुखी व भाग्यशाली
34.	बुध शुक्र शनि	कलाविद्, विदेशवासी, लोकप्रिय, नेता, नीच व भोगी
35.	गुरु शुक्र शनि	स्वस्थ, सुशील, विद्वान, नीतिवान, प्रशासक व संस्थापक

क्र.	चतुर्ग्रहयुति	चतुर्ग्रहयुतिफल
1.	सूर्य चन्द्र मंगल बुध	शिक्षित, सुवक्ता, लेखक, कवि, चतुर, चालाक व ठग
2.	सूर्य चन्द्र मंगल गुरु	हंसमुख, साहसी, तेजस्वी, न्यायप्रिय, निपुण व धनी
3.	सूर्य चन्द्र मंगल शुक्र	विद्वान, बुद्धिमान, वाक्पटु, धनी, संतुष्ट व सुखी
4.	सूर्य चन्द्र मंगल शनि	स्थूलकाय, मूर्ख, निर्धन, भिक्षावृत्ति एवं दुःखी
5.	सूर्य चन्द्र बुध गुरु	सुन्दर, शीतल, स्वस्थ, निरोगी, शिल्पकार व धनी
6.	सूर्य चन्द्र बुध शुक्र	सुन्दर, हृष्ट-पुष्ट, वाक्पटु, राजमान्य, असंतुष्ट व दुःखी
7.	सूर्य चन्द्र बुध शनि	चंचल, कार्यकुशल, यांत्रिक, निर्धन, रोगी, दुःखी
8.	सूर्य चन्द्र गुरु शुक्र	सज्जन, मिलनसार, नीति निपुण, धर्मज्ञ, परोपकारी, धनी
9.	सूर्य चन्द्र गुरु शनि	दुर्बल, कार्यदक्ष, सुखी, सम्मानित, कामी, हठी व तामसी
10.	सूर्य चन्द्र शुक्र शनि	बलहीन, डरपोक, सक्रिय, धनहीन व कामुक

11. सूर्य मंगल बुध गुरु बलशाली, चक्रधर, सक्रिय, चोर, निन्दक, कामुक व दुःखी

12. सूर्य मंगल बुध शुक्र विषमांग, दुर्जन, निर्लज्ज, निर्धन, कामुक व रोगी

13. सूर्य मंगल बुध शनि सज्जन, सुखी, सम्मानित, संतुष्ट, लोकप्रिय, नेता या मंत्री

14. सूर्य मंगल गुरु शुक्र सुन्दर, सुखी, धनी, नीतिवान, कार्यदक्ष, लोकमान्य, एश्वर्यवान

15. सूर्य मंगल गुरु शनि विवेकी, राजमान्य, लोकप्रिय, शिक्षक, प्रशासक, संस्थापक

16. सूर्य मंगल शुक्र शनि आलसी, दुराचारी, ईर्ष्यालु, अपयशी व नीचकर्मी

17. सूर्य बुध गुरु शुक्र स्वस्थ, सुखी, नीतिवान, लोकप्रिय, सफल कार्यकर्ता व नेता

18. सूर्य बुध गुरु शनि झगड़ालू, अभिमानी, कलहकारी, बलहीन, कवि या सम्पादक

19. सूर्य बुध शुक्र शनि सुन्दर, सुशील, सुवक्ता, विद्वान, पंडित, भाग्यशाली

20. सूर्य गुरु शुक्र शनि चतुर, स्वार्थी, लालची, कवि, नेता, मंत्री, लोकप्रिय व सुखी

21. चन्द्र मंगल बुध गुरु बुद्धिमान, विद्वान, सदाचारी, सुखी, शिल्पज्ञ व शास्त्रज्ञ

22. चन्द्र मंगल बुध शुक्र आलसी, अभिमानी, नीच, झगडालू, असहयोगी, अल्पसुखी

23. चन्द्र मंगल बुध शनि साहसी, सुयोग्य, गुणवान, बहुपुत्रवान, विकल एवं दुःखी

24. चन्द्र मंगल गुरु शुक्र शिक्षित, सदाचारी, दयालु, धनी, सुखी, धर्मज्ञ व समाजसेवी

25. चन्द्र मंगल गुरु शनि शूरवीर, दृढ़प्रतिज्ञ, पराक्रमी, विवेकी व धनी

26. चन्द्र मंगल शुक्र शनि मेहनती, नीच, मलीन, आचरणहीन व अल्प सुखी

27. चन्द्र बुध गुरु शुक्र सुन्दर, स्वस्थ, मातृपितृभक्त, विद्वान, कार्यदक्ष, धनी व सुखी

28. चन्द्र बुध गुरु शनि तेजस्वी, साहसी, परिवारप्रिय, यशस्वी, कवि/लेखक,विख्यात

29. चन्द्र बुध शुक्र शनि ईर्ष्यालु, राजमान्य, नेत्ररोगी, कामुक व दुराचारी

30. चन्द्र गुरु शुक्र शनि विद्वान, ज्ञानवान, प्रवासी, भोगी, निर्धन व दुःखी

31. मंगल बुध गुरु शुक्र साहसी, निरोगी, परिश्रमी, विद्वान एवं अल्पधनी

32. मंगल बुध गुरु शनि विनम्र, सुशील, सदाचारी, ईमानदार, बलशाली व निर्धन

33. मंगल बुध शुक्र शनि पराक्रमी, बलशाली, पहलवान, विजयी एवं परोपकारी

34. मंगल गुरु शुक्र शनि चतुर, साहसी, अभिमानी, चंचल, चतुर, धनी व कामुक

35. बुध, गुरु, शुक्र, शनि मेधावी, ज्ञानवान, सदाचारी, सुवक्ता, आस्तिक व सुखी

क्र.	पंचग्रहयुति	पंचग्रहयुतिफल
1.	सूर्य चन्द्र मंगल बुध गुरु	चतुर, चालाक, पराक्रमी, लड़ाकू, दुःखी व अशान्त
2.	सूर्य चन्द्र मंगल बुध शुक्र	लोभी, स्वार्थी, बन्धुविहीन, असत्यवादी, परधनहारी
3.	सूर्य चन्द्र मंगल बुध शनि	बलहीन, रोगी, अल्पायु, संतानहीन व दुःखी
4.	सूर्य चन्द्र मंगल गुरु शुक्र	जातिप्रिय, धर्मान्ध, घुमक्कड़, मातृपितृहीन व दुःखी
5.	सूर्य चन्द्र मंगल गुरु शनि	चतुर, चालाक, ईर्ष्यालु, दम्भी, युद्धकुशल, परधनहारी
6.	सूर्य चन्द्र मंगल शुक्र शनि	अल्पशिक्षित, अभिमानी, दुराचारी, धनहीन, सुखहीन
7.	सूर्य चन्द्र बुध गुरु शुक्र	शिक्षित, धनी, न्यायप्रिय, यशस्वी, राजदूत, मंत्री
8.	सूर्य चन्द्र बुध गुरु शनि	प्रियदर्शी, प्रपंची, उग्र, आक्रामक, डरपोक एवं वंचक
9.	सूर्य चन्द्र बुध शुक्र शनि	दीर्घकाय, असंतुष्ट, पुत्रहीन, धनहीन, आत्मघाती
10.	सूर्य चन्द्र गुरु शुक्र शनि	निडर, बुद्धिमान,विद्वान,वाकपटु, निडर, चंचल व भोगी
11.	सूर्य मंगल बुध गुरु शुक्र	सुन्दर, स्वस्थ, राजमान्य, धनवान, सेनाप्रमुख, सुखी
12.	सूर्य मंगल बुध गुरु शनि	चिन्तातुर, मलीन, आलसी, अल्पधनी, रोगी, भिक्षुक
13.	सूर्य मंगल बुध शुक्र शनि	स्थानभ्रष्ट, धर्मभ्रष्ट, शत्रुयुक्त, रोगी, दुःखी
14.	सूर्य मंगल गुरु शुक्र शनि	ज्ञानवान, विचारवान, विख्यात व व्यापार कुशल
15.	सूर्य बुध गुरु शुक्र शनि	दयालु, मित्रवान, शास्त्रज्ञ, धर्मज्ञ, गुरूपेवी
16.	चन्द्र मंगल बुध गुरु शुक्र	सात्विक, सज्जन, विद्वान, धनी, सुखी, परोपकारी
17.	चन्द्र मंगल बुध गुरु शनि	उदास, आलसी, अल्पधनी, दुःखी, रोगी, भिक्षुक
18.	चन्द्र मंगल बुध शुक्र शनि	अस्वस्थ, असुन्दर, रोगी, मूर्ख, परोपकारी व यशस्वी
19.	चन्द्र मंगल गुरु शुक्र शनि	स्वस्थ, साहसी, अभिमानी, मित्रवान, परपीड़क, दुःखी
20.	चन्द्र बुध गुरु शुक्र शनि	विद्वान, गुणवान, लोकप्रिय, एश्वर्यवान, संतुष्ट एवं सुखी
21.	मंगल बुध गुरु शुक्र शनि	आलसी, तामसिक, निद्राप्रिय, नेता, भोगी, रोगी

क्र.	षष्ठग्रहयुति	षष्ठग्रहयुतिफल
1.	सूर्य चन्द्र मंगल बुध गुरु शुक्र	विद्यावान, गुणवान, धनी, दानी, धर्मज्ञ व यशस्वी
2.	सूर्य चन्द्र मंगल बुध गुरु शनि	विद्वान, सच्चरित्र, दानी, परसेवारत व अपमानित
3.	सूर्य चन्द्र मंगल बुध शुक्र शनि	सुवक्ता, पराक्रमी, युद्धजयी, दानी, मानी, विख्यात
4.	सूर्य चन्द्र मंगल गुरु शुक्र शनि	स्वस्थ, साहसी, शान्त, स्वतंत्र, धनी मानी, प्रशासक
5.	सूर्य चन्द्र बुध गुरु शुक्र शनि	सुन्दर, क्षमाशील, प्रवासी, नेता/मंत्री, निर्धन, रोगी
6.	सूर्य मंगल बुध गुरु शुक्र शनि	बुद्धिमान, भ्रमणशील, बनवासी, निर्धन व रोगी
7.	चन्द्र मंगल बुध गुरु शुक्र शनि	सच्चा, धर्मात्मा, नेता, मंत्री, राजमान्य, एश्वर्यवान

(xv) सप्तवर्ग कुण्डली फल :

सप्तवर्ग कुण्डलियों में गृह, होरा, द्रेष्कॉण, सप्तमांश, नवमांश, द्वादशांश और त्रिशांश कुण्डलियाँ आती हैं। पृष्ठ 68 पर दैनिक लग्न सारिणी से लग्न देखकर बनाई गई 'ख' व्यक्ति की जन्म कुण्डली का विवरण दिया गया है। आगे सप्तवर्ग कुण्डली दी गई हैं। पृष्ठ 70 पर दी गई प्रत्येक कुण्डली का फल निम्न प्रकार मिलता है:-

1. गृह (व्यक्तित्व)

कुण्डली में जन्म के समय की लग्न अनुसार राशियाँ (Signs) भावों (Houses) में लिख दी जाती है। उसके बाद जन्म के समय, जिन राशियों में ग्रह भ्रमण करते होते हैं, उन राशियों में ग्रह रख दिये जाते हैं। प्रत्येक ग्रह की अपनी राशि होती है, वह उसका स्वामी होता है। अत: जिस भाव में, उसकी राशि होती है, वह उसका अपना गृह (House) होता है।

ऐसी स्थिति में यदि वह अपनी राशि में अपने गृह में बैठा है तो वह उस राशि स्थित भाव का अच्छा फल देता है और यदि वह उच्चराशि में बैठा है तो उच्चराशिस्थ भाव का उत्तम फल प्रदान करता है। नीच राशिस्थ ग्रह भाव के फल को कमजोर करता है और फल को नष्ट करता है। इससे व्यक्तित्व की हानि होती है।

'ख' व्यक्ति की कुण्डली नं. 12 में केवल एक ग्रह गुरु अपनी राशि धनु में नवम भाव में बैठा है। साथ ही मित्र सूर्य बैठा है। गुरु की लग्न पर पूर्ण दृष्टि है एवं चन्द्र लग्न का स्वामी बुध गुरु के साथ नवम भाव में ही बैठा है। अत: भाग्य और धर्म दोनों की वृद्धि का योग है। सूर्य का योग इसमें चारचांद लगाता है। इस समय व्यक्ति अच्छे पद पर कार्यरत है और व्यक्तित्व का भी धनी है। धार्मिक कार्यों में व्यय अधिक करता है।

दशम भावस्थ शुक्र एवं राहु भी भौतिक सुख साधनों की वृद्धि करने में सहायक है। नवमभाव में बुधादित्य योग भी लाभकारी है।

2. होरा (आचरण व धन सम्पत्ति)

एक होरा 15^0 अंश की होती है। एक राशि में दो होरा होती हैं। विषम राशि में 1^0 अंश से 15^0 अंश तक सूर्य की एवं समराशि में 1^0 अंश से 15^0 अंश तक चन्द्र की होरा होती है। इसी प्रकार विषम राशि में 16^0 अंश से 30^0 अंश तक चन्द्र की एवं सम राशि में 16^0 अंश से 30^0 अंश तक सूर्य की होरा होती है।

होरा लग्न सूर्य राशि 5 (सिंह) की हो और शुभग्रह साथ हो तो व्यक्ति रजोगुणी, उच्चभिलाषी, सुखी, धन संपत्ति वाला, उच्च पदाधिकारी, नेता या मंत्री होता है। पाप ग्रह साथ हो तो सम्पत्तिहीन और दुराचारी होता है।

होरा लग्न चन्द्र राशि 4 (कर्क) की हो और शुभग्रह साथ हो तो व्यक्ति सुशील, विनम्र, मातृभक्त, व्यवसायी, कृषि कार्य करने वाला और अल्पलाभ में भी संतोष करने वाला होता है। पापग्रह साथ हो तो व्यक्ति निर्धन एवं दु:खी रहता है। परिश्रम का लाभ कभी नहीं मिलता है।

'ख' व्यक्ति की कुण्डली नं. 13 में होरा लग्न सिंह राशि की है। लग्न में बुध, शुक्र, गुरु शुभ ग्रह बैठे हैं। अत: व्यक्ति सदाचारी, रजोगुणी, उच्चाभिलाषी, धनी व सुखी है। प्रतिभाशाली एवं प्रभावशाली व्यक्तित्व वाला है। प्रबन्धक के पद पर कार्यरत है।

3. द्रेष्काण (भाई-बहिन का सुख-दु:ख)

एक द्रेष्काण 10^0 अंश का होता है। अत: एक राशि में 3 द्रेष्काण होते हैं। जिस किसी राशि का पहला द्रेष्काण 1^0 अंश से 10^0 अंश तक हो तो उस राशि का दूसरा द्रेष्काण 11^0 अंश से 20^0 अंश तक उस राशि से पांचवी राशि का तथा तीसरा द्रेष्काण 21^0 अंश से 30^0 अंश तक का उस राशि से नवम राशि का द्रेष्काण होता है।

द्रेष्काण से सगे भाई-बहिनों का सुख-दु:ख का पता लगता है। यदि द्रेष्काण लग्न का स्वामी केन्द्र में हो। शुभग्रह साथ में हो या शुभग्रहों से दृष्ट हो। मित्रग्रह साथ में हो या मित्रग्रहों से दृष्ट हो तो भाई-बहिन का प्यार मिलता है। संयुक्त व्यवसाय फलता फूलता है। उन्नति व प्रगति होती है।

यदि द्रेष्काण लग्न का स्वामी 6, 8, 12 भावों में हो और पापग्रहों से युत या दृष्ट हो तो भाई-बहिन का सुख नहीं मिलता है। जन्म कुण्डली के तृतीय भाव का स्वामी भी 6, 8, 12 भाव में हो तो भी व्यक्ति भाई-बहिन से दु:खी रहता है।

'ख' व्यक्ति की द्रेष्काण कुण्डली नं. 13 की लग्न मेष है। मेष का स्वामी मंगल चतुर्थ भाव में केन्द्र में है। किन्तु नीच राशि कर्क का है। साथ में शनि की उस पर दृष्टि है। अत: भाई–बहिनों का विशेष प्यार नहीं मिल पा रहा है। इसका मूल कारण व्यक्ति स्वयं ही नौकरी के कारण भाई–बहिन से काफी दूर रहता है।

4. सप्तमांश (संतान का सुख–दु:ख)

एक राशि का सातवां भाग अर्थात 30^0 अंश ÷ 7 = 4^0 अंश 17' कला 8'' विकला का एक सप्तमांश होता है। इससे संतान अर्थात पुत्रों–पुत्रियों के बारे में विचार किया जाता है।

सप्तमांश लग्न का स्वामी पुरुष ग्रह है तो बेटा या पुत्र संतान और यदि स्वामी स्त्रीग्रह है तो बेटी या पुत्री संतान की अधिकता होती है। यदि स्वामी 6, 8, 12 वें भाव में हो तो संतान क्षीण हो जाती है।

सप्तमांश लग्न का स्वामी शुभग्रह युत या दृष्ट हो और शुभ राशि में हो तो संतान शुभाचरण वाली, सुशील, गुणवान एवं यशस्वी होती है। सप्तमांश लग्न का स्वामी पापग्रह हो या पापग्रह युत या दृष्ट हो या पापराशि में हो तो संतान नीचकर्मी, दुराचारी होती है।

सप्तमांश लग्न का स्वामी 6ठे या 8वें भाव में हो। पाप ग्रह से युत या दृष्ट हो। व्यक्ति संतानहीन या पुत्रहीन होता है। शुक्र व मंगल की परस्पर दृष्टि न होने पर भी इस योग में बहुविवाह होने के पश्चात भी संतान नहीं होती है।

'ख' व्यक्ति की सप्तमांश कुण्डली नं. 15 में लग्न का स्वामी शुक्र अष्टम भाव में शुभ एवं अशुभ दो प्रकार के ग्रहों से युत है। मंगल और शुक्र दोनों अष्टम भाव में ही विराजमान है। इस समय व्यक्ति के दो पुत्रियां हैं। अभी तक कोई पुत्र नहीं हुआ है।

5. नवमांश (जीवनसाथी का स्वभाव व आचरण)

एक राशि का नवां भाग अर्थात 30^0अंश ÷ 9 = 3^0 अंश 20' कला का एक नवमांश होता है। इससे व्यक्ति के जीवनसाथी के आचरण व स्वभाव का पता लगता है। नवमांश लग्न का स्वामी यदि:–

1. सूर्य है तो जीवनसाथी स्वभाव से उग्र किन्तु सेवाभावी व परोपकारी।
2. चन्द्र है तो जीवनसाथी शीतल, सौम्य, सुन्दर, आकर्षक एवं मिलनसार।
3. मंगल है तो स्वभाव में तेज, दुष्ट व झगड़ालू।
4. बुध है तो सुन्दर, चतुर, शिल्पविद्यानिपुण एवं चित्रकार।

5. गुरु है तो पीतवर्ण, ज्ञानवान, सदाचारी, विश्वसनीय और आस्तिक।
6. शुक्र है तो गौरवर्ण, सुन्दर, फैशनेबल, विलासी एवं कामुक।
7. शनि है तो सांवला रंग, नीच एवं आचरणहीन।
8. राहु–केतु है तो वह दुष्ट एवं दुराचारी।

नोट : यहां यह भी ध्यान रखने योग्य है कि लग्न का स्वामी शुभ ग्रह हो तो जीवनसाथी का पूर्ण सुख मिलता है और यदि उच्च राशि का होकर 7वें या 11वें भाव में हो तो ससुराल धनवान होती है। लग्न स्वामी के पापग्रह होने या पापग्रह युक्त होने या पापग्रह से दृष्ट होने या 6ठे, 8वें और 12वें भाव में होने पर जीवनसाथी का सुख नहीं मिलता है।

'ख' व्यक्ति की नवमांश कुण्डली नं. 16 की लग्न का स्वामी बुध 11वें भाव में गुरु के साथ बैठा है। जीवनसाथी सुन्दर, सुशील, ज्ञानवान, शुभसंस्कार युत, धार्मिक प्रवृत्ति का है अर्थात जीवन साथी का पूर्ण सहयोग मिलता है।

6. द्वादशांश (माता–पिता का सुख–दुःख)

एक राशि का 12वां भाग द्वादशांश कहलाता है। अतः एक द्वादशांश 30^0अंश $\div 12=2^0$ अंश 30' कला का होता है। द्वादशांश लग्न से माता–पिता के सुख–दुःख का विचार होता है। यदि द्वादशांश लग्न का स्वामी शुभग्रह हो तो माता–पिता शुभाचरण वाले होते हैं और यदि पापग्रह हो तो माता–पिता आचरणहीन होते हैं।

1. द्वादशांश लग्न का स्वामी यदि पुरुष ग्रह होकर स्वराशि, उच्चराशि, मित्रराशि में हो तथा 1,4,7,10,5,9 भावों में स्थित हो तो पिता का पूर्ण सुख मिलता है।
2. द्वादशांश लग्न का स्वामी स्त्री ग्रह हो/सौम्य हो/स्वराशि, उच्चराशि, मित्रराशि में हो और 1,4,7,10,5,9 भावों में बैठा हो, माता का पूर्ण सुख मिलता है।
3. द्वादशांश लग्न का स्वामी पुरुष ग्रह नीचराशि, शत्रुराशि या पापग्रह की राशि का होकर 6ठे, 8वें, 12वें भाव में बैठा हो तो व्यक्ति को पिता का अल्प सुख मिलता है।
4. द्वादशांश लग्न का स्वामी स्त्री ग्रह नीचराशि, शत्रुराशि या पापग्रह राशि का होकर 6, 8, 12 वें भाव में बैठा हो तो माता का अल्प सुख मिलता है।

'ख' व्यक्ति की द्वादशांश कुण्डली नं. 17 में मिथुन लग्न है। लग्न पर स्वामी बुध के साथ–2 गुरु व चन्द्र की पूर्ण दृष्टि है। बुध शुभग्रह है और शुभग्रहों से युत है। अतः माता–पिता दोनों का पूर्ण सुख मिलता है।

7. त्रिशांश (आयु/मृत्यु)

इसमें विषम राशियों 1, 3, 5, 7, 9, 11 में पहला त्रिशांश 5^0 अंश तक मंगल का, दूसरा त्रिशांश 5^0 अंश तक शनि का, तीसरा त्रिशांश 8^0 अंश तक गुरु का, चौथा त्रिशांश 7^0 अंश तक बुध का और पाँचवा त्रिशांश 5^0 अंश तक शुक्र का होता है। इसी प्रकार समराशियों 2, 4, 6, 8, 10, 12 में पहला त्रिशांश 5^0 अंश तक शुक्र का, दूसरा त्रिशांश 7^0 अंश तक बुध का, तीसरा त्रिशांश 8^0 अंश तक गुरु का, चौथा त्रिशांश 5^0 अंश तक शनि का और पांचवा त्रिशांश 5^0 अंश तक मंगल का होता है।

इस कुण्डली से जीवन की शुभाशुभ घटनाओं का विचार किया जाता है। त्रिशांश लग्न का स्वामी पापग्रह युत होकर 6, 8, 12वें भाव में हो तो व्यक्ति की मृत्यु निम्नलिखित कारणों से हो सकती है :-

1. सूर्य के होने पर ऊंचाई से गिरने से।
2. चन्द्र के होने पर जल में डूबने से।
3. मंगल के होने पर अस्त्र-शस्त्र से।
4. बुध के होने पर व्यवसाय/व्यापार के झंझटों से।
5. गुरु के होने पर वायु विकार, आँधी-तूफान या धार्मिक विवादों से।
6. शुक्र के होने पर प्रेम, संसर्ग, विलासिता से।
7. शनि के होने पर वाहन की टक्कर लगने से।
8. राहु या केतु के होने पर दुष्कर्मों/दुराचारों से।

'ख' व्यक्ति की कुण्डली में त्रिशांश कुण्डली नं. 18 की लग्न कुम्भ है। लग्न का स्वामी शनि अष्टम भाव में राहु, केतु और चन्द्र के साथ बैठा है। मंगल की दृष्टि भी है। ऐसी स्थिति में उपरोक्त आधार पर निष्कर्ष निकलता है कि *वाहन आदि टकराने की स्थिति मृत्युतुल्य कष्टकारी हो सकती है। अभी व्यक्ति जीवित है। अतः यह केवल अनुमान है। जन्म/मृत्यु प्रभु अधीन हैं।*

कुल 16 कुण्डलियों में से उपरोक्त 7 कुण्डली ऐसी होती हैं, जिनसे व्यक्ति के जीवन के अधिकांश तथ्यों का पता लग जाता है। अतः कुण्डली का फल देखते समय सप्तवर्ग कुण्डली बनानी चाहिये और सभी प्रकार से फल देखना चाहिये।

*****

अध्याय-नवम

आपके प्रश्न और उनके उत्तर

(Your Questions and Their Answers)

वर्तमान में निरन्तर भागदौड़ की इस जिन्दगी में व्यक्ति स्वयं के सुखी जीवन की कामना से जुड़े प्रश्न करते हैं। उनके सटीक उत्तर चाहते हैं। दु:ख व असंतोष होने पर उनके उपाय तलाश करने की चेष्टा करते हैं ताकि उनका जीवन सुखी व समृद्ध हो। उनके जीवन में संतोष और शान्ति बनी रहे। समाज में मान सम्मान एवं प्रतिष्ठा कायम रहे। ज्योतिष विज्ञान में इस प्रकार के प्रश्नों के सटीक उत्तर हैं।

अधिकांशत: निम्न विषयों से संबंधित प्रश्न पूछे जाते हैं:

(i) विवाह और वैवाहिक संबंध
(ii) मंगलीक दोष-विचार और परिहार
(iii) संतान विचार
(iv) शिक्षा एवं शिक्षा संबंधी योग
(v) नौकरी विचार
(vi) व्यवसाय या व्यापार
(vii) आकस्मिक धन या लाटरी
(viii) भूसम्पत्ति-जमीन या मकान
(ix) व्यक्तिगत वाहन सुख
(x) विदेश यात्रा
(xi) आयु विचार
(xii) स्वास्थ्य, रोग एवं उपाय
(xiii) शनि की साढ़ेसाती और पनौती - फल एवं उपाय
(xiv) कालसर्प योग - कुफल एवं उपाय
(xv) नीचभंग राजयोग
(xvi) धनिक योग एवं दरिद्र योग
(xvii) सौभाग्य योग एवं दुर्भाग्य योग
(xviii) सुख, शान्ति एवं प्रतिष्ठा
(xix) अशुभ ग्रह और रत्न

(xx) विवाह पूर्व कुण्डली मिलान

(xxi) विशिष्ट मुहुर्त

(i)विवाह और वैवाहिक संबंध (Marriage & Marriage Relations) :

विवाह व्यक्ति के जीवन काल की सबसे महत्वपूर्ण स्मरणीय घटना होती है। हमारे देश में लड़के और लड़की के माता-पिता के आपसी सम्पर्क व सहयोग से धार्मिक व सामाजिक रीति रिवाजों के अनुसार विवाह होते हैं। सरकार द्वारा बनाये हुये कानून अनुसार विवाह के समय लड़के की उम्र 21 वर्ष और लड़की की उम्र 18 वर्ष होनी चाहिये। विवाह से पूर्व विवाह के बारे बहुत से प्रश्न व्यक्ति के मन में उठते हैं कि विवाह योग है या नहीं अर्थात विवाह होगा या नहीं। यदि होगा तो विवाह कैसा होगा ? विवाह कब होगा ? विवाह में कोई बाधा तो नहीं होगी ? वैवाहिक संबंध कैसे होंगे ? ज्योतिष विज्ञान इस कार्य में सहयोग करता है।

विवाह संबंधी उपरोक्त प्रश्नों पर विचार करते समय मुख्यतः सप्तम भाव एवं सप्तमेश की स्थिति को देखना होता है। यदि लड़के (पुरुष) की कुण्डली है तो सप्तम भाव के कारक ग्रह शुक्र की स्थिति भी देखनी आवश्यक होती है। यदि लड़की (स्त्री) की कुण्डली है तो गुरु की स्थिति भी विचारणीय होती है। लग्न एवं लग्नेश का भी पुरुष एवं स्त्री के विवाह संबंधों पर प्रभाव पड़ता है। अतः दोनों की कुण्डलियों में लग्नेश की स्थिति पर भी ध्यान देना आवश्यक है। विवाह संबंधों की गहराई तक पहुँचने हेतु नवांश कुण्डली भी देख लेना उचित है।

प्रमुख विवाह योग निम्नलिखित हैं :-

1. यदि सप्तमेश, चाहे शुभ ग्रह है या पापग्रह है, सप्तम भाव में बैठा है और साथ में कोई अन्य पापग्रह नहीं बैठा है तो विवाह निश्चित होता है।
2. यदि सप्तमेश सप्तम भाव को देख रहा है और कोई पापग्रह सप्तम भाव को नहीं देख रहा है तो विवाह अवश्य होता है।
3. यदि जन्म लग्न से सप्तम भाव में कोई ग्रह नहीं है। कोई पापग्रह भी सप्तम भाव को नहीं देख रहा है और सप्तमेश बली है तो विवाह अवश्य होता है।
4. यदि जन्म लग्न से सप्तम भाव में सम राशि है तथा सप्तमेश व कारक ग्रह शुक्र समराशि में हैं। सप्तमेश भी बली है तो विवाह योग स्पष्ट है।
5. यदि सप्तम भाव में चन्द्र या शुक्र या चन्द्र+शुक्र युति है तो विवाह निश्चित है।
6. यदि कुण्डली में सप्तमेश स्थित भाव से सप्तम या एकादश भाव में शुभग्रह हैं तो विवाह होता है।

7. यदि शुक्र स्वराशिस्थ या द्विस्वभावराशिस्थ होकर शुभ भाव में बैठा है तो विवाह निश्चित है।
8. यदि लग्नेश लग्न में या सप्तम भाव में स्थित है तो विवाह अवश्य होता है।
9. यदि लग्नेश या सप्तमेश या दोनों द्वितीय भाव में हैं तो विवाह योग स्पष्ट है।
10. यदि द्वितीयेश, सप्तमेश और एकादशेश इकट्ठे केन्द्र या त्रिकोण में बैठे हैं और गुरु से दृष्ट हैं तो भी विवाह अवश्य होता है।
11. यदि गुरु अपने मित्र सूर्य या मंगल के नवांश में हो तो भी विवाह होता है।

विवाह योग होने पर भी कई विवाह ऐसे होते हैं, जो देश, काल, पात्र एवं परिस्थिति अनुसार भिन्न प्रकार के होते हैं। समाज में मान्य भी हैं। ऐसे विवाह निम्नलिखित हैं :-

प्रेम विवाह (Love Marriage)

1. पंचमेश, सप्तमेश एवं शुक्र का शुभ संयोग प्रेम विवाह कराता है।
2. शुक्र एवं सप्तमेश पंचम भावस्थ होने पर प्रेम विवाह होता है।
3. पंचमेश व सप्तमेश की युति हो या राशि परिवर्तन हो तो प्रेम विवाह निश्चित है।
4. मंगल की शुक्र पर दृष्टि भी प्रेम विवाह कराती है।
5. पंचम या सप्तम भाव में सूर्य की स्थिति भी प्रेम विवाह की सूचक होती है।

विलम्बित विवाह (Delayed Marriage)

1. सप्तम भाव में बुध और शुक्र एक साथ बैठे हों तो विवाह अधेड़ उम्र में होता है।
2. सप्तम भाव में मंगल बैठा हो और उस पर शनि की दृष्टि हो, विवाह देर से होता है।
3. कर्क लग्न कुण्डली हो और सप्तम भाव में गुरु हो तो विवाह विलम्ब से होता है।
4. सूर्य, मंगल, बुध लग्न में हों और गुरु 12वें भाव में हो तो विवाह देर से होता है।
5. स्त्री कुण्डली में सप्तमेश के साथ शनि बैठा हो तो विवाह बड़ी आयु में होता है।

दुष्ट विवाह योग (Ill Affected Marriage)

1. मूल नक्षत्र में जन्में वर और कन्या का विवाह श्वसुर के लिये भारी होता है।
2. अश्लेषा नक्षत्र में जन्में वर और कन्या का विवाह सास के लिये भारी होता है।
3. ज्येष्ठा नक्षत्र में जन्मीं कन्या का विवाह जेठ (पति के बड़े भाई) के लिये भारी होता है।

4. विशाखा नक्षत्र में जन्मीं कन्या का विवाह देवर (पति के छोटे भाई) के लिये भारी होता है।

पुनः विवाह योग (Remarriage)

1. अष्टम भाव में चन्द्र+शनि की युति होने पर पुनः विवाह होता है।
2. सप्तम भाव में शनि+बुध युति होने पर भी पुनः विवाह सम्भव है।
3. सप्तम भाव में शुभग्रह व पापग्रह की युति होने पर पुनः विवाह होता है।

द्विभार्या योग (Second Marriage)

1. सप्तमेश नीचराशिस्थ हो और सप्तम भाव में कोई पापग्रह हो।
2. सप्तमेश या द्वितीयेश पाप प्रभाव में हो और निर्बल हो।
3. सप्तमेश पापग्रह के साथ चरराशिस्थ हो और पापग्रह से दृष्ट हो।
4. सप्तमेश और द्वितीयेश में राशि परिवर्तन योग हो।
5. अष्टमेश लग्न या सप्तम में हो।
6. लग्नेश लग्न में हो।
7. सप्तमेश शनि या राहु के साथ हो।
8. सप्तम भाव में पापग्रह हो और शुक्र ग्रह सूर्य और बुध के साथ स्थिर राशि में हो।
9. शुक्र पापग्रह के साथ चर राशिस्थ हो तथा सप्तम भाव के नवांश में पापग्रह हो।

बहुविवाह योग (Multi Marriage)

1. सप्तमेश नीचराशिस्थ हो और सप्तम, लग्न तथा द्वितीय भाव में पापग्रह हों।
2. द्वितीय व सप्तम भाव में पापग्रह हों।
3. सप्तमेश और एकादशेश त्रिकोण भावस्थ हो।
4. उच्चराशिस्थ, स्वराशिस्थ, मित्रराशिस्थ सप्तमेश, द्वितीयेश या दशमेश के साथ केन्द्र या त्रिकोण में हो।
5. सप्तमेश व पंचमेश दोनों एकादश भाव में हों और उन पर तृतीयेश की दृष्टि हो।
6. सप्तमेश और एकादशेश साथ-2 हों या एक दूसरे को देखते हों तथा सप्तम भाव में शुक्र हो।
7. चन्द्र+शुक्र युति जिस भाव में हो, उससे सप्तम में सप्तमेश हो, किन्तु 6ठे, 8वें, 12वें भाव में न हो।
8. मंगल+राहु युति हो या परस्पर दृष्टि हो तथा शुक्र द्विस्वभाव राशि में हो।

9. द्वितीयेश और द्वादशेश तृतीय भाव में हो तथा उन पर गुरु व नवमेश की पूर्ण दृष्टि हो।
10. लग्न, चन्द्रलग्न व सप्तम भाव तीनों या लग्नेश, चन्द्र लग्नेश व सप्तमेश तीनों द्विस्वभावराशि में हो।
11. शुक्र पापग्रह के साथ हो या फिर नीचराशिस्थ हो।

कुछ व्यक्ति गृहस्थाश्रम के सुख से अर्थात वैवाहिक आनन्द से वंचित रह जाते है और लाख कोशिश करने पर भी विवाह की शुभ घड़ी नहीं आती है। इसका मुख्य कारण उनकी कुण्डली में विवाह बाधा योग होता है। विवाह बाधा योग निम्नलिखित हैं:

विवाह बाधा योग (No Marriage)

1. सप्तमेश अकेला 6, 8, 12 वें भाव में हो और नीचराशिस्थ हो या अस्त हो तो विवाह नहीं होता है।
2. सप्तमेश द्वादश भाव में हो और लग्नेश एवं चन्द्रलग्नेश सप्तम भाव में हों तो विवाह नहीं होता है।
3. चन्द्र+शुक्र युति से सप्तम भाव में मंगल+शनि युति हो तो भी विवाह नहीं होता है।
4. मंगल+शुक्र युति 5/7/9 भाव में हो तो विवाह नहीं होता है।
5. पंचम भाव में चन्द्र तथा सप्तम व द्वादश भाव में दो–2 पापग्रह हो तो विवाह नहीं होता है।
6. सप्तम भाव में चन्द्र+शनि युति विवाह नहीं होने देती है।
7. पंचम भाव, पंचमेश व सूर्य शुक्र पर शनि की प्रत्यक्ष/परोक्ष दृष्टि विवाह रोकती है।
8. शुक्र, बुध, शनि तीनों नीच राशि या शत्रु नवांश में हो तो व्यक्ति स्त्री–पुत्र विहीन होता है।
9. स्त्री कुण्डली में सप्तम भाव में शनि तथा लग्न या चतुर्थ में 8^0 अंश तक मंगल हो विवाह नहीं होने देता है।

विवाह का समय (Time of Marriage)

1. सप्तमेश, सप्तम भाव स्थित ग्रह, सप्तम भाव पर जिस ग्रह की दृष्टि है, इनमें से किसी एक की महादशा/अंतर्दशा में विवाह होता है।
2. सप्तमेश के साथ बैठे ग्रह की दशा में या पुरुष कुण्डली में शुक्र की दशा में, स्त्री कुण्डली में गुरु की महादशा/अंतर्दशा में विवाह होता है।

3. चन्द्रलग्न से सप्तमेश या शुक्र से सप्तमेश की महादशा/अंतर्दशा में भी विवाह होता है।
4. लग्नेश, जिस राशि या नवांश में हो, उससे 5, 9 वें भाव में गोचरवश शुक्र या सप्तमेश के आने पर विवाह होता है।
5. गोचरवश गुरु, जब सप्तम भाव राशि या सप्तमेश स्थित भाव राशि में आये, विवाह का समय होता है।
6. जब गुरु गोचरवश सप्तमेश से 5 व 9वें भाव की राशि में आये, विवाह का समय होता है।
7. द्वितीयेश की महादशा/अंतर्दशा में भी विवाह संभव है।
8. लग्नेश गोचरवश सप्तम भाव में आये तो विवाह संभव है।
9. सप्तमेश व शुक्र की युति होने पर सप्तमेश की महादशा/अंतर्दशा में विवाह संभव है।
10. द्वितीयेश, नवमेश, दशमेश जिस भाव में बैठे हो, उस भाव के राशिस्वामी की महादशा/अंतर्दशा में विवाह होता है।
11. गुरु 7, 5, 9, 11, 10, 3 में किसी भाव में बैठा है तो गुरु की दशा में विवाह होता है।
12. कुण्डली के द्वितीय भाव में शुक्र हो और सप्तमेश के साथ मंगल बैठा हो तो 22वें या 27वें वर्ष में विवाह होता है।
13. सामान्यत: सप्तमेश सूर्य हो तो 26वें वर्ष में, चन्द्र या गुरु हो तो 24वें वर्ष में, मंगल हो तो 21वें वर्ष में, बुध हो तो 18वें वर्ष में, शुक्र हो तो 22वें वर्ष में और शनि हो तो 28वें वर्ष में विवाह होता है

विवाह स्थान की दिशा (Direction of In Law's House)

विवाह स्थान अर्थात ससुराल पुरुष कुण्डली में शुक्र से सप्तम भाव की राशि स्वामी की दिशा में तथा महिला कुण्डली में गुरु से सप्तम भाव की राशि स्वामी की दिशा में भी हो सकती है।

1. सूर्य हो तो पूर्व दिशा में।
2. शनि हो तो पश्चिम दिशा में।
3. बुध हो तो उत्तर दिशा में।
4. मंगल हो तो दक्षिण दिशा में।
5. गुरु हो तो उत्तर पूर्व में
6. शुक्र हो तो दक्षिण पूर्व में।

7. चन्द्र हो तो उत्तर पश्चिम में।
8. राहु या केतु हो तो दक्षिण पश्चिम में।

जीवनसाथी की विशेषतायें

1. सप्तम भाव की राशि शुभ और सौम्य हो, सप्तम भाव में शुभ ग्रह स्थित हो या सप्तम भाव पर शुभग्रह की दृष्टि हो, सप्तमेश भी शुभ भाव में बैठा हो और उस पर भी शुभग्रह की दृष्टि हो तो जीवनसाथी सुन्दर, सुशील, विद्वान, अच्छे स्वभाव वाला, मिष्ठभाषी, सदाचारी, कुलीन, सौभाग्यशाली व यशस्वी होता है। परिवार का नाम रोशन करता है। पद और प्रतिष्ठा में वृद्धि होती है।
2. सप्तमभाव की राशि अशुभ और उग्र हो, पापग्रह स्थित हो या पापग्रह की दृष्टि हो, सप्तमेश पापग्रह हो और पापग्रह की राशि में बैठा हो तो जीवनसाथी क्रोधी, जिद्दी, पतला–दुबला, अशिक्षित या अल्पशिक्षित और धन का लालची होता है। उसका कुल परिवार भी अच्छा नहीं होता है। परिवार के मान–सम्मान की हानि होती है।

वैवाहिक संबंध (Relations After Marriage)

विवाह के पश्चात पुरुष–स्त्री का जीवन सुखमय हो। उनकी गृहस्थी मधुर एवं आनन्दमयी हो। उनमें समरसता बनी रहे। परस्पर पति पत्नी दोनों के बीच किसी प्रकार का अन्तर्भेद न रहे। उसके लिये दोनों की जन्म कुण्डलियों के सप्तम भाव के साथ अष्टम भाव व पंचम भाव पर भी ध्यान देना चाहिये तथा लग्न स्थित ग्रहों पर भी दृष्टि डालनी होती है।

सप्तम, अष्टम भाव में शनि, राहु तो नहीं बैठे हैं। दोनों का सूर्य 10^0 अंश के भीतर तो नहीं है। दोनों का कर्क लग्न तो नहीं है। सप्तम भाव में अकेला शुक्र तो नहीं है। सप्तमेश अष्टम या द्वादश भाव में तो नहीं बैठा है। अष्टमेश सप्तम भाव में तो नहीं बैठा है। पंचम भाव व पंचमेश की स्थिति से संतानहीन योग तो नहीं बनता है। लग्न में शनि, राहु तो नहीं बैठे हैं।

उपरोक्त स्थितियों के देखने के पश्चात ही विवाह का निर्णय लेना उचित रहता है और वैवाहिक जीवन भी सुखी और सुदृढ़ होता है। इसके लिये पुरुष और स्त्री दोनों की कुण्डली के कुछ योग निम्नलिखित है।

पुरुष कुण्डली योग (Male Birth Chart Factors)

1. यदि सप्तम व अष्टम भाव में बुध+शनि युति हो तो पुरुष नपुंसक होता है।
2. यदि अष्टम भाव में शुक्र हो और उस पर मंगल या शनि या दोनों की दृष्टि हो तो पुरुष को वीर्यसंबंधी रोग या हस्तमैथुन की बुरी आदत होती है।

3. यदि अष्टम भाव में शुक्र+मंगल युति हो और उस पर शनि की दृष्टि हो तो पुरुष को वीर्यरोग, हस्तमैथुन व अण्डकोषों से संबंधी रोग हो सकते हैं।
4. यदि शुक्र के साथ शनि या राहु अष्टम भाव में हो तो भी वीर्य संबंधी रोग और हस्तमैथुन की बुरी आदत हो सकती है।
5. लग्न में शनि+राहु की युति तथा शुक्र अस्त हो या नीच राशिगत हो तो पुरुष बलहीन या नपुंसक होता है।
6. लग्न में शनि+राहु की युति हो तथा अष्टम भाव में बुध हो तो भी पुरुष बलहीन या नपुंसक होता है।
7. शुक्र, चन्द्र के साथ शनि या राहु या केतु में कोई एक भी ग्रह है तो पुरुष बलहीन या नपुंसक होता है।
8. शनि, चन्द्र के साथ राहु या केतु या मंगल में कोई एक भी ग्रह है तो पुरुष बलहीन या नपुंसक होता है।
9. वृश्चिक या कुम्भ लग्न कुण्डली हो और अष्टम भाव में शनि के साथ राहु या केतु हो, पुरुष बलहीन या नपुंसक होता है।

स्त्री कुण्डली योग (Female Birth chart factors)

1. यदि सप्तम भाव में मेष या वृश्चिक राशि हो और उस पर शनि की दृष्टि हो, स्त्री की योनि में रोग होता है।
2. यदि सप्तम भाव में मकर या कुम्भ राशि हो और उस पर मंगल की दृष्टि हो तो भी स्त्री की योनि में रोग होता है।
3. यदि सप्तम भाव में मंगल हो और उस पर शनि की दृष्टि हो या शनि बैठा हो और उस पर मंगल की दृष्टि हो, योनि में रोग होता है।
4. यदि सप्तम या अष्टम भाव में कर्क का मंगल हो तो स्त्री को मासिक धर्म संबंधी रोग होता है।
5. यदि सप्तम भाव में चन्द्र, मंगल और शुक्र तीनों बैठे हो तो स्त्री रोगिणी व आचरणहीन होती है।

नोट : केन्द्र में बली शुभग्रह तथा अन्यभावों में स्वराशि पापग्रह होने से ऐसे योग भंग हो जाते हैं।

(ii) मंगलीक दोष विचार एवं परिहार (Mangleek Dosh)

1. मंगलीक दोष :

पराक्रम, शक्ति एवं साहस का प्रतीक उग्र, उष्ण, अग्नितत्व मंगल एक ऊर्जावान ग्रह है।

यह पुरुष एवं स्त्री के रक्त एवं स्वभाव में उग्रता और उत्तेजना की ऊर्जा का संचार करता है। शुक्र के साथ मिलकर पुरुषों में वीर्य, चन्द्र के साथ मिलकर स्त्रियों में रज की उत्पत्ति करता है। उससे संतान का जन्म होता है। अतः पुरुष और स्त्री की जन्म कुण्डली में मंगल की स्थिति देखना अति आवश्यक है।

कुण्डली के 1, 2, 4, 7, 8, 12 भावों में मंगल की उपस्थिति मंगलीक दोष उत्पन्न करती है। इस दोष का वैवाहिक संबंधों की स्थिरता और दाम्पत्य जीवन की समरसता पर गहरा प्रभाव पड़ता है। फलस्वरूप विवाह पूर्व वर (पुरुष) और कन्या (स्त्री) की कुण्डलियों का मिलान करते समय मंगलीक दोष के प्रतिशत पर ध्यान देना चाहिये। कुछ विद्वान ज्योतिषविद् चन्द्र व शुक्र से भी उपरोक्त भावों में मंगल होने को मंगलीक दोष मानते हैं। अतः लग्न, चन्द्र व शुक्र तीनों से मंगलीक दोष देखना ठीक रहता है। अन्यथा अमंगल की आशंका बनी रहती है। नीचे एक महिला की जन्म कुण्डली देखें।

जन्म तिथि 8.12.1951, जन्म समय 2.30 A.M. जन्म स्थान फरीदाबाद।

जन्म कुण्डली

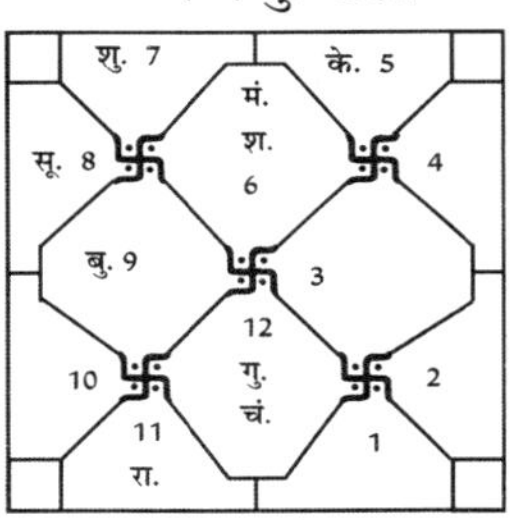

कुण्डली नं. 52

चन्द्र कुण्डली

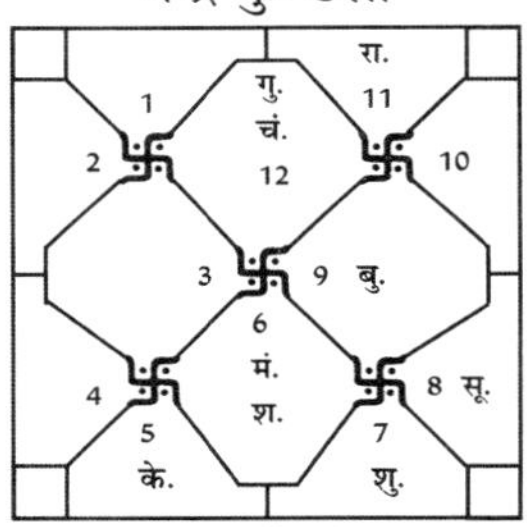

कुण्डली नं. 53

शुक्र कुण्डली

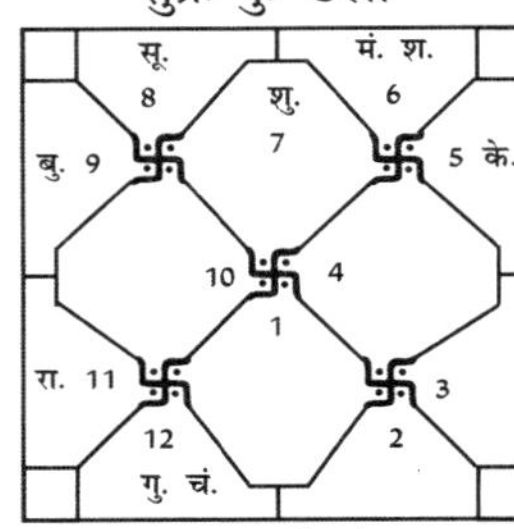

कुण्डली नं. 54

उपरोक्त की जन्म कुण्डली में मंगल लग्न भाव में, चन्द्र कुण्डली में मंगल सप्तम भाव में और शुक्र कुण्डली में मंगल द्वादश भाव में स्थित है। अतः तीनो प्रकार से मंगलीक दोष स्पष्ट हैं। मंगलीक दोष रहित पुरुष से विवाह होने की स्थिति में विवाह के चार वर्ष बाद से ही अलगाव/तलाक/विधवा होने का दु:ख भोग रही है।

2. मंगलीक दोष विचार :

मंगलीक दोष द्वादश भाव में सबसे कम 40 प्रतिशत से 50 प्रतिशत और अष्टम भाव में यह सर्वाधिक 250 प्रतिशत रहता है। अतः मंगलीक दोष विचार द्वादश भाव से करना उचित है।

(i) द्वादश भाव : यह कुण्डली का अंतिम भाव है। इस भाव का मंगल तृतीय, षष्ठ एवं सप्तम भाव को पूर्ण दृष्टि से देखता है। अतः जीवन में परिवार के सदस्य भाई-बहिनों का और निजी शत्रुओं का हस्तक्षेप बना रहता है। जीवनसाथी के साथ शैयासुख संबंधों में भी कमी आती है। कारणवश जीवनसाथी से संबंध बिगड़ते हैं। सौभाग्य की

हानि होती है। आपसी क्रोध और कलह में वृद्धि होती है। इसका 40 प्रतिशत से 50 प्रतिशत तक प्रभाव होता है।

(ii) लग्न भाव : यह कुण्डली का प्रथम भाव है। इस भाव में मंगल के होने से व्यक्ति के स्वयं के व्यक्तित्व और मानसिकता का पता लगता है। सौभाग्य या दुर्भाग्य का ज्ञान होता है। चतुर्थ, सप्तम और अष्टम भावों पर पूर्ण दृष्टि के होने से पारवारिक सुख में कमी, मातृ-सुख का अभाव, जीवनसाथी के साथ कटु संबंध और उसकी आयु में क्षीणता का आभास होता है। ऐसी स्थिति में दाम्पत्य जीवन में आपसी मनमुटाव, मारपीट, ईर्ष्या और द्वेष का वातावरण बन सकता है। दोनों पक्ष नीरस हो सकते हैं। यह प्रभाव 50 प्रतिशत से 60 प्रतिशत तक रहता है।

(iii) द्वितीय भाव : दक्षिणी भारत के विद्वानों के मतानुसार इस भाव में मंगल का होना भी मंगलीक दोष उत्पन्न करता है। मेरे विचार से यह सही लगता है। यह परिवार का, धन का भाव है। स्वयं का मारक और जीवनसाथी की मृत्यु का भाव है। पंचम, अष्टम एवं नवम भाव पर मंगल की पूर्ण दृष्टि होती है। इससे जीवनसाथी व संतान के प्रति प्रेम में कमी आती है और व्यक्ति कर्म से विमुख होता है। इससे घरेलू सुख में तनाव बढ़ता है और आर्थिक तंगी बढ़ती है। धर्म और भाग्य की हानि होती है। इस दोष का प्रभाव 60 प्रतिशत से 70 प्रतिशत तक होता है।

(iv) चतुर्थ भाव : इसे सुख भाव भी कहते हैं। चतुर्थ भाव का मंगल सप्तम, दशम व एकादश भाव पर पूर्ण दृष्टि रखता है। अत: पारवारिक सुख में न्यूनता, विचारों की भिन्नता, मानसिक तनाव, असन्तोष और आपसी कलह होती है। रिश्तेदारों से भी संबंध खराब होते हैं। जीवनसाथी का व्यवहार भी रुखा हो जाता है। प्यार में कमी आ जाती है। राज्य सेवा या नौकरी में भी व्यवधान हो सकता है। आय में कमी से आर्थिक स्थिति डांवाडोल हो सकती है। इस प्रकार का प्रभाव 70 प्रतिशत से 90 प्रतिशत तक होता है।

(v) सप्तम भाव : यह जीवनसाथी अर्थात पत्नी या पति का भाव होता है। इस भाव से मंगल की दृष्टि दशम, लग्न और द्वितीय भाव पर पूर्ण रूप से होती है। इस भाव का मंगल जीवन साथी की आयु क्षीण करता है और मधुर संबंधों में कटुता और वैमनस्य लाता है। शनि, राहु एवं सूर्य पापग्रहों की दृष्टि होने पर मृत्यु की आशंका में वृद्धि करता है। दशम भाव पर दृष्टि से रोजगार में कमी, लग्न भाव पर दृष्टि से स्वभाव में उग्रता और क्रूरता तथा द्वितीय भाव पर दृष्टि से परिवार सुख में विघटन आता है। इससे अलगाव, तलाक, वैधव्य जैसी स्थिति उत्पन्न हो सकती है। इसका प्रभाव 100 प्रतिशत से 125 प्रतिशत तक रहता है।

(vi) अष्टम भाव : इस भाव में मंगल अत्यधिक अनिष्टकारी होता है। यह आयु एवं मृत्यु का भाव है। इस भाव के मंगल की दृष्टि एकादश, द्वितीय और तृतीय भाव पर

सीधी पड़ती है। इससे आर्थिक स्थिति में गिरावट और जीवन साथी की आयु में क्षीणता आती है। यदि शनि, राहु, केतु व सूर्य की इस भाव पर दृष्टि पड़ती हो तो मंगलीक दोष बढ़ जाता है। इससे वैवाहिक संबंध समाप्त हो सकते हैं। अलगाव, तलाक यहाँ तक की मृत्यु भी हो सकती है। इसका प्रभाव 250 प्रतिशत तक होता है।

3. मंगलीक दोष परिहार

विद्वानों/ज्योतिषविदों के मतानुसार मंगलीक दोष निम्न स्थितियों में भंग या शांत हो जाता है :-

(i) यदि पुरुष (वर) एवं स्त्री (कन्या) की जन्म कुण्डली में मंगल एक ही भाव में बैठे हों।

(ii) यदि पुरुष (वर) की कुण्डली में, जहाँ मंगल बैठा है, वहां स्त्री (कन्या) की कुण्डली में शनि/राहु बैठे हों।

(iii) गुरु या शुक्र लग्न में हों तो वक्री, अस्त, नीचराशिस्थ मंगल, दोषरहित होता है, अत: शांत होता है।

(iv) मंगल की पूर्णबली चन्द्र से युति होने पर मंगलीक दोष कम हो जाता है।

(v) सप्तमेश उच्चराशिस्थ, स्वराशिस्थ या मित्रराशिस्थ होकर केन्द्र या त्रिकोण में बैठा हो।

(vi) मेष, वृष, सिंह, कुम्भ, लग्न वाले वर/कन्या का मांगलीक दोष नहीं माना जाता है।

(vii) प्रथम भाव में स्वराशि मेष का मंगल, चतुर्थ भाव में स्वराशि वृश्चिक का मंगल, सप्तम भाव में उच्चराशि मकर का मंगल, अष्टम भाव में नीच राशि कर्क का मंगल और द्वादश भाव में मित्र राशि मीन का मंगल दोष रहित माना गया है।

(iii) संतान विचार (Children)

विवाह योग देखते समय या मेलापक पढ़ते समय संतान योग पर ध्यान देना भी नितान्त आवश्यक है। विवाह या पति+पत्नी संयोग में संतान पक्ष बड़ा महत्वपूर्ण है। पत्नी के लिये माता बनना गौरव की बात है। अत: मेलापक देखते समय या पुरुष और स्त्री की कुण्डली का मिलान करते समय, संतान योग के प्रतिशत को गंभीरता से लेना चाहिये।

कुण्डली के पंचम भाव से संतान के बारे में विचार किया जाता है। संतान का कारक ग्रह गुरु है। अत: गुरु की स्थिति भी देखनी चाहिये। चन्द्र लग्न से पंचम भाव के बलाबल पर भी ध्यान देना जरुरी होता है। संतान बारे विचार स्त्री कुण्डली से अधिक ठीक बैठता है। फिर भी पुरुष कुण्डली को देखकर लिया गया निर्णय सत्य के अधिक निकट होगा।

प्रथम संतान के लिये पंचम भाव व पंचमेश, द्वितीय संतान के लिये सप्तम भाव व सप्तमेश, तृतीय संतान हेतु नवम भाव व नवमेश और चतुर्थ संतान हेतु तृतीय भाव व तृतीयेश से विचार करना चाहिये। जनसंख्या विस्फोट और शिक्षा की गुणात्मकता से अब लघु परिवार की प्रथा चल पड़ी है। अब पुरुष व स्त्री की सोच एक या दो संतान तक ही सीमित रह गई है। अत: संतान हेतु पंचम एवं सप्तम भाव महत्वपूर्ण है। प्रमुख संतान योग निम्नलिखित हैं :–

1. जन्म लग्न से पंचम भाव में शुभ ग्रह हो या शुभ ग्रह की दृष्टि हो। पंचमेश पंचम भाव में हो या पंचम भाव पर पंचमेश की दृष्टि हो, संतान होती है और पुत्र होता है।
2. चन्द्र लग्न से पंचम भाव में शुभग्रह हो या शुभ ग्रह की दृष्टि हो और पंचमेश स्वयं बैठा हो, पुत्र होता है।
3. लग्नेश पंचम भाव में बैठा हो तो संतान होती है।
4. लग्नेश, पंचमेश दोनों किसी शुभ भाव में इकट्ठे बैठे हों, संतान होती है।
5. लग्नेश पंचम भाव में, पंचमेश लग्न में होने पर संतान होती है।
6. लग्नेश, पंचमेश की परस्पर पूर्ण दृष्टि हो, संतान होती है।
7. लग्नेश पंचम भाव में हो और गुरु बलवान हो, पुत्र होता है।
8. बली गुरु पंचम भाव में हो और लग्नेश की उस पर पूर्ण दृष्टि हो, पुत्र होता है।
9. लग्नेश व पंचमेश की युति हो या फिर दोनों स्वराशि में या मित्रराशि में या उच्चराशि में हों, संतान होती है।
10. लग्नेश, पंचमेश शुभग्रहों के साथ केन्द्रस्थ हो और द्वितीयेश बलवान हो, संतान होती है।
11. पंचमेश 1, 4, 7, 10, 5, 9 भाव में से किसी एक भाव में बैठा है, संतान होती है।
12. लग्नेश, नवमेश की युति सप्तम भाव में हो, संतान होती है।
13. पंचमेश द्वितीय या अष्टम भाव में बैठा हो तो कन्याएं अधिक होती हैं।
14. पंचम भाव में बुध, शुक्र, चन्द्र में से कोई एक ग्रह हो तो भी कन्याएं अधिक होती है।
15. पंचम भाव में मेष, वृष, कर्क में से कोई एक राशि हो और वहाँ केतु विराजमान हो तो संतान योग होता है।
16. पंचम भाव में सम राशियाँ हों और इनके नवांश में शनि, बुध, शुक्र, चन्द्र ग्रह हों तो भी कन्यायें होती हैं।

17. पंचम भाव में विषम राशियाँ हों और इनके नवांशधिपति मंगल, शनि, शुक्र से दृष्ट हों तो पुत्र अधिक होते हैं।

विलम्बित संतान योग (Children at later stage)

1. लग्नेश, पंचमेश, नवमेश तीनों ग्रह, शुभग्रह युत होकर 6, 8, 12 वें भाव में हो तो संतान देर से होती है।
2. दशम भाव में सभी शुभग्रह और पंचम भाव में सभी पापग्रह हों तो संतान विलम्ब से होती है।
3. कोई पापग्रह या गुरु चतुर्थ या पंचम भाव में हो और अष्टम भाव में चन्द्र हो तो 30 वर्ष की आयु में संतान होती है।
4. लग्नराशि पापग्रह की राशि हो और पापग्रह युत हो, मंगल समराशिस्थ हो, सूर्य निर्बल हो, 30 वर्ष की आयु में संतान होती है।
5. पंचम भाव में गुरु, पंचमेश व शुक्र की युति हो तो संतान 32, 33 वर्ष की आयु में होती है।
6. पंचमेश व गुरु केन्द्र में हो तो संतान 36 वर्ष की आयु में होती है।
7. स्वराशिस्थ चन्द्र पापग्रह युत या दृष्ट हो और सूर्य को शनि देखता हो तो संतान वृद्धावस्था में होती है।
8. एकादश भाव में राहु हो तो भी संतान वृद्धावस्था में होती है।
9. नवम भाव में गुरु और गुरु से नवम अर्थात पंचम भाव में लग्नेश और शुक्र हो तो संतान 40 वर्ष की आयु में होती है।

संतानहीन योग (No Children) :

(अ) पुरुष कुण्डली के आधार पर :

1. तृतीयेश व चन्द्रग्रह केन्द्र या त्रिकोण में हों, संतान नहीं होती है।
2. पंचम भाव में मंगल, षष्ठ भाव में पंचमेश और सिंह राशिस्थ शनि हो तो संतान नहीं होती है।
3. लग्नेश व बुध दोनों 1, 4, 7, 10 भाव में हों तो संतान नहीं होती है।
4. पंचम भाव में चन्द्र तथा 8वें, 12वें भाव में सभी पापग्रह हो तो भी संतान नहीं होती है।
5. पंचम भाव में गुरु, चतुर्थ भाव में पापग्रह और सप्तम भाव में बुध+शुक्र युति हो तो भी संतान नहीं होती है।
6. सप्तम भाव में शुक्र, दशम भाव में चन्द्र तथा चतुर्थ में कोई तीन पापग्रह हों तो संतानहीन योग बनता है।

7. पंचम, षष्ठ, अष्टम एवं द्वादश भाव में पापग्रह होना वंश विच्छेद की निशानी होता है।
8. लग्न में मंगल, अष्टम भाव में शनि और पंचम भाव में सूर्य वंश विच्छेद करते हैं।
9. पंचमेश या सप्तमेश नीच राशिगत या अस्त हो तो भी संतान नहीं होती है।

(ब)स्त्री कुण्डली के आधार पर :

1. लग्न में सूर्य और सप्तम में शनि हो तो संतान नहीं होती है।
2. सप्तम भाव में सूर्य और शनि, दशम भाव में चन्द्र और गुरु की दृष्टि हो तो भी संतान नहीं होती है।
3. षष्ठ भाव में षष्ठेश, सूर्य एवं शनि हों और चन्द्र सप्तम में हो तथा बुध उन्हें न देखता हो तो संतानहीन योग होता है।
4. शनि और मंगल षष्ठ या चतुर्थ भाव में हों, संतान नहीं होती है।
5. पंचम भाव में 6ठे, 8वें, 12वें भावों के स्वामी हों तो संतान नहीं होती है।
6. पंचमेश 6ठे, 8वें, 12वें भाव में हों, संतान नहीं होती है।
7. पंचमेश नीचराशिगत या अस्त हो तो स्त्री संतानहीन होती है।
8. पंचम भाव में 4, 9, 10, 12 राशि हो और चतुर्थ या पंचम में गुरु हो, संतान का अभाव रहता है।
9. लग्नेश, पंचमेश, सप्तमेश व गुरु निर्बल हों तो संतान नहीं होती है।

गोद जाने/लेने संबंधी योग (Adoption) :

1. लग्न कुण्डली में कर्क या सिंह राशि हो और उसमें पापग्रह बैठा हो, बच्चा गोद जाता है।
2. चतुर्थ एवं दशम भाव में पापग्रह हो तो बच्चा गोद जाता है।
3. चन्द्रमा से चतुर्थ भाव में पापग्रह हो तो बच्चा गोद जाता है।
4. सूर्य से नवम भाव में पापग्रह हो तो बच्चा गोद जाता है।
5. सूर्य एवं चन्द्र शत्रुराशि में हो तो बच्चा गोद जाता है।
6. दशम भाव में शनि हो या दशमेश व शनि दोनों हों तो बच्चा गोद जाता है।
7. पंचम भाव में 3, 6, 10, 11 राशि हो और शनि हो तो बच्चों को गोद लेते हैं।
8. पंचम भाव में छः ग्रह हों और पंचमेश द्वादश भाव में हो, लग्नेश व चन्द्र बलवान हो बच्चा दत्तक पुत्र होता है।

संतान होने का समय (Time of Birth of Children)

संतान तभी होती है, जब कुण्डली में संतान येाग हो और संतान बाधा योग न हो। ऐसी स्थिति में पुरुष एवं स्त्री की कुण्डली में ग्रह स्थिति, गोचर में ग्रहों का स्थान, विंशोत्तरी महादशा/अंतर्दशा आदि को ध्यान में रखते हुये ठीक –2 निर्णय लेना चाहिये। निम्नलिखित ग्रहों में से किसी एक ग्रह की महादशा/अंतर्दशा चल रही हो तो संतान योग/पुत्र योग/पुत्र प्राप्ति की संभावना होती है।

1. लग्नेश/पंचमेश/गुरु या वह ग्रह, जो पंचम भाव को देख रहा हो।
2. लग्नेश और पंचमेश का योग होने के समय।
3. लग्नेश, जब स्वराशि या उच्चराशि में आये।
4. लग्नेश, जब पंचम भाव या पंचमेश स्थित भाव/राशि में आये।
5. गुरु जब 1, 2, 4, 5, 7, 9, 11 भाव में आये।
6. नवमेश की महादशा/अंतदर्शा आने के समय।
7. लग्नेश, पंचमेश, सप्तमेश गोचरवश एक ही भाव में हों।
8. चन्द्र से पंचम भाव या नवम भाव राशि स्वामी की महादशा/अंतर्दशा आने के समय।
9. पंचमेश के साथी ग्रह की महादशा/अंतर्दशा के समय।

संतान पुत्र या पुत्री (Children - A Son or A Daughter)

1. पंचमेश पुरुषवाचक ग्रह है। सबल है। पुरुषवाचक राशि में स्थित है या पुरुष वाचक नवांश में है। संतान कारक ग्रह गुरु पंचम भाव में पुरुष वाचक राशि या पुरुषवाचक राशि के नवांश में है। पंचम भाव में शुभग्रह या पंचमेश स्थित है अथवा पंचम भाव पर पंचमेश या किसी शुभ ग्रह की दृष्टि हो और पुरुषवाचक ग्रह की महादशा/अंतर्दशा चल रही हो, पुत्र जन्म लेता है।
2. स्त्रीवाचक ग्रह की महादशा/अंतर्दशा चल रही है और पंचमेश स्त्रीवाचक एक निर्बल ग्रह है तथा स्त्री राशि में है। कारक ग्रह गुरु भी शुभ भाव में नहीं है और पंचमेश पर स्त्रीपापग्रह की दृष्टि है तो पुत्री का जन्म होता है।

संतान की संख्या (No. of Children) :

शिक्षा के बढ़ते कदम, नारी शिक्षा, जनसंख्या विस्फोट और अर्थाभाव के कारण विवाह अब देर से होने लगे हैं। पुराने समय के विलम्बित विवाह अर्थात 25 से 30 वर्ष की अवस्था के विवाह अब अधिक प्रचलित होने लगे हैं। ऐसे में जहाँ संतान देर से होती है, वहां संतान संख्या भी कम होती जा रही है। ज्योतिष की दृष्टि से संतान की संख्या जानने के निम्नलिखित आधार बिन्दु हैं।

1. पंचम भाव में स्थित ग्रह और उन पर अन्य ग्रहों की दृष्टि की संख्या अनुसार संतान होती है।
2. पंचम व नवम भाव में तुला या वृश्चिक राशि का चन्द्र हो या पंचम में राहु या केतु पापग्रह हो, एक पुत्र होता है।
3. पंचम भाव में शुभग्रह दृष्ट सूर्य हो या मंगल हो या मकर राशि का शनि हो तो 3 पुत्र होते हैं।
4. पंचम भाव में गुरु हो या कुम्भ राशि का शनि हो 5 पुत्र होते हैं।
5. पंचम भाव में अकेला चन्द्र हो तो 3, शुक्र हो तो 5 और शनि हो तो 7 कन्या होती हैं।
6. तृतीय भाव में बुध या राहु हो तो 2 पुत्र और 3 पुत्रियां, कुल 5 बच्चे होते हैं।

संतान से सुख-दुःख (Happiness & Sorrows through Children)

माता-पिता संतान प्राप्ति के लिये लालायित रहते हैं। पुत्र होने पर अधिक प्रसन्न होते हैं किन्तु शिक्षा ने पुत्री को भी पुत्र के समान ही ला खड़ा किया है। भविष्य में पुत्र एवं पुत्रियां सुखदायी होगीं या दुःखदायी। यह एक विचारणीय प्रश्न है। कुछ सुखदायी एवं दुःखदायी योग इस प्रकार है :-

क. सुखदायी योग

संतान से सुख मिलेगा यदि :

1. पंचम भाव में शुभग्रह हो या शुभग्रहों की दृष्टि हो।
2. पंचमेश बली हो, अपने भाव में हो, शुभग्रहों या गुरु से दृष्ट हो।
3. पंचमेश उच्चराशि का होकर 1, 2, 5, 9 भाव में गुरु से युत या दृष्ट हो।
4. लग्नेश, पंचमेश को देखता हो और पंचमेश लग्न को देखता हो।
5. लग्नेश, पंचमेश नवम भाव में या पंचमेश, नवमेश लग्न में हो।
6. गुरु से पंचम भाव में शुभग्रह हों।
7. पंचम भाव में वृष/तुला या धनु/मीन राशि में बुध विराजमान हो।

ख. दुःखदायी योग

संतान से दुःख मिलेगा यदि :

1. शनि या राहु या केतु पंचम भाव में हो।
2. सूर्य विषम, बुध समराशिस्थ तथा गुरु नीचराशिस्थ हो।
3. चन्द्र और तृतीयेश 1, 4, 7, 10, 5, 9 भाव में हो।

4. तृतीयेश अकेला 1, 2, 5, 12 भाव में हो।
5. लग्न में शनि+बुध युति हो और गुरु व शुक्र वृश्चिक राशि में हों।
6. पंचमेश षष्ठभाव में पापग्रह युत या दृष्ट हो।
7. लग्नेश व पंचमेश परस्पर शुभग्रह हों।

(iv) शिक्षा एवं शिक्षा योग (Education & Related Yogas)

आज के समय में प्रत्येक पुरुष और स्त्री के लिये शिक्षा ग्रहण करना महत्वपूर्ण है। बिना शिक्षा जीवन अधूरा ही रहता है। पारवारिक उत्तरदायित्वों का संचालन करने, सरकारी/गैर सरकारी नौकरी भली भांति निभाने और उसमें अपना दबदबा कायम रखने तथा व्यापार/व्यवसाय में सफलता पाने हेतु शिक्षा अत्यावश्यक है। इस कलियुग में शिक्षा ही लक्ष्य प्राप्ति का मूल एवं जीवन का आधार है। यही कारण है कि अब स्कूलों/कालेजों में रोजगारपरक शिक्षा दी जाने लगी है।

जन्मकुण्डली के पंचम भाव से शिक्षा पर विचार किया जाता है। पंचम भाव और पंचमेश की स्थिति, जितनी अच्छी होगी, उतना ही व्यक्ति शिक्षित व योग्य बनेगा। इसके साथ पंचम भाव के कारक ग्रह गुरु, बुद्धि और विवेक के कारक ग्रह बुध तथा मन के कारक ग्रह चन्द्र के बल एवं स्थिति को भी देखना चाहिये।

ज्योतिष के अनुसार उत्तम शिक्षा के योग इस प्रकार है:-

1. पंचमेश स्वगृही हो या 1, 2, 4 भाव में से किसी एक भाव में बैठा हो।
2. पंचमेश चतुर्थ भाव में व चतुर्थेश पंचम भाव में हो।
3. पंचमेश बुध/गुरु/शुक्र के साथ 5, 7, 9, 10 भाव में बैठा हो।
4. पंचमेश उच्च राशिस्थ होकर द्वादश भाव में बैठा हो।
5. पंचम भाव में बुध या गुरु हो।
6. चतुर्थेश स्वगृही हो या 6, 8, 12 वें भाव में किसी एक में बैठा हो।
7. दशमेश लग्न में हो और एकादशेश स्वगृही हो।
8. सूर्य से पंचम भाव में मंगल+शुक्र या मंगल+शनि बैठे हो।
9. चतुर्थेश, गुरु एवं शुक्र पर 3, 6, 11 (त्रिषड़ाय) भाव स्वामियों की दृष्टि न हो।
10. गुरु-4थे, बुध-5वें तथा पंचमेश 9वें या 10वें भाव में हो।
11. गुरु, चन्द्र में परस्पर राशि परिवर्तन योग हो।

सामान्यत: पंचम भाव स्थित ग्रह या पंचमेश के अनुसार शिक्षा ग्रहण करने में व्यक्ति की अधिक रुचि होती है। अत: पंचम भावस्थ ग्रह या पंचमेश:-

1. **सूर्य है**– व्यक्ति अंग्रेजी का विद्वान, अर्थशास्त्री, खगोलशास्त्री, शिल्पशास्त्री, सेना अधिकारी, डाक्टर, शोधकर्ता, विद्युत इन्जीनियर होता है।
2. **चन्द्र है**– व्यक्ति हवामानशास्त्री, वनस्पतिशास्त्री, कृषिशास्त्री, पशुशास्त्री, ज्योतिष का विद्वान, प्रकाशक, लेखक, योजना अधिकारी, औषधि व्यवसायी हो सकता है।
3. **मंगल है**– व्यक्ति गणितज्ञ, इतिहासवेत्ता, भूगोलवेत्ता, भूगर्भशास्त्री, खनिजशास्त्री, रसायनशास्त्री, आर्किटैक्ट, इन्जीनियर, डाक्टर या सर्जन खिलाड़ी/फौजी अफसर हो सकता है।
4. **बुध है**– व्यक्ति को अर्थशास्त्री, तत्वज्ञाता, वकील, जज, लेखाकार, टायपिस्ट, मुद्रक, प्रकाशक, सेल्स एजेन्ट, टैक्नीशियन बना सकता है।
5. **गुरु है**– संस्कृत का विद्वान, पुराणवेत्ता, धर्मशास्त्री, वकील, न्यायमूर्ति, प्रकाशक, चिकित्सक व अच्छा ज्योतिषी हो सकता है।
6. **शुक्र है**– नृत्यकार, संगीतकार, कलाकार, अभिनेता, कवि, लेखक, सौंदर्य प्रसाधन व्यवसायी, ड्रैस मेकर आदि बन सकता है।
7. **शनि है**– व्यक्ति वकील, जज, इन्जीनियर, डाक्टर, ज्यूलोजिस्ट, मशीनिस्ट, फोटोग्राफर, टेलर, संस्थापक, प्रबन्धक, फार्मर, गार्डनर हो सकता है।
8. **राहु या केतु है**–भूगर्भशास्त्री, डाक्टर या सर्जन, व्यापारी, एम.एल.ए/सांसद, मंत्री/राजदूत, प्रधानमंत्री/राष्ट्रपति बन सकते हैं।

शिक्षा प्राप्ति के दौरान सामाजिक परिवेश और समय की मांग के अनुसार भी व्यक्ति अपने मार्ग स्वयं तय करता है और शिक्षा ग्रहण कर अपने लक्ष्य पर पहुंचता है। कोई अध्यापक बनता है और प्रशिक्षण की शिक्षा लेता है तो कोई कवि या लेखक बनने के लिये भाषा के साहित्य की। किसी की रुचि विज्ञान में होती है तो किसी की शोध या अनुसंधान में। कोई इन्जीनियरिंग की शिक्षा पूरी करता है तो कोई डाक्टर या सर्जन बनता है। कोई उच्च प्रशासनिक अधिकारी बनने की दौड़ में रहता है और उच्चशिक्षा ग्रहण करता है तो कोई वकील या जज बनने के लिये कानून की शिक्षा लेता है। कोई राजनीति विज्ञान पढ़ता है ताकि नेता या मंत्री बन सके तो कोई संगीतकार या अभिनेता बनने की शिक्षा लेता है। कुछ व्यक्ति ऐसे भी होते हैं, जिनकी धर्म कर्म में रुचि होती

है, अच्छे पंडित बनते हैं। ईश्वर भक्त एवं धर्मोपदेशक होते हैं। इस प्रकार के शिक्षा योग निम्न हो सकते हैं:

अध्यापक/शिक्षक योग :

1. पंचम भाव में गुरु हो या दशम भाव में सूर्य हो।
2. चतुर्थ भाव में गुरु, मंगल युति हो।
3. गुरु व चन्द्र परस्पर केन्द्र में हों।
4. गुरु नवम भाव में हो और बुध की उस पर दृष्टि हो।

वैज्ञानिक/अनुसंधानकर्ता योग :

1. पंचम भाव में शनि हो, वैज्ञानिक होता है।
2. पंचम भाव में तृतीयेश व अष्टमेश की युति रिसर्चर बनाती है।
3. पंचम भाव में स्वराशि का कोई भी ग्रह हो।

गणितज्ञ/लेखाकार योग :

1. पंचम भाव में स्वगृही बुध या मंगल+बुध की युति हो और उन पर चन्द्र की दृष्टि हो।
2. बुध+शनि की युति एकादश भाव में हो।
3. लग्न में गुरु और अष्टम में शनि हो।
4. केन्द्र में बुध हो और द्वितीय भाव में मंगल, चन्द्र युति हो।
5. गुरु या केतु 2रे, 4थे, 5वें भाव में हों।
6. गुरु केन्द्र या त्रिकोण भाव में, शुक्र उच्च राशि में तथा बुध द्वितीय भाव में हो, लेखाकार बनता है।
7. द्वितीय भाव में मंगल हो और उस पर शुभग्रहों की दृष्टि हो।

इन्जीनियर/मैकेनिक योग :

1. शनि पंचम भाव में तथा बुध एकादश भाव में हो।
2. मंगल, राहु की युति मैकेनीकल इन्जीनियर बनाती है।
3. दशम भाव में राहु इलैक्ट्रिकल इन्जीनियर बनाता है।
4. दशम भाव में बुधादित्य योग हो और बली मंगल की उस पर दृष्टि हो।
5. चन्द्र व बुध में परस्पर दृष्टि संबंध हों।

डाक्टर/चिकित्सक योग :

1. मंगल केन्द्रस्थ हो तथा उस पर सूर्य की दृष्टि हो।
2. गुरु+केतु युति होम्योपैथी चिकित्सक बनाती है।
3. सूर्य, मंगल, शुक्र में परस्पर युति या दृष्टि संबंध हो, सर्जन बनता है।

4. वृश्चिक राशि में चन्द्र, मंगल, गुरु की युति हो।
5. दशम भाव में शुक्र, चन्द्र युति हो और सूर्य की दृष्टि हो, चिकित्सक बनता है।
6. वृश्चिक लग्न हो और मंगल दशम भाव में हो।
7. सूर्य 4, 8, 12 राशि में हो और उनका 6ठे, 10वें भाव/भावेशों से संबंध हों।

वकील/एडवोकेट योग :

1. गुरु+शनि 1, 2, 5, 7, 9 वें भाव में हों।
2. शनि से गुरु सातवें भाव में हो।
3. बुध व गुरु की युति हो।
4. बुध 5 या 9वें भाव में हो और उस पर मंगल की दृष्टि हो।

जज/न्यायाधीश योग :

1. गुरु, शुक्र केन्द्र में हों।
2. लग्न से चतुर्थ भाव तक सभी ग्रह हों।
3. द्वितीय भाव या द्वितीयेश पर गुरु, बुध और शुक्र का प्रभाव हो।
4. सूर्य, बुध बली होकर केन्द्र में हों।
5. राहु और बुध की युति या दृष्टि संबंध हों।

कवि/लेखक योग :

1. दशम भाव में उच्चराशि का बुध हो या उस पर गुरु की दृष्टि हो।
2. पंचम भाव में शुक्र काव्य रचना कराता है।
3. लग्न में गुरु, पंचम भाव में चन्द्र हो तो कवि या लेखक बनाता है।
4. सातवें और आठवें भाव में कोई ग्रह न हो तथा इन भावों/राशियों पर शुभग्रहों की दृष्टि हो।
5. सूर्य, चन्द्र, बुध युति या चन्द्र, शुक्र, शनि की युति लेखक/कहानीकार बनाती है।

पत्रकार/सम्पादक योग :

1. बुध, गुरु दशम भाव में या फिर कन्या या मीन राशि में हों।
2. चन्द्र, बुध, गुरु / चन्द्र, बुध, शुक्र / चन्द्र, गुरु, शुक्र 1, 4, 5, 7, 9, 10 वें भाव में हो।

3. दशम भाव में बुध, गुरु की युति/दृष्टि हो या इनमें से किसी एक ग्रह का तृतीय भाव और तृतीयेश या नवम भाव और नवमेश से संबंध हो।

अभिनेता/अभिनेत्री योग :

1. उच्च राशिस्थ मंगल हो और उसकी लग्न पर दृष्टि हो।
2. बुध, गुरु या बुध, शुक्र की युति दशम भाव में हो।
3. कर्क या मीन लग्न हो और गुरु लग्न या त्रिकोण में हो।
4. वृश्चिक या मकर लग्न हो, मंगल लग्न में हो, शनि या राहु साथ हो।
5. स्वराशिस्थ ग्रहों की संख्या 2 से अधिक हो।

गायक/संगीतकार योग :

1. तृतीयेश और शुक्र की युति हो।
2. तृतीय भाव में गुरु, शुक्र या गुरु, बुध हों।
3. तृतीयेश पर शुभग्रहों की पूर्ण दृष्टि हो।
4. अधिकांश ग्रहों की लग्न पर पूर्ण दृष्टि हो।

नेता/मंत्री योग :

1. सूर्य, चन्द्र, मंगल की युति राजनेता बनाती है।
2. दशमेश मंगल उच्चराशिस्थ होकर सप्तम भाव में हो, मंत्री पद दिलाता है।
3. नवमेश 1 या 3 या 5 वें भाव में हो या उच्चराशिस्थ हो तो व्यक्ति नेता या मंत्री बनता है।
4. नवम भाव में उच्च राशिस्थ गुरु या शुक्र हो और शुभग्रहों से दृष्ट हो तो व्यक्ति एम.पी. एम.एल.ए बनता है।

पंडित/ज्योतिषी योग

1. नवम भाव में चन्द्र और बुध की युति व्यक्ति को पंडित बनाती है।
2. द्वितीय भाव में शुक्र और केन्द्र में बुध हो तो व्यक्ति ज्योतिषी होता है।
3. अष्टम भाव में पंचमेश या चतुर्थेश या लग्नेश उच्चराशि का हो, व्यक्ति ज्योतिषी होता है।

पुलिस या फौज में अधिकारी/प्रशासनिक अधिकारी

1. अष्ठमेश दशम भाव में या दशमेश के साथ हो, व्यक्ति प्रशासनिक अधिकारी होता है।

2. सप्तम भाव में मकर राशि का मंगल सेनाध्यक्ष बनाता है।
3. दशमेश केन्द्र या त्रिकोण में हो तो व्यक्ति राजपत्रित अधिकारी होता है।

(v) नौकरी विचार (Service)

जन्म कुण्डली का दशम भाव नौकरी (Service) से संबंधित है। दशम भाव व दशमेश की अच्छी स्थिति होने पर ही अच्छी नौकरी मिलने का योग बनता है। मंगल शासक ग्रह है। अतः नौकरी के विषय में मंगल की स्थिति को भी ध्यान में रखना चाहिये। इसके अतिरिक्त दशम भाव के कारक ग्रह सूर्य, बुध, गुरु, शनि कुण्डली को कितना प्रभावित कर रहे हैं? इन सभी की अच्छी स्थिति व बलाबल को देखकर ही समझा जा सकता है कि किस प्रकार की नौकरी मिलेगी?

नौकरी के बारे में जन्म लग्न और चन्द्र लग्न दोनों को ही देखकर निर्णय लेना चाहिये। नौकरी के प्रमुख योग निम्नलिखित हैं :-

नौकरी के प्रमुख योग :

1. दशम भाव में उच्च का मंगल हो या फिर अष्टम भाव को छोड़कर किसी भी भाव में उच्च का मंगल हो।
2. मंगल स्वराशि, मूल त्रिकोण या मित्र राशि का होकर दशम भाव में हो।
3. बली मंगल केन्द्र या त्रिकोण में हो।
4. दशमेश केन्द्र या त्रिकोण में हो या लग्नेश के साथ हो।
5. दशम भाव में सूर्य या गुरु स्वराशि या उच्चराशि या मित्रराशि का हो।
6. केन्द्र में उच्चराशिस्थ ग्रह पर या दशम भाव पर शुभग्रहों की दृष्टि हो।
7. द्वितीयेश व दशमेश की युति हो।
8. द्वितीयेश दशम भाव में स्वराशि या उच्चराशि या फिर मित्रराशि का हो।
9. किसी केन्द्रेश व त्रिकोणेश की युति हो।
10. वृष लग्न कुण्डली में दशम भाव में शनि तथा चतुर्थ में शुक्र या गुरु हो।
11. तुला लग्न कुण्डली में दशम भाव में चन्द्र तथा चतुर्थ में शुक्र हो।
12. वृश्चिक लग्न कुण्डली में मंगल लग्न में हो।
13. मकर लग्न कुण्डली में दशम भाव में शुक्र हो तथा उस पर शनि की दृष्टि हो।

नौकरी मिलने का समय :

1. जब गोचर में गुरु दशम भाव स्थित राशि पर से गुजर रहा हो।

2. जब गोचर में शनि अपने मित्र ग्रहों (बुध, शुक्र, राहु)से नव पंचम योग करता हो। ऐसा योग 1, 2, 6, 9, 10, 11 वें भावों में होता है।
3. जब गोचर में गुरु, सूर्य, चन्द्र जन्म कुण्डली में स्थित अपने भाव से गुजर रहे हों।
4. दशमेश की महादशा और मित्रग्रहों की अंतर्दशा में या फिर मित्रग्रहों की महादशा और दशमेश की अंर्तदशा में नौकरी लग सकती है।

पदोन्नति एवं स्थानान्तरण के योग :

1. दशम भाव में सूर्य या मंगल स्वराशि/उच्चराशि/मित्रराशि में हो तथा लग्नेश शुभ भाव में हो।
2. दशम भाव में गुरु, शुक्र, बुध स्वराशि/उच्चराशि/मित्रराशि में हों तथा पाप प्रभाव में न हों।
3. दशमेश लग्न में हो या लग्नेश दशम में हो किन्तु उन पर पाप प्रभाव न हो।
4. दशमेश की लग्नेश या त्रिकोणेश से युति या दृष्टि हो।
5. दशम भाव पर गुरु की दृष्टि हो।
6. नवमेश, दशमेश व एकादशेश की युति हो।
7. द्वितीयेश दशम भाव में स्वराशि/उच्चराशि/मित्रराशि में हो।
8. नवमेश नवम भाव में हो तथा लग्नेश लग्न को देखता हो।

पदोन्नति व स्थानान्तरण का समय :

1. जब शनि गोचर में जन्म कुण्डली में स्थित मित्र ग्रहों शुक्र, बुध, राहु से नवपंचम योग करता हो। स्थानान्तरण होता है। पदोन्नति होती है। ग्रेड का लाभ मिलता है।
2. जब गुरु गोचरवश दशम भाव स्थित राशि पर से गुजर रहा हो तो पदोन्नति व स्थानान्तरण होता है।
3. दशमेश की महादशा/अंतर्दशा में पदोन्नति/स्थानान्तरण होता है।

पदोन्नति में बाधा या रुकावट :

1. दशमेश व लग्नेश शनि या राहु या केतु से युत या दृष्ट हों।
2. स्वराशि मकर, कुंभ एवं तुला राशि छोड़कर, किसी अन्य राशि का शनि 1, 4, 8, 10वें भाव में हो।
3. राहु-केतु 2रे व 8वें भाव में या 4थे व 10वें भाव में हों।
4. दशम भाव में 6ठे, 8वें, 12वें भाव के स्वामी हों।

नौकरी छूटने का समय :

1. दशम भाव, दशमेश तथा सूर्य पर शनि, राहु और द्वादशेश का दुष्प्रभाव हो तो नौकरी से हाथ धोना पड़ता है। संबंधित ग्रह की महादशा/अंतर्दशा में यह फल अवश्य घटता है।
2. जब गोचरवश गुरु जन्म कुण्डली के दशम भाव से राहु व शनि को देखता हो तो यह फल अवश्य ही घटित होता है।
3. मारकेश की दशान्तर्दशा में भी नौकरी छूट जाती है।

(vi) व्यवसाय या व्यापार (Business)

जीवनयापन के लिये व्यवसाय का चुनाव बड़ा मुश्किल होता है। व्यवसाय कैसा हो ? व्यवसाय या व्यापार निजी रूप में करें या साझेदारी में करें। व्यवसाय या व्यापार चलेगा या नहीं ? प्रत्येक व्यक्ति में कार्य प्रारंभ करने से पहले सही स्थिति तक पहुँचने की जिज्ञासा होती है। जन्म कुण्डली के दशम भाव से व्यवसाय या व्यापार पर विचार किया जाता है। दशम भाव में स्थित ग्रह व दशमेश की स्थिति व कारक ग्रह बुध की स्थिति, उनके गुण-दोष देखकर ही व्यवसाय या व्यापार का चुनाव श्रेयस्कर एवं लाभकारी होता है। लग्न स्थित ग्रह या लग्नेश के अनुसार भी व्यवसाय/व्यापार करना ठीक रहता है। व्यवसाय या व्यापार संबंधी योग आगे दिये जा रहे हैं :-

1. दशम भाव में स्थित ग्रह अनुसार व्यवसाय या व्यापार करना चाहिये।
2. दशम भाव में एक से अधिक ग्रह स्थित होने पर बली ग्रह अनुसार करें।
3. दशम भाव में किसी भी ग्रह के न होने पर दशमेश के अनुसार व्यवसाय प्रारंभ करें।
4. दशमेश के साथ यदि कोई ग्रह है तो उसके अनुसार व्यवसाय हो सकता है।
5. दशम भाव पर किन ग्रहों की दृष्टि है, देखकर अनुकूल व्यवसाय ठीक रहेगा।
6. लग्न में स्थित ग्रह व लग्नेश का भी व्यवसाय पर प्रभाव पड़ता है।

ग्रह अनुसार व्यवसाय :

दशमभाव एवं लग्नभाव स्थित ग्रह अनुसार अथवा दशमेश या लग्नेश अनुसार निम्नलिखित व्यवसाय हो सकते हैं-

1. **सूर्य** : कृषिकार्य, अनाज, फल, रुई, जूट आदि की कृषि, कृषि यन्त्र, कपड़े बनाना, कागज बनाना, बाँस का सामान, खेल का सामान, सर्जरी का सामान व दवाईयां बनाना आदि से संबंधित व्यवसाय।
2. **चन्द्र** : शर्बत, सोड़ा, अर्क आदि तरल पदार्थ, इत्र, खस, सुगंधित तेल, तैलचित्र, शीशे का सामान, बच्चों का सामान, खिलौने आदि, कोरियर सेवा, डेरी फार्म व दवाईयां आदि।
3. **मंगल** : बिजली का सामान व तारें, इलैक्ट्रोनिक्स का सामान, टी.वी., फ्रिज, टेलीफोन, मोबाईल, कैमरे, कम्प्यूटर्स आदि, किरयाना, मसाले, नमक, बेकरी,

तम्बाकू से बना सामान, बीड़ी सिगरेट, गुटखे, रक्षा सामग्री, कोयला, सीमेण्ट, पेन्ट, जाली आदि का व्यवसाय।

4. **बुध** : दूध व दूध से बनी वस्तुएं – घी, मक्खन, पनीर, मिठाइयाँ, फलों से बने मुरब्बे, आचार, दवाईयाँ, पुस्तकें, स्टेशनरी, लेखन, प्रकाशन, वाहन क्रय विक्रय एवं वकालत।
5. **गुरु** : शिक्षण संस्थान खोलना व लेखा जोखा रखना, धार्मिक कार्यों से संबंधित सामान, भूमि, वाहन, टिम्बर, आभूषण, औषध सम्बन्धी व्यवसाय, पशु पालन, मछली पालन, पशु खाद्य, पशु दवाईयां आदि।
6. **शुक्र** : संगीत व कला की वस्तुऐं – हारमोनियम, वायलिन, गिटार, तबला, मूर्तियां, बर्तन, बच्चों के खिलौने, सजावट का सामान, सुगन्धित द्रव्य, हीरे जवाहरात, फास्ट फूड कॉर्नर, शराब के ठेके आदि।
7. **शनि** : लोहा–लोहे का सामान, मशीनरी, इन्जीनियरिंग का सामान, इलैक्ट्रोनिक्स का सामान, लकड़ी, चमड़ा, पैट्रोल पम्प, गैस एजेन्सी, भवन निर्माण सामग्री, ईंट, रोड़ी, क्रेशर, मार्बल, सभी प्रकार की फिटिंग्स, आग्नेय शस्त्र, लाटरी की टिकटें आदि।

राशि अनुसार व्यवसाय :

दशम भाव या लग्न भाव की राशि अनुसार भी व्यवसाय किये जा सकते हैं।

1. **अग्नि राशियाँ** (1, 5, 9) दशम भाव या लग्न भाव में इन राशियों (मेष, सिंह, धनु) के होने पर बिजली का सामान, बिजली की तारें, इलैक्ट्रोनिक्स का सामान, टी.वी., फ्रिज, कम्प्यूटर्स, कैमरे, शस्त्र सामग्री, खेल का सामान, वाहन, औषधि निर्माण, पैट्रोल पम्पस, गैस एजेन्सीज।
2. **पृथ्वी राशियाँ** (2, 6, 10) दशम या लग्न भाव में इन राशियों (वृष, कन्या, मकर) के होने पर कृषिकार्य, अनाज, फल, रुई, जूट, कागज, वस्त्र, पुस्तक, स्टेशनरी, मुरब्बे, आचार , डेरी फार्म व दवाईयों का व्यवसाय।
3. **वायु राशियाँ** (3, 7, 11) इन राशियों (मिथुन, तुला, कुंभ) के दशम भाव या लग्न में होने पर प्रिंटिंगप्रैस कार्य, लेखन, सम्पादन, प्रकाशन, अनुवाद का कार्य, धार्मिक कार्यों से संबंधी सामग्री–पंचाग, डायरी, हवन सामग्री, शिक्षण संस्थान, सजावट का सामान, संगीत व कला का सामान, ज्योतिष कार्य आदि।
4. **जल राशियाँ** (4, 8, 12) दशम भाव या लग्न में इन राशियों (कर्क, वृश्चिक, मीन) के होने से शिपिंग कार्य, नौकाकार्य, मछली पालन, पशुपालन, भवन निर्माण सामग्री, शराब के ठेके, फास्ट फूड कॉर्नर, हीरे जवाहरात का कार्य, फिल्म निर्माण से संबंधित कार्य आदि।

निजी व्यवसाय या व्यापार :

हर व्यक्ति चाहता है कि मेरा अकेले का अपना व्यवसाय या व्यापार हो। इसमें दूसरे व्यक्ति का दखल न हो। इस बारे निम्न योग प्रमुख हैं :–

1. चन्द्र लग्न से बुध, गुरु, शुक्र तीनों शुभग्रह या कोई एक ग्रह भी केन्द्र में है तो

निजी व्यवसाय लाभकारी होता है।

2. चन्द्रलग्न से बुध और शुक्र 3रे व 11वें भाव में हों तो निजी व्यवसाय ठीक रहता है और फलता-फूलता है।
3. बुध, शुक्र, चन्द्र परस्पर एक दूसरे से द्वितीय या द्वादश भाव में हों तो स्वतंत्र व्यवसाय/व्यापार करना उचित होगा।

सांझा व्यवसाय या व्यापार :

साझेदारी के व्यवसाय में एक से अधिक व्यक्ति होते हैं। मिलकर व्यवसाय करने से संबंध बढ़ते हैं। व्यापार शीघ्र ही फलता फूलता है। इसके लिये सप्तम भाव से विचार करना चाहिये। इस संबंध में निम्न प्रमुख योग हैं :-

1. सप्तम भाव या सप्तम भाव में स्थित ग्रह के अनुसार या सप्तमेश के अनुसार।
2. सप्तमेश स्थित भाव के स्वामी अनुसार।
3. बुध स्थित भाव व भावेश की स्थिति अनुसार।
4. द्वितीय भाव व द्वितीयेश की स्थिति अनुसार।

व्यवसाय या व्यापार से हानि :

1. 6ठे, 8वें, 12वें भाव में उच्चराशि या स्वराशि का कोई ग्रह न हो।
2. लग्नेश व नवमेश अष्टम भाव में हों।
3. शनि अष्टम व दशम भाव में हो।

(vii) आकस्मिक धन या लाटरी (Lottery)

प्राचीन ज्योतिष ग्रन्थों के अनुसार आकस्मिक धन मिलने का अर्थ पहले गुप्त धन या जमीन में गड़े हुये धन के मिलने से होता था। व्यक्ति विशेष के पूर्वज मृत्यु से पूर्व अपना धन सुरक्षा के लिये जमीन के अन्दर गाड़ कर रख देते थे। वही धन कालान्तर में सौभाग्य से किसी को मिल जाता है तो उसे गड़ा धन या गुप्तधन कहते थे। अब इसका मुख्य आधार लाटरी हो गया है। कोई भी व्यक्ति लाटरी की टिकट लेकर भाग्य आजमा सकता है। लाटरी खुल जाये तो लखपति/करोड़पति हो सकता है। लाटरी बेचना या खरीदना भी अब बहुत बड़ा व्यवसाय हो गया है।

लाटरी या आकस्मिक धन प्राप्त कराने वाले द्वितीय और एकादश भाव हैं। इनके कारक ग्रह गुरु हैं। द्वितीयेश और एकादशेश की कुण्डली में सही स्थिति और गुरु की स्थिति पर निर्भर करता है कि अचानक व्यक्ति की लाटरी खुल जाये। राहु-केतु भी अकस्मात धन प्राप्त कराने में व्यक्ति की सहायता करते हैं।

अकस्मात धन प्राप्ति योग निम्नलिखित हैं :-

1. लग्नेश द्वितीय भाव में और द्वितीयेश लग्न या द्वादश में से किसी एक भाव में हो।
2. द्वितीय भाव में मंगल+गुरु युति हो।

3. द्वितीयेश अष्टम भाव में और अष्टमेश द्वितीय भाव में हो।
4. द्वितीयेश एवं दशमेश केन्द्र या त्रिकोण में हों।
5. गुरु नवमेश होकर अष्टम भाव में हो।
6. राहु या केतु द्वितीय भाव में हो।
7. राहु 4, 7, 9, 10, 11वें भाव में स्थित हो, अकस्मात धन प्राप्त कराता है।
8. पंचम भाव में चन्द्र+मंगल युति हो और उस पर शुक्र की दृष्टि हो।
9. पंचम भाव में बुध हो और एकादश में चन्द्र+मंगल युति हो।
10. नवम भाव में उच्च राशि या स्वराशि गुरु हो तथा दशम भाव में उच्चराशि मंगल के साथ चन्द्र हो।
11. द्वितीय, चतुर्थ, पंचम, नवम, एकादश भाव में से किसी एक भाव में उच्चराशिस्थ गुरु व चन्द्र की युति हो।
12. मेष लग्न कुण्डली में चतुर्थ में गुरु, सप्तम में शनि, अष्टम में शुक्र और अन्य किसी भाव में मंगल+चन्द्र युति हो।
13. तुला या मकर लग्न हो, नवम भाव में राहु हो, नवमेश बलवान हो तो आकस्मिक धन मिलता है।

(viii) भूसम्पत्ति (जमीन व मकान) : (Land & Buildings)

भूसम्पत्ति अर्थात जमीन व निवास की सुख सुविधा की प्रत्येक व्यक्ति इच्छा रखता है। वह इसके लिये जीवन भर प्रयासरत रहता है। जन्म कुण्डली का चतुर्थ भाव भूसम्पत्ति-जमीन व मकान का भाव है। मंगल ग्रह भूसम्पत्ति-जमीन का कारक है। अतः चतुर्थ भाव व मंगल की स्थिति देखकर ही भूसम्पत्ति-जमीन व मकान का विचार किया जाता है।

प्रमुख योग निम्नलिखित हैं :-

1. कुण्डली में चतुर्थेश तथा उच्चराशि या मूलत्रिकोण राशि या स्वराशि मंगल शुभभाव में हों, व्यक्ति भूसम्पत्ति का मालिक बनता है।
2. चतुर्थेश चतुर्थ भाव में हो और उस पर शुभग्रहों की दृष्टि हो, भू-सम्पत्ति मिलती है।
3. चतुर्थेश दशम भाव में, दशमेश चतुर्थ भाव में हो तथा उन पर बली मंगल की दृष्टि हो, भूसम्पत्ति प्राप्त होती है।
4. चतुर्थेश सप्तम में तथा शुक्र चतुर्थ भाव में हो तो जीवन साथी के माध्यम से भूसम्पत्ति/जमीन मिलती है।

5. चतुर्थेश गुरु के साथ केन्द्र में बैठा हो, भूसम्पत्ति दिलाता है।
6. चतुर्थेश, दशमेश और बली चन्द्र परस्पर मित्र हों, शुभ स्थान में बैठे हों तो व्यक्ति को अपार भूसम्पत्ति मिलती है।
7. चतुर्थेश द्वितीय या एकादश भाव में हो, जमीन, मकान सभी कुछ दिलाता है।
8. चतुर्थेश व लग्नेश 6ठे, 8वें, 12वें भावों को छोड़कर किसी भी भाव में हों, अपना घर बनवाते हैं।
9. चतुर्थेश व दशमेश केन्द्र या त्रिकोण भाव में हो, मकान (घर) दिलाते हैं।
10. उच्च राशिस्थ सूर्य चतुर्थ भाव में बैठा हो तो सुन्दर घर दिलवाता है।
11. चतुर्थ भाव और चतुर्थेश दोनों चर राशि में हो तो कई मकानों (भवनों) का मालिक बनाते हैं।
12. चतुर्थेश व नवमेश एकादश भाव में हों और शुभग्रह दृष्ट हों तो सुसज्जित भवन मिलता है।

भूसम्पत्ति हानि योग :

1. चतुर्थेश या मंगल नीचराशि में या पापग्रह युत हों तो भूसम्पत्ति चली जाती है।
2. चतुर्थेश नीचराशि व शत्रुग्रही होकर द्वितीय भाव में होने पर भी भूमि/जमीन नष्ट करता है।
3. चतुर्थेश सूर्य के साथ दशम भाव में हो, भूसम्पत्ति का नाश करता हैं।
4. लग्नेश स्थित राशि स्वामी, लग्नेश का शत्रु हो तो उसकी महादशा/अंतर्दशा में भूसम्पत्ति/जमीन, मकान आदि चले जाते हैं।

(ix) व्यक्तिगत वाहन सुख (Personal Transport)

आधुनिक युग विज्ञान का युग है। दूरियाँ कम हो गई है। विकास और प्रगति हेतु दौड़भाग में वृद्धि हो रही है। ऐसे में व्यक्तिगत वाहन यथा कार या मोटर व्यक्ति की आवश्यकता हो गई है। चतुर्थ भाव, चतुर्थेश व वाहन कारक ग्रह शुक्र की अच्छी स्थिति हो, तो व्यक्तिगत वाहन सुख प्राप्त होता है। चतुर्थ भाव के कारक ग्रह बुध एवं चन्द्र की स्थिति भी अच्छी हो तो व्यक्तिगत वाहन सुख प्राप्ति में चार चांद लग जाते हैं। व्यक्तिगत वाहन सुख निश्चित रूप से मिलता है।

व्यक्तिगत वाहन सुख प्राप्ति योग :–

1. चतुर्थेश के साथ गुरु, शुक्र, चन्द्र केन्द्र या त्रिकोण में बैठे हों तो व्यक्ति के पास कई वाहन होते हैं।

2. चतुर्थेश व नवमेश की युति एकादश में हो और चतुर्थ भाव को देखते हों तो व्यक्ति बहुवाहनों का स्वामी होता है।
3. चतुर्थेश गुरु, शुक्र, शनि के साथ नवम भाव में तथा नवमेश 1, 4, 7, 10, 5, 9 भाव में हो तो ऐसे व्यक्ति के पास बहुवाहन होते हैं।
4. चतुर्थेश एकादश भाव में हो और उस पर गुरु की दृष्टि हो, व्यक्ति बहुत से वाहनों का स्वामी होता है।
5. लग्नेश 4थे, 9वें, 11वें भाव में हो तो व्यक्ति के पास अनेकानेक वाहन होते हैं।
6. चतुर्थेश 5, 9, 10, 11वें भाव में हो तथा पंचमेश, नवमेश, दशमेश, एकादशेश में कोई एक चतुर्थ भाव में हो, व्यक्ति को वाहनसुख मिलता है।
7. लग्नेश+चतुर्थेश युति 1, 4, 9 भाव में हो, वाहनसुख मिलता है।
8. लग्नेश, चतुर्थेश, नवमेश केन्द्र में हों, ऐसे व्यक्ति को वाहन की प्राप्ति होती है।
9. द्वितीयेश लग्न में तथा दशमेश द्वितीय भाव में और कोई उच्चराशिस्थ ग्रह चतुर्थ भाव में हो, उत्तम वाहन योग होता है।
10. चतुर्थ भाव में कोई शुभग्रह हो और चन्द्र पर शुक्र की दृष्टि हो या चन्द्र, शुक्र से तृतीय भाव में हो, वाहनसुख मिलता है।
11. दशमेश एकादश में और एकादशेश दशम भाव में हो, वाहनयोग होता है।
12. द्वादशेश उच्चराशिस्थ होकर द्वितीयेश के साथ बैठा हो और नवम भाव को देखता हो, वाहन योग होता है।
13. चतुर्थेश 1, 4, 7, 10 भाव में कहीं बैठा हो और उस भाव का स्वामी एकादश में हो, वाहन की प्राप्ति होती है।

वाहन दुःख प्राप्ति योग :-

1. चतुर्थेश 6ठे, 8वें, 12वें भाव में हो तो वाहन बिगड़ता रहता है। धनहानि कराता रहता है।
2. चतुर्थेश अस्त, नीचस्थ या शत्रुग्रही राशि में हो तो वाहन में स्थिरता नहीं रहती है।

(x) विदेश यात्रा (Foreign Travels)

जन्म कुण्डली का अष्टम भाव समुद्र का भाव है और समुद्र पार यात्रा विदेश यात्रा मानी जाती है। अष्टम से द्वितीय अर्थात नवम भाव समुद्र पार पहुंचने को प्रकट करता है। अतः नवम भाव से विदेश यात्रा पर विचार किया जाता है। नवम से चतुर्थ अर्थात द्वादश भाव समुद्रपार के घर, घर समूह (नगर/शहर) से संबंधित है। अतः नवम व द्वादश भाव से विदेश यात्रा/विदेश निवास का पता लगता है। विदेश यात्रा पर विचार करते समय लग्न और लग्नेश की स्थिति पर भी ध्यान देना आवश्यक है।

विदेश यात्रा के प्रबल योग निम्नलिखित हैं :-

1. अष्टम भाव व अष्टमेश पर पापग्रहों का प्रभाव हो।
2. अष्टम भाव में सूर्य या लग्नेश हो।
3. नवम व द्वादश भाव में चर राशि हो तथा नवमेश, द्वादशेश चरराशिस्थ हों।
4. नवमेश, लग्नेश अपने भाव में हों या नवमेश लग्न में और लग्नेश नवम भाव में हों।
5. नवम भाव में स्वराशिस्थ/उच्चराशिस्थ शनि हो।
6. नवमेश, द्वादशेश, जिस राशि में स्थित हों, उनके स्वामी चरराशिस्थ हों।
7. द्वादशेश स्वगृही/उच्चगृही होकर किसी शुभग्रह के साथ हो।
8. द्वादशेश लग्न में और लग्नेश नवम भाव में हो।
9. द्वादशेश अष्टम भाव में चरराशिस्थ हो।
10. चतुर्थेश और नवमेश या द्वादशेश दोनों द्वादश भाव में स्थित हों।
11. द्वादशेश पापग्रह से युत या दृष्ट हो।
12. लग्नेश से द्वादश भाव का स्वामी जन्म लग्न से केन्द्र या त्रिकोण में हो।
13. लग्नेश, नवमेश और द्वादशेश 3, 4, 7, 8, 11, 12 राशियों में हों।
14. लग्न व लग्नेश चरराशि में हों या चरराशिस्थ ग्रह से दृष्ट हों।
15. लग्नेश, नवमेश दोनों नवम भाव में स्थित हों।
16. लग्नेश स्थित भाव से द्वादश भाव का स्वामी लग्नेश का शत्रु हो तथा नीच व दुर्बल हो।
17. चन्द्रलग्न से नवम भाव में लग्नेश के अतिरिक्त कोई अन्य ग्रह हो।
18. कुण्डली में सूर्य चन्द्रलग्न से द्वादश हो या एक साथ स्थित हो।
19. राहु या केतु 3रे, 4थे, 9वें, 12वें भाव में स्थित हो।
20. कुण्डली में द्वितीय तथा षष्ठ भाव पर गुरु, चन्द्र और शुक्र की दृष्टि हो।

11. आयु विचार (Age or Lifetime) :

व्यक्ति के जन्म समय से मृत्युपर्यन्त समय को आयु या आयुकाल कहते हैं। सभी व्यक्तियों की आयु एक जैसी नहीं होती है। किसी व्यक्ति की आयु बहुत लम्बी अवधि की अर्थात सौ वर्ष के आसपास होती है। जैसे भूतपूर्व प्र.मं. स्वर्गीय मोरारजीदेसाई की। कोई थोड़े समय ही जीवित रह पाता है। जैसे स्वर्गीय संजयगांधी। वह केवल 32 वर्ष की आयु में ही ब्रह्मलीन हो गये। अतः विश्व के प्रत्येक व्यक्ति के मन में प्रतिपल

अपनी आयु जानने की प्रबल इच्छा बनी रहती है। मृत्यु का समय निश्चित करना सबसे विकट एवं कठिन समस्या है। किसी भी वैज्ञानिक, डाक्टर, दार्शनिक, धर्मज्ञ, योगी, संत, महापुरुष के पास इस समस्या का समाधान नहीं है। यह सभी कुछ प्रभु आधीन है।

ज्योतिष विज्ञान में इस विषय पर काफी चिंतन, मनन किया गया है। विद्वान शोधकार्य में लगे हुये हैं। साहित्य में निरंतर वृद्धि हो रही है। इस समय ज्योतिष विद्या का साहित्य विश्व के सभी देशों में सभी भाषाओं में उपलब्ध है, किन्तु आज भी आयु निर्णय दुर्लभ और दुष्कर है। आज भी पाराशर, जैमिनी जैसे महर्षियों के स्थिर सिद्धान्तों के अनुसार ग्रह और राशि के आधार पर ही व्यक्ति की आयु निकाली जाती है। गणित सम्मत पिण्डायु विधि भी आयु ज्ञात करने की एक ठीक विधि है।

आयु का विचार अष्टम भाव, अष्टम भाव में बैठे ग्रह, अष्टम भाव पर दृष्टि रखने वाले ग्रह तथा अष्टमेश से किया जाता है। शनि अष्टम भाव का कारक ग्रह है। गुरु आयु के लिये शुभ ग्रह है। अतः शनि व गुरु की स्थिति भी देखनी आवश्यक होती है। लग्न किस राशि की है–चर/स्थिर/द्विस्वभाव। लग्न और लग्नेश निर्बल तो नहीं है। द्वितीय व सप्तम भाव के स्वामी मारकेश किन भावों में बैठे हैं। महादशा/अंतर्दशा किस ग्रह की चल रही है। इन सभी पर दृष्टि डालने एवं विचार करने उपरान्त ही व्यक्ति की सही–2 आयु का अनुमान लगाया जा सकता है।

मारकेश की पहचान :-

सर्वप्रथम मारकेश की पहचान के योग पर विचार करते हैं। मारकेश की पहचान के निम्नलिखित प्रमुख योग हैं :-

1. अष्टमेश बलवान होकर 3, 4, 6, 10, 12 भावों में बैठा हो तो मारक होता है।
2. अष्टमेश शत्रुक्षेत्री होकर चतुर्थ भाव में बैठा हो, मारक होता है।
3. षष्ठेश या अष्टमेश शनि लग्नेश को देखे तो मारक होता है।
4. शनि मारकेश के साथ बैठा हो तो स्वयं मारकेश बन जाता है।
5. पाराशर के अनुसार द्वितीयेश व सप्तमेश मारक होते हैं। द्वितीयेश प्रथम श्रेणी का मारकेश होता है।
6. द्वादशेश पापग्रह होने पर मारकेश होता है।
7. राहु वृश्चिक और मकर लग्न वालों के लिये मारक होता है।
8. राहु–केतु 1, 7, 8, 12 भाव में बैठे हो, मारक बन जाते हैं।
9. बाधक भाव में बैठे ग्रह भी मारक होते हैं जैसे चर लग्न हों तो 11वें भाव के, स्थिर लग्न हों तो 9वें भाव के और द्विस्वभाव लग्न हों तो 7वें भाव के।

आयु विचार की विधियां

आयु का विचार तीन प्रकार से कर सकते हैं। (1) ग्रहों के आधार पर (2) राशि के आधार पर (3) गणितीय आकलन द्वारा। इन तीनों विधियों का विवरण निम्नलिखित है।

(अ) ग्रह आधारित विधि :

यह एक सामान्य विधि है। व्यक्ति की जन्म कुण्डली में ग्रहों की स्थिति एवं गति के अनुसार आयु का अनुमान लगा सकते हैं। इस विधि के अनुसार आयु काल को 5 खण्डों में बाँटा जा सकता है:-

1. बालारिष्ट (जन्म से आठ वर्ष तक)

ज्योतिष में 8 वर्ष की आयु तक होने वाली मृत्यु को बालारिष्ट नाम दिया गया है। शास्त्रकारों/विद्वानों के अनुसार 4 वर्ष तक के बालक की मृत्यु माता के दुष्कर्मों या पापकर्मों के कारण होती है तथा 4 वर्ष के बाद 8 वर्ष तक के बालक की मृत्यु पिता के दुराचारों या दुष्कर्मों के कारण हेाती है। ग्रहों के आधार पर निम्न योग होते हैं :-

(i) यदि 6ठे, 8वें, 12वें दुष्ट भावों में चन्द्र हो और उस पर पापग्रह की दृष्टि हो तो बालक की शीघ्र मृत्यु होती है।

(ii) सूर्यग्रहण या चन्द्रग्रहण का समय हो तथा सूर्य, चन्द्र और राहु एक राशि में इकटठे बैठे हों, लग्न को पापग्रह शनि व मंगल देखते हों तो बालक 15 दिन ही जीवित रहता है।

(iii) दशम भावस्थ शनि, षष्ठम भावस्थ चन्द्र और सप्तम भावस्थ मंगल हो, बालक व माता की जन्म काल में ही मृत्यु हो जाती है।

2. योगारिष्ट (8 वर्ष से 20 वर्ष तक)

आठ वर्ष के बाद 20 वर्ष तक की आयु को योगारिष्ठ श्रेणी में रखा गया है। इस बारे में निम्नलिखित योग हैं :-

(i) पंचम भाव में सूर्य, चन्द्र, मंगल इकटठे बैठे हों, नौवें वर्ष में बालक की मृत्यु होती है।

(ii) शनि मकर के नवांश में हो और बुध की उस पर दृष्टि हो, बालक की आयु 10 वर्ष होती है।

(iii) सूर्य, बुध की युति हो और शुभग्रह उन्हें देखते हो तो बालक 11 वर्ष तक जीवित रहता है।

(iv) अष्टम भाव में सिंह राशि में शनि, चन्द्र साथ-2 बैठे हों और उन पर शुक्र की दृष्टि हो तो बालक की आयु 12 वर्ष होती है।

(v) तुला राशि के नवांश में शनि बैठा हो और गुरु उसे देख रहा हो तो आयु 13 वर्ष होती है।

(vi) कन्या के नवांश में शनि हो और बुध की उस पर दृष्टि हो तो आयु 14 वर्ष होती है।

(vii सिंह के नवांश में शनि हो और राहु देखता हो तो बालक 15 वर्ष जीवित रहता है।

(viii)कर्क के नवांश में शनि बैठा हो। गुरु की उस पर दृष्टि हो तो आयु 16 वर्ष होती है। सर्प के काटने से मृत्यु हो सकती है।

(ix) मिथुन के नवांश में शनि हो और लग्नेश की उस पर दृष्टि हो, बालक की आयु 17 वर्ष होती है।

(x) लग्नेश व अष्टमेश दोनों पापग्रह हों और एक दूसरे की राशि में हो या 6ठे, 8वें भाव में हों किन्तु उन पर शुभग्रह गुरु की दृष्टि न हो, उम्र 18 वर्ष होती है।

(xi) पापग्रह 1, 4, 7, 10 भाव में हों और उन्हें चन्द्र या शुभग्रह न देखते हों, बालक 20 वर्ष तक जीवित रहता है।

3. कम आयु (20 वर्ष से 32 वर्ष)

20 वर्ष से 32 वर्ष तक की आयु कम आयु (अल्पायु) समझी जाती है। इसके निम्नयोग हैं :-

(i) वृष, तुला, मकर और कुम्भ लग्न वाले व्यक्तियों की आयु सामान्यतः कम आयु मानी जाती है।

(ii) क्षीण चन्द्र, निर्बल एवं पापग्रह युत लग्न और अष्टमेश पापग्रह युत होकर केन्द्र (1, 4, 7, 10) या अष्टम भाव में हो

(iii) दुष्ट (6, 8, 12) भावों में पापग्रह हों तथा लग्नेश निर्बल होकर शुभग्रहों से युत या दृष्ट न हों।

(iv) लग्नेश 6ठे या 8वें भाव में हो और सभी पापग्रह 3, 6, 9, 12वें भाव में हों।

(v) लग्नेश निर्बल हो और पापग्रह केन्द्र या त्रिकोण (1, 4, 7, 10, 5, 9) में हों।

(vi) लग्नेश सूर्य का शत्रु हो।

(vii) लग्न में गुरु+शुक्र युति तथा पंचम भाव में मंगल पापग्रह युत हो।

(viii) द्वितीयेश नवम भाव में, शनि सप्तम भाव में और गुरु, शुक्र युति एकादश भाव में हो।

(ix) कम आयु वाले व्यक्तियों की मृत्यु 'विपत' तारा में होती है।

4. औसत आयु (32 से 64 वर्ष)

32 वर्ष से 64 वर्ष तक औसत आयु (मध्यमायु) कही गई है। इस बारे निम्न योग हैं:-

(i) सामान्यत: मिथुन, कन्या लग्न वाले व्यक्ति की औसत आयु होती है।

(ii) स्थिर लग्न हो और सभी पापग्रह लग्न में हों।

(iii) लग्नेश निर्बल हो और गुरु केन्द्र या त्रिकोण (1, 4, 7, 10, 5, 9) में हो। सभी पापग्रह 6ठे, 8वें, 12वें भाव में हों।

(iv) शुभग्रह केन्द्र या त्रिकोण भाव में, शनि 6ठे या 8वें भाव में तथा अन्य पापग्रह 7वें या 8वें भाव में हों।

(v) शुभग्रह या पापग्रह 1, 4, 7, 10, 5, 9वें भाव में हों।

(vi) सभी पापग्रह 2, 5, 8, 11वें भाव में हों।

(vii) लग्नेश बुध हो।

(viii) दिन का जन्म हो और चन्द्र लग्न से आठवें भाव में पापग्रह हों।

(ix) इस आयु के व्यक्ति की 'प्रत्यारि' तारा में मृत्यु कही गई है।

5. अधिक आयु (64 से 96 वर्ष)

64 से आगे वर्षों की आयु को अधिक आयु (दीर्घायु) माना गया है। प्रमुख योग इस प्रकार हैं :-

(i) सामान्यत: कर्क और सिंह लग्न वाले व्यक्ति दीर्घायु होते हैं।

(ii) स्वराशि अष्टमेश और शनि अष्टम भाव में हों।

(iii) अष्टमेश, लग्नेश और दशमेश केन्द्र या त्रिकोण भाव में हों।

(iv) पंचम भाव में चन्द्र, नवम भाव में गुरु और दशम भाव में मंगल हो।

(v) षष्ठेश और द्वादशेश लग्न में, दशमेश और लग्नेश केन्द्र भावों में हों।

(vi) लग्नेश बली होकर केन्द्र में तथा शेष ग्रह 3, 4, 8वें भाव में हों।

(vii) लग्नेश सूर्य का मित्र हो।

(viii) शुभग्रह केन्द्र या त्रिकोण में तथा पापग्रह 3रे, 6ठे, 11वें भाव में हों।

(ix) इस आयु वाले व्यक्ति की 'वेधा' तारा में मृत्यु बताई गई है।

(ब) राशि आधारित विधि :

महर्षि जैमिनी के मतानुसार आयु का आकलन राशि के आधार पर करना चाहिये। इसके लिये तीन राशि युग्म बनाये गये हैं:-

(i) लग्नेश और अष्टमेश स्थित राशि युग्म।

(ii) शनि और चन्द्र स्थित राशि युग्म (यदि चन्द्र लग्न या सप्तम भाव में है तो जन्मलग्न व चन्द्र लग्न राशि युग्म से देखना चाहिये)

(iii) जन्म लग्न और होरा लग्न राशि युग्म।

इन उपरोक्त राशि युग्मों के आधार पर आयु निम्न प्रकार से जाँचनी होती है।

1. अल्पायु खण्ड (20 वर्ष से 32 वर्ष)

लग्नेश या अष्टमेश दोनों में से एक चरराशि (1, 4, 7, 10) में हो, दूसरा द्विस्वभावराशि (3, 6, 9, 12) में हो या फिर दोनों स्थिर राशि (2, 5, 8, 11) में हों तो अल्पायु योग होता है।

2. मध्यमायु खण्ड (32 वर्ष से 64 वर्ष)

लग्नेश या अष्टमेष दोनों में से एक चर राशि (1, 4, 7, 10) में हो, दूसरा स्थिर राशि (2, 5, 8, 11) में हो या दोनों द्विस्वभाव राशि (3, 6, 9, 12) में हों तो मध्यमायु योग होता है।

3. दीर्घायुखण्ड (64 वर्ष से 96 वर्ष)

64 वर्ष से 96 वर्ष की आयु दीर्घायु मानी गई है। अतः लग्नेश या अष्टमेश दोनों में से एक स्थिर राशि (2, 5, 8, 11) में हो, दूसरा द्विस्वभाव राशि (3, 6, 9, 12) में हो या फिर दोनों चर राशि (1, 4, 7, 10) में हों तो दीर्घायु योग होता है।

नोट :

इसी प्रकार शनि और चन्द्र स्थित राशि युग्म से (यदि चन्द्र ग्रह लग्न भाव या सप्तम भाव में हो तो जन्म लग्न और चन्द्र लग्न राशि युग्म से) तथा जन्म लग्न व होरा लग्न की राशि से भी उपरोक्त योग देखना आवश्यक है। तीनों राशि युग्मों की आयु निकालकर स्पष्ट आयु जान सकते हैं। नियमानुसार कक्षा वृद्धि व ह्रास नियम का पालन करना भी आवश्यक है।

कक्षा वृद्धि व ह्रास नियम :

1. लग्न या सप्तम भाव में गुरु हो तो कक्षा वृद्धि होती है। अल्पायु से मध्यमायु, मध्यमायु से दीर्घायु और दीर्घायु से *परमायु* होती है।

2. शनि केन्द्र या त्रिकोण में हो किन्तु स्वराशि/उच्च राशि में ना हो तथा किसी पापग्रह से युत व दृष्ट ना हो तो कक्षा ह्रास होता है। दीर्घायु से मध्यमायु, मध्यमायु से अल्पायु और अल्पायु से क्षीण आयु होती है।

इसके लिये एक व्यक्ति का उदाहरण आगे दिया जा रहा है :-

उदाहरण - एक व्यक्ति का जन्म 21.10.1937 वर्ष में अलवर (राजस्थान) में प्रात: 8 बजकर 30 मिनिट पर हुआ। इष्टकाल 05 घटी, 03 पल, 22 विपल है। लग्न वृश्चिक है। सर्वाधिक अंश वाला ग्रह बुध उच्चराशि में ग्यारहवें भाव में बैठा है। जन्म कुण्डली, लग्न स्पष्ट, ग्रह स्पष्ट के अंक निम्नलिखित हैं :-

एक व्यक्ति की जन्म कुण्डली

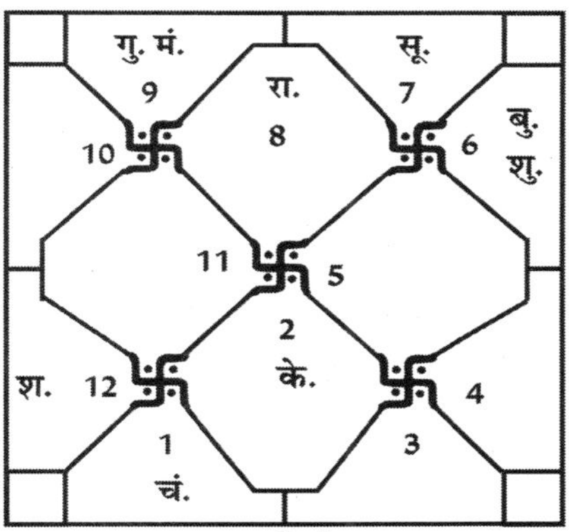

कुण्डली नं. 56

लग्न स्पष्ट एवं ग्रह स्पष्ट

लग्न एवं ग्रह स्पष्ट	रा. अ. क. वि.	मार्गी/वक्री
लग्न स्पष्ट	07-00-03-28	-
सूर्य	06-04-19-01	-
चन्द्र	00-21-06-45	-
मंगल	08-21-18-37	मार्गी
बुध	05-28-41-53	मार्गी
गुरु	08-26-39-24	मार्गी
शुक्र	05-08-47-33	मार्गी
शनि	11-06-48-04	वक्री
राहु	07-13-33-25	वक्री
केतु	01-13-33-25	वक्री

होरा लग्न ज्ञात करना :

सर्वप्रथम व्यक्ति की होरा लग्न ज्ञात करने के लिये इष्टकाल के अंक घटी, पल, विपल और सूर्य ग्रह स्पष्ट अंक राशि, अंश, कला, विकला होने आवश्यक हैं। इष्टकाल के घटी, पल आदि को दो से गुणा करें और गुणक संख्या में 5 का भाग दें इससे लब्धि 'राशि' होगी। शेष को 60 से गुणाकर और अगले अंक जोड़कर 10 का भाग देने पर लब्धि 'अंश' होगी। पुन: शेष को 60 से गुणा कर अगले अंक जोड़कर 10 का भाग देने से लब्धि 'कला' होगी और अंतिम शेष को 60 से गुणाकर 10 का भाग देने से या फिर अंतिम शेष को सीधा 6 से गुणा करने पर लब्धि 'विकला' होगी। इस राशि, अंश, कला, विकला अंक फल को सूर्य स्पष्ट ग्रह के राशि, अंश, कला, विकला अंक में जोड़ने से स्पष्ट 'होरा लग्न' आती है। इसके लिये आवश्यक है कि किसी व्यक्ति की जन्म कुण्डली और जन्म कुण्डली के लग्न स्पष्ट एवं ग्रह स्पष्ट के अंक हों और साथ में इष्टकाल भी दिया हुआ हो। सर्वाधिक अंश वाले ग्रह के बारे में भी लिखा हो। इसके लिये *पृष्ठ 264 पर* होरा लग्न का एक उदाहरण देखें। यह *इस* पृष्ठ पर दिये एक व्यक्ति के उदाहरण से लिये इष्टकाल आदि के अंकों पर आधारित है।

होरा लग्न :

1. इष्टकाल 05 घटी, 03 पल, 22 विपल
2. सूर्य स्पष्ट 06 राशि, 04 अंश, 19 कला, 01 विकला

इष्टकाल (05–03–22) x 2=10 घटी, 06 पल, 44 विपल

अब 10 घटी, 06 पल, 44 विपल से राशि, अंश, कला, विकला निकालने के लिये गणित प्रक्रिया नीचे देखें।

5 | 10 घटी | 02 राशि
10
00

10 | 6 | 00 अंश 6 x 60=360 विपल
360+44=404 विपल

10 | 404 | 40 कला
400
4 x 60

10 | 240 | 24 विकला
240
x

		रा. अ. क. वि.
इष्टकाल से प्राप्त अंक	=	02–00–40–24
सूर्य स्पष्ट ग्रह अंक	=	06–04–19–01
कुल जोड़	=	08–04–59–25

उत्तर – अंकों का कुल जोड 8 राशि से अधिक है। अतः होरा लग्न राशि 8 (वृश्चिक) से अगली राशि 9 (धनु) हुई।

तीनों युग्म राशियों के आधार पर व्यक्ति की आयु

लग्नेश	मंगल धनुराशि में	द्विस्वभाव	मध्यमायु
अष्टमेश	बुध कन्या राशि में	द्विस्वभाव	
शनि	शनि मीन राशि में	द्विस्वभाव	अल्पायु
चन्द्र	चन्द्र मेष राशि में	चर	
जन्म लग्न	वृश्चिक राशि	स्थिर	दीर्घायु
होरा लग्न	धनुराशि	द्विस्वभाव	

उत्तर – उपरोक्त तीन या दो प्रकार से एक सी आयु हो तो उसे माना जाता है और यदि तीनों प्रकार से अलग–अलग आयु हो तो होरा लग्न से आयु मानी जाती है। इस व्यक्ति की होरा लग्न से आयु दीर्घायु बनती है और नियमानुसार कक्षा वृद्धि व ह्रास भी नहीं है। अतः व्यक्ति की आयु दीर्घायु कही जायेगी।

(स) पिण्ड़ायु विधि :

पिण्ड़ायु विधि एक गणितीय विधि है। इसके लिये व्यक्ति की जन्म कुण्डली के लग्न स्पष्ट अंक व ग्रह स्पष्ट अंक होने चाहिये और साथ में ग्रहों के उच्चराशि अंश व ध्रुवांक की सारिणी होनी चाहिये। लग्न स्पष्ट अंक से लग्नायु और ग्रह स्पष्ट अंक से प्रत्येक ग्रह की पिण्ड़ायु निकालकर जोड़ने से व्यक्ति की कुल आयु का पता लगता है किन्तु पिण्डायु वृद्धि और ह्रास के नियमों को ध्यान में रखते हुये आयु कहनी चाहिये।

उच्च राशि अंश व ध्रुवांक सारिणी

ग्रह संख्या	ग्रह का नाम	उच्च राशि अंक	ध्रुवांक
1	सूर्य	00/10	19
2	चन्द्र	01/03	25
3	मंगल	09/28	15
4	बुध	05/15	12
5	गुरु	03/05	15
6	शुक्र	11/27	21
7	शनि	06/20	20

पिण्ड़ायु वृद्धि व ह्रास नियम :

1. शुक्र और शनि ग्रहों को छोड़कर, कोई ग्रह अस्त हो तो उस ग्रह की आयु 1/2 अर्थात आधी कर दें। शुक्र और शनि के अस्त होने पर भी उनकी आयु वही रहेगी।
2. शत्रुगृह स्थित मार्गीग्रह की आयु 1/3 अर्थात एक तिहाई कम कर दें। वक्री ग्रह होने पर पिण्डायु वही रहेगी।
3. शत्रुगृह स्थित मंगल की पिण्डायु सदैव पूर्ण रहती है।
4. लग्न से द्वादश में पापग्रह हो तो पिण्डायु का सम्पूर्ण भाग कम कर दें। शुभ ग्रह हो तो आयु का 1/2 भाग कम कर दें।
5. एकादश भाव में पापग्रह हो तो आयु 1/2 अर्थात आधी कर दें, शुभग्रह हो तो 1/4 एक चौथाई कम कर दें।
6. दशम भाव में पाप ग्रह हो तो 1/3 भाग कम कर दें, शुभ ग्रह हो तो 1/6 भाग कम कर दें।
7. नवम भाव में पापग्रह हो तो 1/4 भाग कम कर दें, शुभग्रह हो तो 1/8 भाग कम कर दें।

8. अष्टम भाव में पापग्रह हो तो 1/5 भाग कम कर दें शुभ ग्रह हो तो 1/10 भाग कम कर दें।
9. सप्तम भाव में पापग्रह हो तो 1/6 भाग कम कर दें शुभग्रह हो तो 1/12 भाग कम कर दें।

उदाहरण :

कुण्डली नं. 56 व उसके लग्न स्पष्ट एवं ग्रह स्पष्ट के अंकों के आधार पर लग्नायु एवं पिण्डायु निकालनी है। गत पृष्ठ पर उच्चराशि अंश व ध्रुवांक सारिणी भी दी हुई है। अत: गणित विधि से ग्रहों की आयु निम्न प्रकार होगी :-

1. लग्न स्पष्ट से लग्नायु निकालना :

इसके लिये लग्न स्पष्ट की राशि को छोड़कर अंश, कला, विकला के आधार पर आयु निकालनी होती है।

नियम नं. 1. 3^0 अंश 20' कला=1 वर्ष

2. 1' कला=1 दिन, 48 घटी

3. 1'' विकला=1 घटी 48 पल

	रा.	अ.	क.	वि.
लग्न स्पष्ट	07 -	00 -	03 -	28

उत्तर -

1 कला = 1 दिन, 48 घटी तो 3 कला	=	05 दिन, 24 घटी, 00 पल
1 विकला=1 घटी, 48 पल तो 28 विकला	=	00 दिन, 50 घटी, 24 पल
कुल जोड़ अर्थात लग्नायु	=	06 दिन, 14 घटी, 24 पल

2. ग्रह स्पष्ट से पिण्ड़ायु निकालना :

पिण्ड़ायु निकालने के लिये ग्रहस्पष्ट में से सारिणी में दिये हुये उच्चराशि अंश घटाने होते हैं। यदि घटाने के पश्चात राश्यांश 6 राशि से कम हो तो पुन: 12 राशि में से उन्हें घटायें और जो राशि, अंश, कला, विकला आये, उनकी कला बनायें और संबंधित ग्रह के सारिणी में दिये हुये ध्रुवांक से गुणा करें। गुणक को 21600 से भाग करें और ग्रह की आयु वर्ष, मास, दिन, घटी, पल में निकालें। आगे गणित प्रक्रिया देखें।

(1)

	रा.	अं.	क.	वि.
सूर्य स्पष्ट	6	04	19	01
उच्च राश्यांश (-)	0	10	00	00
शेष	5	24	19	01
6 राशि से कम	12	00	00	00
अन्तर (-)	5	24	19	01
वास्तविक राश्यांश	6	05	40	59

कला बनायी 6 x 30=180+05=185

185 x 60=11100+40=11140

11140 कला - 59 विकला

ध्रुवांक से गुणा करने पर x 19   x 19

211660   1121 ÷ 60

(+) 18   18 कला

21600) 211678 (9 वर्ष
194400
17278 x 12
207336 (9 मास
194400
12936 x 30
388080 (17 दिन
367200
20880 x 60
1252800 (58 घटी
1252800
x

(2)

	रा.	अं.	क.	वि.
चन्द्र स्पष्ट	0	21	06	45
उच्च राश्यांश (-)	01	03	00	00
वास्तविक राश्यांश	11	18	06	45

कला बनायी 11 x 30=330+18=348

348 x 60=20880+06=20886

20886 कला - 45 विकला

ध्रुवांक से गुणा करने पर x 25   x 25

522150   1125 ÷ 60

+ 18   18 कला

21600) 522168 (24 वर्ष
518400
3768 x 12
45216 (2 मास
43200
2016 x 30
60480 (2 दिन
43200
17280 x 60
1036800 (48 घटी
1036800
x

1. उपरोक्त गणित प्रक्रिया से प्राप्त (1) सूर्य की आयु=9 वर्ष, 9 मास, 17 दिन, 58 घटी और (2) चन्द्र की आयु=24 वर्ष, 02 मास, 02 दिन, 48 घटी प्राप्त हुई। अन्य ग्रहों की आयु निकालने पर निम्न अंक आये हैं। लग्नायु और ग्रहायु सारिणी देखें। कक्षा वृद्धि/कक्षाह्रास जोड़ने/घटाने उपरान्त सही आयु का सारांश अगले पृष्ठ पर देखें।

लग्नायु एवं ग्रहायु सारिणी

आयु	वर्ष	मास	दिन	घटी	पल
लग्नायु	00	00	06	14	24
सूर्य आयु	09	09	17	58	00
चन्द्र आयु	24	02	02	48	00
मंगल आयु	13	05	19	39	00
बुध आयु	11	06	15	37	00
गुरु आयु	07	10	05	09	00
शुक्र आयु	11	06	22	21	00
शनि आयु	12	04	23	58	00
कुल आयु	90	09	23	44	24

नियमानुसार आयु ह्रास :

		वर्ष	मा.	दि.	घ.	व.
1. पापग्रह सूर्य द्वादश में है अतः पूर्ण आयु ह्रास	=	09	09	17	58	00
2. एकादश में शुभ ग्रह बुध एक चौथाई आयु ह्रास	=	02	10	18	54	15
3. एकादश में शुभ ग्रह शुक्र एक चौथाई ह्रास	=	02	10	20	35	15
कुल ह्रास	=	15	06	27	27	30
कुल आयु	=	90	09	23	44	24
कुल ह्रास (–)	=	15	06	27	27	30
वास्तविक आयु	=	75	03	26	16	54

फल निर्धारण : इस प्रकार पिण्ड़ायु विधि से गणित प्रक्रिया करने उपरांत व्यक्ति की आयु लगभग 75 वर्ष बनती है। इस प्रकार व्यक्ति की आयु दीर्घायु कही जा सकती है।

(xii) स्वास्थ्य, रोग एवं उपाय (Health, Diseases & Solutions)

स्वास्थ्य (Health) : व्यक्ति का स्वास्थ्य सुखी और सार्थक जीवन का आधार है। व्यक्ति के स्वास्थ्य की जानकारी लग्न भाव से मिलती है। लग्न में कौनसी राशि स्थित है और क्या कोई ग्रह भी लग्न भाव में बैठा है ? लग्नेश लग्न में है या किसी अन्य भाव में बैठा है। लग्न भाव के कारक ग्रह सूर्य की स्थिति जन्म कुण्डली के किस भाव व राशि में है ? अतः लग्न, लग्नेश एवं सूर्य तीनों की स्थिति यदि अच्छी है तो शास्त्रकारों के मतानुसार स्वास्थ्य भी अच्छा होगा।

उपरोक्त स्थिति अच्छी होने पर भी व्यक्ति के स्वास्थ्य में कभी-2 गिरावट देखी जाती है। रोग इसके मूल कारण है। जब व्यक्ति को रोग घेर लेते हैं तो व्यक्ति कमजोरी महसूस करता है। षष्ठ भाव से रोग का पता लगता है। इसके लिये षष्ठेश की स्थिति और षष्ठ भाव के कारक मंगल व शनि ग्रह की स्थिति भी देखनी होती है। षष्ठ भाव की त्रिषड़ाय व त्रिक दोनों प्रकार के भावों में गिनती आती है। इस भाव को सर्वाधिक अशुभ व हानिकर माना जाता है। स्मरण रहे कि षष्ठ भाव की राशि की, षष्ठेश की व मंगल और शनि की स्थिति ठीक न होने पर व्यक्ति सदैव अस्वस्थ रहता है। सामान्य या कष्टकारी रोगों से पीड़ित रहता है।

शारीरिक बनावट (Body Structure)

व्यक्ति का शरीर पाँच तत्वों (क्षितिज, जल, पावक, गगन, समीरा) से मिलकर बना है। अतः लग्न में, जिस प्रकार की राशि और ग्रह होंगे, शरीर की स्थिति वैसी ही होगी। शारीरिक स्थिति सम्बन्धी नियम इस प्रकार हैं :-

1. लग्न व लग्नाधिपति जलराशिगत हों तो व्यक्ति का शरीर मोटा होता है।
2. लग्न अग्निराशि हो तथा लग्न में अग्निग्रह हो तो शरीर पुष्ठ एवं बलिष्ठ होता है।
3. लग्न में अग्नि या वायुराशि हो और लग्नाधिपति पृथ्वी राशि हो तो भी शरीर ठोस होता है।
4. लग्न और लग्नाधिपति पृथ्वीराशिगत हो तो भी व्यक्ति बलिष्ठ होता है। यद्यपि नाटाकद का होता है।
5. लग्न पृथ्वीराशि की हो और लग्नाधिपति जलराशिस्थ हो तो व्यक्ति मोटा किन्तु पुष्ट होता है।

रोग (Diseases) :

रोग दो प्रकार के होते हैं। 1. सामान्य (Common Diseases) 2. कष्टकारी (Chronic Diseases) सामान्य रोग एक प्रकार से मानव जीवन के अंग है- यथा बुखार आना, जुकाम हो जाना, खांसी पड़ना, पेटदर्द, बदनदर्द, सिरदर्द आदि। ऐसे रोग व्यक्ति को कुछ समय तकलीफ देकर दूर हो जाते हैं। कष्टकारी रोग दीर्घकाल तक जारी रहते हैं। कष्टकारी रोग बचपन में भी हो सकते हैं और बड़ी आयु में भी। इन कष्टकारी रोगों में ह्रदय रोग, क्षय रोग, कैन्सर, कुष्टरोग, मधुमेह, पागलपन एवं नेत्ररोग प्रमुख है। यह दोनों प्रकार के रोग पुरुष/स्त्री दोनों को हो सकते हैं। इन रोगों के अतिरिक्त स्त्रियों के दो कष्टकारी रोग अलग से भी हैं इसमें जनेन्द्रिय रोग और मूर्च्छारोग विशेष होते हैं और यह दीर्घकाल तक चलते हैं। दीर्घकालीन रोगों के योग निम्न प्रकार है :-

1. ह्रदय रोग (Heart Diseases) :

ह्रदय (Heart) का नैसर्गिक कारक ग्रह सूर्य है। अत: सिंह राशि, राशि स्वामी सूर्य, पंचम भाव व पंचमेश पर शनि, राहु और केतु का प्रभाव होने पर इस रोग की संभावना बढ़ जाती है। चतुर्थ भावस्थ चतुर्थेश के पाप प्रभाव में होने पर भी यह रोग हो सकता है। लग्नेश के निर्बल व षष्ठेश के बली होने पर इस रोग की तीव्रता की आशंका बनी रहती है। संबंधित योग इस प्रकार हैं :-

(1) पंचम भाव में शनि तथा कुंभ राशि में सूर्य हो।

(2) पंचम भाव में शनि और षष्ठ भाव में सूर्य हो।

(3) वृश्चिक राशिस्थ सूर्य पापग्रहों के मध्य में हो।

(4) पंचमेश द्वादश में या नीच या शत्रु राशि में हो या फिर अस्त हो।

(5) मंगल, गुरु, शनि तीनों चतुर्थ भाव में हों।

(6) समस्त पापग्रह चतुर्थ व पंचम भाव में हों।

(7) लग्नेश निर्बल हो तथा चतुर्थ या पंचम भाव में राहु हो।

(8) अष्टम भाव में अष्टमेश के साथ चतुर्थेश हो।

(9) षष्ठ भाव में चन्द्र और मंगल, शनि या राहु या केतु से युत हो।

उपाय – इसके लिये मूंगा और नीला पुखराज पहनें तो आराम मिलेगा।

2. क्षय रोग (Tuberculosis)

क्षयरोग अर्थात फेफड़ों व छाती के रोग का विचार कर्क राशि व चतुर्थ भाव से किया जाता है। जब यह राशि या भाव दुष्ट या पापग्रहों से दृष्ट होती है, यह रोग होता है। सूर्य और चन्द्र के 6ठे, 8वें, 12वें भाव में होने से भी यह रोग पनपता है। इस रोग से व्यक्ति को सांस लेने में कठिनाई आती है तथा शरीर में रक्त की कमी हो जाती है। इस रोग के योग हैं :-

1. चन्द्र+सूर्य युति का कर्क या सिंह राशि में होना।
2. चन्द्र+शनि युति व उस पर मंगल की दृष्टि होना।
3. लग्नेश व शुक्र का 6ठे, 8वें, 12वें भाव में बैठे होना।
4. मंगल व शनि की लग्न पर दृष्टि होना।
5. चन्द्रमा का निर्बल व नीचराशिस्थ होना।
6. मंगल+बुध छठे भाव में तथा चन्द्र+शुक्र का द्वादश भाव में होना।
7. सूर्य एवं चन्द्र जलराशिस्थ हों और चतुर्थेश नीचराशि में हो या अस्त हो, Pluricy होती है।
8. चन्द्रमा जलराशिस्थ हो और शुक्र अस्त हो, *जलोदर या प्लूरिसी* होती है।
9. सूर्य, बुध, चन्द्र मेष या कर्क राशि में हों या बुध अकेला कर्क राशि में हो।

   उपाय – मूंगा, मोती और पुखराज एक साथ सोने की अंगूठी में जड़वाकर पहनें तो लाभ होगा।

3. कैन्सर (Cancer)

यह एक भयानक और मृत्युदायी रोग है। यह रोग दांत, मुख, गला, फेफड़े आमाशय, टांग, स्त्रियों के स्तन, गर्भाशय व योनि में कहीं भी हो सकता है। शनि व राहु जैसे

मलिन एवं दुष्ट ग्रहों के प्रभाव से यह रोग पनपता है तथा जिस अंग में होता है, उस अंग के कारक ग्रह के पाप मध्यत्व होने से भी इस रोग की वृद्धि होती है। इस रोग के योग निम्नलिखित हैं :-

1. लग्न या चन्द्रलग्न पर शनि व मंगल की दृष्टि हो।
2. लग्न या लग्नेश तथा षष्ठ या षष्ठेश पाप पीड़ित हों।
3. पापग्रह युक्त सूर्य 6ठे, 8वें, 12वें भाव में हो।
4. षष्ठ या अष्टम भाव में मंगल, शनि और राहु या केतु हों।
5. कर्क लग्नकुण्डली में 6ठे, 8वें, 12वें भाव में से किसी एक भाव का स्वामी गुरु/मंगल/शनि से युत हो।
6. सिंह लग्न में 6ठे, 8वें, 12वें भाव में सभी ग्रहों में से कोई एक ग्रह की सूर्य/राहु/केतु से युति हो।

4. कुष्ठ रोग (Leprosy)

यह एक चर्मरोग है। शरीर पर सफेद/लाल/नीले दाग हो जाते हैं। हाथ, पैरों की अंगुलियाँ गल जाती हैं, नाक बैठ जाती है। चर्मरोग का कारक ग्रह बुध है। चन्द्र व शुक्र जलीयग्रह हैं। कर्क, वृश्चिक, मीन, जलीय राशियाँ हैं। उन सब पर सूर्य, मंगल, शनि, राहु, केतु आदि का प्रभाव होने से यह रोग बढ़ता है। संबंधित योग निम्नलिखित हैं:-

1. सूर्य, मंगल, शनि, तीनों या बुध, चन्द्र, लग्नेश, राहु या केतु एक ही भाव में हों।
2. चन्द्र, राहु या चन्द्र, शनि लग्न में हों।
3. चन्द्र, मंगल, शनि तीनों मेष या वृश्चिक राशि में हों।
4. बुध और शनि सप्तम भाव में हों।
5. बुध, राहु या केतु से दूषित होकर लग्न में बैठा हो या उसकी लग्न पर दृष्टि हो।
6. चन्द्र, शुक्र जलीयराशि में हों और उन पर पाप प्रभाव हो, श्वेत कुष्ठ होता है।
7. पष्ठेश व सूर्य लग्न में हों तो लाल कुष्ठ या रक्त कुष्ठ होता है।
8. पंचम भाव और 2, 4, 8, 12 राशियों में पापग्रह हों तो श्वेत कुष्ठ होता है।
9. षष्ठ भाव में बुध, शनि तथा अष्टम भाव में गुरु, मंगल हों तो रक्त कुष्ठ होता है।
10. शनि, राहु, षष्ठेश और द्वादशेश चारों षष्ठ भाव में हों तो कुष्ठ रोग/कोढ़ होता है।

5. मधुमेह (Sugar)

यह रोग भी हानिकारक एवं कष्टदायी होता है। षष्ठ, अष्टम और द्वादश भाव इस रोग के प्रभावी भाव हैं। कुछ योग निम्नलिखित हैं :-

1. नीच राशिस्थ गुरु 6ठे, 8वें, 12वें भाव में हो या गुरु, शनि युति 6ठे, 8वें, 12वें भाव में हो।
2. शुक्र षष्ठ भाव में तथा गुरु द्वादश भाव में हो।
3. गुरु, शनि या राहु से युत या दृष्ट हो।
4. षष्ठेश द्वादश में तथा द्वादशेश षष्ठ भाव में हो।
5. सूर्य और गुरु एक साथ हों और उन पर राहु की दृष्टि हो।

6. पागलपन (Lunacy)

पागलपन में व्यक्ति की बुद्धि भ्रष्ट हो जाती है और मस्तिष्क काम करना बंद कर देता है। बुद्धि का नैसर्गिक कारक बुध है, जबकि मन व मस्तिष्क का चन्द्रमा है। अतः बुध और चन्द्र की स्थिति विचारणीय होती है। इसके अतिरिक्त लग्न, लग्नेश, चतुर्थ, चतुर्थेश, पंचम व पंचमेश इस रोग के भाव व भावेश है। इस रोग के मुख्य योग निम्नलिखित हैं :-

1. लग्न में चन्द्र हो और बुध, शनि, राहु या केतु साथ हों या उनकी दृष्टि हो तो व्यक्ति पागल होता है।
2. कर्क, मिथुन, कन्या राशि में शनि, राहु या केतु हो, व्यक्ति पागल और सनकी होता है।
3. लग्न और लग्नेश पाप प्रभाव में हों तो भी व्यक्ति मानसिक रोग से पीड़ित होता है।
4. क्षीणचन्द्र के साथ शनि द्वादश भाव में हो तो व्यक्ति पागल होता है।
5. लग्न में शनि हो तथा मंगल पंचम या सप्तम या नवमभाव में हो, व्यक्ति की बुद्धि भ्रष्ट हो जाती है।

7. नेत्र रोग (Eye Disease)

द्वितीय भाव से दांयी तथा द्वादश भाव से बांयी आँख का विचार किया जाता है। इन दोनों भावों के क्रमशः सूर्य तथा चन्द्र कारक ग्रह है। अतः इन सभी की स्थिति तथा इन पर कोई पापग्रह की दृष्टि तो नहीं है, देखना आवश्यक होता है। ऐसा होने पर नेत्रज्योति क्षीण होती है। चश्मा लगाना पड़ता है। योग निम्नलिखित हैं :-

1. सूर्य, शुक्र व लग्नेश तीनों 2, 6, 8, 12वें भाव में हों।
2. द्वादश में सूर्य हो तो दायां नेत्र और चन्द्र हो तो बांया नेत्र पीड़ित होता है। ज्योति क्षीण होती है।

3. द्वितीय भाव में मंगल, षष्ठ भाव में चन्द्र, अष्टम में सूर्य और द्वादश में शनि हो तो नेत्र ज्योति कम होती है।
4. षष्ठ भाव में पापग्रह होने पर बांयी आँख और अष्टम भाव में पापग्रह होने पर दांयी आँख कमजोर होती है।
5. मकर लग्न कुण्डली में 7वें भाव में सूर्य, कुम्भ लग्न कुण्डली में 7वें भाव में चन्द्र हों और मंगल से दृष्ट हों तो व्यक्ति एक आँख का होता है।

1. जनेन्द्रिय रोग (Gynaecological Diseases)

स्त्री रोगों में जनेन्द्रिय रोग यथा मासिक धर्म की अनियमितता, गर्भाशय की निर्बलता, योनि मार्ग में घाव, सूजन आदि होते हैं। इनके अतिरिक्त एड्स, निम्फोमेनिया, सैक्स फोबिया आदि अन्य यौन रोग हैं। सप्तम भाव व सप्तमेश, अष्टम भाव व अष्टमेश तथा शुक्र व मंगल के दूषित होने से ये उपरोक्त रोग होते हैं। योग निम्न प्रकार हैं :-

1. यदि वृष लग्न का जन्म हो और लग्न में मंगल हो तो मासिक धर्म में अनियमितता रहती है।
2. पंचम भाव में मंगल और अष्टम भाव में पापग्रह हो तो मासिक धर्म अनियमित होता है।
3. लग्न या षष्ठ भाव में मंगल की पापग्रह से युति या दृष्टि हो तो गर्भाशय निर्बल होता है।
4. सप्तमेश निर्बल हो और शुक्र कर्क राशि में पापग्रह युत या दृष्ट हो या पापग्रहों के मध्य हो तो गर्भाशय के रोग होते हैं।
5. निर्बल चन्द्रमा, शनि या मंगल से युत या दृष्ट हो तो स्त्री को गर्भाशय के रोग होते हैं।
6. लग्न में सूर्य और सप्तम में शनि हो तो स्त्री का गर्भाशय निर्बल होता है।
7. पंचमेश 6, 8, 12 वें भाव में हो तथा पंचम भाव में पापग्रह हों तो स्त्री को गर्भाशय के रोग होते हैं।
8. षष्ठभाव में शनि व षष्ठेश हो तथा चन्द्र सप्तम भाव में हो तो स्त्री गर्भाशय के रोगों से पीड़ित रहती है।
9. मंगल और शनि सप्तम भाव में हो या सप्तमस्थ मंगल पर शनि की दृष्टि हो तो स्त्री के अंडाशय में रोग होता है।
10. सिंह लग्न हो, शनि षष्ठेश हो तो स्त्री के अंडाशय की नलिकाओं में रुकावट होती है। फलस्वरूप संतानोत्पत्ति में बाधा होती है।

11. यदि सप्तम भाव में शुक्र हो और षष्ठ तथा अष्टम में पापग्रह हों तो योनि में रोग होता है। फलस्वरूप संतान का अभाव लाता है।
12. सप्तमेश व शुक्र दोनों निर्बल और पापपीड़ित हों तो स्त्री की योनि में रोग होता है।
13. मंगल और शनि अष्टम भाव में हों और उन पर नीचराशिस्थ या शत्रुराशिस्थ ग्रह की दृष्टि हो, गुप्तरोग/जनेन्द्रियरोग होते हैं।
14. अष्टम भाव में पापग्रह तथा इस पर षष्ठेश की दृष्टि हो तो स्त्री को गुप्त रोग होते हैं।
15. शुक्र और मंगल की सप्तम भाव में युति हो तो स्त्री जनेन्द्रिय रोगों से ग्रस्त रहती है।
16. लग्न में सूर्य, चन्द्र हों और अष्टम भाव में पापग्रह हों, स्त्री यौन रोगों का शिकार होती है।
17. सूर्य, मंगल, शनि पंचम भाव में हों तो स्त्री यौन रोग से पीड़ित होती है।
18. वृश्चिक राशि व अष्टम भाव दूषित हों तो स्त्री को यौन रोग होते हैं।

2. मूर्च्छा रोग (Hysteria)

यह स्त्रियों का विशिष्ट रोग है। इसमें स्त्रियों के दांत भिंच जाते हैं तथा मूर्च्छा आ जाती है। इस रोग का मुख्य कारण असंतुष्टि एवं अतृप्ति होती है। मानसिक कुंठा होती है। स्वभाव चिड़चिड़ा हो जाता है। प्रमुख कारण पारिवारिक झगड़े, यौन अतृप्ति, संतानाभाव और धन की कमी होती है। चन्द्र मन का स्वामी है। अत: चन्द्र के निर्बल व दूषित होने पर ऐसा होता है। ऐसे योग निम्नलिखित हैं :-

1. लग्न में राहु और षष्ठ भाव में निर्बल व दूषित चन्द्र हो।
2. चन्द्र, मंगल, सूर्य तीनों एक साथ लग्न या अष्टम भाव में हों।
3. चन्द्रमा के साथ राहु हो या चन्द्रमा पर राहु की दृष्टि हो।
4. निर्बल और दूषित चन्द्र अष्टम भाव में हो।
5. निर्बल और दूषित चन्द्र 6, 7, 8, 12 वें भाव में से किसी भी एक भाव में सूर्य और मंगल के मध्य में हो।
6. मंगल, शनि, राहु के साथ अष्टम भाव में निर्बल चन्द्र हो तो स्त्री को मूर्च्छारोग होता है।

रोगों के उपाय :

रोगों से मुक्ति व शान्ति हेतु ग्रहों की उपासना करनी चाहिये। उपासना मंत्र का जाप करने से लाभ होता है और शान्ति मिलती है। वस्तुओं का दान करने से सुख मिलता है। अगले पृष्ठ पर ग्रह उपासना मंत्र व वस्तु दान सारिणी देखें।

ग्रह उपासना मंत्र व वस्तु दान सारिणी

क्र.	ग्रह	जाप का मंत्र	जाप की संख्या	जाप का समय	दान देने योग्य वस्तुएं
1.	सूर्य	ॐ ह्रां ह्रीं ह्रौं सः सूर्याय नमः	7000	सूर्योदय के समय	गेहूँ, गुड़, केसर, लाल वस्त्र, तांबा, गाय आदि
2.	चन्द्र	ॐ श्रां श्रीं श्रौं सः चन्द्रमसे नमः	11000	सायंकाल के समय	चावल, मिश्री, कपूर, शंख श्वेतवस्त्र,मोती,चांदी आदि
3.	मंगल	ॐ क्रां क्रीं क्रौं सः भौमाय नमः	10000	सूर्योदय के समय	गेहूँ, गुड़, शक्कर, मसूरकी दाल, लाल वस्त्र, लाल फूल, तांबा आदि
4.	बुध	ॐ ब्रां ब्रीं ब्रौं सः बुधाय नमः	9000	सूर्यास्त से पहले	मिश्री, घी, मूंग, हरा वस्त्र, कांसे का बर्तन, सोना आदि
5.	गुरु	ॐ ग्रां ग्रीं ग्रौं सः गुरुवे नमः	19000	सायंकाल के समय	लड्डू, चने की दाल, हल्दी, नमक, पीत वस्त्र, स्वर्ण, घोड़ा आदि
6.	शुक्र	ॐ द्रां द्रीं दौं सः शुक्राय नमः	16000	सूर्योदय के समय	घी, चावल, चीनी, दूध, दही, श्वेतवस्त्र, चांदी आदि
7.	शनि	ॐ प्रां प्रीं प्रौं सः शनये नमः	23000	दोपहर के समय	तिल, उड़द, तेल, काला वस्त्र, लोहे का बर्तन आदि
8.	राहु	ॐ भ्रां भ्रीं भ्रौं सः राहवे नमः	18000	अर्द्धरात्रि के समय	काले तिल, नारियल, तेल, सतनाजा, कम्बल, सीसा, तलवार आदि
9.	केतु	ॐ स्रां स्रीं स्रौं सः केतवे नमः	18000	सूर्योदय से पहले	काले तिल, चीनी, कम्बल, सतनाजा, नारियल, लोहा, शस्त्र आदि

(xiii) शनि की साढ़े साती, पनौती एवं उपाय :

नवग्रहों में शनि सर्वाधिक मन्द गति वाला ग्रह है। यह एक राशि में ढ़ाई वर्ष रहता है। सभी 12 राशियाँ पार करने में इसे पूरे 30 वर्ष लग जाते हैं। जब शनि किसी राशि में आता है तो वह उस राशि पर साढ़े साती मानी जाती है। यह साढ़े सात वर्ष की अवधि होती है। उदाहरण के लिये इस वर्ष चान्द्र मास श्रावण संवत् 2064 अर्थात अंग्रेजी मास जुलाई, 2007 से शनि सिंह राशि में विराजमान है। शनि, जिस राशि में होते हैं, उससे एक पीछे की और एक आगे की राशि पर भी साढ़े साती होती है। शनि सिंह राशि में चल रहा है। साढ़े साती के मध्यम ढ़ाई वर्ष का समय है। इससे पिछली राशि कर्क में

अंतिम ढाई वर्ष का समय और अगली राशि कन्या में प्रारंभ के ढ़ाई वर्ष का समय चल रहा है। इस प्रकार शनि की साढ़े-साती एक साथ तीन राशियों पर होती है।

साढ़ेसाती के समय पर आम लोग निराश व हताश दिखाई देते हैं और सोचते हैं कि साढ़े सात वर्ष का यह समय बड़ा दु:खदायी व्यतीत होगा। संभवत: उन्हें ऐसा ही बताया या समझाया जाता है। यह धारणा शास्त्र सम्मत नहीं है। केवल भ्रम है। शनि के अतिरिक्त, अन्य आठ ग्रह और भी हैं, जो जीवन को प्रभावित करते हैं। अच्छा बुरा फल देते हैं। साढ़े साती में कई बार सुखमय जीवन के तथ्य जैसे नौकरी, प्रोमोशन, विवाह, संतान होना, मकान बनना, व्यापार से धनलाभ होना आदि कार्य भी दृष्टिगोचर होते हैं। अत: ऐसा कुछ नहीं है कि साढ़े साती सदैव दु:खदायी और हानिकर होती है। राशिवार साढ़ेसाती का फल निम्न प्रकार होता है:-

साढ़े साती फल सारिणी

राशि	प्रथम ढाई वर्ष का फल	द्वितीय ढाई वर्ष का फल	तृतीय ढाई वर्ष का फल
मेष	सामान्य समय	धनहानि, स्वास्थ्य हानि, परिवार में कष्ट, अन्य दु:ख या मृत्यु	सुखदायी, प्रगति एवं उन्नति, शान्तिमय जीवन
वृष	चोरी, सजा, बेईज्जती, कर्ज, व्यापार में हानि और संघर्ष	पारिवारिक क्लेश	सुखदायी, धनलाभ, नौकरी, यश, मान-सम्मान
मिथुन	अच्छा समय	मध्यम समय	दु:खदायी, कष्टकारी, धनहानि, एवं पारिवारिक क्लेश
कर्क	साधारण समय	परिवार में मृत्यु, नौकरी छूटना, व्यापार में नुकसान	दु:खदायी,रोगकारी, नौकरी छूटना और धनहानि
सिंह	व्यर्थ की चिन्तायें, धनहानि व अशांति	कष्टकारी समय	सुखदायी, यशमान, संतान, प्रगति एवं उन्नति
कन्या	अति कष्टकारी समय	सामान्य समय	सुखदायी, धनलाभ और अच्छा जीवनस्तर
तुला	अच्छा समय	मध्यम समय-कभी सुख और कभी दु:ख	शरीरपीड़ा, अर्थहानि, मनुष्य हानि, नौकरी छूटना, अपमान
वृश्चिक	खुशियां एवं धन लाभ	ऋणग्रस्तता-शरीरकष्ट, धनहानि, स्त्री व संतान का अल्पसुख	भाग्योदय, धनलाभ, व्यापार वृद्धि
धनु	कष्ट, चिन्ता, मुकदमा, परिवार क्लेश, धनहानि	प्रगति का समय	लाभकारी समय

मकर	साधारण समय	अच्छा समय	प्रगति, उन्नति, नौकरी, व्यापार लाभ, किन्तु अस्वस्थ
कुंभ	परिवार क्लेश	नौकरी, प्रमोशन, स्थानान्तरण व्यापारलाभ, मान-सम्मान	व्यर्थ की चिन्तायें
मीन	अच्छा समय, विवाह होना, नौकरी मिलना, मान-सम्मान, विदेश गमन	कभी सुख, कभी दुःख	कष्टकारी, घर में आग लगना, वाहन चोरी, नौकरी में अपमान

शनि ग्रह की पनौती :

व्यक्ति की जन्म राशि से यदि चौथी या आठवीं राशि में शनि हो तो इसे शनि ग्रह की पनौती कहते हैं। यह ढाई वर्ष की होती है। इस समय शनि सिंह राशि में है। जिन व्यक्तियों की जन्मराशि मकर या वृष है, उन व्यक्तियों पर इस समय शनि ग्रह की पनौती चल रही है। इसमें पूरे ढाई वर्ष इन राशिवालों को कष्ट रहता है। शरीर से कष्ट या मानसिक तनाव हो या परिवार में क्लेश, दुःख या शत्रुभय हो या धन की हानि जैसे कष्टों में से कोई एक कष्ट पूरे ढाई वर्ष चलता रहता है। पूरे 2½ वर्ष एक जैसा कष्ट ही शनि ग्रह की पनौती कहलाती है।

साढ़ेसाती और पनौती के उपाय :

1. शनिदेव के दर्शन, पूजा, अर्चना करना।
2. शनि मंत्र 'ॐ प्रां प्रीं प्रौं सः शनये नमः' का जाप करना।
3. काली वस्तुओं का दान करना जैसे काले उर्द, काले तिल, काला कपड़ा आदि।
4. अन्धों व अपाहिजों को शनि के दिन भोजन कराना।
5. भगवान शिव के दर्शन और 'ॐ नमः शिवाय' का जाप करना।

(xiv) कालसर्प योग, कुफल व उपाय :

भारतीय ज्योतिष में राहु को सर्प के मुख के आकार का तथा केतु को सर्प की पूंछ के आकार का माना गया है। यह दोनों ग्रह वक्री होते हैं। जब जन्म कुण्डली के सभी ग्रह राहु-केतु धुरी के मध्य भावों में पड़े हो तो इसे कालसर्प योग कहा जाता है और ऐसी कुण्डली कालसर्प योग वाली जन्म कुण्डली मानी जाती है। इस योग में जन्में व्यक्ति राज्याधिकार, नौकरी, व्यवसाय, धन, परिवार एवं संतान आदि के कारण सदैव अनेकानेक परेशानियों एवं दुःखों से पीड़ित रहते हैं।

कालसर्प योग अमीर या गरीब, शिक्षित या अशिक्षित, बुद्धिमान या मूर्ख किसी भी व्यक्ति की जन्म कुण्डली में हो सकता है। इससे व्यक्ति विशेष को मानसिक तनाव व असंतोष बना रहता है। बार-2 विघ्न बाधाओं का सामना करना पड़ता है। जैसे

पदाधिकार से वंचित होना, नौकरी का छूटना, व्यवसाय में घाटा होना, धन की हानि होना, परिवार सुख में कमी आना, संतान के कारण दु:खी रहना आदि समस्यायें तंग करती रहती हैं।

कालसर्प योग का प्रभाव :

मंगलीक दोष के समान ही कालसर्प योग भी वर अथवा कन्या में से किसी एक की जन्म कुण्डली में होने पर हानिकारक होता है। अत: दोनों की कुण्डलियों में कालसर्प योग का मिलान कर लेना चाहिये। ग्रहों की स्पष्ट स्थिति भी देख लेनी चाहिए कि राहु–केतु के मध्य आने वाले सातों ग्रह अर्न्तवर्ती क्षेत्र में आते हैं। द्वितीय, अष्टम व द्वादश भाव में बैठकर राहु का कालसर्प योग बनाना सर्वाधिक कष्टकारी होता है। इसके परिणाम अधिक दु:खदायी होते हैं।

कालसर्प योग का प्रभाव जीवन पर्यन्त रहता है। राहु/केतु की महादशा/अंतर्दशा अधिक दु:खदायी होती है। यदि लग्न से सप्तम भाव तक राहु–केतु धुरी के बीच समस्त ग्रह पड़े हों तो जीवन के पूर्वार्द्ध में अधिक असंतोष रहता है और सप्तम से लग्न तक राहु–केतु के मध्य सभी ग्रह पड़े हों तो जीवन का उत्तरार्द्ध दु:खों में व्यतीत होता है। जीवन संघर्षशील बना ही रहता है। भय एवं असुरक्षा की हीनभावना घर कर जाती है। सिर पर डर का साया मंडराता दृष्टिगोचर होता है।

कालसर्प योग की गणना :

कालसर्प योग की गणना राहु से केतु की ओर सभी ग्रहों के घड़ी की सुईयों के अनुकूल क्रम में होने पर की जाती है। आगे कालसर्प योग की तीन कुण्डली दी जा रही हैं। कुण्डली नं. 57 में राहु द्वादश में, कुण्डली नं. 58 में राहु अष्टम में और कुण्डली नं. 59 में राहु द्वितीय भाव में है।

जुल्फिखार अली भुटटो

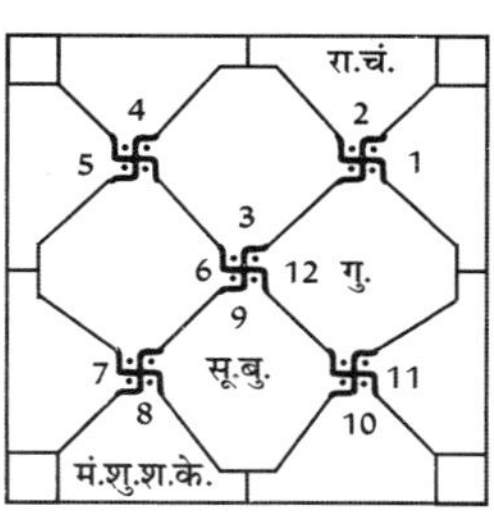

कुण्डली नं. 57

स्मिता पाटिल

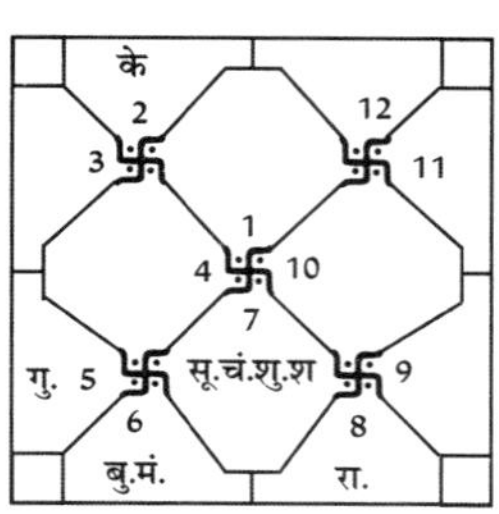

कुण्डली नं. 58

रोमन सम्राट नीरो

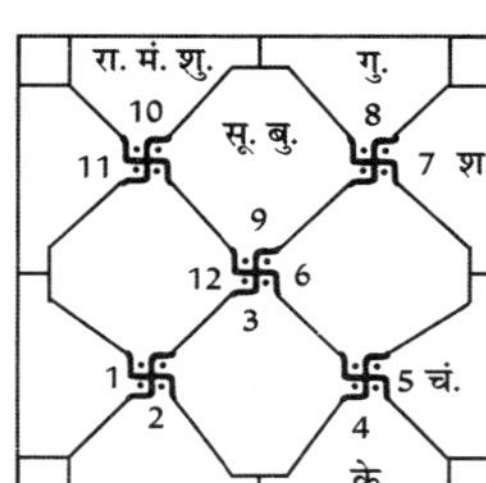

कुण्डली नं. 59

कालसर्प योग के कुफल :

अनुभव के आधार पर पाया गया है कि कालसर्प योग में राहु, जिस भाव में बैठा होता है, उसी भाव की हानि करता है। इस योग के कुफल निम्नलिखित हैं:-

1. प्रथम से सप्तम भाव - शारीरिक कष्ट, स्वास्थ्य में गिरावट, मानसिक तनाव, वैवाहिक जीवन में असंतोष व पत्नी से अनबन।
2. द्वितीय से अष्टम भाव - कुटुम्ब और धन संबंधी समस्यायें, गुप्तरोग, जनेन्द्रिय रोग, हीनभावना, निराशा, आत्म हनन/आत्म हत्या की प्रवृत्ति।
3. तृतीय से नवम भाव - छोटे भाई बहिनों से परेशानी, लघु यात्रायें, घूमने-फिरने के कार्यो से अल्प लाभ, पराक्रम में कमी, अकाल मृत्यु।
4. चतुर्थ से दशम भाव - आराम कम और काम अधिक, मातृ सुख में कमी, आय अनिश्चित, निवास व निजी वाहन की असुविधा।
5. पंचम से एकादश भाव - पूर्वार्द्ध संघर्षपूर्ण, आर्थिक स्थिति डावांडोल, संतान से दुःखी व गुणवत्ता का अभाव।
6. षष्ठ से द्वादश भाव - व्यर्थ के खर्चे, मानसिक तनाव, यात्रा से कष्ट, दांत व नेत्र रोग व चरित्र दोषारोपण।
7. सप्तम भाव से प्रथम भाव - व्यवसाय में बाधा, नौकरी में परेशानी, परिवार में कलह, शैया सुख की कमी।
8. अष्टम से द्वितीय भाव - रोगभय, मानसिक तनाव, गृहक्लेश, आर्थिक तंगी, लड़ाई-झगड़े, अकाल मृत्यु।
9. नवम से तृतीय भाव - भाग्योन्नति में बाधा, पद प्राप्ति में रुकावट, लाटरी से अल्प लाभ, भाईयों से कष्ट, धर्म विमुख कार्य।
10. दशम से चतुर्थ भाव - संघर्ष के बाद भी कम लाभ, पिता के सुख में कमी, नौकरी से असंतोष, प्रतिष्ठा में कमी, उत्तरार्द्ध कुछ ठीक।
11. एकादश से पंचम भाव - पिता व संतान के कारण चिंतित, आय में कमी, लाटरी से अल्प लाभ, शिक्षा में रुकावट, निराशा भरा जीवन।
12. द्वादश से षष्ठभाव - सिर, नेत्र आदि रोग, विदेश भ्रमण, धन की हानि, नीरस जीवन, जेल, सजा, फाँसी।

काल सर्प योग वाले व्यक्ति - बादशाह अकबर, सर मिर्जाईस्माईल, पा. प्र.मं. जुल्फिखार अली भुट्टो, अभिनेत्री रेखा, स्मिता पाटिल, रोम सम्राट नीरो, सरदार वल्लभभाई पटेल, प्र.मं. इटली बेनिटो मुसोलिनी, भू.पू. राज्यपाल एस.वी. ताम्बे।

कालसर्प योग के उपाय

1. भगवान शिव के दर्शन और 'ॐ नमः शिवाय' का जाप करने से लाभ होता है।
2. राहु मंत्र 'ॐ भ्रां भ्रीं भ्रौं सः राहवे नमः' का जाप करने से भी लाभ होता है।
3. चौपायों यथा कुत्तों और गायों को रोटी, पक्षियों यथा कौआ आदि को पूरी, जलचरों यथा मछली, कछुओं को आटे की गोलियां खिलायें।
4. बहती नदी में हरा नारियल बहाने से भी लाभ होता है।
5. घर की पवित्रता हेतु प्रत्येक संक्रान्ति को घर में हवन आदि करायें।

(xv) नीचभंग राजयोग :

प्रबल राजयोगों की तरह नीचभंग राजयोग भी एक बलिष्ठ राजयोग है। नीचभंग राजयोग वाले व्यक्ति काफी ऊंचाई तक पहुंचते हैं और उनका विश्व में नाम होता है। अतः कुण्डली में नीचभंग राजयोग यदि है तो उस पर फलादेश के समय पूरा ध्यान देना चाहिये।

जब किसी शुभ भाव अर्थात प्रथम, द्वितीय, चतुर्थ, पंचम, सप्तम, नवम, दशम भाव की राशि का स्वामी अपनी नीच राशि में पड़ा हो तो नीचभंग राजयोग होने की स्थिति में वह लाभकारी होता है तथा नीचस्थ राशि स्वामी के फल की शुभता में वृद्धि करता है। नीचभंग राजयोग निम्न स्थितियों में माना जाता है :-

1. नीच ग्रह की नीचराशि का स्वामी सूर्य या चन्द्र से केन्द्र में हो।
2. नीच ग्रह की उच्चराशि का स्वामी लग्न या चन्द्र से केन्द्र में हो।
3. नीच ग्रह स्वयं लग्न या चन्द्र से केन्द्र में हो।
4. नीच ग्रह की नीच व उच्चराशि के स्वामी परस्पर एक-दूसरे से 4थे, 7वें, 10वें भाव में हों।
5. नीच ग्रह को नीच राशि स्वामी देखता हो।
6. नीच ग्रह की नीच राशि, जिस ग्रह की उच्च राशि हो, वह ग्रह लग्न या चन्द्र से केन्द्र में हो।
7. नीच राशिस्थ ग्रह स्वयं अष्टमेश हो।

नीचभंग राजयोग वाले व्यक्ति :

बादशाह जहाँगीर, योगीराज अरविन्द घोष, मिर्जा ईस्माईल, जनरल बी.एम. कौल, भू.पू.पाक. राष्ट्रपति अयूब खां, सेठ रामकृष्ण डालमियां, भू.पू. राष्ट्रपति सर्वपल्ली डॉ. राधाकृष्णन, उपराष्ट्रपति भैरोसिंह शेखावत।

भैरोसिंह शेखावत

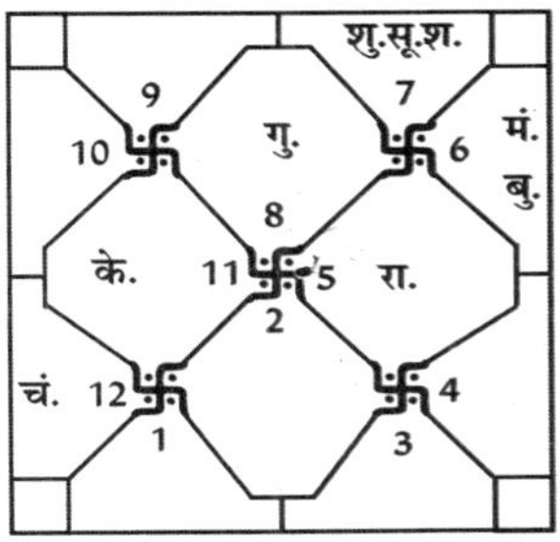

कुण्डली नं. 60

रामकृष्ण डालमियां

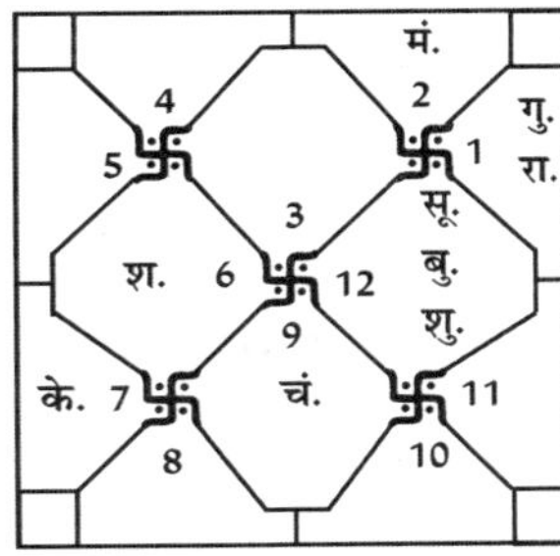

कुण्डली नं. 61

(xvi) धनिक योग एवं दरिद्र योग (Rich Yoga & Poor Yoga)

कुछ व्यक्ति अधिक धनी होते हैं और कुछ व्यक्ति निर्धन या दरिद्र। इनका प्रमुख कारण व्यक्ति की जन्म कुण्डली में शुभाशुभ भावेशों का एक साथ एक भाव में स्थित होना है। इस प्रकार के योग निम्नलिखित हैं :-

धनिक योग :

1. नवमेश के साथ एकादशेश/दशमशेश/चतुर्थेश/पंचमेश/लग्नेश/द्वितीयेश का होना।
2. दशमेश के साथ एकादशेश/चतुर्थेश/पंचमेश/लग्नेश/द्वितीयेश का होना।
3. एकादशेश के साथ लग्नेश/द्वितीयेश/चतुर्थेश/पंचमेश का होना।
4. लग्नेश के साथ द्वितीयेश/चतुर्थेश/पंचमेश का होना।
5. द्वितीयेश के साथ पंचमेश/चतुर्थेश का होना।
6. चतुर्थेश और पंचमेश का एक साथ होना।

दरिद्र योग:

1. षष्ठेश के साथ द्वितीयेश/लग्नेश/चतुर्थेश/दशमेश/पंचमेश/सप्तमेश/नवमेश/तृतीयेश/एकादशेश का होना।
2. द्वादशेश के साथ चतुर्थेश/द्वितीयेश/लग्नेश/दशमेश/पंचमेश/सप्तमेश/ नवमेश/तृतीयेश/एकादशेश का होना।

(xvii) सौभाग्य योग एवं दुर्भाग्य योग (Lucky Yoga & Unlucky Yoga)

कुछ लोग भाग्यशाली होते हैं और सभी प्रकार के सुख भोगते हैं जबकि कुछ ऐसे भी होते हैं जिनका दुर्भाग्य पीछा नहीं छोड़ता। सदैव दुःखी रहते हैं। इस प्रकार के योग निम्नलिखित हैं :-

सौभाग्य योग :

1, 2, 4, 5, 7, 9, 10, 11 भावेशों में से कोई दो भावेश परस्पर एक-दूसरे की राशि में हों अर्थात राशि परिवर्तन योग हों तो ऐसे व्यक्ति भाग्यशाली होते हैं। धनी, सुखी, यशस्वी और लोकप्रिय होते हैं। परोपकार और समाज सेवा में लगे रहते हैं।

दुर्भाग्य योग :

3, *6*, 8, 12 भावेशों में से कोई दो भावेश परस्पर एक-दूसरे की राशि में हों या राशि परिवर्तन योग हो तो ऐसे व्यक्ति दुर्भागी होते हैं। सदैव दुःख एवं कष्टों से घिरे रहते हैं। जीवन में अवनति और अपमान ही मिलता है।

(xviii) सुख, शान्ति एवं प्रतिष्ठा (Comforts, Peace & Fame)

सुख, शान्ति एवं प्रतिष्ठा यह तीन ऐसे शब्द हैं, जो मनुष्य की जीवनधारा को समरस, मधुर और उत्तम बनाते हैं। कोई भी व्यक्ति पुरुष हो, स्त्री हो, बाल हो, वृद्ध हो या फिर जवान हो, यह नहीं चाहता कि उसका जीवन दुःखी हो, नारकीय हो, उसका मन सदैव अशान्त रहे। मान सम्मान से दूर, अपमान का घूंट पीता रहे। समाज से कोई सरोकार न हो। जंगलों में, पहाड़ी गुफाओं या कन्दराओं में एकाकी जीवन जिये। सुख, शान्ति और प्रतिष्ठा न मिले।

कुटुम्ब में व्यक्ति बच्चे के रूप में जन्म लेता है। बड़ा होता है। आस पास के वातावरण को देखता है। पढ़ाई करता है। ज्ञानवान व विद्वान बनता है। दाम्पत्य जीवन में प्रवेश करता है। राज्य सेवा या व्यवसाय करता है। पुरुषार्थ से धन अर्जित करता है। अपनी इच्छाओं को मूर्त रूप देता है। समाज में उठता, बैठता है। लोगों के बीच अपनी पहचान बनाता है। दिनरात परिश्रम करता है। इसलिये कि जीवन में सुख, शान्ति हो और प्रतिष्ठा मिले।

जन्म कुण्डली में ऐसे योग होते हैं, जिनके द्वारा व्यक्ति विशेष के स्वस्थ, परिश्रमी, मेधावी, उदार, सद्‌गुणी, परिवार प्रिय, धनी, प्रसिद्ध व प्रभावशाली होने का पता लगता है। जीवन में उन्नति व प्रगति होती है। उसका जीवन सच्चे अर्थों में सुखी व शान्तिमय होता है। समाज में उसका नाम होता है। फलस्वरूप प्रतिष्ठा उसके कदम चूमती है।

जन्म कुण्डली के चतुर्थ भाव, चतुर्थेश, दशम भाव व दशमेश से सुख, शान्ति और प्रतिष्ठा के बारे में मुख्य रूप से विचार किया जाता है। चन्द्र, बुध चतुर्थ भाव के तथा सूर्य, बुध, गुरु, शनि दशम भाव के कारक ग्रह हैं। अतः इनकी स्थिति का भी ध्यान रखना चाहिये। इसके अतिरिक्त लग्न भाव, लग्नेश, पंचम भाव, पंचमेश, सप्तम भाव व सप्तमेश नवम भाव व नवमेश, एकादश भाव व एकादशेश इन भावों एवं ग्रहों का भी सुख, शान्ति और प्रतिष्ठा वृद्धि में ही हाथ होता है। अतः उनकी स्थिति भी विचारणीय होती है। एक प्रकार से कुंडली के दुष्ट 6ठे, 8वें, 12वें भावों को छोड़कर व्यक्ति की

सुख, शान्ति व प्रतिष्ठा में सभी भावों, भावेशों का थोड़ा बहुत योगदान होता है। संबंधित प्रमुख योग निम्नलिखित हैं :-

1. चतुर्थ या केन्द्र में चन्द्र, बुध, गुरु, शुक्र शुभग्रह एक साथ बैठे हों तो व्यक्ति धनी, सौभाग्यशाली एवं सर्वगुण सम्पन्न होता है। समाज में मान होता है। सुखी जीवन जीता है। शान्ति मिलती है।
2. चतुर्थ भाव में स्वगृही गुरु या स्वगृही शुक्र हो तो व्यक्ति में आकर्षण होता है। व्यक्तित्व का धनी होता है। बुद्धिमान, विद्वान, सौभाग्यशाली, सुखी व प्रतिष्ठित पद पर आसीन होता है। उत्तम सवारी का स्वामी होता है। आराम व शान्ति का जीवन होता है।
3. चतुर्थेश अकेला या चन्द्र ग्रह के साथ चतुर्थ भाव में हो, व्यक्ति चतुर, धनी, सुशील, सम्पत्तिवान, सुखी, शान्त, मातृ-पितृ प्रिय, सम्मानित, प्रतिष्ठित व धर्मात्मा होता है।
4. चतुर्थेश दशम भाव में अकेला हो तो सुख, शान्ति व प्रतिष्ठा दिलाता है। माता-पिता का सुख, परिवार का सुख और समाज में मान सम्मान मिलता है। धर्म के प्रति आस्थावान होता है। परोपकारी होता है।
5. चतुर्थेश या चन्द्र का या दोनों का लग्न व लग्नेश के साथ शुभ संबंध हो तो व्यक्ति लोकप्रिय, परोपकारी, धनी, सुखी होता है। उच्चपद प्राप्त करता है। जीवन शान्ति से व्यतीत होता है। अमेरिकी राष्ट्रपति जानसन की कुण्डली देखें।
6. दशमेश गुरु हो और वह त्रिकोण भाव में हो, व्यक्ति उच्च पद पाता है। समस्त सुखों का भोग करता है। प्रतिष्ठा और सम्मान पाता है। जीवन शान्ति से व्यतीत होता है।
7. दशमेश बली शुभग्रह हो तो व्यक्ति प्रतापी, पराक्रमी, सफल व सुखी होता है।
8. कन्या या मीन लग्न हो। लग्नेश और दशमेश बुध या गुरु शुभ भाव में हों तो व्यक्ति समस्त सुखों का उपभोग करता है। मान-सम्मान पाता है। जीवन शान्ति से व्यतीत होता है। स्वामी रामतीर्थ और शेख मुजिबुर्रहमान की कुण्डली देखें।
9. स्वराशिस्थ द्वितीयेश के साथ गुरु हो या दशमेश के साथ द्वितीयेश/लग्नेश/चतुर्थेश/एकादशेश की युति हो तो व्यक्ति सर्वसम्पत्तिवान व सुखी होता है। भू.पू.प्र.मं. चौधरी चरण सिंह की जन्म कुण्डली में ऐसा योग है।
10. नवम व दशम भाव शुभग्रह युत हो, बली हो, गुरु साथ बैठा हो तो व्यक्ति महान, सर्वगुण सम्पन्न होता है। जीवन में सुख, शान्ति व प्रतिष्ठा मिलती है।

11. दशमेश, एकादशेश या दशमेश, नवमेश एक दूसरे की राशि में हो तो व्यक्ति लोकप्रिय, प्रतापी, परोपकारी, मान–सम्मान पाने वाला, धनी व सुखी होता है।
12. शुभ एकादशेश व गुरु एक साथ बैठे हों और उनकी दशम भाव पर पूर्ण दृष्टि हो तो व्यक्ति को उच्च पद एवं प्रतिष्ठा मिलती है वह सुखी, समृद्धशाली और संतुष्ट होता है। संगीतकार ओ.पी. नय्यर की कुण्डली में ऐसा योग है।
13. एकादशेश दशम भाव में व दशमेश लग्न भाव में हों या फिर दोनों 1, 4, 7, 10 भाव में हों तो व्यक्ति कीर्तिवान, सुखी और संतुष्ट होता है। जीवन में शान्ति रहती है।
14. लग्न, लग्नेश और दशम, दशमेश बली हों तो व्यक्ति प्रतिष्ठित, विख्यात, यशस्वी, धनीमानी, शान्तिमय जीवन जीने वाला होता है।
15. लग्नेश लग्न में हो या लग्नेश की लग्न पर पूर्ण दृष्टि हो तो व्यक्ति सुन्दर, ज्ञानी, सत्कर्मी, लोकप्रिय, श्रेष्ठ, प्रभावशाली, राजासदृश, राजाप्रिय, धनी व सुखी होता है। आर.एस.एस संस्थापक हैडगेवार, डॉ. सम्पूर्णानन्द, मोहनलाल सुखाड़िया, हैनरी फोर्ड, इटली के प्र.मं. बेनिटो मुसोलिनी की कुण्डलियों में ऐसे योग हैं।
16. लग्नेश व नवमेश, द्वितीयेश, एकादशेश, नवमेश व एकादशेश अथवा नवमेश, दशमेश, लग्नेश का स्थान संबंध हो, व्यक्ति सौभाग्यशाली होता है। सुख–शान्ति और प्रतिष्ठा मिलती है। ईरान की मलिका सुरैया की कुण्डली में ऐसा योग है।
17. पंचम भाव में गुरु और दशम में चन्द्र हो तो व्यक्ति धनीमानी, सुखी, समृद्ध, शान्त व लोकप्रिय होता है।
18. सूर्य 1, 4, 7, 10 वें भाव में चन्द्र 1, 4, 5, 7, 9, 10 भाव में तथा गुरु 1, 4 भाव में हो तो व्यक्ति सुखी, शान्त एवं यशस्वी होता है।
19. सूर्य, चन्द्र लग्न में हों और शुक्र द्वादश भाव में हो तो व्यक्ति राजा के समान धनी, सुखी व संतुष्ट होता है। ब्रिटेन की महारानी विक्टोरिया की कुण्डली देखें।
20. एकादशेश, लग्नेश, द्वितीयेश व नवमेश पंचम भाव में हों और एकादश भाव को देखते हों, व्यक्ति विद्वान, धनवान, भाग्यवान, कीर्तिवान एवं विश्वविख्यात होता है।
21. चन्द्र स्वराशि कर्क में, शनि उच्चराशि तुला में या सूर्य उच्च राशि मेष में हो तो व्यक्ति राजा सदृश, सुखी, समृद्ध और प्रतिष्ठावान होता है। मंत्री, प्रधानमंत्री, राष्ट्रपति, बड़ा उद्योगपति हो सकता है।

(xix) अशुभ ग्रह और रत्न (Unfavourable Planets & Gems)

मानव सभ्यता के प्रारम्भिक काल में पत्थरों के सहारे ही जीवन चलता था। मकान बनाना हो, भोजन की व्यवस्था करनी हो, युद्ध एवं जंगली जानवरों से सुरक्षा करनी हो, अंधेरा भगाना हो और प्रकाश लाना हो आदि सभी कार्यों के लिये पत्थर प्रयुक्त होते थे। व्यवसाय में तोल-माप भी पत्थरों से ही होती थी। उस समय लोगों को इन बहुमूल्य पत्थरों का कोई ज्ञान नहीं था।

पुरानी कहावत के अनुसार- 'पड़े पारस बेचें तेल, यह देखो कुदरत का खेल' अर्थात घर में पारस पत्थर पड़े हैं, जिनके स्पर्श मात्र से लोहे की छड़ भी सोने की छड़ में बदल जाती है, किन्तु ज्ञान के अभाव में तेल बेचने जैसा साधारण व्यवसाय करते हैं। अब जन सामान्य को पत्थरों का ज्ञान हो गया है और लगा है कि बहुत से पत्थर तो सोने, चांदी जैसी धातुओं से भी बहुमूल्य हैं। अब इनका सही उपयोग करने लगे हैं।

धरती के आंचल में विभिन्न भौतिक एवं रासायनिक तत्वों के मेल से उत्पन्न खनिज रूप में प्राप्त होने वाले अद्‌भुत, आभावान, श्वेत, रंगीन व छोटे आकार के पत्थरों को 'रत्न' कहा गया है। ज्योतिषीय दृष्टि से सहज-सुलभ न मिलने वाले, यह दुर्लभ व मूल्यवान पत्थर बड़े ही प्रभावशाली होते हैं। व्यक्ति की जन्म कुण्डली में, जो ग्रह निर्बल, अस्त, अशुभ व नीचभावगत या नीचराशिगत होते हैं, उनको सशक्त करने और उनमें शुभत्व लाने में रत्न प्रभावी भूमिका निभाते हैं। अत: रत्न विशेष की अंगूठी धारण करना ठीक रहता है। एक बार में एक ही रत्न पहनना चाहिये। व्यक्ति की आयु/भार अनुसार 3¼ रत्ती से लेकर 9¼ रत्ती वजन तक के रत्न की अंगूठी पहनना ठीक रहता है। 9 वर्ष की आयु या 9 किलो भार का होने पर 1 रत्ती वजन का रत्न पहनना चाहिए। हीरा व नीलम जैसे बहुमूल्य रत्न बिना आयु/भार के 1 रत्ती वजन में भी अंगूठी में जड़वाकर पहने जा सकते हैं। सभी रत्न शुक्ल पक्ष में शुभ नक्षत्र होने पर पहनने चाहिए।

विद्वान ज्योतिषी से रत्न पहनने संबंधी सलाह लेना और रत्न की प्राण प्रतिष्ठा करवाना उचित रहता है। प्रत्येक ग्रह का एक विशेष रत्न होता है। अत: रत्न पहनते समय रत्न की परख जरुरी है। स्वयं परख न कर पाने की स्थिति में प्रयोगशाला में जांच करवा सकते हैं। बहुमूल्य रत्न के अभाव में अल्पमोली उपरत्न (**Substitutes**) भी पहने जा सकते हैं।

रत्नों की श्रेणियां- रत्नों की दो श्रेणियां हैं–

1. **बहुमूल्य रत्न (High Price Gems)**-इन रत्नों में माणिक, मोती, मूँगा, पन्ना, पुखराज, हीरा, नीलम, गोमेद व लहसुनिया मुख्य हैं।
2. **अल्पमोली रत्न (Low Price Gems)**-इन रत्नों में बेरुज, सुनैला, दूधिया, तुरसावा, कटैला व फिरोजा प्रमुख हैं।

बहुमूल्य रत्न और उनके लाभः-

(1) माणिक (Ruby)

यह सूर्य ग्रह का रत्न है। इसे रविवार को प्रातः रवि की होरा में पहनना चाहिए। इस रत्न के पहनने से साहस में वृद्धि होती है। भय, दुःख और व्याधि का नाश होता है। नौकरी में उच्च पद, प्रोन्नति, समाज में प्रसिद्धि और प्रतिष्ठा मिलती है। अस्थिविकार, सिरदर्द, दुर्बलता दूर कर रक्त वृद्धि में सहायता करता है।

(2) मोती (Pearl)

यह चन्द्र ग्रह का रत्न है। इसे सोमवार के दिन प्रातः चन्द्र की प्रथम होरा में पहनना चाहिए। यह बल, बुद्धि, विद्या में वृद्धि करता है। स्मरण शक्ति ताजा रहती है। क्रोध और मानसिक तनाव में कमी होती है। अनिद्रा, दंत व मूत्र रोग दूर होते हैं। पुरुषों का शीघ्र विवाह कराता है। महिलाओं का सुहाग सुरक्षित रखता है।

(3) मूंगा (Coral)

यह मंगलग्रह का रत्न है। इसे मंगलवार को मंगल की प्रथम होरा में पहनना शुभ होता है। साहस और बल बढ़ाता है। अनेकानेक कष्ट दूर करता है। पारिवारिक रिश्तों में मिठास लाता है। झगड़े दूर कराता है। महिलाओं के शीघ्र विवाह में सहयोग करता है। पेट दर्द, पथरी, ट्यूमर, बवासीर आदि रोगों में आराम लाता है। बच्चों के सूखा रोग हेतु अच्छा है।

(4) पन्ना (Emerald)

यह बुधग्रह का रत्न है। इसे बुधवार को बुध की होरा में पहनना चाहिए। निर्धनता दूर कर घर में सुख शांति लाता है। मुसीबत, जादू-टोना व प्रेतबाधा से बचाता है। परीक्षा में सफलता दिलाता है। महिलाओं के पति सुख के लिये शुभ है। खांसी, गले के दर्द, टांसिल्स, रक्तचाप को ठीक रखता है।

(5) पुखराज (Yellow Sapphire)

यह गुरुग्रह का रत्न है। इसे गुरुवार को प्रातः गुरु की होरा में पहनना चाहिए। यह व्यक्ति के बल, बुद्धि, ज्ञान, यश व मान को बढ़ाता है। धनवान बनाता है। पुत्र संतान देता है। जीवन को सुरक्षित रखता है। पापकर्म करने से रोकता है। अजीर्ण, आमवात्, प्रदर, कैंसर व चर्म रोग से मुक्ति दिलाता है।

(6) हीरा (Diamond)

यह शुक्र ग्रह का रत्न है। इसे शुक्रवार को शुक्र की होरा में पहनना चाहिए। यह व्यक्ति को स्वस्थ, साहसी व बलशाली रखता है। समझदार बनाता है। धनधान्य दिलाता है। शीघ्र विवाह कराता है। अग्नि भय और चोरी से बचाता है। वीर्यदोष, नपुंसकता दूर करता है। महिलाओं के गर्भाशय रोगों को समाप्त करता है।

(7) नीलम (Blue Sapphire)

यह शनिग्रह का रत्न है। इसे शनिवार को शनि की होरा में पहनना चाहिए। यह धन प्राप्त कराता है। सुखों में वृद्धि करता है। प्रसिद्धि दिलाता है। मन में सद्विचार भरता है। संतान सुख प्रदान करता है। वायुरोग, लकुआ, गठिया, टेटनिस, हार्निया आदि रोगों से बचाता है।

(8) गोमेद (Hessomite)

यह राहुग्रह का रत्न है। इसे भी शनिवार को शनि की होरा में पहनना ठीक रहता है। इसके प्रभाव से शत्रु दूर भागते हैं। मुकदमें में सफलता मिलती है। व्यक्ति को सभी तरह की सुख सम्पदा दिलाता है। मन की शांति व खुशियाँ लाता है। हैजा, गर्मी, रक्त विकार, वीर्य विकार आदि बीमारियों से बचाता है।

(9) लहसुनिया (Cat's Eye)

यह केतु ग्रह का रत्न है। इसे बुधवार को बुध की होरा में पहनना चाहिए। यह लाटरी, घुडदौड़ आदि से गुप्तधन प्राप्त कराता है। गुप्त शत्रुओं और सरकारी सजा से बचाता है। व्यवसाय में प्रगति लाता है। अंडकोष रोग, रक्त की कमी, चेचक आदि रोगों का बचाव करता है।

अल्पमोली उपरत्न और उनके लाभ :-

बहुमूल्य रत्न न खरीद पाने की स्थिति में अल्पमोली उपरत्न (Substitutes) खरीदे जा सकते हैं। इन रत्नों में पन्ना का उपरत्न बेरुज, पुखराज का उपरत्न सुनैला, हीरा का उपरत्न दूधिया या तुरसावा, नीलम का उपरत्न कटैला और लहसुनिया का उपरत्न फिरोजा प्रमुख हैं। इनके पहनने से निम्नलिखित लाभ हो सकते हैं :-

(i)	बेरुज (Aquamarine)	—	पारिवारिक सुख।
(ii)	सुनैला (Golden Topaz)	—	पुत्र प्राप्ति व मानसिक शान्ति।
(iii)	दूधिया (Opal)	—	जीवन साथी का सुख।
(iv)	तुरसावा (Zircon)	—	पराक्रम व धनलाभ।
(v)	कटैला (Amethyst)	—	मुकदमें में सफलता।
(vi)	फिरोजा (Turquoise)	—	दुर्भाग्य व दुर्घटना से बचाव।

(xx) विवाह पूर्व कुण्डली मिलान :

विवाह परिवार नाम की एक लघु संस्था है। विवाह प्यार एवं स्नेह का एक अटूट बंधन है। विवाह एकता, समरसता व सामंजस्य की त्रिवेणी का पवित्र संगम है। विवाह पुरुष एवं स्त्री के जीवन काल का एक ऐसा स्वर्णिम-सुगंधित पल है, जिसमें गत अनेक वर्षों देखे स्वप्नों की मनमोहक छवि और आनन्दमयी सुखी जीवन का रस छिपा है। विवाह दो परिवारों का मधुर मिलन है। इसमें वर/कन्या के माता-पिता की सहमति व स्वीकृति अत्यावश्यक है। भारत में वर/कन्या के माता-पिता के परस्पर सम्पर्क एवं सहयोग से

धार्मिक व सामाजिक रीति–रिवाजों के अनुसार सम्पन्न होने वाले विवाह को उत्तम माना जाता है। इसी उद्देश्य से वर/कन्या के माता–पिता विवाह पूर्व दोनों की जन्म कुण्डली का मिलान करवाते हैं ताकि भविष्य में मृत्युतुल्य कष्ट, अलगाव, तलाक जैसी समस्याऐं पैदा न हों। पति–पत्नी दोनों धर्म, अर्थ, काम, मोक्ष संबंधी सभी मामलों का मिलकर निर्वाह करें। उनका विवाहित जीवन सुखी हो। फलस्वरूप समाज में माता–पिता का मान–सम्मान व गौरव बना रहे।

विवाह पूर्व कुण्डली मिलान द्वारा वर/कन्या की प्रकृत्ति, मनोवृत्ति, अभिरुचि व व्यवहारकुशलता आदि का पता लगता है। अतः कुण्डली मिलान विद्वान ज्योतिषी से करवाना चाहिये और विद्वान ज्योतिषी को भी चाहिए कि वर्णादि अष्टकूट गुण मिलान की संख्या पर कम और आधारभूत भावों और व्यवहारिक तथ्यों के मिलान पर अधिक ध्यान दें।

वर्णादि अष्टकूट मिलान :-

कुण्डली मिलान में उत्तर भारत में निम्नलिखित 8 कूट देखे जाते हैं। क्रमानुसार कूटों के एक से लेकर 8 तक अंक हैं। इनका जोड़ 36 होता है। 36 में से 15 अंक मिलने पर भी विवाह हो सकता है। कूट के नाम, अंक व ज्ञान सारणी नीचे देखें :-

कूटांक ज्ञान सारिणी

कूट	वर्ण	वश्य	तारा	योनि	ग्रहमैत्री	गण	भकूट	नाड़ी
अंक	1	2	3	4	5	6	7	8
ज्ञान	व्यवहार	स्वभाव	भाग्य	यौन संबंध	आपसी संबंध	सामाजिकता	जीवन शैली	आयु,संतान

1. **वर्ण कूट** – चार वर्ण होते हैं – ब्राह्मण, क्षत्रिय, वैश्य, शूद्र। वर का वर्ण कन्या के वर्ण से उच्च होना उत्तम तथा समान होना शुभ होता है। निर्धारित अंक 1 है।
2. **वश्य कूट** – वश्य 5 होते हैं – चतुष्पद, द्विपद, जलचर, वनचर, कीट। वश्य का अर्थ है वश में होना या करना। वर/कन्या का मित्र वश्य शुभ होता है। अधिकतम 2 अंक दिये जाते हैं।
3. **तारा कूट** – तारा 9 होते हैं। इसके लिए पृष्ठ 38 देखें। शुभ तारा होने पर 3 अंक दिये जाते हैं।
4. **योनि कूट** – कुल 14 योनियां होती हैं। जन्म नक्षत्र अनुसार योनि निर्धारण किया जाता है। पृष्ठ 41, 42 देखें। वर/कन्या की मित्र योनि या सम योनि होने पर 4 अंक देते हैं।
5. **ग्रह मैत्री कूट** – वर/कन्या की जन्म राशि के स्वामी ग्रह मित्र हो तो गृहस्थ जीवन में आपसी संबंध सहज रहते हैं। पृ. 63 देखें। मित्र होने पर 5 अंक देते हैं।
6. **गण कूट** – गण 3 हैं – देवगण, मनुष्यगण, राक्षसगण। वर/कन्या का एक ही गण हो तो मिलान शुभ होता है। अधिकतम अंक 6 दिये जाते हैं।

7. **भकूट कूट** - वर की जन्म राशि से कन्या की जन्म राशि के अन्तर को भकूट कहते हैं। त्रिएकादश और चर्तुदशम् भकूट शुभ होते हैं। समसप्तक, द्विद्वादश, नवपंचम, षष्ठाषष्ठम अशुभ होते हैं। शुभ भकूट के 7 अंक दिये जाते हैं।
8. **नाड़ी कूट** - नाड़ी 3 होती हैं - आद्य, मध्य, अन्त्य। वर/कन्या की नाड़ी अलग-अलग हैं तो मिलान ठीक है। इसके लिए 8 अंक देते हैं।

उपरोक्त वर्णादि अष्टकूटों के साथ निम्नलिखित आधारभूत भावों/व्यवहारिक तथ्यों का मिलान देखना अत्यावश्यक है :-

1. वर/कन्या की जन्म कुण्डली का मंगल एक भाव/राशि में है।
2. वर/कन्या की जन्म कुण्डली में मंगल परस्पर शुक्र की राशि में है।
3. वर/कन्या की जन्म कुण्डली में मंगल और शुक्र एक भाव/राशि में हैं।
4. वर/कन्या की जन्म कुण्डली में लग्नेश केन्द्र में है और शुभ ग्रहों से दृष्ट है।
5. वर/कन्या की जन्म कुण्डली में पंचमेश व सप्तमेश एक साथ है या दोनों में परस्पर राशि परिवर्तन योग है अर्थात सौभाग्य योग है।
6. वर/कन्या की जन्म कुण्डली में सप्तमेश अपने भाव में है और उस पर शुभ ग्रहों की दृष्टि है।
7. वर/कन्या की जन्म कुण्डली में सप्तमेश व त्रिकोणेश केन्द्र में है।
8. वर की कुण्डली में शुक्र तथा कन्या की कुण्डली में गुरू 6, 8, 12 भाव में तो नहीं है।
9. वर की कुण्डली में सूर्य के अंश तथा कन्या की कुण्डली में चन्द्र के अंश लगभग बराबर है।
10. वर/कन्या की जन्म कुण्डली में शुक्र के स्पष्ट अंश लगभग समान हों।

कुण्डली में शनि की दृष्टि

1. सूर्य पर शनि की दृष्टि से पारिवारिक सुख में कमी रहती है।
2. चन्द्र पर शनि की दृष्टि से विवाहित जीवन का आनन्द नहीं मिलता है।
3. शुक्र पर शनि की दृष्टि से दाम्पत्य जीवन के सुख और आनन्द दूर ही रहते हैं।
4. पंचम भाव/पंचमेश पर शनि दृष्टि से दाम्पत्य जीवन के सभी सुख नष्ट हो जाते हैं।

(xxi) विशिष्ट मुहूर्त :

हिन्दू धर्म संस्कारों और सामाजिक परम्पराओं से जुड़े भारतीय अपने सभी शुभ कार्य मुहूर्त निकलवाकर करते हैं। मुर्हूतों में बच्चे के जन्म लेने के बाद किये जाने वाले शुभ कार्यों के मुर्हूत, विवाह मुहूर्त, व्यवसाय या व्यापार प्रारंभ करने के मुहूर्त, स्कूटर, कार, मोटर, खरीदने-बेचने व जमीन-प्लाट खरीदने-बेचने के मुहूर्त, ग्रहारम्भ एवं ग्रह प्रवेश मुहूर्त आदि प्रमुख हैं। विवाह कार्य को छोड़कर अन्य सभी शुभ कार्यों के लिये मुहूर्त न निकलने की अवस्था में चैत्र शुक्ला प्रतिपदा (विक्रम संवत् प्रारम्भ तिथि), वैसाख शुक्ला तृतीया (अक्षय तृतीया), विजयदशमी (दशहरा) और दीपावली (दीपदान) के

दिन कोई भी शुभ कार्य कर सकते हैं। वैसाख शुक्ला तृतीया अर्थात अक्षय तृतीया को विवाह भी होते हैं। शुभ कार्यों के मुहूर्त इस प्रकार हैं :-

1. **प्रसूता स्नान मुहूर्त**- प्रसूता स्नान एक सप्ताह पर्यन्त करने का प्रावधान है किन्तु यह कार्य षष्ठी पूजन से पूर्व पाँचवें दिन भी कर सकते हैं। शुभ तिथि, वार, नक्षत्र, लग्न इस प्रकार है:-

   (i) **शुभ तिथियाँ**- कृष्ण पक्ष की प्रतिपदा, शुक्ल पक्ष की पूर्णिमा तथा दोनों पक्षों की 2, 3, 5, 7, 10, 11, 13 तिथियाँ।

   (ii) **शुभ वार** - सोमवार, मंगलवार, गुरुवार, शुक्रवार व रविवार।

   (iii) **शुभ नक्षत्र**- अश्विनी, रोहिणी, मृगशिरा, उत्तरा फाल्गुनी, उत्तराषाढ़ा, उत्तरा भाद्रप्रद, हस्त, स्वाति, अनुराधा व रेवती।

   (iv) **शुभ लग्न**- वृष, मिथुन, कर्क, कन्या, तुला, धनु और मीन।

2. **नामकरण मुहूर्त**- बच्चे का नाम रखने के लिये यह कार्य जन्म के दिन से 10 वें, 11 वें या 12 वें दिन हवन आदि करके करना चाहिये। नाम जन्म के नक्षत्र के चरणाक्षर अनुसार रखना चाहिये है। किन्तु आजकल माता-पिता अपनी इच्छानुकूल जन्म नक्षत्र के चरणाक्षर से हटकर बच्चे का नाम रखते हैं। यह ठीक नहीं है। उपर्युक्त मुहूर्त हेतु शुभ तिथि, वार, नक्षत्र, लग्न निम्न प्रकार हैं :-

   (i) **शुभ तिथियाँ**- कृष्ण पक्ष की प्रतिपदा और शुक्ल पक्ष की त्रयोदशी तथा दोनों पक्षों की 2, 3, 5, 7, 10, 11, 12 तिथियाँ।

   (ii) **शुभ वार**- सोमवार, बुधवार, गुरुवार और शुक्रवार।

   (iii) **शुभ नक्षत्र**- अश्विनी, रोहिणी, मृगाशिरा पुनर्वसु, पुष्य, उत्तराफाल्गुनी, उत्तराषाढ़, उत्तराभाद्रपद, हस्त, चित्रा, स्वाति, अनुराधा, श्रवण, धनिष्ठा, शतभिषा और रेवती।

   (iv) **शुभ लग्न**- मेष, कर्क, कन्या, तुला, धनु और मीन।

   नोटः- भद्राकाल, ग्रहण, श्राद्ध दिवस, व्यतिपात जैसे दुष्ट योग, संक्रान्ति तिथि आदि के समय नामकरण वर्जित है।

3. **कुआं पूजन मुहूर्तः**- कुआं पूजन या जल पूजन बच्चे का एक मास का होने के बाद किया जाना चाहिये किन्तु देश, काल, परिस्थिति अनुसार मास समाप्ति से पूर्व भी कर सकते हैं। तिथि, वार, नक्षत्र, लग्न निम्नलिखित हैं :-

   (i) **शुभतिथियां**- कृष्ण पक्ष की प्रतिपदा, शुक्ल पक्ष की पूर्णिमा और दोनों पक्षों की, 2, 3, 5, 6, 7, 8, 10, 11, 12, 13 तिथियाँ।

   (ii) **शुभ वार**- सोमवार, बुधवार व गुरुवार।

   (iii) **शुभ नक्षत्र**- मृगशिरा, पुर्नवसु, पुष्य, हस्त, अनुराधा, मूल और श्रवण।

   (iv) **शुभ लग्न**- मेष, कर्क, सिंह, तुला व मकर।

नोट- गुरु, शुक्र अस्त होने की स्थिति में चैत्र, पौष और पुरुषोत्तम मास में यह शुभकार्य वर्जित है।

4. **व्यवसाय या व्यापार करने का मुहूर्तः**- कुछ लोगों को व्यवसाय या व्यापार में रुचि एवं लग्न होती है। व्यवसाय या व्यापार प्रारंभ करने के लिए शुभ, तिथि, वार, नक्षत्र आदि निम्न प्रकार हैं-
   - (i) **शुभ तिथियाँ**- दोनों पक्षों की 2, 3, 5, 7, 11, 13 तिथियाँ शुभ मानी गयी है।
   - (ii) **शुभ वार**- बुधवार, गुरुवार, शुक्रवार व शनिवार।
   - (iii) **शुभ नक्षत्र**- हस्त, चित्रा, उत्तरा फाल्गुनी, उत्तराषाढ़ा, उत्तराभाद्रपद और पुष्य।
   - (iv) **शुभ मास**- गुरु, शुक्र, जिस मास में अस्त हो, उन मासों को छोड़कर सभी मास शुभ हैं।

5. **स्कूटर/कार/ट्रक आदि खरीदने व बेचने का मुहूर्तः**- आज के समय में सवारी व सामान का साधन हर व्यक्ति की आवश्यकता हो गई है। अत: खरीदना पड़ता है। पुराना होने पर बेचने का भी रिवाज है। उन्हें खरीदने और बेचने के लिए निम्न तिथि, वार, नक्षत्र देखने चाहिये-
   - (i) **शुभ तिथियाँ**- कृष्ण पक्ष की प्रतिपदा, शुक्ल पक्ष की पूर्णिमा तथा दोनों पक्षों की 2, 3, 5, 6, 7, 10, 11, 12, 13 तिथियाँ।
   - (ii) **शुभ वार**- खरीदने के लिये बुधवार व रविवार तथा बेचने के लिये सोमवार व गुरुवार श्रेष्ठ हैं।
   - (iii) **शुभ नक्षत्र**- खरीदने के लिये अश्विनी, मृगशिरा, पुनर्वसु, पुष्य, तीनों उत्तरा, चित्रा, स्वाति, श्रवण, शतभिषा व रेवती। बेचने के लिये भरणी, कृतिका, अश्लेषा, विशाखा, पूर्वा फाल्गुनी, पूर्वाषाढा, पूर्वा भाद्रप्रद।
   - (iv) **शुभ लग्न**- चर लग्नों में अर्थात् मेष, कर्क, तुला, मकर में वस्तु खरीदने-बेचने से अधिक लाभ की संभावना होती है।

6. **भूमि/प्लाट क्रय/विक्रय मुहूर्त :**- कृषि कार्य हेतु भूमि की व मकान बनाने हेतु प्लाट की सभी को आवश्यकता होती है। अतः भूमि/प्लाट का क्रय-विक्रय चलता रहता है। भूमि/प्लाट क्रय-विक्रय हेतु निम्नलिखित तिथि, वार, नक्षत्र, मास देखने चाहिये :-
   - (i) **शुभ तिथियाँ**- कृष्ण पक्ष की प्रतिपदा, शुक्ल पक्ष की पूर्णिमा तथा दोनों पक्षों की 2, 5, 6, 10, 11 तिथियाँ।
   - (ii) **शुभवार**- क्रय करने हेतु मंगलवार, गुरुवार, शुक्रवार। विक्रय हेतु बुधवार व रविवार।

(iii) **शुभ नक्षत्र**- क्रय करने हेतु मृगशिरा, पुनर्वसु, अश्लेषा, मघा, विशाखा, अनुराधा, तीनों पूर्वा, मूला व रेवती। विक्रय करने हेतु तीनों उत्तरा, हस्त, चित्रा, स्वाति व शतभिषा।

(iv) **शुभ मास**- क्रय/विक्रय करने हेतु वैसाख, ज्येष्ठ, आषाढ़, मार्गशीर्ष, माघ, व फाल्गुन मास शुभ हैं।

7. **गृहारम्भ मुहूर्त**- गृहारम्भ हेतु आयताकार या वर्गाकार प्लाट ठीक माना जाता है। वास्तु शास्त्र के नियमानुसार मकान बनाते समय पूर्वोत्तर भाग थोड़ा खाली होना चाहिये और भूमिगत टैंक व ढाल भी पूर्व या उत्तर की ओर होना चाहिये। ड्राईंग रूम, गेस्ट रुम व सीढ़ियाँ पश्चिमोत्तर, बैडरुम दक्षिण-पश्चिम में, किचन दक्षिण-पूर्व में, बाथरुम व पूजाघर पूर्व में होना चाहिये। ऐसा होने से घर धनधान्य व सुख-शान्ति से भरा पूरा रहता है। शुभ तिथि, वार, नक्षत्र, लग्न, मास इस प्रकार हैं :-

(i) **शुभ तिथियाँ**- शुक्लपक्ष की पूर्णिमा और दोनों पक्षों की 2, 3, 5, 6, 7, 10, 11, 12, 13 तिथियाँ।

(ii) **शुभ वार**- सोमवार, बुधवार, गुरुवार, शुक्रवार व शनिवार।

(iii) **शुभ नक्षत्र**- मृगशिरा, चित्रा, अनुराधा, रेवती, रोहिणी, तीनों उत्तरा, पुष्य, हस्त, स्वाति, धनिष्ठा, शतभिषा।

(iv) **शुभ लग्न**- वृष, सिंह, वृश्चिक, कुम्भ (सभी स्थिर लग्न)

(v) **शुभ मास**- वैसाख, श्रावण, कार्तिक, मार्गशीर्ष, पौष, माघ और फाल्गुन।

(vi) **नींव की ईंट या पत्थर** - सूर्य 2, 3, 4 राशि में हो तो दक्षिण-पश्चिम में, सूर्य 5, 6, 7 राशि में हो तो दक्षिण-पूर्व में, सूर्य 8, 9, 10 राशि में हो तो उत्तर-पूर्व में और सूर्य 11, 12, 1 राशि में हो तो उत्तर-पश्चिम में नींव की ईंट या पत्थर रखना चाहिये।

नोट- (1) भ्रदा होना, गुरु या शुक्र या दोनों का अस्त होना, अधिकमास होना, क्रान्तिसाम्य होना, सक्रान्ति का दिन होना, ग्रहण पड़ना, तिथिक्षय या तिथिवृद्धि होना, विष्कुम्भ आदि दुष्ट योग होना, कूरग्रह युति, वेधदोष आदि का गृहारम्भ में निषेध है।

(2) सूर्य नक्षत्र से चन्द्र नक्षत्र तक 5, 7, 9, 12, 19, 26 वीं गिनती पड़ने वाले नक्षत्र की समयावधि भूशयन काल होता है। अतः इसमें भी गृहारम्भ निषेध है।

8. **गृहप्रवेश मुहूर्तः**- गृहप्रवेश उत्तरायण काल में शुभ माना गया है। विवाह आदि मांगलिक कार्यों के लिये वर्जित दोष गृहप्रवेश में भी वर्जित है। शुभ तिथि, वार, नक्षत्र, लग्न, मास निम्नलिखित है:-

(i) **शुभ तिथियाँ**- शुक्ल पक्ष की पूर्णिमा तथा दोनों पक्षों की 2, 3, 5, 6, 7, 10, 11, 13 तिथियाँ।

(ii) **शुभ वार**- सोमवार, बुधवार, गुरुवार, शुक्रवार व शनिवार।

(iii) **शुभ नक्षत्र**- रोहिणी, मृगशिरा, तीनों उत्तरा, चित्रा, अनुराधा व रेवती।

(iv) **शुभ लग्न**- जन्म लग्न या जन्म राशि से 3, 6, 10, 11वें पड़ने वाली सभी स्थिर लग्न।

(v) **शुभ मास**- वैसाख, ज्येष्ठ, मार्गशीर्ष, माघ एवं फाल्गुन।

नोटः- गृहप्रवेश काल में चतुर्थ और अष्टम भाव में कोई ग्रह न होना अच्छा होता है। शुभ ग्रहों का 1, 2, 5, 7, 9, 10, 12 भाव में होना ठीक रहता है।

9. **चुनाव लड़ने का मुहुर्त :**- आजकल हमारे देश में राजनीति आम आदमी के लिए एक खेल हो गयी है। गांव से लेकर शहर तक विभिन्न प्रकार के पदों यथा पंच, सरपंच, पार्षद, विधान सभा सदस्य, सांसद, राज्यपाल, राष्ट्रपति के लिए समय-कुसमय चुनाव होते रहते हैं। अधिकांश लोग चुनाव में भाग लेते हैं। किसी पद के लिए चुनाव में खड़े होने / चुनाव का पर्चा भरने / चुनाव लड़ने और चुनाव जीतने के बाद शपथ लेने के लिए शुभ तिथि, वार, नक्षत्र, लग्न निम्नलिखित हैं:-

शुभ तिथियां - कृष्णा प्रतिपदा, शुक्ल पक्ष की पूर्णिमा और दोनों पक्षों की 2, 3, 5, 9, 10, 12 तिथियां।

शुभ वार - सोमवार, बुधवार, गुरुवार, शुक्रवार।

शुभ नक्षत्र - अश्विनी, रोहिणी, पुर्नवसु, पुष्य, तीनों उत्तरा, हस्त, अनुराधा, श्रवण, धनिष्ठा, रेवती।

शुभ लग्न - मेष, कर्क, तुला, मकर।

10. **हैपी बर्थ डे मुहूर्त :**- आज कल शिक्षित समाज में "हैपी बर्थ डे" मनाने की प्रथा चल पड़ी है। सामान्यतः "हैपी बर्थ डे" अंग्रेजी तिथि अनुसार सायं के समय मनाते हैं। कभी-कभी सरकारी/गैर सरकारी सेवा प्राप्त माता-पिता जन्म तिथि के चले जाने के बाद सुविधानुसार वीक एण्ड पर भी "हैपी बर्थ डे" मनाते हैं ताकि उनके मित्रगण आ सके। वास्तव में जन्म दिन (बर्थ डे) जन्म के दिन व समय पर ही मनाना उपयुक्त होता है।

(i) **शुभ दिवस**- जन्म दिन के स्पष्ट सूर्य के राशि, अंश, कला, विकला जब भी अगले वर्ष आये, तभी बच्चे का जन्म दिन मनायें। माता-पिता इसे पंचांग (Almanac) में देखकर आसानी से जान सकते हैं।

(ii) **शुभ समय**- जन्म दिन के समय में प्रति अगले वर्ष कुछ मिनिट का अंतर

हो जाता है। अतः गणित विधि से शुद्ध समय निकालकर ही जन्म दिन की केक कटवानी चाहिये।

(iii) **शुभ कर्म**- इस दिन बच्चे व उसके माता-पिता पवित्र जल से स्नान करें। सूर्यदेव की पूजा अर्चना करें। भोजन में चावल, दूध, चीनी मिश्रित खीर स्वयं खायें और मित्रों को खिलाये। अन्न, वस्त्र आदि का दान करें।

11. **विवाह मुहूर्त** -आजकल सभी पंचांगों में वर/कन्या की जन्म राशि अनुसार सूर्य, गुरू और चन्द्र बल अर्थात त्रिबल शोधित विवाह मुहुर्त दिये हुए होते हैं। यह चान्द्र तिथि व चान्द्र मास आधारित होते हैं। साथ में कैलेण्डर की तिथि व मास भी दिये हुए होते हैं। शिक्षित जन सामान्य इन्हें पढ़कर आसानी से समझ सकते हैं। अपने परिवार के विवाह योग्य बच्चों के विवाह की शुभ तिथि निश्चित कर सकते हैं। ध्यान रहे कि ज्येष्ठ पुत्र, ज्येष्ठ पुत्री और ज्येष्ठ मास तीनों का रहना / होना मना है।

विवाह मुहूर्त निकालने के उत्तम चान्द्र मास, चान्द्र तिथि, वार, नक्षत्र, योग, करण और लग्न निम्नलिखित हैं :-

(i) **शुभ मास** - वैसाख, ज्येष्ठ, आषाढ़, मार्गशीष, माघ, फाल्गुन।

(ii) **शुभ तिथि** - जन्म तिथि छोड़कर 2, 3, 5, 7, 10, 11, 13 तिथियां।

(iii) **शुभ वार** - सोमवार, बुधवार, गुरूवार, शुक्रवार।

(iv) **शुभ नक्षत्र** - जन्म नक्षत्र छोड़कर रोहिणी, मृगशिरा, मघा, तीनों उत्तरा, हस्त, स्वाती, अनुराधा, मूल, रेवती।

(v) **शुभ योग** - प्रीति, आयुष्मान, सौभाग्य, शोभन, सुकर्मा, धृति, वृद्धि, ध्रुव, सिद्धि, वरियान, शिव, सिद्ध, साध्य, शुभ, शुक्ल।

(vi) **शुभ करण** - बव, बालव, कौलव, तैंतिल, गर, वणिज।

(vii) **शुभ लग्न** - मिथुन, कन्या, तुला उत्तम, वृष एवं धनु शुभ।

नोट -
1. गुरू शुक्र के अस्त होने पर, जिसे तारा डूबा भी कहते हैं, विवाह नहीं होते हैं। गुरू $\pm 11^0$ अंश पर तथा शुक्र $\pm 9^0$ अंश पर अस्त हो जाते हैं।
2. देवशयन काल - श्रावण, भाद्रपद, आश्विन, कार्तिक मास त्याज्य है।
3. विवाह में 10 दोष हैं - लता, पात, युति, वेध, यामित्र, वाण, एकर्गल, उपग्रह, क्रांति साम्य, दग्धातिथि। इन्हें रेखा या रेखा दोष भी कहते हैं। कोई दोष न होने पर 10 रेखा का साया (विवाह मुहूर्त) होता है। यह उत्तम माना गया है। रेखा दोष होने पर 9, 8, 7, 6 रेखा के साये भी होते हैं।

*** इति शुभम् ***

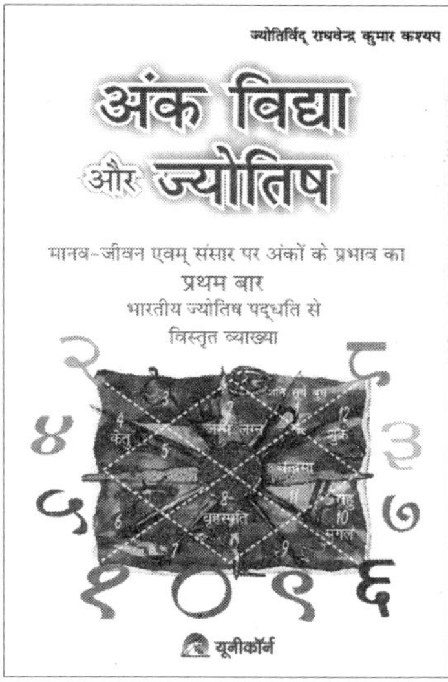

ISBN 978-81-7806-117-7

9971C

अंक विद्या और ज्योतिष

लेखक

ज्योतिर्विद् राघवेन्द्र कुमार कश्यप

- **Format** : Paperback
- **Language** : Hindi

मानव-जीवन एवम् संसार पर अंकों के प्रभाव की प्रथम बार भारतीय ज्योतिष पद्धति से विस्तृत व्याख्या

रहस्योद्घाटनात्मक विभिन्न विशेषतायें

- कीरो आदि के पाश्चात्य अंकशास्त्रा का खण्डन
- वास्तविक अंकशास्त्रा की स्थापना
- अंकों का शिक्षा, व्यवसाय, धन, विवाह/प्रेम, परिवार, मित्राता/शत्राुता आदि क्षेत्रों पर प्रभाव
- ग्रहों की वास्तविक दृष्टि क्या है
- किस महादशा का वास्तव में फल मिलता है
- ग्रहों का वास्तविक स्थान कैसे जानें
- क्या आयुष्कारक ग्रह अष्टमेश है
- क्या विवाह के लिये जन्मलग्न मिलाने की आवश्यकता नहीं है

....इस पुस्तक में न केवल कीरो आदि के पाश्चात्य अंकशास्त्रा का खण्डन प्रस्तुत किया गया है, अपितु वास्तविक रूप से अंकों के प्रभाव को भारतीय ज्योतिष पद्धति से उजागर भी किया गया है। साथ ही फलित ज्योतिष से संबंधित विभिन्न अज्ञानताओं का निवारण तथा यथार्थ ज्ञान प्रस्तुत किया गया है। निःसंदेह यह पुस्तकीय प्रस्तुतीकरण आनेवाले समय में न केवल भारत अपितु सम्पूर्ण विश्व में यथार्थ अंकविज्ञान एवम् शुद्ध और वास्तविक फलित ज्योतिष की

डिमाई आकार • पृष्ठ : 128

मूल्य : ₹ 96/-